AF151243

Kontaktadresse nach EU-Produktsicherheitsverordnung:
produktsicherheit@fischerverlage.de

Aufruhr im Tal der Könige: Der renommierte britische Ägyptologe Nicholas Reeves äußert im Jahr 2015 die Vermutung, dass der weltbekannte und sagenumwobene Pharao Tutanchamun nicht allein in seiner Grabkammer liegt. Möglicherweise befindet sich hinter einer Wand eine weitere Gruft, in der seine Stiefmutter liegt, die legendäre Königin Nofretete, deren Grab bislang unentdeckt ist. Die fieberhafte Suche nach Beweisen beginnt und führt uns zurück zu dem kurzen Leben Tutanchamuns, um das sich so viele Geheimnisse ranken.

Spannend und kenntnisreich erzählt die Archäologin Angelika Franz die Geschichte des rätselhaften Todes von Tutanchamun und seiner Zeit. Eine packende Spurensuche im Tal der Könige.

Angelika Franz ist promovierte Archäologin und leidenschaftliche Wissenschaftsjournalistin. Sie schreibt für »Spiegel Online«, »Die Zeit« und »Geo«. Zuletzt ist ihr von der Presse hochgelobtes Buch »Geköpft und gepfählt. Archäologen auf der Jagd nach den Untoten« erschienen.

Weitere Informationen finden Sie auf www.fischerverlage.de

ANGELIKA FRANZ

Tutanchamun

Leben, Tod und Geheimnis

FISCHER Taschenbuch

Für meinen Großvater, der mit mir in die Tutanchamun-Ausstellung ging, als ich neun Jahre alt war.

2. Auflage
Originalausgabe

© 2024 S. Fischer Verlag GmbH,
Hedderichstr. 114, 60596 Frankfurt am Main

Die Nutzung unserer Werke für Text- und
Data-Mining im Sinne von § 44b UrhG
behalten wir uns explizit vor.
Printed in Germany
ISBN 978-3-596-29846-4

Inhalt

Vorwort

Für viele ist Tutanchamun so etwas wie die erste große Liebe. Wer als Kind von seinen Eltern oder Großeltern mit in die Tutanchamun-Ausstellung genommen wurde, die in den Jahren 1981 und 1982 in fünf deutschen Großstädten gezeigt wurde und bis heute zu den meistbesuchten Kunstausstellungen der deutschen Geschichte gehört, fing unweigerlich an, von einer Karriere als Archäologe zu träumen. Der Ausstellungskatalog wurde zum liebsten Kinderbuch – und für viele heutige Archäologen begann die Karriere tatsächlich mit dieser ersten Begegnung mit den funkelnden vergoldeten Sarkophagen, den mysteriösen tierköpfigen Gottheiten und dem Blick in die ruhigen tiefschwarzen Augen der Totenmaske. Selbst wer sich später dann doch statt für ein Archäologiestudium lieber für eine Banklehre oder den Beruf des Programmierers entschied, liest noch heute gerne Geschichten von Sarkophagen, Göttern und Mumien. Denn die erste große Liebe lässt das Herz niemals gehen.

Tutanchamun bewegte bei weitem nicht nur das Herz der Deutschen. In London standen die Menschen damals bis zu acht Stunden im englischen Nieselregen an, um die 55 Artefakte aus der Grabkammer des jungen Pharao sehen zu dürfen. In New York kamen acht Millionen Besucher – eine Million mehr, als die Stadt damals an Einwohnern zählte. Dieser Ansturm zeigt: Tutanchamun ist für uns mehr als nur ein Pharao, der vor über

3000 Jahren für eine kurze Zeit ein fernes Land regierte. Seine Geschichte und die Geschichte der Entdeckung seines Grabes sind auch die Geschichte unserer eigenen Sehnsucht nach einer anderen, einer fremden, einer abenteuerlichen Welt.

Heute sind es in Wahrheit drei Geschichten.

Der erste Teil spielt weit in der Vergangenheit, vor über 3000 Jahren. Es ist die Geschichte der 18. Dynastie, der außergewöhnlichen Familie Tutanchamuns. Zunächst vertreiben die Herrscher dieser Sippe die verhassten fremden Könige aus Ägypten und holen sich das Land ihrer Vorfahren zurück. Unter der Führung einer Frau, Hatschepsut, blüht Ägypten schließlich auf und knüpft Handelsbeziehungen in Länder, die so phantastisch sind, dass wahrscheinlich den meisten Ägyptern der Unterschied zwischen den wahren Erzählungen der Rückkehrer aus diesen Gefilden und den erfundenen Märchen der Daheimgebliebenen über den Reichtum und die Wunder dieser fremden Welt nie ganz klar wurde. Doch statt auf dem Wohlstand aufzubauen, versteigt der Nachfolger Echnaton sich nur wenige Generationen später in fanatische Ideen, zwingt dem gesamten Land seinen religiösen Wahn auf und stürzt es ins Chaos.

Im Strudel dieser Ereignisse taucht für kurze Zeit der Pharao Tutanchamun auf wie der Hals einer Flaschenpost im Kielwasser eines Bootes. Um ihn herum lauern gefährliche Strudel. Sowohl das Erbe seiner Vorgänger als auch die Erwartungen seiner bereits in Warteposition lauernden Nachfolger gefährden stromschnellengleich die Herrschaft und das Leben des jungen Königs. Sein kurzes Leben ist geprägt von schmerzhaften Einschlägen durch Gewalt und Krankheit. Am Ende verschwindet er so schnell unter der Oberfläche, dass weder seiner Mumie noch der Farbe an den Wänden seiner Grabkammer ausreichend Zeit zum Trocknen bleibt.

Die zweite Geschichte ist die Entdeckung des Grabes durch Howard Carter. Dies ist die Geschichte eines schweigsamen Einzelgängers, der zwar keine formale Schulbildung hatte, dafür aber eine Vision: das Grab des vergessenen Kindkönigs Tutanchamun zu finden. Vom Hilfszeichner arbeitet er sich schnell zum Grabungsleiter hoch, bald überträgt die Antikenbehörde ihm sogar die archäologische Aufsicht über ganze Gebiete Ägyptens. Doch zu den Fachkollegen bekommt er nie den rechten Anschluss, zu fremd ist ihm deren akademisches Gebaren. Den einzigen Freund findet er schließlich in einem englischen Adligen, den die Ärzte nach einem Autounfall zu Heilungszwecken in die Wüste geschickt haben: George Edward Stanhope Molyneux Herbert, 5. Earl of Carnarvon.

Jahr für Jahr gräbt Carter sich erfolglos durch den Sand im Tal der Könige. Erst als sein Freund Carnarvon droht, ihm den Geldhahn zuzudrehen, entdeckt er im letzten Fleckchen Erde, das er bislang noch nicht durchwühlt hat, den Eingang zu einer Grabkammer. »Ich sehe wunderbare Dinge!«, stammelt er ergriffen beim ersten Blick durch ein kleines Loch in der Wand auf den dahinterliegenden Raum, den jahrtausendelang kein Mensch betreten hat. Diese wunderbaren Dinge werden Carter die nächsten zehn Jahre beschäftigen. Mit methodischer Akribie dokumentiert er jeden noch so kleinen Fund, bevor er ihn den Restauratoren überlässt. Doch so gewissenhaft er dabei auch vorgeht, ein Wissenschaftler ist er nicht – zwar dokumentiert er die Funde sehr genau, die wissenschaftliche Veröffentlichung aber bleibt er der nach Neuigkeiten über Tutanchamun lechzenden Welt schuldig.

Seine Eigenbrötelei und sein Stolz werden ihm schließlich zum Verhängnis. Als die politischen Karten am Nil neu gemischt werden, hat niemand mehr Verständnis für den herrischen

Ausländer. Mitten in den Arbeiten am Sarkophag schließt die Antikenbehörde Carter aus dem Grab aus und verweigert ihm fortan den Zutritt. Erst nach einer langen Zwangspause darf er zurückkehren und die Arbeiten – nun allerdings unter strenger ägyptischer Kontrolle und Mitbestimmung – zu Ende bringen. Doch Frieden haben beide Seiten nie wirklich schließen können. Viele schwere Anschuldigungen hängen bis heute ungeklärt in der heißen Luft des Tals. War Carter tatsächlich der skrupellose Dieb, als den die Antikenbehörde ihn abstempelte? Und welche Motive bewegten in Wahrheit seinen Widersacher, den ausländerhassenden Antikenminister Marcos Bey Henna, der vor Beginn seiner politischen Karriere vier Jahre wegen Landesverrat im Gefängnis gesessen hatte?

Die dritte Geschichte schließlich beginnt im Februar 2014, als der britische Ägyptologe Nicholas Reeves vor dem Computerbildschirm saß und auf den hochauflösenden Fotografien der Wandmalereien und der Oberflächenstruktur der Grabkammer feine Linien entdeckte – möglicherweise Durchgänge zu weiteren bislang unentdeckten Räumen. Dort könnte, mutmaßt Reeves, Echnatons Königin Nofretete liegen, die »schönste aller Frauen«. Erste Tests scheinen seine These zu bestätigen. Die internationale Ägyptologen-Zunft beginnt, sich für die größte Sensation seit der Entdeckung des Grabes selber zu rüsten.

Doch mit einem Wechsel im Amt des Antikenministers wird jegliche Euphorie ausgebremst. Erneute Messungen scheinen den ersten Testergebnissen zu widersprechen. Auf einer internationalen Konferenz kommt es schließlich zum Eklat zwischen den beiden ehemaligen Antikenministern Zahi Hawass, der das Lager der Reeves-Gegner anführt, und Mamdouh Eldamaty, der an die Ergebnisse des Briten glaubt. Doch um Tutanchamun und Nofretete geht es an diesem Tag schon lange nicht mehr.

Es geht um gekränkte Eitelkeiten und um den ägyptischen Nationalstolz. Hawass, der sich bereits bei vielen spektakulär angekündigten Aktionen durch aggressive Pressearbeit ein großes Publikum verschafft hat, versucht seit langem vehement, selbständig arbeitende Ausländer aus der ägyptischen Archäologie fernzuhalten. Um eine weitere Eskalation zu verhindern, verhängt der amtierende Antikenminister Khaled El-Anany eine Nachrichtensperre. Das Ministerium hüllt sich in eisiges Schweigen. Die National Geographic Society, von der die Untersuchungen finanziert worden waren, bekommt einen Maulkorb verpasst und darf sich nicht mehr zu dem Thema äußern. Auch Reeves ist für niemanden mehr zu sprechen.

Wer den Verlauf der Diskussion mitverfolgt hat, kann sich des Gefühls eines Déjà-vus nicht erwehren – zu viele Parallelen gibt es zwischen den Geschichten Howard Carters und Nicholas Reeves'. Beide haben ihre Karrieren auf den Grabungsfeldern Ägyptens schon sehr früh begonnen. Doch einen langfristigen Posten in der Archäologie hatte weder der eine noch der andere inne. Carter überwarf sich stets aufs Neue mit seinen Vorgesetzten oder den Behörden, und auch Reeves wechselte alle drei bis fünf Jahre den Auftraggeber. Von 1998 bis 2002 war er Direktor des Amarna Royal Tombs Projects (ARTP), arbeitete dann als Kurator für verschiedene Sammlungen, darunter die Ägyptische Abteilung des Metropolitan Museum in New York. Zuletzt leitete er die ägyptische Expedition der University of Arizona, seit der Veröffentlichung seiner Theorie zum Verbleib der Nofretete ist er abgetaucht. Doch egal für wen und wo Reeves gerade arbeitete, immer wieder zog es ihn – wie auch Carter – in das Tal der Könige.

Im Jahr 2000 schien Reeves' ruheloses Suchen schon einmal von Erfolg gekrönt. Bei der systematischen Suche nach weiteren

Gräbern, die wie KV 55 aus Amarna ins Tal der Könige verlegt worden waren, stieß das Team des Amarna Royal Tombs Projects auf eine Anomalie in den Bodenradarscans, die verdächtig nach einem bis dahin unentdeckten Grab aussah. Doch bevor geklärt werden konnte, was dort in nur 14,5 Meter Entfernung zum gegenüberliegenden Eingang von Tutanchamuns Grab lag, wurden die Arbeiten jäh gestoppt. Das Antikenministerium unter der Leitung von Zahi Hawass beschuldigte ihn, in schmutzige Geschäfte verwickelt zu sein. Unerlaubt habe Reeves Antiken entwendet und außer Landes geschmuggelt, hieß es aus Ministeriumskreisen. Reeves wurden sämtliche Arbeiten untersagt, und der britische Ägyptologe musste das Land verlassen.

78 Jahre zuvor war Howard Carter mit ähnlichen Anschuldigungen und Konsequenzen konfrontiert worden. Reeves kämpfte verbissen gegen die Schmähung. Drei Jahre lang focht er einen erbitterten Streit gegen Hawass. Am Ende musste das Ministerium zähneknirschend eingestehen, dass die Anschuldigungen jeglicher Grundlage entbehrten. Reeves wurde freigesprochen. Doch gewonnen hat Hawass trotzdem: Ins Tal der Könige durfte der britische Ägyptologe nicht zurückkehren.

Dort gruben mittlerweile andere, ein US-amerikanisches Archäologenteam der University of Memphis unter der Leitung von Otto Schaden. Die Ergebnisse von Reeves' Radarscan kannten sie nicht. Aber am 10. März 2005, wenige Tage vor Ende der Grabungssaison, stießen sie genau an der Stelle der Radaranomalie auf den Zugangsschacht eines Grabes. Die Erforschung musste nun allerdings bis zur folgenden Saison warten. Fast genau ein Jahr später, am 5. März 2006, öffnete Schaden den mit Steinblöcken blockierten Eingang. Er fand ein Depot mit Särgen und weiteren Bestattungsgegenständen, alle aus der Zeit zwischen der Herrschaft Echnatons und der Tutanchamuns. Das Grab erhielt die Bezeichnung KV 63. So enttäuscht Reeves auch war, dass die Entdeckung Schaden und nicht ihm zugeschrieben wurde, blieb er doch ein Gentleman: »Es war Otto Schaden, der das Grab physisch ausgrub und seine Eigenschaften bestätigt hat«, erklärt er in einem Interview mit der Zeitschrift *Archaeology*. »Unter diesen Umständen kann es keinen Zweifel geben, dass die Anerkennung für die Entdeckung ihm und der University of Memphis gebührt.«

So wie Marcos Bey Henna genüsslich Howard Carter seine Macht spüren ließ, versuchte auch Zahi Hawass, Nicholas Reeves' Karriere zu zerstören. Im ersten Fall gelang es nicht, Carter durfte schließlich zurück ins Grab und seine Arbeit fortsetzen. Im Fall von Reeves ist das letzte Wort noch nicht gesprochen und das letzte Kapitel noch lange nicht geschrieben. Entscheidender als der wissenschaftliche Erkenntnisgewinn wird aber leider am Ende die ägyptische Politik bleiben. Solange das Antikenministerium im Schatten des despotischen Zahi Hawass agiert, wird Reeves' These keine Chance haben. Sollte dagegen erneut ein aufgeschlossenerer Minister wie Mamdouh Eldamaty die Leitung übernehmen, könnte sich alles wieder ändern.

Liegen hinter den Räumen des Grabes von Tutanchamun nun tatsächlich noch weitere Kammern? Möglicherweise sogar noch mit der Mumie der Nofretete darin? Das wird man erst wissen, wenn man nachschaut. Das aber ist eine Aufgabe, die von der ägyptischen Antikenbehörde allein nicht bewerkstelligt werden kann – und auch nicht im Alleingang unternommen werden sollte. Denn ein so bedeutender Fund, wie diese weiteren Kammern es wären, geht alle an. Nicht nur die besten ägyptischen Wissenschaftler sollten sich darum kümmern, sondern die besten Ägyptologen der Welt. Und auch sie sollten nicht alleine bleiben, denn wenn das Grab wirklich umfassend untersucht werden soll, dann brauchen sie Hilfe von den besten Technikern, den besten Geologen, den besten Chemikern und den besten Restauratoren, die der Planet derzeit zu bieten hat. Das Grab des Tutanchamun darf nicht zum Spielball der Eitelkeiten werden, sondern muss als Gemeinschaftsaufgabe in die Verantwortung aller gelegt werden.

Und wenn hinter den Wänden tatsächlich nichts ist? Auch dann sollte niemand verschämt schweigen. Reeves hat mit seinen Beobachtungen einen soliden Ausgangsverdacht geäußert. Ihn eingehend zu prüfen sollte die Pflicht und Schuldigkeit der internationalen Forschungsgemeinschaft sein. Wenn die Vermutung sich am Ende doch als Trugschluss erweist, dann verdient die Wissenschaft – und wir alle – zumindest Gewissheit darüber.

Die drei Geschichten über das Grab des Tutanchamun, die untrennbar miteinander verwoben und zum gegenseitigen Verständnis unerlässlich sind, werden hier erzählt. Da sie zu unterschiedlichen Zeiten spielen, sind manchmal verschiedene Begriffe für ein und dieselbe Person oder ein und denselben Ort erforderlich. Achetaton, die prächtige neue Hauptstadt Echnatons, heißt heute Tell el-Amarna. Wenn die erzählte Geschichte also gerade im Achetaton Echnatons spielt, wird die Stadt im Text auch so genannt. Geht es dagegen um ein heutiges Ereignis, so wird der moderne Name Tell el-Amarna verwendet. Ähnlich verhält es sich mit dem Pharao Echnaton. Bis er selbst sich diesen neuen Namen gab, war er Amenophis IV. Unter diesem Namen wird er hier auch geführt, solange der Handlungsstrang der erzählten Geschichte in die Zeit vor dem Umzug nach Achetaton und Echnatons Namenswechsel fällt.

Hamburg-Finkenwerder im März 2017

Die 18. Dynastie:
Ägypten bekommt seine Größe zurück

Nach den Wirren der Herrschaft Echnatons, heißt es immer wieder, bemühten sich seine Nachfolger Tutanchamun, Eje und Haremhab, Ägypten wieder zur alten Ordnung zurückzuführen. Nur was genau ist mit dieser *alten Ordnung* gemeint? Geordnet war nämlich nichts in der 18. Dynastie. Es hatte unter den Vorfahren Tutanchamuns starke Herrscher und schwache Herrscher gegeben. Außenpolitisch ambitionierte Herrscher, die mit roher militärischer Gewalt dem Reich zu noch nie dagewesener Größe verhalfen, kamen ebenso vor wie Herrscher, die den Fokus eher auf die innere Ordnung legten und zuvor eroberte Gebiete wieder verloren. Es gab starke Männer unter den Pharaonen der 18. Dynastie, aber ebenso auch schwache Herrscher, die unter dem Einfluss ihrer umso stärkeren Frauen standen. Die 18. Dynastie, die erste Dynastie des Neuen Reiches, brachte mit Sicherheit einige der wohl schillerndsten Persönlichkeiten des alten Ägypten hervor. Eines aber gab es nicht: eine klar definierte gute alte Zeit, nach der man sich hätte zurücksehnen können.

Die 18. Dynastie stand vor allem für einen Neuanfang. In den rund 100 Jahren zuvor, während der Zweiten Zwischenzeit, war Ägypten von fremden Königen regiert worden: den Hyksos. Lange hatten die Ägyptologen dem Bericht des Priesters Manetho geglaubt, der sehr viel später, erst im 3. Jahrhundert vor Christus, berichtete, die Hyksos wären eine wilde Barbarenhorde gewesen, die ein geschwächtes Ägypten mit Waffengewalt erobert hätten. Die Hyksos, schreibt Manetho, hätten die Städte in Brand gesetzt, die Tempel zerstört und ägyptische Frauen und Kinder versklavt. In den vergangenen Jahren konnten Forscher dieses Bild der brutalen Hyksos-Invasion jedoch relativieren. Einen durchgeplanten militärischen Angriff im großen Stil hat es wahrscheinlich nie gegeben. Vielmehr zogen die Hyksos einfach in großer Zahl ins Nildelta und siedelten sich dort an – wobei sie mal mehr, oft aber auch nur wenig Widerstand überwinden mussten. Ägypten fehlte es an Herrschern, die dem etwas hätten entgegensetzen können. Hunger und Pestausbrüche raubten den Pharaonen der 13. Dynastie die Kraft, sich gegen die schleichende Einwanderung zu wehren.

Woher die Hyksos kamen und wer sie waren, ist nicht ganz sicher. Der römisch-jüdische Geschichtsschreiber Flavius Josephus nennt sie Hirtenkönige: »*Hyk* nämlich bedeutet in der Priestersprache ›König‹, *usos* ›Hirte‹ und ›Hirten‹ in der Volkssprache, und wenn man es zusammensetzt, wird daraus *Hykussos*.« Allerdings hatte Josephus nur den Namen falsch gelesen, den Manetho ihnen gegeben hatte. Im Altägyptischen bedeutet »Hykussos / Hyksos« nämlich nicht viel mehr als einfach »fremde Herrscher«. Vermutlich kam die Mehrheit von ihnen aus dem syrisch-palästinensischen Gebiet, dem biblischen Kanaan.

Mit den neuen Herrschern kamen neue Sitten ins Land. Die Hyksos hatten ihre eigenen Musikinstrumente im Gepäck, bauten im Nildelta nun bislang in Ägypten unbekannte Pflanzen an, und ihre Handwerker kannten neue Techniken für die Bronzeverarbeitung und die Keramikherstellung. Besonders beeindruckend aber waren ihre Kampfmethoden. Sie konfrontierten die Ägypter mit einer neuen, verbesserten Art von Streitäxten und beschossen sie mit Pfeilen von Kompositbögen. Am furchteinflößendsten aber waren ihre Streitwagen, die sie von Pferden ziehen ließen. Die Ägypter waren fasziniert. Es sollte nicht lange dauern, bis auch die ägyptischen Herrscher Streitwagen zum Standardrepertoire ihrer militärischen Ausrüstung zählten. Neben Pferden spielten aber auch Esel eine bedeutende Rolle in der Kultur der Hyksos. Ihnen gewährten sie sogar aufwendige Bestattungen. Ihre Hauptstadt hatten die Hyksos in Auaris im östlichen Nildelta. Diesen Ort hatten sie nicht von ungefähr gewählt: Auaris war ein bedeutender Seehafen und Ausgangspunkt der Hauptverkehrswege in ihre ursprünglichen Herkunftsgebiete an der Levante.

Anstatt aber in der neuen Umgebung nur so zu leben, wie sie es in der alten Heimat getan hatten, absorbierten die Hyksos auch durchaus viele ägyptische Traditionen. Die »fremden Herrscher« begannen schon bald, ägyptische Kunstformen zu kopieren, Skarabäen herzustellen und ihre Namen wie die ägyptischen Pharaonen in Kartuschen zu schreiben. Sogar mit der ägyptischen Götterwelt konnten sie sich scheinbar problemlos anfreunden, besonders der Wüstengott Seth hatte es ihnen angetan – der Gott von Stürmen, Unwettern, Chaos und Verderben. Seine Erscheinungsform ließ sich gut mit ihrem eigenen Gott Baal vereinbaren.

Der Süden Ägyptens blieb vermutlich relativ unberührt von der Hyksos-Herrschaft. Dort lebten weiterhin lokale Herrscherdynastien, die den Hyksos zwar Tribut zahlen mussten, ansonsten aber recht unbehelligt blieben. Eine dieser Familien, die 17. Dynastie, regierte um die Mitte des 16. Jahrhunderts vom oberägyptischen Theben aus das Land zwischen Elephantine und Abydos. Nachdem sie sich lange Zeit mit den Hyksos arrangiert hatten, beschloss der König Seqenenre, dass die Zeit gekommen sei, den Zustand der Abhängigkeit und Unterdrückung zu beenden. Er legte sich mit dem Hyksos-Herrscher Apopi I. an. Allerdings ging der Streit nicht gut für ihn aus. 1881 wurde seine Mumie in der Cachette von Deir el-Bahari entdeckt – und gab Zeugnis von seinem brutalen Ende. Hinter einem Ohr hatte er schwere Schnittwunden davongetragen. Wange und Nase waren zerschmettert, möglicherweise von einem Keulenhieb. Auch über dem rechten Auge und auf der oberen Stirn klafften Wunden, die von einer Streitaxt stammen könnten. Zudem waren viele seiner Knochen ausgerenkt. Der Ägyptologe Grafton Elliot Smith, der die Mumie Seqenenres ausgewickelt hatte, vermutete, dass der aufsässige Thebaner in der Schlacht gefallen war. Neue Untersuchungen deuten allerdings eher darauf hin, dass ihm die Wunden nicht auf dem Schlachtfeld, sondern vielmehr bei einer Hinrichtung zugefügt wurden.

Der Tod Seqenenres bedeutete nun aber keineswegs das Ende der 17. Dynastie. Sein Nachfolger wurde Kamose, vermutlich ein Halbbruder des Herrschers. Er stellte eine Flotte zusammen und fuhr nilabwärts gen Norden, um die Hyksos erneut anzugreifen. Auf dem Weg mussten einige mit den Hyksos verbündete Städte dran glauben. Bis vor die Tore von Auaris kam Kamose, nach einer erfolglosen Belagerung musste er jedoch wieder abziehen.

Es sollte erst seinem Nachfolger Ahmose I. – vermutlich ein Sohn des Seqenenre – vergönnt sein, die Herrschaft der Hyksos endgültig zu brechen. Bis dahin war es aber noch ein weiter Weg – denn als Ahmose I. den Thron bestieg, war er noch ein Kind. Die Regierungsgeschäfte führte zunächst seine Großmutter Tetischeri für ihn, später seine Mutter Ahhotep I. Offenbar bereiteten die beiden Frauen ihn gut auf eine harte Zukunft vor, denn sobald er 18 Jahre alt war, setzte Ahmose den von seinen Vorgängern begonnenen Kampf gegen die fremden

Könige im Nildelta fort. Und diesmal mit Erfolg: Nach lang-wierigen Kämpfen auf dem Wasser und zu Land sowie einer längeren Belagerung gelang es ihm, Auaris einzunehmen. Die Hyksos zogen sich unter der Führung ihres Königs Chalmudi nach Vorderasien zurück. Doch Ahmose hatte noch eine Rech-nung offen. Er beließ es nicht bei der Vertreibung der Hyksos, er setzte ihnen verbissen nach. Drei weitere Jahre lang belagerte er ihren Stützpunkt Scharuhen in Südpalästina, bevor er auch den einnehmen konnte.

Nun war Ahmose nicht mehr zu bremsen. Den Norden hatte er befreit. Doch im Süden herrschten immer noch die ehemals mit den Hyksos verbündeten Könige von Kerma. Kaum war Ahmose von der Eroberung Scharuhens zurückgekehrt, mar-schierte er nilaufwärts gen Nubien – und vertrieb auch sie. Das Land sicherte Ahmose, indem er die alten Festungen des Mitt-leren Reiches wieder aufbauen und neu befestigen ließ. Damit hatte er nicht nur Ägypten an allen Fronten befreit, sondern auch die rohstoffreichen Gefilde des Südens unter seine Kon-trolle bringen können. Ägypten war wieder vereint und mäch-tig. Obwohl er genealogisch zur 17. Dynastie gehörte, begannen die Geschichtsschreiber mit Ahmose die Zählung der 18. Dy-nastie. Die Zweite Zwischenzeit war beendet. Das Neue Reich hatte begonnen.

Offiziell schrieben die Chronisten diese Erfolge dem Ahmose zu. Er selber jedoch pries – zumindest auf einem Gedenkstein – seine Mutter Ahhotep I. als treibende Kraft hinter diesen Sie-gen: »Preiset die Herrin des Landes, die Fürstin der Uferländer der Haunebet, mit angesehenem Namen in jedem Fremdland, die das Volk leitet, die Königsgemahlin, Königsschwester, Kö-nigstochter und Königsmutter, die herrliche; die die Dinge kennt, die Ägypten vereint, sie versammelte seine Würdenträger, sie schützte es, sie brachte seine Flüchtlinge zurück, sie gliederte die Opponenten wieder ein; sie befriedete Oberägypten und vertrieb seine Aufständigen, die Königin Ahhotep, sie lebe!«

Ahmoses Sohn Amenophis I. sollte der letzte König dieses so erfolgreichen thebanischen Herrscherhauses werden. Doch auch dieser war, als sein Vater starb, noch sehr jung – und wieder war es seine Mutter, Ahmose Nefertari, die zunächst die Regierungsgeschäfte einige Jahre lang für ihn führte. Erst im 7. oder 8. Jahr seiner Regierung machte Amenophis I. sich nach Nubien auf, um die Machtansprüche Ägyptens zu festigen. Ob er allerdings wie seine Vorfahren selber an den Kämpfen dort teilnahm, bleibt zweifelhaft. Viel gab es auch nicht zu tun. Der Frieden, den sein Vater geschaffen hatte, war von Dauer. Amenophis I. muss von seiner Erscheinung her eine beeindruckende Gestalt gewesen sein. Mit seinen über 1,80 Metern Körpergröße überragte er seine Zeitgenossen deutlich.

Mit Amenophis I. beginnt die Geschichte des Tals der Könige. Seine Vorfahren ließen sich noch auf dem Gräberberg von Dra Abu el-Naga bestatten. Seine eigene Ruhestätte ist zwar nicht bekannt – aber er gründete das Arbeiterdorf Deir el-Medina, das in den kommenden Jahrhunderten die Heimat jener Spezialisten werden sollte, die für die Pharaonen die Gräber aus dem Fels schlugen. Die Bewohner von Deir el-Medina bauten ihm einen Tempel und verehrten Amenophis I. fortan als Gott, ebenso wie seine Mutter Ahmose Nefertari. Es sollte ein besonders langlebiger Kult werden: Noch 800 Jahre später, als längst schon die Pharaonen der 25. Dynastie herrschten, war in dem Arbeiterdorf der Kult um den letzten Herrscher der 17. Dynastie und seine Mutter lebendig.

Amenophis hatte zwar militärischen Erfolg und große Macht, eines aber hatte er nicht: einen männlichen Nachkommen. Schon lange vor seinem Tod taucht aber zusammen mit seinem Namen der Name eines gewissen Thutmosis auf. Wer dieser designierte Nachfolger war oder woher er kam, ist bis heute umstritten. Sein Vater ist unbekannt, seine Mutter, Senseneb, war eine gewöhnliche Bürgerliche. Die Verbindung zum Königshaus bekam Thutmosis möglicherweise erst durch seine Frau Ahmose. Der Name ist unter den Familienmitgliedern der 17. Dynastie sowohl bei Frauen als auch bei Männern so häufig, dass ihr Geschlecht gemeinhin als *Ahmosiden* bezeichnet wird. Wenn es auch letztendlich noch nicht bewiesen werden konnte, gilt Ahmose als Tochter von Ahmose I. und damit als Schwester von Amenophis I. Auf jeden Fall war es Amenophis I. selber, der Thutmosis in die Familie holte – die Hochzeit fand noch während seiner Herrschaft statt. Der Wechsel von den Ahmosiden zur 18. Dynastie wurde also nicht mit Blut begossen, sondern mit einer Hochzeit gefeiert.

Kaum aber lag Amenophis I. unter der Erde, witterten die Nubier im Süden des Reiches ihre Chance und lehnten sich gegen den neuen Herrscher auf. Doch sie hatten die Rechnung ohne den konfliktfreudigen Newcomer gemacht. Denn während sein Vorgänger Generäle geschickt hatte, um aufrührerische Verbündete wieder zu Gehorsam zu rufen, bestieg Thutmosis selber das Schiff, fuhr den Nil hinauf und tötete den nubischen König mit eigenen Händen – so zumindest beschreibt es ein langjähriger Veteran des ägyptischen Heeres auf den Wänden seiner Grabkammer. Als Zeichen seines Sieges, heißt es in dem Bericht weiter, hängte Thutmosis den Körper des besiegten Königs an den Bug seines Schiffes und fuhr damit zurück nach Theben. Er beließ es allerdings nicht dabei, Nubien zu bestrafen, sondern band das Land auch enger an das ägyptische Reich, indem er den Kanal am ersten Katarakt wieder instand setzen ließ. Nun konnten Schiffe leichter stromaufwärts reisen, der Austausch von Reisenden und Waren florierte.

Aber nicht nur im Süden, auch im Norden sicherte Thutmosis das Reich durch militärische Präsenz. Im zweiten Jahr seiner Herrschaft rückte er mit seinen Truppen so weit nach Norden vor, wie noch niemals vor ihm ein ägyptischer Herrscher gekommen war. Dort, berichteten die Soldaten nach der Rückkehr, sahen sie wundersame Dinge. Zum Beispiel einen Fluss, dessen Wasser verkehrt herum floss. Thutmosis hatte seine Männer bis an die Ufer des Euphrat geführt. Der aber fließt, anders als der Nil, nicht von Süden nach Norden zum Mittelmeer, sondern von Norden nach Süden zum Persischen Golf.

Thutmosis war der erste Pharao, der nachweislich im Tal der Könige bestattet wurde. Wirkliche Ruhe fand er dort jedoch nicht. Vermutlich wurde das Grab KV 20 für ihn angelegt. Seine Tochter Hatschepsut ließ es dann aber als Doppelgrab für sich und ihren Vater ausbauen. Sein Enkel, Thutmosis III., bettete die Mumie schließlich in das noch prächtigere Grab KV 38 um. Als im Tal der Könige Grabräuber ihr Unwesen trieben, versteckten Priester auch die Mumie von Thutmosis I. im Sammelgrab von Deir el-Bahari – nur leider ohne Sarkophag, den usurpierte ein Pharao der 21. Dynastie für sich. Ohne Sarg konnte nun aber bei der Entdeckung der Pharaonenmumien aus der Cachette von Deir el-Bahari kein Name zugeordnet werden. Bis heute ist die Mumie von Thutmosis nicht mit Sicherheit identifiziert.

Um einen Erben für sein Reich musste der Pharao sich zunächst keine Sorgen machen. Seine Frau Ahmose schenkte zwei Söhnen, Amenmes und Wadjmes, das Leben, sowie zwei Töchtern, Nofrubiti und Hatschepsut. Auch mit seiner Nebenfrau Mutnofret zeugte er einen Sohn, der seinen eigenen Namen weiterführen sollte. Als Thutmosis I. aber nach knapp zehn Jahren auf dem Thron das Zeitliche segnete, waren von der ganzen Kinderschar lediglich zwei übrig geblieben: Thutmosis II. und seine Große Königliche Gemahlin Hatschepsut.

Thutmosis II. ist einer der blassesten Herrscher der 18. Dynastie. Zeit seines Lebens blieb er im Schatten der mächtigen Frauen, die ihn umgaben. Als der junge Pharao den ägyptischen Thron bestieg, war er noch nicht alt genug, um die Regierungsgeschäfte selber zu führen. Vermutlich herrschte seine Stiefmutter Ahmose an seiner Stelle, bis er alt genug war, um selber die Zügel in die Hand zu nehmen.

Allerdings gab es bereits kurz nach der Machtübernahme wieder Ärger in Nubien. In der Tatsache, dass nun ein schwaches Kind auf dem ägyptischen Thron saß, witterten die nubischen Fürsten ihre Chance, Ägyptens machtvollen Würgegriff abzuschütteln. Thutmosis II. war viel zu jung, um selber in den Süden zu ziehen. Stolz aber brüstete er sich auf einer Gedenkstele mit den Taten seiner Generäle: »Ich wurde wütend wie ein Panther. Da warf das Heer Seiner Majestät jene Barbaren nieder. Nun ließen die Soldaten nicht einen von ihren Männern leben, ganz wie Seine Majestät es befohlen hatte. Mit Ausnahme eines von diesen Kindern des Fürsten des elenden Kusch, der lebend hergebracht wurde als Gefangener mit ihren Angehörigen zu dem Ort, wo Seine Majestät verweilte, und der unter die Füße des guten Gottes gelegt wurde.«

Wie lange genau Thutmosis II. herrschte, ist nicht bekannt. Während frühere Ägyptologen seine Regierungszeit auf etwa 13 Jahre schätzten, gehen heutige Forscher eher von drei bis vier Jahren aus. Auch seine Mumie lag im Sammelgrab von Deir el-Bahari. Am 1. Juli 1886 wickelte Gaston Maspero aus, was von Thutmosis II. nach der brutalen Behandlung durch Grabräuber noch übrig war. Seiner Beschreibung nach sah der Pharao erbärmlich aus, als er starb: »Er hatte gerade das Alter von dreißig Jahren erreicht, als er einer Krankheit zum Opfer fiel, deren Spuren auch die Einbalsamierung nicht tilgen konnte. Die Haut war an vielen Stellen schuppig und von Narben übersät, der obere Schädel kahl; der Körper wirkt dünn und eingesunken, ihm scheint es an Vitalität und Muskelkraft gemangelt zu haben.«

Aber auch wenn der kränkliche, schwächliche Thutmosis II. mit Ausnahme der Strafexpedition nach Nubien weder großartige militärische Siege vorweisen konnte noch der Nachwelt ambitionierte Bauprojekte hinterließ, so hatte seine Zeit auf dem Thron zumindest ausgereicht, um weitere Nachkommen in die Welt zu setzen. Zwei Kinder wurden nicht sehr alt. Mit seiner Großen Königlichen Gemahlin Hatschepsut aber zeugte er eine weitere Tochter, Neferu-Re. Und mit dem ebenfalls überlebenden Thutmosis III., Sohn seiner Nebenfrau Isis, hinterließ er Ägypten auch einen männlichen Thronfolger.

Thutmosis III. aber war, als sein Vater starb, noch ein Kleinkind. Zwar folgte er seinem Vater unmittelbar auf den Thron, an seiner Stelle übernahm aber seine Tante und Stiefmutter Hatschepsut die Regierung. Wie man ein Land regiert, wusste sie von ihrer eigenen Mutter – die ja selber bereits als Stiefmutter von Thutmosis II. die Geschicke Ägyptens gelenkt hatte. Überhaupt stand – abgesehen von ihrem Geschlecht – Hatschepsut dem Thron näher als ihr verstorbener Halbbruder. Als Tochter Ahmoses floss schließlich das Blut der Ahmosiden dicker in ihren Adern als bei ihrem Halbbruder Thutmosis II. Zwar teilten beide mit Thutmosis I. einen Vater, der nicht mit den Herrschern der 17. Dynastie verwandt war. Aber während Hatschepsuts Mutter Ahmose in direkter Linie der weiblichen Thronfolge stand, hatte Thutmosis' Mutter Mutnofret niemals den Titel der Großen Königlichen Gemahlin beanspruchen können.

Statt sich nur auf ihre tatsächliche Herkunft zu verlassen, verbreitete Hatschepsut allerdings zusätzlich noch eine andere Geschichte. In ihrem Terrassentempel in Deir el-Bahari ist zu lesen, wie ihre Mutter Ahmose sie empfangen haben soll: »Amun-Re hatte in Theben eine wunderschöne Frau gesehen. Deshalb schickte Amun-Re Thot, um mehr über sie zu erfahren. Nach dem Bericht ging Amun nach Theben und nahm die Gestalt des Gatten an. Er fand sie schlafend, aber sie erwachte vom Duft des Gottes. Amun-Re verliebte sich in sie, kam ihr näher, und Königin Ahmose erkannte in ihm die göttliche Gestalt des Amun-Re. Sie erfreute sich, küsste ihn und sprach: ›Wahrlich, es ist herrlich, dein Angesicht zu sehen, das als Glanz meinen Gatten umgibt.‹ Amun-Re antwortete: ›Der Name meiner Tochter, die ich dir in den Leib gelegt habe, soll deshalb auch Hatschepsut lauten, wie du es selbst mit eigenen Worten aus deinem Munde gesagt hast. Hatschepsut wird das treffliche Amt des Königs ausüben im ganzen Land.‹«

Bei der Machtübernahme ging Hatschepsut klug und bedächtig vor. Sie riss nicht etwa gleich nach dem Tod ihres Mannes das Zepter an sich, sondern bereitete sorgfältig ihre Bühne vor. Erst im zweiten Regierungsjahr ihres Stiefsohnes, am 8. Februar 1477 v. Chr., ließ sie sich von den Amun-Priestern in einer pompösen Zeremonie zum Pharao krönen. Angeblich hatte der Gott höchstpersönlich in einem Orakel verkündet, dass seine Tochter das Land regieren solle. Die Priester fügten sich: »Amun-Res Wille geschehe, sie soll Ägypten beherrschen«.

Und diese Aufgabe erfüllte sie besser als die große Mehrheit aller männlichen Pharaonen vor und nach ihr. Unter ihren Händen kamen die Errungenschaften ihrer Vorgänger erst richtig zum Tragen. Wohlstand und Frieden herrschten nilauf und nilab. Ihr Vater hatte ihr ein militärisch gesichertes Reich hinterlassen – und Hatschepsut wusste viel damit anzufangen. Statt alte Festungen auszubauen, konnte sie Handelswege wiederbeleben. Statt Soldaten schickte Hatschepsut Händler aus. Viele der alten Warenstraßen waren unter der Hyksos-Herrschaft versandet. Im Schutz des Friedens, den Thutmosis I. erkämpft hatte, zogen nun bald wieder Karawanen durch die Wüsten.

Eine der berühmtesten Handelsexpeditionen der gesamten ägyptischen Geschichte war Hatschepsuts Gesandtschaft nach Punt – sie steht für die Blütezeit der 18. Dynastie schlechthin. Wo dieses sagenumwobene Land genau lag, ist bis heute unbekannt. Wir kennen es nicht durch seine eigene Geschichte – sondern nur von den wundersamen Geschichten, die wiederkehrende Ägypter von dort erzählten. Nicht alle, die ausgezogen waren, kamen zurück. Aber diejenigen, die den Weg zurück an den Nil fanden, brachten so sagenhafte Schätze mit, dass die Herrscher an den Wänden ihrer Grabkammern und Tempel für die Ewigkeit davon berichteten. Als so mystisch galt Punt, dass die Ägypter ihm auch den Namen *Ta netjer* gaben – Land der Götter.

Hatschepsut war nicht die Erste, deren Sehnsüchte sich auf das »Goldland« richteten. Das erste schriftliche Zeugnis einer Expedition nach Punt stammt aus der Regierungszeit von Sahure, dem zweiten Pharao der 5. Dynastie (2490–2475 v. Chr.). Auf dem sogenannten Palermostein, einer Königsliste für die Pharaonen der ersten Dynastien, ist vermerkt, dass im letzten Regierungsjahr dieses Herrschers Handelsgüter aus Punt am Nil eintrafen. 8000 Einheiten Myrrhe habe der Pharao empfangen, ebenso wie Elektron, eine Legierung aus Gold und Silber. In den Jahren 2002 und 2003 entdeckten Archäologen des ägyptischen Supreme Council of Antiquities in Abusir dann eine noch genauere Beschreibung dieses Ereignisses. Auf einem Relief sind vier bauchige Schiffe zu sehen, die mit exotischen Waren beladen vor dem König auflaufen. An Bord befinden sich Hunde, Esel – und Bäume. »nht nt and« nennt der erklärende Text die Gewächse: Myrrhe-Bäume. Die wachsen natürlicherweise nicht am Nil, sondern nur im trockenen Klima der Region um das Horn von Afrika – wo heute die Staaten Somalia und Äthiopien liegen. Doch Sahure versuchte, das exotische Gewächs einzubürgern. Ein anderer Teil des Reliefs zeigt, wie der Pharao höchstpersönlich die neuerworbenen Bäume im Garten seines Palastes pflegt.

Auch Djedkare, achter Pharao der 5. Dynastie (ca. 2410–2380 v. Chr.), bezog Güter aus Punt. Noch rund hundert Jahre nach seinem Tod wird in einem Grab aus der 6. Dynastie erwähnt, dass Djedkare von einem seiner Schatzmeister einen Zwerg aus Punt geschenkt bekam. Und ebenfalls in der 6. Dynastie tauchen auch die Schiffe wieder in den Inschriften auf. Der Adlige Pepi Nakht listet unter den großen Taten seines Lebens in seiner Grabkammer in Elephantine, dass er ein Schiff bauen ließ – für Reisen nach Punt.

Doch die Grenze zwischen Realität und Mythos ist dünn. Ein altägyptisches Märchen aus der Zeit der 12. Dynastie kennt Punt nicht als realen Ort, sondern als sagenhafte Insel. In der »Geschichte des Schiffbrüchigen« berichtet ein Offizier von einem Seemann, dessen Schiff bei einem Sturm zerschmettert wurde. Eine Welle spülte ihn ans Ufer einer einsamen Insel, auf der er unermessliche Reichtümer fand. Herrscher über diese Schätze war eine Riesenschlange aus Gold, mit Augenbrauen aus Lapislazuli. Die Schlange ist freundlich und verspricht dem Schiffbrüchigen eine sichere Heimkehr. Als dieser ihr für die

Gastfreundschaft Geschenke darbringen will, lacht das Riesenreptil ihn nur aus: Es habe doch schon alles – schließlich sei es der Herrscher von Punt.

Der Weg nach Punt führte also über das Wasser. Kurz vor Weihnachten im Jahr 2004 entdeckten die Ausgräberin Kathryn Bard von der amerikanischen Boston University und ihr italienischer Kollege Rodolfo Fattovich von der Universität Neapel »l'Orientale« im Wadi Gawasis unweit der Küste des Roten Meeres die bislang heißeste Spur, die direkt in das Goldland führt. Gut beschützt vom Wüstensand hatten in mehreren Höhlen fast 4000 Jahre lang die Reste einer Flotte überdauert. Die Forscher fanden intakte Schiffsplanken und Ruder. Die Taue lagen noch sorgsam aufgerollt am Boden – gesichert mit Knoten, die ein ägyptischer Seemann vor Tausenden von Jahren geschlagen hatte. Unter einem Sandhaufen, zum Teil angefressen von Termiten, entdeckten die Ausgräber die Reste von 21 Holzkisten. Alle waren leer. Aber auf einer Kiste stand noch zu lesen, was sie einst enthielt: »Wundervolle Dinge aus Punt«.

Seit sie aus dem sagenhaften Goldland zurückgekehrt waren, hatte niemand mehr diese Schiffe berührt. Das Team von Bard und Fattovich hatte den Hafen gefunden, von dem aus mindestens seit dem Beginn des Mittleren Reiches die Schiffe nach Punt aufgebrochen – und zu dem sie zurückgekehrt – waren. Keramikscherben in den Höhlen verrieten auch, wann die letzten Seeleute hier gewesen waren: Es waren Händler aus der Zeit von Hatschepsut.

Die Archäologen fanden weder eine Wegbeschreibung noch eine Karte. Dafür aber Löcher. Schiffsbohrwürmer hatten sich in die Planken gefressen. Diese Muschelart lebt aber ausschließlich im Salzwasser – die Schiffe mussten also eine lange Fahrt auf dem offenen Roten Meer zurückgelegt haben.

Das war allerdings kein entspannter Segeltörn – zumal nicht für Seeleute, die in der Wüste aufgewachsen waren. Der logistische Aufwand für eine Expedition nach Punt war enorm. Die Reise muss den alten Ägyptern in etwa so exotisch vorgekommen sein wie uns heute ein Flug zum Mond. Es begann mit der schwierigen Beschaffung von Bauholz für die Schiffe. Der wenig fruchtbare Boden Ägyptens lieferte kein Holz, das dafür geeignet gewesen wäre. Also schafften die Schiffbaumeister Zedern aus dem Libanon an den Nil. Die Werften lagen wahrscheinlich in Koptos am Ostufer des Flusses. Koptos diente den Karawanen als Sammelplatz für die Überquerung der Wüste zum Roten Meer und wurde so schon früh zu einem wichtigen Handelsplatz. Doch wie kamen die Schiffe über diesen Wüstenstreifen? Sie wurden auseinandergebaut und auf Esel verladen. Kamele hatten die Ägypter damals noch nicht kennengelernt. Zehn Tage brauchten die Lasttiere, um die Wüste zu durchqueren. Es muss ein gewaltiger Zug gewesen sein: Nicht nur die Schiffe mussten auf die andere Seite der Wüste, sondern auch die gesamten Mannschaften – plus Proviant und Wasser.

Ziel der Karawane war das Wadi Gawasis. Das lag damals an einer Lagune mit direktem Meerzugang. Auf Satellitenaufnahmen sind noch die Schatten von Dockanlagen an ihrem Ufer zu erkennen. Jetzt begann die eigentliche Arbeit. Die Schiffe mussten wieder zusammengesetzt werden. Dabei halfen den Baumeistern Zahlen oder farbliche Markierungen an den einzelnen Schiffsteilen. Dann endlich konnte es losgehen – nach Punt. Kam eine Expedition erfolgreich zurück, war der Heimweg allerdings doppelt beschwerlich. Denn jetzt galt es nicht nur, die Schiffe wieder an den Nil zu schaffen – sondern auch all jene »wundervollen Dinge aus Punt«.

Kein Wunder also, dass Hatschepsut diese Schätze aus dem

sagenhaften Goldland auf den Wänden ihres Totentempels im Deir el-Bahari am Westufer des Nils in Theben in aller Ausführlichkeit verewigen ließ. Eine eigene Halle des Tempelkomplexes ist der Expedition nach Punt gewidmet, auf welche die Herrscherin im neunten Jahr ihrer Regierung den Schatzmeister Nehesi schickte. Auf den Tempelwänden sind zunächst die Schiffe zu sehen – und deren Besatzung. Die bestand pro Schiff aus 30 Ruderern – 15 auf jeder Seite –, vier Männern für die Takelage, zwei Steuermännern, einem Navigator, einem Aufseher für die Ruderer und einem Kapitän. Hinzu kamen noch ein paar Soldaten. Insgesamt drängen sich auf den fünf dargestellten Schiffen rund 210 Männer.

Die nächste Szene zeigt eine der wenigen bekannten ägyptischen Landschaftsmalereien: das idyllische Punt. Heute sind die Bilder leider nur noch sehr verblasst zu sehen. Doch als junger Mann zeichnete Howard Carter die damals noch farbenprächtigen Hütten für seinen Auftraggeber und Lehrer Henri Édouard Naville ab – so blieb zumindest eine Kopie erhalten. Die Menschen in Punt leben, sehr anders als die Ägypter, in runden Hütten, die auf Stelzen stehen. In die Behausungen gelangt man nur über Leitern. Darunter wachen weiße Hunde über die Wohnstätten. Das Leben scheint gemächlich in Punt. Unmittelbar neben den Häusern beginnt ein dichter Bewuchs von Dattelpalmen und Platanen. In deren Schatten weidet eine Kuh und ein Vogel fliegt vorbei. Seine charakteristischen Schwanzfedern verraten ihn als einen Nektarvogel – einen *Cinnyris metallica*. Außerdem tummeln sich Affen, Leoparden, ein Nilpferd und Giraffen in dem seltsamen Wunderland.

Dann trifft der Betrachter die königliche Familie von Punt. Kurze Inschriften erläutern, dass es sich dabei um Parihu und seine Frau Ati handelt sowie die zwei Söhne und die Tochter des Paares. In seiner Kleidung unterscheidet sich Parihu nicht wesentlich von den Ägyptern. Wie sie ist er in ein *shenti* gekleidet, eine Art Lendenschurz, der bis zu den Knien reicht. Doch sein Kinn schmückt ein am Ende leicht nach oben gebogener Bart. Am Nil dürfen lediglich die Götter oder verstorbenen Pharaonen ihren Bart auf diese Art frisieren. Parihus Frau Ati ist reich geschmückt. An Hand- und Fußgelenken trägt sie Ringe, eine Kette um den Hals und ein Stirnband um den Kopf. Doch weder der Schmuck noch ihr gelbes Kleid können von der grotesken Hässlichkeit der Herrscherin ablenken. Dicke Fettwülste hängen von ihren Armen und Beinen. Der Rücken biegt sich im krankhaften Hohlkreuz, ihr unförmiges Hinterteil ist dadurch weit herausgestreckt. Die Tochter des Paares ist offensichtlich noch jung – doch auch bei ihr zeigen sich erste Anzeichen von Fettleibigkeit und verkrümmter Wirbelsäule, während ihre Brüder schlank und gerade nebeneinander herschreiten.

Endlich sieht der Besucher des Tempels, was die Seeleute alles für die Rückreise auf die Schiffe verladen. Einige tragen junge Myrrhe-Bäume mit Erdballen um die Wurzeln an Bord. Einheimische bringen weitere Schätze herbei: Elfenbein, Weihrauch, Amphoren mit Goldstaub, eine lebendige Giraffe und Paviane. Leider nur inschriftlich erwähnt sind ein Elefant und ein Pferd. Mit dem Weihrauch hatte Hatschepsut etwas ganz Besonderes vor. Sie zerrieb ihn und machte daraus eine duftende Schminkpaste für ihre Augen.

Während der friedlichen Zeiten ihrer Regierung förderte sie nicht nur den Handel, sondern trieb auch überall im gesamten Reich ambitionierte Bauprojekte voran. Das bekannteste ist mit Sicherheit ihr Totentempel in Deir el-Bahari, an dessen Wänden sie unter anderem die Punt-Geschichte verewigen ließ. Doch auch die Tempel in Karnak, in denen die Hyksos fürchterlich gewütet hatten, profitierten von ihren Zuwendungen. Hier steht auch heute noch einer von zwei Obelisken, die Hatschepsut errichten ließ – damals die höchsten, die je ein Pharao in Auftrag gegeben hatte. 32 Meter ragt der spitze Pfeiler in die Höhe, die Spitze funkelte ehemals eingehüllt in eine Schicht aus kostbarem Elektron.

Auch an Statuen ließ die Herrscherin nicht sparen. Hatschepsut wurde so oft in der Rundplastik dargestellt, dass heute fast jedes Museum der Welt mit einer ägyptischen Sammlung mindestens eines ihrer Porträts beherbergt. Das Metropolitan Museum of Art in New York widmet ihren Bildnissen sogar gleich einen ganzen Raum. Viele der Statuen und Reliefs zeigen sie mit den Attributen eines männlichen Pharao: dem Khat-Kopftuch der Pharaonen, die herrschaftliche Uräusschlange, sogar den traditionellen falschen Bart und dem Lendenschurz *(shenti)*. Lange führten diese maskulinen Darstellungen zu der Annahme, dass Hatschepsut ihre eigene Weiblichkeit geleugnet und sich selber als Mann präsentiert habe. Doch vielmehr sind es keine rein männlichen Attribute, sondern Zeichen der Macht, mit denen sie sich schmückt. Für die Öffentlichkeit war es wichtiger, sie im Vollbesitz der Macht als ihre Weiblichkeit zu sehen. Die hat sie allerdings nie geleugnet. Von sich selber spricht sie auch zu Zeiten, in denen ihr offizielles Porträt sie als strengen Herrscher präsentiert, immer noch als »wunderschöne Frau«, wenn nicht sogar als »schönste aller Frauen«.

Als Jean-François Champollion, der Entzifferer der Hieroglyphen, ihren Totentempel in Deir el-Bahari betrat, verwirrte ihn diese Diskrepanz zwischen Wort und Bild: »Ich war überrascht, dass überall in diesem Tempel der berühmte Moeris (Thutmosis III.), geschmückt mit allen Königsinsignien, einem gewissen Amenenthe (Hatschepsut) Platz machte, nach dessen Namen wir die Königslisten vergeblich durchforsten. Und noch erstaunter war ich, dass beim Studium der Inschriften die Nomen und Verben, wenn sie sich auf diesen bärtigen König im vollen Ornat der Pharaonen bezogen, in der femininen Form standen, als ob es sich um eine Königin handeln würde. Auf diese Merkwürdigkeit stieß ich allerorten.«

Wenn es also jemals eine »gute alte Zeit« in der 18. Dynastie gab, zu der es sich zurückzukehren gelohnt hätte, dann war dies die Herrschaft Hatschepsuts. Knapp 22 Jahre lang blühte Ägypten in Frieden und Wohlstand. Sie starb am 14. Januar 1457 vor Christus – woran, ist ungewiss. Da ihre Mumie nicht in ihrem Grab mit der heutigen Bezeichnung KV 20 im Tal der Könige lag und auch sonst nicht ausfindig gemacht werden konnte, hielt sich lange die Vermutung, Hatschepsut sei ermordet und ihr Leichnam unehrenhaft entsorgt worden. Dafür gibt es aber sonst keinerlei Anhaltspunkte.

Überraschenderweise stellte am 27. Juni 2007 die ägyptische Antikenbehörde eine Mumie vor, die sie als Hatschepsut identifiziert haben wollte. Es war eine lange Zeit vernachlässigte Mumie aus dem Grab KV 60, dem Grab von Sitre-In, der Amme Hatschepsuts. Als Howard Carter 1903 das Grab entdeckte, lagen darin zwei Tote: eine Frau in einem Sarg, der den Namen Sitre-Ins trug, sowie eine weitere Frau ohne Sarkophag. Während Sitre-In wenig später ins Kairoer Museum kam, blieb die andere Frau teilweise ausgewickelt auf dem Fußboden des Grabes liegen. Ein Arm war angewinkelt, was der typischen Haltung einer Königin entsprach. Der Kopf war kahlgeschoren, allerdings lagen neben ihr Büschel von rotblonden Haaren. Besonders auffällig aber war ihr Körperumfang – die Frau litt an Fettleibigkeit. Aufgrund der Körperfülle konnten die Einbalsamierer die Organe nicht durch den üblichen Schnitt im

Unterleib entnehmen – sie hatten sich über den Beckenboden Zugriff zu ihren Innereien verschafft.

Mit dem Titel »schönste aller Frauen« konnte man diesen Leichnam wahrlich nicht bezeichnen. Als die etwa 1,59 Meter große Frau verstarb, war sie 40 bis 60 Jahre alt. Sie litt an Arthritis an den Wirbelknochen, einem Bandscheibenvorfall und Osteoporose. Wenn sie nicht an Diabetes gestorben war, dann an einem Tumor, den die Forscher am linken Darmbein fanden. Viele Zähne waren kariös oder abgebrochen – darunter auch der siebente obere Zahn auf der linken Seite, von dem die Wurzel noch im Kiefer steckte. In diese Zahnlücke, vermeldete die Antikenbehörde, passe nun genau ein Zahn, der schon 1881 in dem Sammelgrab von Deir el-Bahari gefunden wurde, in einem Holzkasten mit der Namenskartusche Hatschepsuts darauf. Außer dem Molaren enthielt die mysteriöse Kiste noch die mumifizierten Reste eines Organs, vermutlich einer Leber oder eines Magens. Zu dumm nur, dass wenig später ein Zahnarzt feststellte, dass es sich bei diesem losen Zahn um einen Molaren des Unterkiefers handelte. In die Lücke im Oberkiefer konnte er folglich nicht passen. Damit gab es nun keinen Anhaltspunkt mehr, die fettleibige Dame aus KV 60 für Hatschepsut zu halten – und möglicherweise war sie eben doch eine »wunderschöne Frau«.

Nun war die Zeit für Thutmosis III. gekommen, die Herrschaft endgültig zu übernehmen. Über diesen Regierungswechsel ist sehr viel spekuliert worden, da einige Zeit nach Hatschepsuts Tod viele ihrer Namenskartuschen ausradiert wurden. Dies, vermuteten einige Ägyptologen, sei eine Racheaktion ihres Neffen Thutmosis III. gewesen, weil sie ihn über zwei Jahrzehnte lang vom ägyptischen Thron ferngehalten habe. Doch auch wenn es Hatschepsut war, die während dieser Zeit im Rampenlicht stand, dümpelte Thutmosis III. keineswegs in ihrem Schatten tatenlos dahin. Seine Autorität stand nie in Frage: »Sein Sohn trat an seine (Thutmosis II.) Stelle als König der beiden Länder, er herrschte auf dem Throne dessen, der ihn erzeugt hatte«, berichtete der thebanische Baumeister Ineni an den Wänden seines Grabes. Sobald er alt genug war, übernahm Thutmosis III. zudem den Oberbefehl über das ägyptische Heer und erwies sich bald als geschickter und von allen geschätzter Anführer. Mit dem Militär im Rücken wäre es ihm ein Leichtes gewesen, Hatschepsut vom Thron zu verjagen – wenn er es denn gewollt hätte.

Wir wissen also nicht, wie das Verhältnis zwischen Hatschepsut und Thutmosis III. war, als die Königin starb. Aber das letzte Zeugnis, das wir aus ihrer Regierungszeit haben, ist eine Stele vom Sinai aus dem 20. Jahr ihrer Herrschaft. Sie zeigt Hatschepsut und Thutmosis III. bei einer Opferhandlung – und beide sind ganz klar ebenbürtig dargestellt. Jedenfalls scheint Thutmosis III. viel von ihr gelernt zu haben. Wie schon seine Stiefmutter begründete auch er seinen Thronanspruch nicht nur mit seinem Stammbaum, sondern machte göttlichen Einfluss für seine Wahl zum König geltend. In einer Inschrift im Tempel von Karnak erklärt er, dass Amun-Re persönlich ihn für die Herrschaft bestimmt habe: »Amun, mein Vater ist er, ich bin sein Sohn, er befahl mir, dass ich auf seinem Throne sei, als ich noch einer war, der in seinem Neste ist.«

Solange Hatschepsut am Leben war, mögen die beiden sich harmonisch gleichgesinnt präsentiert haben. Kaum lag Hatschepsut aber in ihrem Grab im Tal der Könige, änderte sich Ägyptens Politik radikal. Die Alleinherrschaft von Thutmosis III. begann mit einem Paukenschlag: Der Pharao marschierte nach Vorderasien. Was für Hatschepsut die friedliche Handelsexpedition ins südliche Punt gewesen war, war für ihren Nachfolger diese militärische Expedition gen Norden. Die Schlacht von Megiddo und die anschließende Belagerung der Stadt ist die bestdokumentierte militärische Auseinandersetzung, die wir aus dem alten Ägypten kennen. Thutmosis ließ die Ereignisse des Jahres 1457 vor Christus in aller Ausführlichkeit an die Wände des Annalensaals im Tempel von Karnak schreiben.

Warum er nach Megiddo zog, lässt er allerdings offen. Entweder witterten die syrischen Fürsten nach dem Tod Hatschepsuts eine Schwäche und verbündeten sich zu einem Angriff auf das Land am Nil – oder Thutmosis III. wollte von vornherein verhindern, dass sie überhaupt nur auf den Gedanken kommen könnten, und holte zu einem gewaltigen Präventivschlag aus. Die Führung der Feinde hatte der Fürst von Kadesch übernommen, insgesamt berichten die Tempelinschriften von 330 syrischen Fürsten, die sich in der Festung Megiddo zusammengerottet hatten. Thutmosis III. führte sein Heer nicht über den üblichen Weg dorthin, sondern über einen schmalen Pass im Karmelgebirge. So gelang es dem ägyptischen Heer, die Feinde zu überrumpeln. Der Pharao selber kämpfte an vorderster Front: »Seine Majestät zog aus auf seinem Streitwagen von Elektron, geschmückt mit dem Glanze seiner Waffen wie Horus, starken Armes, Herr der Tat wie Month von Theben«.

Hätten die Ägypter konsequent den fliehenden Soldaten nachgesetzt, wäre es womöglich ein glatter Sieg gewesen. Doch stattdessen erlagen sie der Versuchung, das zurückgelassene Lager der feindlichen Truppen zu plündern: »Da erbeutete man ihre Pferde und ihre Streitwagen von Gold und Silber, gemacht zur Kampfbeute. Ihre Krieger lagen hingestreckt wie die Fische im Bausch des Netzes, das siegreiche Heer Seiner Majestät aber zählte ihre Habe.« Die überlebenden Syrer verschanzten sich hinter der sechs Meter dicken und zehn Meter hohen Mauer von Megiddo. Wie lange sie der Belagerung standhielten, ist nicht sicher, die Schätzungen reichen von einem bis sieben Monaten. Am Ende aber kamen »die Fürsten dieses Fremdlandes (…) an auf ihren Bäuchen, um die Erde vor der Gottesmacht Seiner Majestät zu küssen und Atemluft für ihre Nasen zu erflehen – weil seine Kraft groß war und weil die Gottesmacht des Amun [gegen alle] Fremdländer so groß war«.

Für den Rest seiner Regierungszeit zog Thutmosis III. fortan jedes Jahr erneut auf militärische Razzien nach Vorderasien. Meist ging es lediglich darum, kleine Denkzettel in Form von Tributeintreibungen oder Plünderungen zu verpassen. Lediglich im achten und im zehnten Jahr sollte es noch einmal zu echten Schlachten kommen. Auch im Süden sorgte Thutmosis III. mit militärischer Präsenz für einen gesunden Respekt der Nachbarn. Das war allerdings kein Neuland für ihn: Dort hatte er auch schon zu Zeiten der Co-Regentschaft mit Hatschepsut wiederholt Kampagnen durchgeführt. Aber dies war nicht mehr Hatschepsuts friedliches Ägypten. Das Land war zu einer selbstbewussten Supermacht geworden. Thutmosis III. zeigte seine Zähne. Mit Ägypten war jetzt nicht mehr zu spaßen. In den 20 Jahren seiner Alleinherrschaft führte Thutmosis III. 17 Feldzüge und eroberte dabei 350 Städte zwischen dem Euphrat im Norden und Nubien im Süden.

Pharao Thutmosis III. wurde oft mit Napoleon Bonaparte verglichen – und das nicht nur wegen seiner aggressiven Expansionspolitik. Denn so wie Napoleon auf seinem Ägypten-Feldzug nicht nur Soldaten im Gefolge hatte, sondern ebenso Ingenieure, Astronomen, Geographen, Botaniker und Linguisten, interessierte sich Thutmosis III. ebenfalls nicht nur für Kriegsbeute, sondern auch für die Flora und Fauna der eroberten Gebiete. Schon Hatschepsut hatte ja ausführlich dokumentieren lassen, was ihre Expedition aus dem Goldland Punt an exotischen Pflanzen und Tieren mitgebracht hatte. Thutmosis III. trieb nun diese Begeisterung für Biologie sogar noch weiter. Im nordöstlichen Teil seines Festtempels in Karnak dienen die Wände als Katalog für seinen sogenannten Botanischen Garten. Die »seltenen Pflanzen und schönen Blumen« sowie Tiere sammelte der Pharao auf seinem dritten Feldzug im 25. Regierungsjahr nach Retjenu, in der heutigen Region von Israel, Palästina und Syrien, und spendete sie anschließend dem Amun-Tempel. Akribisch ist die wissenschaftliche Beute auf den Tempelwänden inventarisiert.

Auch um den Fortbestand der Dynastie kümmerte Thutmosis sich rechtzeitig. Es hätte eigentlich nahegelegen, mit einer Ehe zwischen ihm und seiner Halbschwester, Hatschepsuts Tochter Neferu-Re, die königliche Blutlinie weiterzuführen. Doch obwohl Neferu-Re den Titel der Gottesgemahlin des Amun trug und damit designiert war für die Ehe mit dem Thronfolger, wurde sie niemals Große Königliche Gemahlin. Den Titel verlieh Thutmosis III. Satiah, der Tochter der königlichen Amme Ipu. Mit ihr zeugte er drei Kinder, die aber, wie auch ihre Mutter, noch zu Lebzeiten des Pharao starben. Nach Satiahs Tod ehelichte er Meritre Hatschepsut, die Tochter einer Priesterin. Sie gebar ihm den Sohn Amenophis II. und zwei Töchter, Merit-Amun und Tija.

Wahrscheinlich bot Thutmosis III. auch körperlich einen imposanten Anblick. Mit 1,71 Metern war er größer als alle anderen Pharaonen der 18. Dynastie, mit Ausnahme des riesenhaften Amenophis I. Seine breite Brust, die muskulösen Arme und Beine sowie die großen Hände und Füße verliehen ihm zusätzliche Autorität. Vermutlich war er ein begeisterter Athlet, der sich auf seinen Feldzügen sportlich mit den eigenen Soldaten messen konnte. Unter ihm begann eine Sportbegeisterung in Ägypten, die sein Sohn später enthusiastisch fortführen sollte.

Etwa zwanzig Jahre lang saß Thutmosis III. bereits als Alleinherrscher auf dem Thron, als plötzlich im ganzen Land Steinmetze begannen, den Namen Hatschepsuts an ihren Monumenten zu tilgen. Was der Grund für diese *damnatio memoriae* war, gehört zu den großen ungelösten Rätseln der 18. Dynastie. Der Pharao selber schien, auch wenn er 22 Jahre lang auf die Alleinherrschaft hatte warten müssen, nie einen Groll gegen seine Stiefmutter gehegt zu haben. Möglicherweise gab erst sein Sohn Amenophis II. den Befehl für die Namenstilgung, nachdem Thutmosis III. ihn zum Co-Regenten erhoben hatte. Immerhin ist von ihm bekannt, dass er viele Bauwerke Hatschepsuts usurpierte und für sich beanspruchte. Je weniger die Ägypter sich an Hatschepsut und ihre blühende Regierungszeit erinnerten, desto mehr verblassten jedenfalls auch Thronansprüche möglicher Nachkommen ihrer Linie, die Amenophis II. hätten gefährlich werden können. Damit stellt sich die Frage: Wenn sich die Ägypter später zu Zeiten Echnatons und Tutanchamuns an die Jahre unter der Regierung Hatschepsuts erinnerten, dachten sie dann an ein friedliches, blühendes Ägypten? Oder an eine Usurpatorin des Throns, deren Name nicht mehr ausgesprochen werden durfte?

Unter Hatschepsut war Ägypten groß geworden, unter Thutmosis III. noch größer. 53 Jahre, 10 Monate und 26 Tage lang herrschte er über das Land, dreißig davon als Alleinherrscher. Historische Bedeutung ist schwer zu messen. Doch Thutmosis III. gehörte zweifellos zu den bedeutendsten Pharaonen der ägyptischen Geschichte. Bei dem hohen Alter, das er erreichte, ist es nur wahrscheinlich, dass er tatsächlich friedlich in seinem

Bett starb. Sein Grab im Tal der Könige, heute mit der Nummer KV 34 versehen, sollte nicht seine letzte Ruhestätte bleiben – Émile Brugsch entdeckte die Mumie 1881 im Sammelgrab von Deir el-Bahari. Sie war stark zerstört, die Grabräuber der Rasul-Familie hatten sie auf der Suche nach wertvollen Amuletten in drei Teile zerbrochen. Einzig das Gesicht, von den antiken Einbalsamierern mit einer Schicht aus Teer konserviert, war relativ gut erhalten. »Sein Aussehen entspricht nicht unserer Erwartung von einem Eroberer«, urteilte Gaston Maspero, als er die Mumie 1886 auswickelte. »Die Stirn ist ungewöhnlich niedrig, die Augen tief eingesunken, der Kiefer kräftig, die Lippen dick und die Wangenknochen extrem vorstehend. Die gesamte Physiognomie erinnert an diejenige von Thutmosis II., wenn auch mit mehr Energie.«

Amenophis II. trat ein großes Erbe an. Doch er hatte nicht nur viel von seinem Vater gelernt, er besaß mit Sicherheit auch von sich aus hervorragende Führungsqualitäten. Vor allem beherrschte er die Sprache der Symbolik, wie er vermutlich bereits bei der Tilgung von Hatschepsuts Namen unter Beweis gestellt hatte. In seinem dritten Regierungsjahr trug er in Tachsi, südlich von Kadesch am Orontes, einen Sieg davon. Sieben Fürsten der Gegner mussten ihr Leben lassen. Und Amenophis II. begnügte sich nicht mit ihrem Tod allein. Er lässt sie kopfüber am Bug seines Schiffes befestigen und macht sich so auf den Heimweg nach Theben. Dort knüpft er sechs von ihnen an die Stadtmauer. Für den siebenten aber ist die Reise noch nicht zu Ende. Den schickt Amenophis II. weiter den Nil hinauf bis nach Napata am 4. Nilkatarakt. Am Ende der rund 3000 Kilometer langen Reise präsentiert er dort den mittlerweile verwesten Leichnam den Nubiern: Seht her, so ergeht es euch, wenn ihr euch gegen mich auflehnt! Während sein Vater noch stolz die Tiere und Pflanzen dokumentierte, die er von Feldzügen mitbrachte, lässt Amenophis II. vor allem die Kriegsbeute akribisch dokumentieren. Seine Listen umfassen weder Blumen noch Vögel, sondern hauptsächlich tote Feinde, eroberte Waffen und Streitwagen, Silber, Gold und Sklaven.

War schon sein Vater ein begeisterter Sportler gewesen, kann Amenophis II. als der erste bekannte Athlet des Altertums gelten. Die Schreiber hielten seine sportlichen Leistungen im Laufen, Rudern, Bogenschießen und im Umgang mit dem Streitwagen fest. Ob er allerdings tatsächlich eine Handbreit dicke kupferne Zielscheibe durchschießen oder ein Schiff schneller und weiter als 200 Soldaten seiner Flotte rudern konnte, wie sie behaupteten, sei einmal dahingestellt. Jedenfalls ließ er sich sogar ganz offiziell als Sportler im vollen Lauf darstellen – so etwas hatte es in der Kunst zuvor noch nie gegeben.

Mindestens zehn Söhne und eine Tochter soll Amenophis II. gezeugt haben. Seine Hauptfrau war Tiaa – wir kennen sie allerdings erst aus der Regierungszeit seines Sohnes Thutmosis IV. Unter Amenophis II. bleibt Tiaa unsichtbar. Weder ihr Name noch ihre Figur tauchen auf offiziellen Monumenten auf. Keine Königin der 18. Dynastie blieb so weit im Hintergrund wie Tiaa. Nicht einmal den Titel der Großen Königlichen Gemahlin darf sie führen – den trägt während der Regierungszeit von Amenophis II. seine Mutter Meritre Hatschepsut. Einige Forscher haben spekuliert, der Pharao könne unter einer Art Frauenphobie gelitten haben. Schließlich war er es ja vermutlich, der auch den Namen Hatschepsuts überall tilgen ließ. Solange es in seiner Macht stand, sollte nie wieder eine Frau stark genug werden, um den ägyptischen Thron für sich beanspruchen zu können.

Nach 26 Jahren an der Macht starb Amenophis II. im Jahr 1401 vor Christus. Sein Grab mit der Nummer KV 35 ist eins der schönsten im gesamten Tal der Könige. Die Wände sind vollständig bemalt, an der Decke der Grabkammer funkelt ein Sternenhimmel. Als Victor Loret das Grab im Jahr 1898 entdeckte, lag die Mumie noch in ihrem Sarkophag. Allerdings war der Pharao nicht allein: In der 21. Dynastie hatten die Priester der Nekropole 20 weitere Personen in den Kammern in Sicherheit gebracht, darunter neun Könige.

Amenophis II. hatte an allen Fronten Potenz demonstriert: als brutaler Kriegsherr, als erfolgreicher Sportler und als Vater vieler Söhne. Sein Nachfolger erbte nur wenig von der rohen Stärke seines Vaters. Thutmosis IV. war ein Muttersöhnchen und ein Träumer. Seine gesamte Karriere begann mit einem Traum. Da er nicht Amenophis' Erstgeborener war, deutete zunächst nichts darauf hin, dass er einmal den ägyptischen Thron besteigen würde. Dann aber ruhte er sich eines Tages nach einer anstrengenden Löwenjagd im Schatten der großen Sphinx von Gizeh aus und schlief ein. Die 73,5 Meter lange und 20 Meter hohe Skulptur war damals bereits uralt. Vermutlich war es Pharao Chephren aus der 4. Dynastie, der sie um die Mitte des 3. Jahrtausends vor Christus hatte errichten lassen – wen sie ursprünglich darstellen sollte, weiß allerdings niemand so genau. Da sie in einer leichten Senke liegt, sammelt sich um sie herum der Flugsand. Der Schatten, den Thutmosis IV. an jenem Tag genoss, wurde zu dem Zeitpunkt nur noch von ihrem Kopf geworfen. Der Rest ihres Körpers ruhte tief verweht im Wüstensand.

Thutmosis fiel in einen tiefen Schlaf. Plötzlich aber weckte ihn eine Stimme: »Sieh mich an, blicke auf mich, mein Sohn Thutmosis. Ich bin dein Vater Harmachis-Chepre-Re-Atum, der dir das Königreich auf Erden an der Spitze der Lebenden gibt.« Allerdings, fährt der Gott fort, habe er eine große Bitte:

»Der Sand der Wüste, auf dem ich mich befinde, nähert sich mir«, klagt er. Thutmosis möge ihn doch wegschaufeln. Es kam, wie Re prophezeit hatte. Thutmosis IV. bestieg den Thron und begann unmittelbar danach mit den Ausgrabungen der riesigen Skulptur. Als sie vom Sand befreit war, platzierte er zwischen ihren Pfoten die sogenannte Traumstele, auf der diese Geschichte geschrieben steht.

Zehn Jahre lang regierte Thutmosis IV. Ägypten. Außer einigen kleineren militärischen Auseinandersetzungen passierte nicht viel im Reich. Allerdings regten sich die Hethiter und drohten, im Norden Unruhe zu stiften. Um den Frieden zu sichern, probierte der Pharao eine neue Strategie aus: Statt sich mit den Mitanni nur temporär und militärisch zu verbünden, bat er deren König Artatama I. um die Hand seiner Tochter. Das war keine einfache Angelegenheit. Sechs Briefe schrieb Thutmosis IV. an den Mitannikönig – ohne Erfolg. Erst als er Artatama zum siebenten Mal bat, willigte dieser ein. Die mitannische Prinzessin blieb allerdings Nebenfrau, seine Große Königliche Gemahlin war Nefertari. Und nun holte Thutmosis IV. auch seine Mutter Tiaa aus dem Schatten des Harems in die Öffentlichkeit. Er verlieh ihr den Titel der Gottesgemahlin des Amun und zeigte sich auf öffentlichen Monumenten sogar Arm in Arm mit ihr. Oft trat der Pharao auch mit seiner Großen Königlichen Gemahlin und der Gottesgemahlin des Amun gemeinsam auf.

Ebenso wenig wie die psychische Stärke hatte Thutmosis IV. auch nichts von der physischen Stärke seines Vaters geerbt. Als Victor Loret seine Mumie im Sammelgrab von Amenophis II. entdeckte, fand er einen kränklichen Mann, der vor seinem Tod monatelang dahingesiecht war. Besonders berührend aber ist sein Gesicht. Kein Leid spiegelt sich darin, keine Schmerzen.

Um seine Lippen spielt ein glückliches Lächeln – als sei er eben erst im Schatten der Sphinx eingenickt und träumte einen schönen Traum. Mit Thutmosis war die Zeit der Kriegerpharaonen endgültig vorbei. Die Zeit der religiösen Träumer hatte begonnen – eine Entwicklung, die mit Thutmosis' Enkel Echnaton ihren Höhepunkt finden sollte.

Das Tal der Könige:
Königsgräber im Backofen

Solange man zurückdenken konnte, hatten sich die ägyptischen Herrscher in oder zumindest in der Nähe ihrer riesigen Totenmonumente begraben lassen. Zunächst waren es die Mastabas gewesen, rechteckige Bauten mit abgeschrägten Ecken wie der gekappte Rumpf einer Pyramide. Die Könige der 1. und 2. Dynastie ruhten in Grabkammern unter diesen Mastabas. In der 3. Dynastie schließlich bekamen die Stümpfe Spitzen, König Djoser ließ sich um 2650 vor Christus in Sakkara die erste Stufenpyramide der Geschichte bauen. Das gewaltige Bauwerk war mit einer Höhe von 62,5 Metern schon von weitem sichtbar, ein deutliches Statement: Hier ruht ein Pharao, ein Gottkönig. In der 4. Dynastie wurden die Pyramidenwände glatt. Cheops, Chephren und Mykerinos schufen sich mit den drei Pyramiden von Gizeh die wohl berühmtesten Grabdenkmäler der Welt.

In der 4. Dynastie bekamen die Grabkomplexe auch jene Form, die sie für das nächste Jahrtausend mehr oder weniger beibehalten sollten. Direkt am Ufer des Nils stand der Taltempel, durch einen Aufweg mit dem eigentlichen Totentempel und der Pyramide auf der höher gelegenen Wüstenebene verbunden. Allesamt waren dies reiche Anlagen, die nicht zu übersehen waren und auch nicht übersehen werden sollten, sondern die deutliche Botschaft trugen: Hier liegt ein Toter, den es zu verehren gilt. Reichtum aber zieht Diebe an. Zunehmend versuchten die Pharaonen, sich mit technischen Raffinessen gegen Grabräuber zu schützen. Blinde Gänge, Scheingräber oder Fallen sollten Eindringlinge ablenken und den einbalsamierten Mumien der Pharaonen Sicherheit gewähren. Genutzt hat es nichts. »Zu Beginn der 18. Dynastie gab es in ganz Ägypten kaum ein Königsgrab, das nicht beraubt worden war«, schrieb Howard Carter in seiner Beschreibung des Tals der Könige. »Für den Herrscher, der den Platz für seine eigene letzte Ruhestätte aussuchen sollte, ein ziemlich grausiger Gedanke.«

Thutmosis I., dritter Pharao der 18. Dynastie, muss bezüglich der Grabwahl noch paranoider gewesen sein als seine Vorgänger. Wo genau sein Totentempel lag, ist nicht bekannt, möglicherweise überbaute seine Tochter Hatschepsut ihn mit ihrem eigenen Prunktempel im Becken von Deir el-Bahari am Westufer des Nils. Eines aber ist sicher: Sein Grab lag nicht mehr dort, wo er verehrt wurde. Er ließ es versteckt anlegen, in einer Schlucht weit hinter den steil aufsteigenden Hängen des Deir el-Bahari. Dort sollte kein Grabräuber ihn je finden können. Möglicherweise hatte bereits sein Vorgänger, Amenophis I., sich nicht mehr im oder nahe beim Totentempel bestatten lassen. Aus der 20. Dynastie gibt es einen Papyrus, der berichtet, wie das Grab Amenophis' inspiziert und für intakt befunden wurde. Allerdings bleibt die Ortsangabe mysteriös, und kein Grab im Tal der Könige lässt sich diesem Pharao eindeutig zuordnen. Die Ehre fällt also tatsächlich erst seinem Nachfolger Thutmosis I. zu: Er war der erste ägyptische König, der im Tal der Könige begraben wurde – eine Tradition, die seine Nachfolger 500 Jahre lang aufrechterhalten sollten.

Es war ein gewaltiger Spagat, den Thutmosis damit wagte. Auf der einen Seite gebührte ihm als Pharao fortdauernde Verehrung. Dazu war es aber wichtig, dass er nicht in Vergessenheit geriet – sondern mit dem Totentempel, auch »Millionenjahrhaus« genannt, einen Platz schuf, an dem das Volk ihm huldigen konnte. Auf der anderen Seite stand das Sicherheitsbedürfnis, seine Mumie und persönliche Grabausstattung so gut zu verstecken, dass sie auf ewig vor Dieben geschützt wären. Der Kompromiss zwischen diesen beiden Ansprüchen waren die hohen Felswände, die Deir el-Bahari vom Tal der Könige trennen.

Mit dem Bau der Grabkammer beauftragte er seinen Baumeister Inene, der gleichzeitig auch Bürgermeister von Theben war. Fortan durfte der den Titel »Leiter der Arbeiten am Felsgrab des Königs« führen. In einer biographischen Inschrift in seinem Grab berichtet Inene, worauf der Pharao großen Wert legte: »Ich achtete darauf, dass das Aushauen des Felsgrabs Seiner Majestät heimlich geschah. Keiner sah es, keiner hörte es.«

Der Ort, an dem Inene das Grab für seinen Herrscher aushob, war für diese Zwecke gut gewählt. »Das Tal der Königsgräber«, beschreibt Howard Carter ihn schwärmerisch im Grabungsbericht, »schon der Name ist voller Romantik, und ich glaube, unter all den Wundern Ägyptens gibt es keines, das die Phantasie mehr anregt.« Über dem Tal thront der Gipfel des el-Qurn (»das Horn«). Die Hänge des 420 Meter hohen Berges bilden eine natürliche Pyramide – möglicherweise bauten deshalb die Pharaonen, die im Tal der Könige begraben liegen, keine eigenen. Ein geschickter Schachzug: Die pyramidenförmige Felsformation war ein weithin sichtbarer Marker für ihre Gräber. Doch da ein natürlich gewachsener Berg keine Aufmerksamkeit erregt, lockte er auch keine Diebe an. Das Tal ist ohnehin kein Ort, an den lebendige Menschen sich freiwillig begeben würden. Nichts als Steine füllen die Schlucht, und die Sonne ist unerbittlich. Selbst in den Wintermonaten liegt die Temperatur tagsüber meist weit über 20 Grad Celsius, im Sommer ist es mit Temperaturen bis zu 50 Grad Celsius schlicht unerträglich. Regnet es doch einmal, kann sich das Regenwasser nicht ausbreiten, sondern flutet als wilder Strom durch die Talsohle, der alles mit sich reißt, das nicht fest mit dem Felsen verbunden ist.

Wie geheim die Bauarbeiten am Grab von Thutmosis I. tatsächlich waren, sei allerdings dahingestellt. Denn unweit des Tals, eingeschmiegt in ein kleines natürliches Amphitheater am Westufer des Nils, liegt das Dorf Deir el-Medina. Hier lebten von der 18. bis zur 20. Dynastie die Arbeiter, Handwerker und Künstler, die für die Pharaonen die unterirdischen Grabkammern im Tal der Könige aushuben und dekorierten. Da in der Mauer, die das Dorf umgibt, viele Ziegel verbaut sind, in die der Name von Thutmosis gestempelt ist, muss die Siedlung bereits zu seiner Zeit existiert haben. Vermutlich ist sie sogar noch älter, denn die Arbeiter von Deir el-Medina verehrten noch lange Zeit seinen Vorgänger Amenophis I. und dessen Mutter Neferati als Schutzgötter. Jedes Jahr feierten sie dem Pharao und seiner Mutter zu Ehren ein Fest – eine Feier, die sonst nirgendwo in Ägypten abgehalten wurde. Wenn das Dorf aber bereits von Thutmosis' Vorgänger gegründet worden war, dann wussten zumindest die Einwohner von Deir el-Medina, dass dort auf der anderen Seite der Felswand das Grab des Pharao entstand.

»Set Maat« nannten sie ihr Dorf, »Ort der Wahrheit«. Sich selber bezeichneten die Arbeiter als »Diener am Ort der Wahrheit«. Über kaum eine Gemeinschaft Ägyptens ist so viel bekannt wie über die Einwohner dieses Dorfes. Bei den Ausgrabungen des Französischen Instituts für orientalische Archäologie von 1921 bis 1951 fanden die Ausgräber nicht nur Häuser, Tempel und Gräber, sondern auch Tausende beschrifteter Tonscherben, sogenannte Ostraka. Auf diesem billigen, stets in Hülle und Fülle vorhandenen Schreibmaterial hielten die Menschen von

Deir el-Medina alle Alltagsgeschäfte fest: von Lohnauszahlungen über Arbeitsanweisungen, Verträgen und Streitigkeiten bis hin zu medizinischen Rezepten und sogar Liebesbekundungen. In genau jenen Jahren in der ersten Hälfte des 20. Jahrhunderts, in denen Howard Carter das Grab des Tutanchamun leerte und das Leben eines Pharao untersuchte, erforschten die französischen Archäologen in unmittelbarer Nachbarschaft das Leben jener Arbeiter, die das Grab dieses Pharao gestaltet hatten.

Wenn ein Beamter verkündete, »der Falke ist zum Himmel geflogen«, ging eine große Unruhe durch das Dorf. Der »Falke« war kein Geringerer als der Pharao in Gestalt des Horusfalken, und sein Flug gen Himmel bedeutete, dass er das Zeitliche gesegnet hatte. Dann galt es erst einmal, die Thronbesteigung seines Nachfolgers gebührend zu feiern. Wenn aber das letzte Opfertier verspeist und der letzte Weinkrug geleert war, begannen – zumindest in Deir el-Medina – bereits die Vorbereitungen für seinen Tod. Sterben musste auch der neue Pharao früher oder später, und dann sollte sein Grab in voller Pracht bezugsfertig sein. Zunächst musste ein geeigneter Platz gewählt und die Pläne der bereits bestehenden Grabanlagen konsultiert werden, damit das neue Grab kein älteres anschnitt. Nicht immer scheint die Dokumentation allzu sorgfältig gewesen zu sein, denn beispielsweise beim Bau der Grabanlage von Ramses III. durchstießen die Arbeiter versehentlich die Wand zum Grab des Amenmesse.

Die Archäologen fanden in Deir el-Medina mehrere Pläne, zum Beispiel einen Papyrus mit dem Lageplan für das Grab von Ramses IV. oder ein großes Ostrakon mit dem Plan für das Grab von Ramses IX. Doch in der Ausführung weichen die Gräber dann letzten Endes doch an einigen Stellen vom Plan ab. Da die Gesteinsschichten im Talboden nicht gleichmäßig verlaufen, konnten die Arbeiter immer wieder unvorhergesehen auf extrem hartes Gestein wie zum Beispiel große Feuersteinknollen stoßen. Denen war mit den Meißeln aus Kupfer oder Bronze nicht beizukommen – das härtere Material Eisen war damals noch exklusiven Waffen vorbehalten. Entweder änderten sie dann den Verlauf der Gänge und Kammern oder sie ließen den Störenfried, wie den großen Felsblock im Grab des Merenptah, auch einfach stehen.

Für die unterschiedlichen Gänge und Kammern hatten die Menschen in Deir el-Medina eigene Namen. Der tote Pharao selber kam am Ende im »Goldhaus« zu liegen; die Kammer, die seinen Streitwagen beherbergte, hieß »Halle des Wagens«. Andere Nebenkammern nannte man schlicht »Schatzkammern«. Der offene Zugang zum Grab trug den schönen Namen »erster Gottesgang des Re, der auf dem Weg des Lichts ist«. Die Arbeiter meißelten die Räume in Stufen von oben nach unten in den Boden. Durch die porösen Kalksteinlagen kamen sie schnell, länger dauerte es bei den Schichten, die mit Feuerstein durchsetzt waren. Während die erste Truppe die Gänge und Kammern so in den Fels trieb, folgten ihr bereits die Glätter. Sie polierten die Wände und füllten mögliche Risse und Löcher mit Gips und trugen am Ende eine dünne Putzschicht auf. Auf diese konnte nun der Umrisszeichner die Figuren setzen, die dann der Kolorateur nach einem strikten Farbschema ausmalte.

Dabei arbeiteten grundsätzlich zwei Kolonnen: eine rechte und eine linke, benannt je nach der Seite des Grabes, für die sie zuständig waren. Sie unterstanden unterschiedlichen Vorarbeitern und rechneten Arbeitsmaterial sowie Lohn getrennt ab. Sogar über eigene Schreiber verfügte jede Seite, die alle Anweisungen, Einkäufe und Auszahlungen akribisch festhielten.

Die Zahl der Arbeiter blieb nicht immer konstant. Im Durchschnitt dürften es 40 bis 60 Mann gewesen sein, die an einem Grab arbeiteten – und schon damit wurde es in den Gängen zwischen den Kammern sehr eng. Aus den Aufzeichnungen geht allerdings hervor, dass unter Ramses IV. bis zu 120 Arbeiter beschäftigt waren. Hinzu kamen Sklaven, Aufseher, Köche und die wichtigsten Männer im ganzen Tal: die Wasserträger. Bei den mörderischen Temperaturen war der Bedarf an Trinkwasser enorm, aber jeder Tropfen musste mühsam über steinige Pfade herbeigeschafft werden. Nicht nur im Tal der Könige, auch in Deir el-Medina war Wasser Mangelware. Die Hauptquelle lag einen dreißigminütigen Fußmarsch vom Dorf entfernt, auch dort schleppten Wasserträger permanent das lebenswichtige Nass herbei.

Für ihre Arbeit im Tal wurden die Handwerker in Getreide ausbezahlt. Ein gewöhnlicher Arbeiter erhielt 5½ Sack im Monat, ein Vorarbeiter 7½, das entsprach 11 beziehungsweise 15 *deben*, der damaligen Währung in Einheiten zu rund 180 Gramm Kupfer. Brauchte er andere Waren, konnte er sein Getreide eintauschen. Ein Rasiermesser etwa kostete ihn ein bis zwei *deben*, ein Paar Sandalen drei. Ein Ochse entsprach in etwa einem Jahresgehalt.

Auch wenn Deir el-Medina nicht mehr als 1,5 Kilometer Luftlinie vom Tal der Könige entfernt lag, wäre der tägliche Hin- und Rückweg über den Felsgrat doch zu beschwerlich gewesen. Deshalb übernachteten die Arbeiter meist in einem kleinen Camp oberhalb des Totentempels der Hatschepsut. Notizen auf den Scherben von Deir el-Medina berichten darüber, wie sie des Abends ihre warmen Mahlzeiten aus dem Dorf hoch auf den Pass geliefert bekamen.

Die Arbeits»woche« zählte zu Beginn der 18. Dynastie neun Tage, auf die jeweils ein freier Tag folgte, später wurde das Wochenende auf zwei freie Tage ausgedehnt. Gab es schwerwiegende Gründe für weitere freie Tage, etwa eine Krankmeldung, so wurden diese zusätzlich gewährt. Mitunter reichten für die Garantie weiterer freier Tage sogar Begründungen wie ein Streit mit der Ehefrau oder das dringende Bedürfnis, nach durchzechter Nacht einen Rausch auszuschlafen. Zusammen mit den freien Tagen, die ohnehin wegen diverser religiöser Feiertage gewährt wurden, konnten so beispielsweise unter der Herrschaft von Merenptah die Arbeiter ein ganzes Drittel des Jahres daheim in ihren Häusern in Deir el-Medina verbringen.

Die meisten Tätigkeiten, die im Tal der Könige anfielen, waren Männersache. Entsprechend lagen die Alltagsgeschäfte im Dorf die meiste Zeit über in Frauenhand. In einem Fall ist sogar bekannt, dass die Frau eines Vorarbeiters anstelle ihres Mannes die Löhne auszahlte, weil dieser nicht rechtzeitig anwesend sein konnte. Die Kommunikation zwischen der Arbeitsstelle im Tal und dem heimischen Dorf erfolgte in aller Regel schriftlich. Wer von den Arbeitern seiner Frau etwas mitteilen oder ihr Anweisungen geben wollte, musste es ihr aufschreiben und die Scherbe einem Boten mitgeben. Entsprechend mussten aber auch die Frauen in der Lage sein, die Botschaften zu lesen. Aufgrund dieser ungewöhnlichen Trennung von Männern und Frauen durch eine hohe Felswand konnten die meisten Einwohner von Deir el-Medina lesen und schreiben, egal welchen Geschlechts sie waren. Viele der Frauen von Deir el-Medina hatten religiöse Ämter inne und nannten sich ganz offiziell Sängerin oder Priesterin. Für Arbeiten wie das Mahlen des Getreides oder auch für Hilfe mit der Wäsche standen ihnen von offizieller Seite Diener zur Verfügung.

Die langen Zeiten der Abwesenheit der Männer führte natürlich auch immer wieder zu ehelichen Missstimmungen – entsprechend berichten die Ostraka von Deir el-Medina von Trennungen und Scheidungen. Nicht immer waren es die Frauen, die unglückliche Beziehungen beendeten. Von einem gewissen Merymaat ist bekannt, dass er eine Scheidung beantragte, weil er mit dem Benehmen seiner Schwiegermutter nicht zurechtkam. Bei anderen Paaren hingegen scheinen die langen Zeiten der Abwesenheit das Feuer der Liebe eher noch angefacht zu haben, wie die Funde von Liebesgedichten beweisen.

Da Deir el-Medina keine gewachsene Siedlung, sondern mehr oder weniger auf dem Reißbrett entstanden war, mutet der Stadtplan so blockartig an wie bei römischen Stadtgründungen oder US-amerikanischen Großstädten. Auf einer Fläche von lediglich 5600 m² drängten sich zur größten Blütezeit der Siedlung rund 68 Wohneinheiten, die eine Hauptstraße in zwei Blöcke teilten. Jedem Haus standen in etwa 70 m² Grundfläche zur Verfügung, auf der sich vier bis fünf Räume verteilten, hinzu kamen Nutzflächen im Keller und auf dem Dach. Als die Archäologen die Häuser ausgruben, war allerdings nicht mehr viel von der Architektur übrig. Da Holz Mangelware im weitgehend baumlosen Ägypten ist, hatten die Einwohner bei Aufgabe der Siedlung zur Zeit Ramses XI. (etwa 1110 bis 1080 vor Christus) sämtliche Türrahmen und Stützbalken abmontiert. Ohne diese tragenden Elemente aber stürzten die Häuser schnell zusammen.

Die Bewohner Deir el-Medinas waren erstaunlich multikulturell. Neben Ägyptern lebten dort Nubier und Asiaten, von den Ostraka sind über 30 ausländische Namen bekannt. Offenbar hatten also die Pharaonen keine Bedenken, ausländische Kräfte ihre Ruhestätten für die Ewigkeit bauen zu lassen, sie durften kommen und gehen, wie es ihnen beliebte. Möglicherweise galt auch ein Ehrenkodex unter den Dorfbewohnern, denn Außenseiter bekamen nur eine Zutrittsgenehmigung, wenn sie triftige arbeitsrelevante Gründe vorlegen konnten.

Die medizinische Versorgung im Dorf war gut. War man krank, ging man entweder zu einem richtigen Arzt, betete zu einer Gottheit oder bediente sich eines Zauberspruches. Bei Skorpionstichen half ein spezieller Skorpionbeschwörer. Manche fragten auch einfach Verwandte oder Freunde nach der passenden Behandlung eines Leidens. So sind auf den Ostraka die Hausmittel gegen Husten (Trauben), Hautausschlag (eine Paste aus Mimosenblättern und Wachs) oder Blindheit (Honig, Ocker und schwarze Augenpaste) überliefert. Besonders beeindruckend ist eine Zehenprothese, die Archäologen in einem Grab in Deir el-Medina fanden. Der kunstvoll gefertigte große Zeh aus Holz und Leder half dem Träger, wieder ohne Beschwerden gehen zu können.

Selten lebten in einem einzigen Dorf so viele hochtalentierte Spezialisten zusammen wie in Deir el-Medina. Ihr Können nutzten sie natürlich auch für ihre privaten Angelegenheiten. Die Gräber des Dorfes stehen in Ausführung der Steinarbeiten und Bemalung denen der Pharaonen auf der anderen Seite der Felswand in nichts nach.

Nicht immer war aber alles eitel Sonnenschein in Deir el-Medina. Als Ramses III. sein Bauprogramm mit einer Verdoppelung der Arbeiter voranpeitschen wollte, reichten die Getreidevorräte offenbar nicht mehr, um alle ausreichend entlohnen zu können. Immer öfter richteten die Männer sich mit bitteren Beschwerden an ihre Vorarbeiter. Auf einem Ostrakon beschwert sich ein Schreiber bitterlich beim Wesir, »dass wir äußerst elend sind. Alle Sachwerte, die uns zustehen, sind fortgelassen worden. Nicht leicht ist ja das Steineschleppen! Man hat uns auch die sechs Maß Gerste wieder genommen, um sie uns als sechs Maß Erde zu geben. Möge mein Herr etwas tun, damit uns der Lebensunterhalt gewährt wird! Denn wir sind schon am Sterben, wir werden kaum am Leben bleiben. Man gibt sie uns nicht, nämlich irgendeine Entlohnung!« Auf einem anderen Ostrakon ist eine ähnliche Klage zu lesen: Seit zwanzig Tagen schon müssten die Arbeiter auf ihr Getreide warten.

Im Sommer des neunundzwanzigsten Regierungsjahrs von Ramses III., etwa 1165 vor Christus, eskaliert die Situation. Auf dem sogenannten Turiner Streikpapyrus hat der Schreiber Amenacht die Ereignisse festgehalten. Die Arbeiter marschieren vom Tal zu einem der königlichen Totentempel, skandieren dort unentwegt »Wir haben Hunger!« und besetzen bis zum Einbruch der Dunkelheit den Vorhof. Am nächsten Tag wiederholen sie die Aktion am Ramesseum von Ramses II., wo man die letzten Vorräte zusammenkratzt und den Arbeitern wenigstens 55 Brote aushändigt. »Die Magazine sind leer, es ist nichts vorhanden«, klagt Polizeioberst Monthumes den Bürgermeister von Theben an. Am kommenden Morgen reiht Monthumes sich gar in den Protestzug ein, der nun auch um Frauen und Kinder angewachsen ist. Gemeinsam ziehen sie zum Totentempel Sethos' I., wo die Arbeiter endlich ihren Lohn ausgezahlt bekommen. Der Streik hatte zumindest für die restliche Regierungszeit von Ramses III. Wirkung gezeigt, es sind keine weiteren Vorkommnisse bekannt. Erst rund ein halbes Jahrhundert später sollte es unter Ramses IX. und Ramses X. erneut zu Unruhen unter den Arbeitern kommen.

Leere Mägen und volle Gräber sind eine ungünstige Kombination. Die Bewohner von Deir el-Medina verfügten über ein einzigartiges Detailwissen bezüglich der Grabanlagen – und damit auch über alle nötigen Voraussetzungen, sie zu plündern. Tatsächlich belegen sowohl die archäologischen Spuren als auch eine Reihe von erhaltenen Dokumenten, dass die Grabräuberei umso mehr aufblühte, je unruhiger die Zeiten im Tal der Könige wurden. Zwei Phasen der extensiven Plünderungen lassen sich ausmachen: eine gegen Ende der 18. Dynastie, als die Gräber Tutanchamuns, Thutmosis' IV. und möglicherweise Amenophis' III. ausgeraubt wurden, und eine zum Ende der 20. Dynastie, als Korruption, Hunger und Überfälle der Libyer für soziale Unruhen sorgten. Aus Letzterer erzählt vor allem eine Gruppe von Papyri, die sogenannten Grabräuberpapyri. Archäologen entdeckten die Akten zusammen mit weiteren Berichten über Verbrechen in einem Versteck im Tempel von Medinet Habu.

Leider ist der einzige Papyrus, der ganz konkret einen Einbruch im Tal der Könige, nämlich die Plünderung des Grabes von Ramses VI. im neunten Regierungsjahr von Ramses IX., schildert, teilweise beschädigt. Trotzdem zeigt er anschaulich, mit welcher Ruhe die Räuber sich ans Werk machen konnten – und nach was sie suchten. Vier Tage lang ließen sie sich Zeit, um das Grab seiner Schätze zu berauben: »Der Ausländer Nesamun nahm uns und zeigte (uns) das Grab des Königs Neebmatre Meriamun (Ramses VI.), Leben! Reichtum! Gesundheit!, des großen Gottes (…) Und ich verbrachte vier Tage damit, dort einzubrechen, und wir waren alle fünf (dabei). Wir öffneten das Grab, und wir betraten es. Wir fanden einen Korb (?), der auf sechzig (…) Truhen (?) lag. Wir öffneten ihn. Wir fanden (…) aus Bronze ein Waschbecken, eine Kanne, mit der man sich Wasser über die Hände gießt, zwei bronzene *keb*-Gefäße, zwei bronzene *pewenet*-Gefäße, ein *keb*-Gefäß, ein bronzenes *inker*-(…) Gefäß, drei bronzene *irrer*-Gefäße, acht Betten aus verziertem Kupfer, acht *bas*-Gefäße aus Kupfer. Wir wogen das Kupfer der Objekte und der Vasen und fanden es (500 *deben*, ca. 45,5 kg) schwer; auf den Anteil (jeden Mannes?) kamen 100 *deben* (9,1 kg) Kupfer. Wir öffneten zwei Truhen voller Kleider; wir fanden *daiw*-Gewänder aus gutem oberägyptischem Tuch (…), 35 Gewänder aus *ideg*-Tuch, auf jeden Mann entfielen (sieben Gewänder aus) gutem oberägyptischem Tuch. Wir fanden dort einen Korb (?) mit Kleidern liegen; wir öffneten ihn und fanden 25 *rewed*-Schals aus farbigem (?) Tuch darin …«

Im Gegensatz zu dieser recht nüchternen Aufzählung malt Howard Carter in seinem Grabungsbericht erstaunlich romantisierend aus, wie ein solcher Raubzug tatsächlich vonstattengegangen sein mag: »Seltsames muss das Tal gesehen haben, und verwegen waren die Abenteuer, die sich dort abspielten. Man kann sich das tagelange Pläneschmieden vorstellen, die heimlichen nächtlichen Zusammenkünfte auf dem Felsen, das Bestechen und Betäuben der Friedhofswächter, und dann das verwegene Graben im Dunkeln, das Hindurcharbeiten durch ein kleines Loch bis in die Grabkammer, das fieberhafte Suchen bei schwachem Lichtschimmer nach tragbaren Schätzen, und die Rückkehr im Morgengrauen, mit Beute beladen. Dies alles können wir uns vorstellen und uns gleichzeitig vergegenwärtigen, wie unvermeidlich es war. Indem ein König für seine Mumie eine sorgfältige und kostbare Ausstattung vorsah, die er seiner Würde entsprechend fand, trug er selbst zu ihrer Zerstörung bei. Die Versuchung war zu groß. Reichtum, der die habsüchtigsten Träume überstieg, lag dort für den bereit, der Mittel und Wege fand, ihn zu gewinnen, und früher oder später musste der Grabräuber zum Ziel gelangen.«

Zumindest unter den späten Ramessiden war die Grabräuberei kein kleines Delikt einzelner Übeltäter, sondern organisierte Kriminalität im großen Stil. Der Papyrus Abbott, der heute im British Museum liegt und eine Gerichtsverhandlung aus dem 16. Regierungsjahr von Ramses IX. beschreibt, liest sich wie ein

Mafia-Roman. Die Geschichte beginnt damit, dass Peser, Vorsteher des östlichen Theben, Berichte über Grabplünderungen auf der gegenüberliegenden Nilseite zu Ohren kommen. Dort hat sein Gegenspieler Pewero das Sagen, mit dem ihn eine alte Feindschaft verbindet. Peser sieht nun seine Chance gekommen, Pewero einen vernichtenden Schlag zu versetzen – er zeigt ihn bei Chamwese, dem Wesir Gesamt-Thebens, an. Zehn Königsgräber, vier Priesterinnengräber und eine große Anzahl von Privatgräbern habe dieser geschändet und ausgeraubt.

Mit dieser genauen Auflistung der vermeintlichen Schandtaten seines Kontrahenten begeht Peser einen schwerwiegenden Fehler. Denn die Prüfungskommission, die Chamwese nun losschickt, um seine Angaben zu überprüfen, stellt konsterniert fest, dass Peser Pewero zu Unrecht beschuldigt hat. Zwar finden sie tatsächlich fast alle Privatgräber geplündert. Aber es sind nicht etwa vier Priesterinnengräber ausgeraubt, sondern lediglich zwei. Und von den angeblich zehn betroffenen Königsgräbern können sie nur eines als geöffnet bestätigen. Die Kommission – wahrscheinlich mit Taschen ausgebeult von den Bestechungsgeldern, die Pewero ihnen zahlte – befindet, dass Peser eindeutig gelogen hat. Die Anklage wird fallengelassen.

Pewero lacht sich ins Fäustchen – und scheut sich nicht, den Erfolg seinem Kontrahenten noch einmal direkt unter die Nase zu reiben. Am folgenden Tag ruft er »die Aufseher, die Totenstadtverwalter, die Handwerker, die Polizei und alle Arbeiter der Totenstadt« zusammen und schickt sie auf einen Triumphzug hinüber ans Ostufer des Nils. Er gibt ihnen sogar noch eine besondere Anweisung mit auf den Weg: Direkt vor dem Haus des Peser, trägt er ihnen auf, sollen sie ihren Sieg besonders genüsslich und lautstark feiern.

Peser reagiert wie erwartet – er bekommt einen Wutanfall.

Heftig gerät er mit einem der Anführer des Festzuges aneinander. Ein Wort gibt das andere, und am Ende schreit Peser dem Störenfried vor Zeugen ins Gesicht, er werde diesen ungeheuerlichen Vorgang, da der Wesir ja offensichtlich mit Pewero unter einer Decke stecke, diesmal direkt dem Pharao melden. Eine bessere Vorlage hätte er seinem Erzfeind kaum liefern können. Pewero meldet die ungestüme Drohung umgehend seinem Komplizen Chamwese. Der ruft das Gericht zusammen – und zwingt Peser dazu, selber als Richter beizusitzen. In dieser unglücklichen Position muss er sich selbst des Meineides bezichtigen und sich schuldig bekennen.

Als hätte Hollywood schon damals seine Hände im Spiel gehabt, kommt Peser am Ende der Geschichte allerdings doch zu seinem Recht. Einige Zeit später wird im Tal eine Räuberbande geschnappt, die wahrscheinlich schon seit einiger Zeit ihr Unwesen treibt und damit auch für die früheren Plünderungen unter Pewero verantwortlich ist. Insgesamt besteht die Truppe aus acht Dieben, fünf von ihnen werden namentlich genannt: der Steinmetz Hapi, der Kunsthandwerker Iramun, der Bauer Amenemhet, der Wasserträger Kemvese und der schwarze Sklave Ehenufer. Und diesmal geraten sie an einen unbestechlichen Wesir. Der greift zur Doppelrute und löst mit Schlägen auf Hände und Füße ihre Zungen: »Wir öffneten ihre Särge und ihre Hüllen, in denen sie waren. Wir fanden die erhabene Mumie dieses Königs … Da war eine große Reihe von Amuletten und goldenen Schmuckstücken an seinem Hals; sein Kopf war mit einer goldenen Maske bedeckt; die erhabene Mumie dieses Königs war ganz und gar mit Gold bedeckt. Ihre Hüllen waren innen und außen vergoldet und versilbert; mit allen köstlichen Steinen ausgelegt. Wir rissen das Gold ab, das wir an der erhabenen Mumie dieses Gottes fanden, und ihre

Amulette und Schmuckstücke, die an ihrem Halse waren, und die Hülle, in der sie ruhte. Wir fanden des Königs Gemahlin in gleicher Weise; wir rissen alles, was wir an ihr fanden, in gleicher Weise ab. Wir steckten ihre Hüllen in Brand. Wir stahlen ihre Geräte, die wir bei ihnen fanden, als da waren Gefäße aus Gold, Silber und Bronze. Wir teilten und machten das Gold, das wir an den Mumien dieser beiden Götter fanden, und die Amulette, Schmuckstücke und Hüllen in acht Teile.« Die Diebe werden verurteilt und müssen in Karnak darauf warten, dass der Pharao sich für eine angemessene Strafe entscheidet. Zur Auswahl stehen Tod oder Verstümmelung.

Die Aushebung dieser einen Bande ist allerdings nur ein Tropfen auf dem heißen ägyptischen Wüstensand. Aus den Akten wird nicht nur klar, dass die acht Angeklagten bei weitem nicht die einzige Bande sind, die sich an den Königsgräbern bereichert. Auch ein gut funktionierendes Netz aus Hehlern verdient hervorragend an dem Weiterverkauf der Kostbarkeiten – ebenso wie die Beamten und Aufseher, an die ein nicht unerheblicher Teil der Beute in Form von Bestechungsgeldern fließt.

Was in den folgenden knapp dreitausend Jahren im Tal der Könige geschieht, wissen wir nicht. Aber als 1743 der englische Schriftsteller Richard Pococke das Tal bereist, sind die Banditen immer noch – oder schon wieder – da. Er berichtet von einer Räuberbande, die von Kurna aus die Gegend terrorisiert. Das Dorf gilt als Hochburg der Grabräuber – angeblich bestreiten die dort ansässigen Familien bereits seit dem 13. Jahrhundert ihren Broterwerb von dem, was eigentlich den ägyptischen Herrschern im Jenseits das Leben angenehm machen sollte. 1768 folgt der britische Naturwissenschaftler James Bruce und berichtet, wie hartnäckig die Diebe sich jedem Versuch der Vertreibung widersetzen: »Alle sind geächtet und der Todesstrafe verfallen, wenn sie anderswo angetroffen werden. Osman Bey, ein alter Statthalter von Girge, der den von diesen Leuten angerichteten Unfug nicht länger ertragen konnte, befahl, getrocknete Reisigbündel zusammenzutragen, und besetzte mit seinen Soldaten den Teil des Berges, wo die größte Anzahl dieser Elenden sich aufhielt; dann befahl er, ihre sämtlichen Höhlen mit diesen trockenen Reisigbündeln anzufüllen, und steckte sie dann in Brand, so dass die meisten von ihnen umkamen; doch seitdem ergänzten sie ihre Zahl wieder, ohne ihre Gewohnheiten zu ändern.«

Zunächst ignoriert Bruce alle Warnungen. Er möchte die Wandreliefs im Grab von Ramses II. kopieren und richtet sich zu diesem Zweck für die Nacht in dem offenen Grab ein. Plötzlich aber erschrecken seine einheimischen Helfer, schleudern fluchend ihre Fackeln fort und »stießen schreckliche Prophezeiungen aus über all das Unglück, das alsbald nach ihrem Weggang aus der Höhle hereinbrechen werde!«. Mit seinem letzten verbliebenen Diener flüchtet Bruce unter Steinhagel und Schüssen zum Nil herunter.

Ein Name, der untrennbar mit den pharaonischen Gräbern verbunden ist, ist derjenige der Familie Abd el-Rasul – sie gelten als eine Art Adelsgeschlecht unter den Dieben im Tal der Könige. Ihren wohl größten Erfolg verdankten sie einer Ziege. Die war nämlich eines Tages oberhalb des Hatschepsut-Tempels ihrem Besitzer Ahmed Abd el-Rasul abhandengekommen und versehentlich in ein Erdloch gestürzt. Als der sie befreien wollte, merkte er schnell, in was das arme Tier da hineingestolpert war: ein Pharaonengrab. Und zwar kein gewöhnliches, sondern offenbar ein Sammelgrab mit diversen prächtigen Sarkophagen in allen möglichen Zuständen, Schmuck, Keramik, Möbeln, Papyri und Gold, Gold, Gold. Die verirrte Ziege des Ahmed Abd el-Rasul hatte das größte Versteck pharaonischer Mumien des Neuen Reiches gefunden.

Damit hatten die Abd el-Rasuls für Generationen ausgesorgt – wenn sie denn entsprechend vorsichtig mit ihrem Fund umgingen. Als Erstes platzierten sie zur Tarnung einen toten Esel in dem Erdloch – der Verwesungsgestank sollte neugierige Nasen abschrecken. Die Familie schwor sich, gut mit den Schätzen zu haushalten und nur jeweils so viel davon auf den Markt zu bringen, wie sie gerade für ein angenehmes Leben brauchten. Einige Jahre lang veräußerten sie gelegentlich Schmuck und Statuen und mehrten so langsam, aber stetig ihren Reichtum.

Schließlich aber kam ihnen im Jahr 1881 die Altertümerverwaltung doch auf die Schliche und zerrte das Familienoberhaupt der Abd el-Rasuls vor Da'ud Pascha, den Mudir von Kene. Mit dem war nicht zu spaßen. Howard Carter berichtet, welch bleibenden Eindruck der Mudir bei einem seiner Arbeiter hinterlassen hatte, der ihm als Jugendlicher begegnet war: »(Der Knabe) war Dieb von Beruf gewesen und war bei der Ausübung seines Berufes ergriffen und vor den Mudir gebracht worden. Es war ein heißer Tag, und gleich im ersten Augenblick wurde er von großem Schreck befallen, als er sah, wie der Mudir es sich in einem großen, irdenen Gefäß mit Wasser bequem machte.« Aus seiner Badewanne heraus starrte Da'ud den Jungen lange Zeit einfach nur an. »Und als seine Augen durch mich hindurchdrangen«, berichtete dieser, »fühlte ich, wie meine Knochen zu Wasser wurden. Dann sagte er ganz ruhig zu mir: Dies ist das erste Mal, dass du vor mir erscheinst; du bist entlassen, aber nimm dich sehr, sehr in Acht, dass du nicht zum zweiten Mal kommst; und ich war so in Schrecken gebracht, dass ich meinen Beruf wechselte und nie wiederkam.«

So leicht ließ Abd el-Rasul sich allerdings nicht einschüchtern. Er beteuerte seine Unschuld. Und auch die befragten Dorfbewohner schworen Stein und Bein, dass der Beschuldigte ein durch und durch ehrlicher Mann sei. Da'ud Pascha aber kannte seine Leute. Er riet der Antikenbehörde, sich noch ein wenig in Geduld zu üben. Und tatsächlich vergingen nur wenige Wochen, bis sich Mohammed Abd el-Rasul, ein Bruder Ahmeds, bei ihm meldete, die eigene Familie denunzierte – und die Beamten zum geheimen »Banktresor« führte.

Auch wenn dies einen schweren Rückschlag für die Familie bedeutete, übten sie weiterhin ihr Handwerk aus. Als Howard Carter begann, im Tal zu arbeiten, waren die Abd el-Rasuls immer noch überall zugange. Im November 1901 wurden die Wächter des Grabes von Amenophis II. überfallen. Die Wachen erkannten drei der Diebe, zwei davon aus der alten Grabräuber-Sippe: Ahmed el-Rasul und Abdrachman Ahmed el-Rasul. Nun betätigte Carter sich als Detektiv. Er untersuchte den Tatort genauer und fand die Spuren nackter Füße im Staub – genau so, wie sie ihm bereits in dem ausgeraubten Grab des Yi-ma-dua aufgefallen waren. Carter zückte den Fotoapparat und machte in beiden Gräbern Aufnahmen der Fußspuren.

Er hatte auch schon einen Verdacht, wem diese Füße gehört haben könnten – Mohammed Abd el-Rasul, »ein wohlbekannter Grabräuber, dessen Haus auch noch in unmittelbarer Nähe zum Grab lag«. Der musste nun seine nackten Füße herzeigen und von Carter vermessen lassen. »Die Maße stimmten auf den Millimeter genau überein!«, triumphierte dieser. Das Gericht allerdings stand diesen neuen Ermittlungsmethoden skeptisch gegenüber. Die Richter akzeptierten Carters Fotografien nicht als Beweismittel und sprachen Mohammed Abd el-Rasul frei.

Andere Mitglieder der Abd-el-Rasul-Familie dagegen genossen Howard Carters uneingeschränktes Vertrauen. Wer bis Mitte der 1980er Jahre im Ramesseum Resthouse in Kurna einkehrte, traf mit Glück dort Hussein Abd el-Rasul an, einen Enkel des Ziegenbesitzers Ahmed. Fragte man ihn nach seiner Zeit mit Howard Carter, so holte der alte Mann ein Foto hervor. Darauf ist ein Junge zu sehen, der selbstbewusst und stolz in die Ferne schaut. Um seine Schultern liegt schwer der goldene Brustschmuck des Pharao Tutanchamun. Damals, erzählte Hussein Abd el-Rasul gerne, habe sein Vater als Aufseher für Howard Carter gearbeitet, er selber als Wasserträger für die Ausgräber. Als Carter ein Foto des königlichen Schmucks machen wollte, winkte er den jungen Hussein herbei und bat ihn, für das Foto zu posieren – er sähe, fand Carter, dem Pharao Tutanchamun wahrscheinlich sehr ähnlich. 1987 verstarb Hussein Abd el-Rasul. Das Ramesseum Resthouse ist jedoch nach wie vor im Familienbesitz, geführt von seinen Enkeln und Urenkeln.

Wäre das Mumienversteck, das den Abd el-Rasuls als Banktresor diente, unter anderen Umständen entdeckt worden, dann würde es heute vielleicht als bedeutendster Fund der thebanischen Nekropole gelten. Es liegt nicht direkt im Tal, sondern in der Felsausbuchtung Deir el-Bahari. Die dahinterliegenden Wände sind von einer ganzen Reihe von Felsengräbern durchlöchert, zu denen auch das Mumiendepot mit der Nummer DB 320 zählt.

Tutanchamun war nur ein unbedeutender Kindkönig, der wenige Jahre lang die Geschicke Ägyptens lenkte. In der Ziegenstolperfalle von Deir el-Bahari aber lagen rund 40 tote Könige, darunter die größten Herrscher des Neuen Reiches. Ahmosis I. hatte man dorthin in Sicherheit gebracht, der die aufständischen Hyksos endgültig aus dem Nildelta vertrieben hatte, ebenso wie Thutmosis I., dessen Kampagnen an der Levante und in Nubien das ägyptische Reich ansehnlich vergrößert hatten,

Thutmosis III., der in den 54 Jahren seiner Herrschaft während siebzehn Kriegszügen die Grenzen nach Norden bis zum syrischen Niya und im Süden bis zum vierten Nilkatarakt in Nubien hinausgeschoben hatte, und auch Ramses II., der Große, unter dem Ägypten seine höchste wirtschaftliche und kulturelle Blütezeit erlebt hatte und der mit seiner Diplomatie einen fünfzehn Jahre währenden Frieden mit allen Nachbarvölkern hatte aushandeln können.

Als Mohammed Abd el-Rasul seinen Bruder verpfiff, war Gaston Maspero Chef der Antikenbehörde. Doch der weilte gerade in Paris, und so fiel es seinem Vertreter Emil Brugsch-Bey zu, sich von dem reuigen Dieb das Versteck zeigen zu lassen. Einige Jahre später berichtete er in einem Interview von seinem ersten Abstieg in den Grabschacht: »Bald trafen wir auf Kisten voller Grabbeigaben aus Porzellan, Gefäße aus Metall und Alabaster, Draperien und Geschmeide, bis an der Biegung des Ganges eine ganze Traube von Mumienbehältern in solcher Zahl in Sicht kam, dass mir der Atem stockte. Ich riss mich zusammen, untersuchte den Fund, so gut es ging, im Schein meiner Fackel und sah sofort, dass sie die Mumien königlicher Personen beiderlei Geschlechts enthielten – aber das war noch nicht alles. Ich überholte meinen Führer, rannte weiter in die (End-)Kammer und fand dort an der Mauer stehend oder auf dem Boden liegend eine noch größere Zahl von Mumienbehältern von horrender Größe und unglaublichem Gewicht. Ihr Goldüberzug und die polierten Oberflächen spiegelten mein erregtes Gesicht so deutlich wieder, dass es schien, als blicke ich meinen eigenen Vorfahren ins Antlitz.«

Ursprünglich war das Grab die Familiengruft des Hohenpriesters Pinodjem II. gewesen. Im 11. Regierungsjahr des Pharao Scheschonq hatten besorgte Priester die Mumien der Könige hierher in Sicherheit gebracht – mit so vielen der Grabbeigaben, wie sie vor den Räubern und Plünderern hatten retten können. Für einige der Mumien war es nicht die erste Flucht gewesen. Auf Etiketten hatten die Retter die Stationen der Odyssee sorgfältig notiert. Ramses I. und II. sowie Sethos I. hatten zuvor bereits 25 Jahre im Grab der Königin Ahmose Inhapis verbracht, der Gemahlin von König Seqenere der 17. Dynastie.

Emil Brugsch-Bey musste sich schnell entscheiden. Sollte er abwarten und sich langsam und vorsichtig an die Bergung machen, während sämtliche Bewohner Kurnas bereits wie die Schakale um das nun bekannte Erdloch schlichen? Oder sollte er die als Grabräuber bekannten Arbeiter anheuern, um unter seiner Aufsicht so rasch wie möglich zu retten, was zu retten war – bevor weitere Diebstähle und Überfälle die Funde noch weiter dezimierten? Er entschied sich, den Einheimischen zu vertrauen – und räumte das gesamte Grab in nur 48 Stunden leer. Howard Carter, der sich für die Räumung des Tutanchamun-Grabes zehn Jahre Zeit ließ, bemerkte dazu später einmal nüchtern: »Heutzutage arbeiten wir nicht mehr ganz so schnell.« Die Sorgfalt zahlte sich für Carter aus. Während seine Funde aus dem Grab des unbedeutenden Kindkönigs heute immer noch als Sensation gelten, verkam der Fund von Deir el-Bahari zu einem kleineren Kapitel in der Geschichte des Tals der Könige.

Die 40 Mumien ließ Brugsch-Bey nach Luxor schaffen und dort an Bord eines vom Ägyptischen Museum gecharterten Schiffes, der *Menshiéh*, verladen. Er selber stand an Deck, als das Schiff ablegte. Kaum glitt es den Nil entlang, strömten am Ufer die Menschen zusammen. Die Frauen bewarfen sich mit Staub und rieben sich die Brüste damit ein; die Männer feuerten ihre Gewehre ab zu Ehren der toten Könige. Lauter Klagegesang begleitete die *Menshiéh* auf ihrer Fahrt. Brugsch-Bey fühlte sich unter den Blicken der Trauernden selber wie ein Dieb, der die Pharaonen aus ihrer – wie auch immer provisorischen – letzten Ruhe gerissen hatte.

Howard Carter verteidigte Brugsch-Beys Handeln: »Indem wir die Altertümer den Museen zuführen, sorgen wir für ihre Erhaltung; an Ort und Stelle gelassen, würden sie unvermeidlich früher oder später zur Beute der Diebe werden, was ihrer Vernichtung gleichkäme.« Im Falle der Mumien aus dem Depot DB 320 war dies allerdings Wunschdenken. In den Folgejahren machten sich Insekten über die Leichen der großen Herrscher her, Feuchtigkeit sickerte durch die Leinenbinden und bot verschiedenen Pilzarten ein willkommenes Milieu. Nicht alle Mumien waren so glücklich wie die von Ramses II. Der wurde am 26. September 1976 mit einer Transall-Maschine nach Paris geflogen. Ein fast hundertköpfiges Team kümmerte sich über ein halbes Jahr lang um die Überreste des mächtigen Pharao, bestrahlte die Mumie zur Desinfektion mit Kobalt 60 und konservierte, was noch übrig war. Am 10. Mai 1977 reiste Ramses II. zurück nach Kairo und residiert seitdem wieder im Ägyptischen Museum.

Es ist ein großes Glück, dass überhaupt so viele Königsmumien erhalten geblieben sind. Denn nicht nur Gold und Kunstgegenstände aus den ägyptischen Gräbern ließen sich gut verkaufen, sondern auch die einbalsamierten Körper selber machten ihre Finder reich. In Europa florierte bis ins frühe 20. Jahrhundert der Handel mit einbalsamierten Toten. *Mumia* hieß das Zauberpulver, das man aus ihren gemahlenen Überresten gewann. In seiner 1574 geschriebenen Abhandlung *Consens Der fürnembsten, beide Alten vnnd Newen Historienschreiber, auch Medicorum, von etlichen köstlichen hochnötigen fremden*

Artzneien listet der Frankfurter Arzt Joachim Strupp 21 Leiden auf, bei denen aus *Mumia* gewonnene Arzneien Abhilfe schaffen sollen. Die Bandbreite ist erstaunlich, sie reicht von Husten und Halsweh über Schwindel, Gichtbrüchigkeit und Herzweh bis zu Zittern, Nierensucht und Kopfschmerzen. Seine Behandlungsmethoden blieben allerdings nicht ohne Kritik. Der französische Hofchirurg Ambroise Paré (1510–1590) mahnte eindringlich, der Konsum von *Mumia* verursache »Herz- und Magenschmerzen, Erbrechen sowie Gestank aus dem Munde«.

Mumia war nun nicht gleich *Mumia*. Es gab durchaus unterschiedliche Qualitäten, wie der Gelehrte Johann Georg Krünitz zu Beginn des 18. Jahrhunderts in der *Oeconomischen Encyclopädie* erläutert: »Man rühmt sie sehr, das geronnene Geblüt und die Geschwulst zu zertheilen, und sie soll nicht bloß vermöge ihrer bituminösen und balsamischen Theile, sondern auch vermöge des flüchtigen Salzes wirken. […] Die Tinctur, welche daraus gemacht wird, besitzt die balsamischen Eigenschaften der Mumie; man gibt sie von 12 bis 24 Tropfen. Beim Einkauf müssen die Droguisten und Apotheker darauf sehen, dass sie große Stücke, die Fleisch haben, und keine bloße Knochen sind, bekommen, und die, wenn man etwas davon auf Kohlen wirft, zwar stark, aber nicht nach Pech riechen. Je schöner und balsamischer der Geruch ist, desto höher schätzt man die Waare.«

Auch die großen Künstler pinselten zerriebene Mumien auf ihre Werke. Bereits ab der Mitte des 16. Jahrhunderts verwendeten sie »Mumienbraun« für Untermalungen und Schattierungen, besonders beliebt wurde das Pigment dann ab dem 19. Jahrhundert. Der britische Chemiker George Field beschreibt das Mumienbraun im Jahr 1809 als »ägyptisch, (…) in einem Klumpen, von Knochen etc. durchsetzt – mit einem starken Geruch, der an Knoblauch und Ammoniak erinnert.«

Mitunter dienten die Mumien auch einfach nur zur Unterhaltung der besseren Gesellschaft. Besonders in England feierten im frühen 19. Jahrhundert Gentlemen der gehobenen Schichten gerne sogenannte Mumienpartys, bei denen weniger die Wissenschaft als vielmehr ein gesellschaftliches Gruseln im Vordergrund stand. Als Rahmenprogramm wurden oft unheimliche Geschichten wiedergegeben. Die Schauerliteratur hatte in jenen Jahren Hochkonjunktur, in dieser Zeit entstanden Werke wie Mary Shelleys *Frankenstein* oder John Polidoris Kurzgeschichte *The Vampyr*, die zur Vorlage für alle weiteren Vampirromane werden sollte. Die Teilnehmer einer Mumienparty wickelten den Toten aus den Binden und hofften, als Andenken Amulette oder Schmuckstücke zu finden. Der Ägyptologe Heinrich Brugsch, dessen Bruder das Depot von Deir el-Medina leergeräumt hatte, beschrieb eine solche Party. Veranstalter war kein Geringerer als Friedrich Karl von Preußen, Neffe von Kaiser Wilhelm I. Die geladenen Gäste trafen sich im Jagdschloss Dreilinden, wo die von Friedrich Karl selbst aus Ägypten mitgebrachte Mumie auf einem Billardtisch entblößt wurde.

Wer keine ganze Mumie brauchte, sondern lediglich *Mumia* für Heilzwecke erwerben wollte, konnte es in der Apotheke kaufen. Fast jede bewahrte im Hinterzimmer eine Mumie auf, von der bei Bedarf der Apotheker Teile abtrennte und an seine Kunden veräußerte. Erst im 20. Jahrhundert verschwand *Mumia* langsam aus den Arzneimittelschränken der Ärzte und den Farbtöpfen der Maler. Aber immerhin konnte man noch 1924, zwei Jahre nach der Entdeckung des Tutanchamun-Grabes, *Mumia vera aegyptiaca* beim Chemie- und Pharmaproduzenten Merck in Darmstadt beziehen. Der Preis für ein Kilo lag bei 12 Goldmark.

Für die einbalsamierten Ägypter jedenfalls wurden so horrorhafte Albträume Wirklichkeit. Pulverisiert und in einem kannibalistischen Akt verspeist oder gar auf Leinwand verschmiert zu werden, war der schlimmstmögliche Affront gegen ihre Glaubensvorstellungen. Denn nach den Jenseitsvorstellungen im Ägypten des Altertums brauchten die Seelen Ka und Ba den Körper. Ka blieb nach dem Tod in der Nähe des Leichnams und empfing die Totenopfer, die von den Lebenden bereitgestellt wurden. Ba dagegen flog mit dem Sonnengott Re über das Firmament. In der Nacht aber kehrten beide Seelen wieder zum Körper zurück und vereinigten sich mit ihm. Voraussetzung dafür war allerdings, dass sie ihn erkannten – dass die Hinterbliebenen sich also entsprechend viel Mühe mit der Konservierung gegeben hatten.

Zu diesem Zweck war im alten Ägypten ein florierendes Gewerbe entstanden. Die Angehörigen brachten ihre Toten in spezielle Werkstätten, die »Per-nefer«, Haus der Mumifizierung, oder »Wabet«, Haus der Reinigung, genannt wurden. Was dort geschah, wissen wir dank des griechischen Geschichtsschreibers Herodot, der im 5. Jahrhundert vor Christus in seinem 2. Buch der Historien, Kapitel 86, ausführlich darüber berichtet:

»Es gibt eine Gruppe von Menschen, die diese Kunst [das Einbalsamieren] ausüben und zu ihrem Beruf machen. Wenn man einen Toten zu ihnen bringt, zeigen sie den Kunden kleine Holzmodelle von Leichen, die sorgfältig und naturgetreu bemalt sind. Sie sagen, das vollkommenste Modell stelle denjenigen dar, dessen Namen in diesem Zusammenhang auszusprechen eine Entweihung wäre [Osiris]. Als Nächstes zeigen sie das zweite Modell, das weniger teuer und weniger sorgfältig ausgeführt ist, und zuletzt das dritte, das preiswerteste. Dann bitten sie, das Verfahren zu wählen, das für den Verstorbenen angewandt werden soll. Die Familie vereinbart einen Preis und geht heim.

Die Balsamierer bleiben in ihrer Werkstatt. Bei der sorgfältigsten Art der Balsamierung gehen sie folgendermaßen vor: Zuerst holen sie einen Teil des Gehirns mit einem eisernen Haken durch die Nasenlöcher heraus; den Rest entfernen sie durch Infusion bestimmter Arzneien. Dann machen sie mit einer scharfen Klinge aus äthiopischem Stein [Obsidian] einen Einschnitt an der Seite, entfernen alle inneren Organe, reinigen den Bauchraum und waschen ihn erst mit Palmwein aus und dann mit zerriebenen wohlriechenden pflanzlichen Substanzen. Anschließend füllen sie den Bauch mit reiner zermahlener Myrrhe, mit Zimt und allen aromatischen Substanzen, die sie kennen, abgesehen vom Weihrauch. Danach nähen sie den Bauch wieder zu und salzen den Körper ein, indem sie ihn siebzig Tage lang mit Natron bedecken. Diese Zeitspanne darf nicht überschritten werden. Wenn die siebzig Tage vergangen sind, waschen sie den Körper und wickeln ihn vollständig mit Binden ein, die aus sehr feinem Leinenstoff geschnitten und mit Gummi bestrichen wurden, das die Ägypter normalerweise anstelle von Klebstoff verwenden. (…)

Wenn eine Balsamierung zu einem mäßigen Preis gewünscht wird und man nicht zu viel ausgeben möchte, wird folgende Methode angewandt: Die Balsamierer füllen eine Klistierspritze mit Zedernöl und füllen den Bauch des Verstorbenen mit dieser Flüssigkeit, ohne ihn aufzuschneiden und ohne die inneren Organe zu entfernen. Nachdem sie das Öl durch den After eingespritzt und dafür gesorgt haben, dass es nicht wieder herausfließt, legen sie den Körper für die vorgeschriebene Anzahl von Tagen in Natron ein. Am letzten Tag lassen sie das Öl, das sie eingeflößt hatten, wieder aus dem Bauch herausfließen; diese Flüssigkeit ist so wirkungsvoll, dass sie die Gedärme und Eingeweide auflöst und mit herausspült. Das Natron löst seinerseits das Fleisch auf, und es verbleiben nur die Haut und die Knochen des Leichnams. Danach geben die Balsamierer den Körper zurück, ohne ihn weiter zu behandeln.

Die dritte Methode der Einbalsamierung, die für die Ärmsten angewandt wird, ist folgende: Man säubert die Eingeweide mit Rettichöl und salzt den Körper während der vorgeschriebenen siebzig Tage ein. Danach übergibt man ihn der Familie, die ihn mitnimmt.«

Rund 400 Jahre später ergänzt der griechische Historiker Diodorus Siculus Herodots Bericht um einige interessante Details. In vielerlei Hinsicht gleicht sein Text zwar dem seines Vorgängers so sehr, dass beide vermutlich von der gleichen Quelle abgeschrieben haben. Trotzdem liefert Diodorus Siculus noch weitere Einzelheiten. So berichtet er von den Kosten für die unterschiedlichen Einbalsamierungsmethoden, »die erste soll ein Silbertalent kosten, die zweite zwanzig Minen, die letzte aber eine ganz unbedeutende Summe«. Ein attisches Silbertalent war ein stolzer Preis. Das Talent entsprach der Menge an Wasser, die in eine Amphore mit 39 Litern Volumen passte – in Silber aufgewogen etwa 26 Kilogramm. Besonders interessant ist Diodorus Siculus' Beschreibung des ersten Schnittes in den Leichnam: »Sodann führt der Ausschneider mit einem Aetiophischen Steine den Schnitt durch das Fleisch so weit, als das Gesetz es bestimmt; im Augenblick aber flieht er eilig, und die Anwesenden verfolgen ihn mit Steinwürfen und mit Verwünschungen, als ob sie die Schuld auf ihn laden wollten, denn sie glauben Jeden verabscheuen zu müssen, der den Körper eines Mitbürgers gewaltsam antastet und verwundet, oder auf irgendeine Weise verletzt.« Was hätten sie wohl mit einem Apotheker angestellt, der mit dem Beil ein Stück des Leichnams abtrennt, um ihn im Mörser zu Pulver zu mahlen und für den Verzehr zu verkaufen?

Inwieweit die beiden griechischen Geschichtsschreiber die Künste der Einbalsamierer korrekt wiedergaben, überprüften die drei Forscher Jacques Connan, André Macke und Christiane Macke-Ribet. Dafür untersuchten sie 341 vollständig oder teilweise erhaltene Mumien aus der Nekropole im Tal der Königinnen – einem Seitenarm des Tals des Könige, wo Königinnen und Prinzen der 19. und 20. Dynastie, später auch andere Personen beigesetzt wurden. Zu den Toten der Studie gehörten vier fragmentarische Mumien von Mitgliedern des Königshauses aus dem Neuen Reich (1552–1070 vor Christus), 30 Mumien von Tempelbediensteten und Angehörigen des Hofstaats wie Priestern, Gärtnern, Parfümeuren und Sängerinnen aus der Dritten Zwischenzeit und aus der Spätzeit (1070–332 vor Christus) sowie 307 Mumien aus der römischen Zeit (30 vor bis 395 nach Christus), als in der Gegend mehrere Dörfer öffentliche Friedhöfe anlegten. Dazu kamen noch Proben von Mumien aus Museumsbeständen mehrerer europäischer Sammlungen.

Nicht immer, fanden die Forscher heraus, folgten die Einbalsamierer genau den bei Herodot und Diodorus Siculus beschriebenen Schritten, obwohl alle untersuchten Mumien aus Gräbern der Oberschicht stammten und somit wahrscheinlich die teuerste Behandlung genießen durften. So stellten sie zwar bei vielen der Mumien Verletzungen fest, wie sie entstehen, wenn man einen eisernen Haken durch die Nasenlöcher einführt und das Gehirn verquirlt – doch längst nicht bei allen. Mitunter verblieb das Gehirn sogar ganz im Kopf, dem Erhalt des Schädels tat dies im Übrigen keinen Abbruch. Die beiden Griechen beschrieben allerdings die Spätphase der altägyptischen Einbalsamierungskunst. Und tatsächlich konnten Connan, Macke und Macke-Ribet zeigen, dass die Hirnentfernung mit zunehmender Zeit populärer wurde. Während im Mittleren Reich nur sieben Prozent aller Mumien das Hirn entfernt wurde, stieg der Anteil im Neuen Reich auf 40 Prozent. Später, in römischer Zeit, lag er sogar bei 70 Prozent.

Auch fehlten nur drei Vierteln aller Toten die inneren Organe. Deren Behandlung änderte sich ebenfalls im Laufe der Zeit. Als Tutanchamun starb, war es bekanntermaßen noch üblich, Magen und Gedärm, Lunge, Leber und Galle separat in Kanopenkrügen zu bestatten. Ab der 21. Dynastie platzierte man die Organe nach entsprechender Behandlung stattdessen wieder im Körper, jedes zusammen mit einer Wachsfigur des zuständigen Horus-Sohns. Von der 26. Dynastie an legte man sie sogar der Mumie einfach nur noch zwischen die Beine.

Die Natronsäckchen, mit denen der Leichnam Tutanchamuns gefüllt gewesen war, hatte Theodore Davis bereits in der Grabungssaison 1907/1908 entdeckt. Auch Connan, Macke und Macke-Ribet fanden entsprechende Beutelchen – von den Balsamierern in den hohlen Körpern einiger Mumien vergessen. Der Inhalt bestand zu über dreißig Prozent aus Sand; die wirksamen Substanzen waren gemahlener Alabaster sowie ein Gemenge von Kochsalz, Soda, Natriumhydrogencarbonat und Glaubersalz. Die Prozedur dauerte allerdings weder 70 Tage, wie bei Herodot angegeben, noch 30 Tage, wie Diodorus Siculus behauptet. Den genauen Zeitraum konnten die Forscher bestimmen, indem sie Insektenreste untersuchten, die noch an den Balsamierungsresten klebten. Puppenhäute der Zweiflüglergattung *Calliphora* (Blaue Schmeißfliege) und kleine Speckkäfer der Gattung *Dermestes* definierten den Zeitraum auf rund 40 Tage.

Als sich die römischen Sitten in Ägypten durchzusetzen begannen, verschwanden die alten Bräuche. Zu Beginn muss es den Ägyptern brutal vorgekommen sein, was die Römer mit ihren Toten machten: Sie verbrannten die Leichen ihrer Könige und nahmen dem Ka und dem Ba so jede Möglichkeit, den Körper wiederzufinden. In der ägyptischen Vorstellungswelt verurteilten sie die Gottkönige damit zu ewiger Verdammnis. Nach und nach aber übernahmen die Ägypter die neuen Gewohnheiten und den »Häusern der Reinigung« blieb die Kundschaft aus.

Im Tal der Könige wurden zu dem Zeitpunkt allerdings schon lange keine Pharaonen mehr beigesetzt. Ramses XI., zehnter und letzter Herrscher der 20. Dynastie, ließ sein Grab zwar noch dort anlegen. Allerdings wurde es nie fertiggestellt. Zu unsicher war das Tal geworden, zu viele Grabräuber lauerten mittlerweile darauf, den frisch beigesetzten Königen ihre Schätze zu entreißen. Ramses XI. zog es vor, an anderer Stelle begraben zu werden. Wahrscheinlich setzte man ihn in Memphis bei, sein tatsächliches Grab wurde nie gefunden. Viele Pharaonengräber im Tal der Könige waren mittlerweile leer – ausgeraubt und geplündert. Howard Carter findet eindrucksvolle Worte für den trostlosen Zustand der Stätte, die sich einst die mächtigsten Herrscher des alten Ägypten ausgesucht hatten, um ihre Körper dort für alle Ewigkeit zu lagern: »Mit dem Verschwinden der Mumien endet die uns aus altägyptischen Quellen überlieferte Geschichte des Tals. Seitdem Thutmosis I. dort sein bescheidenes kleines Grab anlegte, waren fünfhundert Jahre vergangen, und gewiss gibt es in der ganzen Weltgeschichte keinen gleich kleinen Fleck Erde, der eine gleich märchenhafte Geschichte von fünfhundert Jahren besitzt. In den folgenden Jahrhunderten müssen wir uns das Tal verlassen denken, seine höhlenartigen Galerien ausgeraubt und leer, der Eingang zu manchen Gräbern offen, ein Heim für Füchse, Wüsteneulen und Scharen von Fledermäusen. Aber es blieb das Heilige Tal der Könige, und große Scharen von Schwärmern und Neugierigen müssen es noch besucht haben. Im 2. bis 7. Jahrhundert n. Chr. benutzten sogar christliche Einsiedler die offenen Gräber als Zellen und wandelten ein Grab in eine Kirche um. Es ist dies der letzte Blick auf das Tal in alten Zeiten, ehe der Nebel des Mittelalters sich niedersenkt.«

Echnaton:
Im Dienste des Sonnengottes

Als Howard Carter sich auf die Suche nach dem Grab des Tutanchamun machte, hatte er nicht viel mehr als lediglich ein paar verstreute Hinweise auf die Existenz dieses Pharao in der Hand. Keine großen Tempel oder Paläste waren in seinem Namen errichtet worden. Einige antike Geschichtsschreiber hatten gar versucht, ihn gänzlich aus der Erinnerung zu tilgen. Die Königsliste aus dem Totentempel des Pharao Sethos I. in Abydos verschweigt in der 18. Dynastie sämtliche Herrscher zwischen Amenophis III. und Haremhab, ebenso die Liste der Pharaonen aus dem Grab des königlichen Schreibers und Obersten Vorlesepriesters Tjuneroy aus der 19. Dynastie in Sakkara. Es gab einen guten Grund für das geschichtliche Schweigen. Tutanchamun stand im tiefen Schatten seines Vorgängers Echnaton. Der hatte das Land komplett auf den Kopf gestellt, den Gott Aton in Form der Sonnenscheibe über alle anderen Götter erhoben, eine neue Hauptstadt gegründet und die Kunst Ägyptens nachhaltig verändert. Echnatons Regierung rollte wie eine Naturkatastrophe über das Land hinweg und erschütterte lange etablierte Normen. Als sein Nachfolger Tutanchamun an die Regierung kam, hallte der letzte Donner immer noch so laut nach, dass in dieser Kakophonie kaum jemand den neuen, schwachen, kindlichen Herrscher überhaupt wahrnahm. Hätte Howard Carter nicht sein fast ungestörtes Grab entdeckt – die

Geschichte hätte ihn mit aller Wahrscheinlichkeit so gut wie vergessen. Um Tutanchamun und seine Zeit zu verstehen, muss man in das Zentrum dieses gewaltigen Sturms schauen, den Echnaton entfachte, und sich fragen: Wer war dieser Pharao, der das Land aus den Angeln hob?

Echnatons Leben begann alles andere als spektakulär. Geboren wurde er als Amenophis IV. – sein Vater war Pharao Amenophis III., neunter Pharao der 18. Dynastie, seine Mutter dessen Große Königliche Gemahlin Teje. Als er das Licht der Welt erblickte, stand der junge Amenophis allerdings nur an zweiter Stelle in der Thronfolge. Sein älterer Bruder Thutmosis lebte stattdessen in der Erwartung, den Pharaonenthron vom Vater zu erben, und wurde entsprechend auf diese Aufgabe vorbereitet.

Warum Amenophis' Vater sich ausgerechnet Teje als Frau an seiner Seite ausgesucht hatte, lässt sich bis heute nicht befriedigend klären. Fest steht nur, dass es wohl keine strategische Heirat war. Denn Teje war eine Bürgerliche: Weder gehörte sie zum unmittelbaren familiären Umfeld der Pharaonenfamilie, noch regierte ihr Vater Juja über eigene Ländereien, die es durch eine Hochzeit an Ägypten zu binden galt. Stattdessen trug er den Titel »Aufseher der Pferde« und hatte als Priester sowie als »Vorsteher der Rinder« des Fruchtbarkeitsgottes Min auch religiöse Posten inne. Tejes Mutter Tuja diente ebenfalls dem Min, den die Griechen später mit dem Hirtengott Pan gleichsetzten. Sie war »Große des Harems des Min« – einen Titel, den sie allerdings ebenfalls für den Gott Amun innehatte. Für die Göttin Hathor hingegen fungierte sie als Sängerin.

Aber auch wenn Teje selbst keine königliche Abstammung vorweisen konnte, scheint sie ein Naturtalent im Regieren gewesen zu sein. Befehle unterzeichnet bald nicht mehr Amenophis allein, auch ihr Name steht darunter. Sogar mit ausländischen Herrschern korrespondiert Teje, zum Beispiel mit Tušratta, König der Mitanni. Noch Jahre später wird Tušratta ihrem Sohn Amenophis IV. versichern: »Alle Worte, die ich zu deinem Vater sprach, sind deiner Mutter bekannt. Niemand sonst kennt sie, aber du kannst deine Mutter Teje nach ihnen fragen.« Sie muss eine beeindruckende Frau gewesen sein. Auch für ihre engsten Verwandten, denn immerhin fand sich eine Locke ihres braunen Haares sogar im Grab des Tutanchamun.

Zunehmend bezieht das Königspaar ihren erstgeborenen Sohn Thutmosis in die Regierungsgeschäfte mit ein. Ein Relief aus Sakkara zeigt den Kronprinzen, wie er dem Vater bei dem Begräbnis eines heiligen Apisstieres assistiert. Seine offiziellen Titel »Hohepriester des Ptah«, »Setem-Priester« und »Aufseher über die Priester von Ober- und Unterägypten« kennzeichnen ihn als designierten Nachfolger von Amenophis III. Wir kennen diese Ämter des Prinzen von einem ungewöhnlichen Monument, das heute im Ägyptischen Museum in Kairo steht – dem Sarkophag seines Lieblingstieres Ta-Miaut. Wie der lautmalerische Name verrät, gehörte es zur Familie der Feliden und wurde vom jungen Thronfolger beim wenig phantasiereichen Namen »Katze« gerufen. Viel mehr ist von Prinz Thutmosis allerdings nicht erhalten. Und so erinnert ihn – auch wenn er wohl fast bis ins junge Erwachsenenalter als künftiger Pharao gehandelt wurde – die Nachwelt heute wenig rühmlich lediglich als den »Kronprinz mit der Katze«.

Außer einem Bruder hatte der junge Amenophis IV. noch mindestens vier Schwestern: Sitamun (»Tochter des Amun«), Iset (Isis), Henut-tau-nebu (»Herrin aller Länder«) und Nebettah (»Herrin des Palastes«). Die älteste, Sitamun, heiratete Amenophis III. anlässlich seines 30. Thronjubiläums und erhob sie so, wie schon viele Jahre zuvor ihre Mutter, in den Rang einer Großen Königlichen Gemahlin. Drei Jahre darauf, zum 34. Thronjubiläum, ehelichte er außerdem Iset und möglicherweise wenig später auch noch Henut-tau-nebu. Kinder gingen aus diesen Ehen nicht hervor.

Zwischen all diesen wichtigen Geschwistern führte Amenophis IV. seine gesamte Kindheit und Jugend hindurch ein Schattendasein. Das einzige von ihm bekannte Dokument ist ein Krugverschluss. Einer der Weinkrüge, die für ein Thronjubiläum seines Vaters angeliefert wurden, stammte demnach von einer »Domäne des wirklichen Königssohnes Amenophis«.

Dann jedoch überschlagen sich die Ereignisse. Zuerst stirbt der Kronprinz Thutmosis. Damit rückt Amenophis IV., der bisher sein gesamtes Leben versteckt hinter seinen Geschwistern verbrachte, auf Platz eins der Thronfolge vor. Vermutlich kurz darauf segnet auch Amenophis III. das Zeitliche. Über die genaue Abfolge herrscht bis heute Unklarheit. Um die Herrschaft der ägyptischen Pharaonen zu stabilisieren, war es durchaus üblich, zwei Pharaonen gleichzeitig zu haben. Doch ob Amenophis III. und Amenophis IV. sich tatsächlich jemals den Thron teilten – und wenn ja, wie lange – ist heftig umstritten. Während einige Ägyptologen wie beispielsweise der Echnaton-Biograph Cyril Aldred ihn bis zu zwölf Jahre seiner Herrschaft lediglich als Mitregenten seines Vaters sehen, schließen andere wie der deutsche Ägyptologe Rolf Krauss, der sich intensiv mit der Amarna-Zeit auseinandersetzte, eine gemeinsame Regierung der beiden völlig aus.

Fest steht jedenfalls, dass beim Regierungsantritt von Amenophis IV. noch nichts auf die spätere Erhebung Atons zum obersten aller Götter hindeutet. Er besteigt den Thron unter dem Thronnamen *Nefer-cheperu-Re-wa-en-Re* (»Schön sind die

Gestalten des Re, der Einzige des Re«). Von Aton ist noch keine Rede. Wie alt Amenophis IV. zu diesem Zeitpunkt ist, lässt sich leider nicht berechnen. Auf jeden Fall aber tritt um die Zeit der Thronbesteigung auch jene Frau in sein Leben, die bald zu einer der machtvollsten Herrscherinnen Ägyptens aufsteigen wird: Nofretete. Ob Amenophis sie kurz vor oder kurz nach der Krönung heiratete, ist nicht bekannt. Aber bereits im ersten Jahr seiner Regierung taucht die erste Tochter des Paares in Inschriften und Bildern auf: Meritaton.

In den meisten Fällen stürzten sich frischgebackene Pharaonen voller Energie auf großangelegte Bauprojekte und erfolgversprechende Kriegszüge, um ihre neue Macht zu demonstrieren. Nicht so Amenophis IV. Er bleibt zu Hause bei seiner Frau und seiner Tochter, der in schneller Reihenfolge weitere Töchter folgen. Lediglich einen einzigen Tempel gibt er in Auftrag: das Gem-pa-Aton (»Gefunden ist Aton«), einen dem Aton geweihten Bezirk in der großen Tempelanlage von Karnak. Der Neubau ist mit einer Breite von 130 Metern und einer geschätzten Länge von 200 Metern größer und prächtiger als alle Tempel, die bisher in Karnak errichtet wurden.

Von Amenophis' Prachtbau ist heute keine Spur mehr zu sehen. Schon Pharao Haremhab und seine Nachfolger ließen ihn bis auf den letzten Stein abtragen. Das wertvolle Baumaterial verwendeten sie sofort weiter. Viele der Steine dienten als Füllung für andere Bauten des Tempelareals von Karnak, etwa für die Pylone des Haremhab. Diese Weiterverwertung erwies sich als ein großes Glück für die Ausgräber, denn geschützt im Inneren der Mauern überdauerte die reiche Bemalung der Steine die folgenden Jahrtausende. Aus diesen sogenannten *talatat*-Blöcken konnten Archäologen viele der Reliefs, die einst die Wände des Aton-Heiligtums schmückten, rekonstruieren.

81

Der Gott, dem Amenophis IV. das neue Heiligtum weiht, ist eine Kopfgeburt des Pharao. Seine Wurzeln liegen in der alten Gottheit Re-Harachte, der Morgensonne, einer Form des Horus. Dargestellt wird Harachte als falkenköpfiger Mann, der auf dem Kopf die Sonnenscheibe und die Uräusschlange trägt. Amenophis gibt dem alten Gott einen neuen Namen: »Es lebe der horizontische Horus (Re-Harachte), der im Lichtland (am Horizont) jubelt in seinem Namen als Schu, der in der Sonnenscheibe (Aton) ist.« Bald darauf lässt er den Gottesnamen mit einer Kartusche umschließen. Ein Privileg, das sonst nur dem Pharao zusteht – Amenophis IV. erhebt Aton damit zum König der Götter. Auch die Darstellungsform des Königsgottes ändert der Pharao. Der neue Gott wandelt nicht länger als falkenköpfiger Mann auf der Erde, sondern steht über allem am Himmel als Sonnenscheibe. Seine Strahlen tragen Hände, die tief in jeden Lebensbereich der Menschen eindringen.

Die neuen Ideen brauchten bald ein neues Umfeld. In Karnak ragten neben dem neuen Aton-Tempel immer noch die Mauern des Amun-Tempels auf und forderten trotzig die Vormachtstellung Atons heraus. Amenophis IV. aber wollte seinem Gott eine Stadt bauen, in der niemand es mehr wagen würde, dessen Dominanz in Frage zu stellen. Seine Wahl fiel auf ein Gebiet auf halbem Weg nilabwärts zwischen Memphis im Norden und Theben im Süden. Dort, so ließ er verlauten, habe er auf einem Ausflug mit dem Streitwagen in einer Felsformation die Hieroglyphe *achet* erkannt – die sowohl den Horizont bezeichnet, in der aber auch die Bedeutung von »Anfang und Ende« mitschwingt. Achetaton soll die neue Stadt heißen, »Horizont des Aton«.

Als offizielles Gründungsdatum gilt der 21. Februar seines fünften Regierungsjahres. 15 Grenzsteine umschließen die

144 Quadratkilometer für den Stadtgrundriss. Auf ihnen erklärt der Pharao: »Ich errichte Achetaton für Aton, meinen Vater, an diesem Platz. … Ich überschreite die südliche Stele von Achetaton nicht nach Süden, ich werde die nördliche Stele von Achetaton nicht nach Norden überschreiten, um dort Achetaton zu erbauen. Auch errichte ich es ihm (Aton) nicht auf der Westseite von Achetaton, sondern ich baue Achetaton auf der Seite des Sonnenaufgangs, an einer Stelle, die er sich selbst bereitet hat und die für ihn durch ein Gebirge umrahmt ist … Man baue mir ein Grab im Berg von Achetaton, wo die Sonne aufgeht, in welchem meine Bestattung erfolgen soll nach Millionen von Regierungsjubiläen … Man bestatte darin nach Millionen von Jahren die Große Königliche Gemahlin Nofretete … und man bestatte darin nach Millionen von Jahren die königliche Tochter Meritaton.«

Zwischen den Grenzstelen steht zunächst eine Zeltstadt, in der allerdings auch der Pharao selber oft weilt. In den folgenden drei Jahren wachsen aus der riesigen Baustelle am Nilufer in raschem Tempo Tempel, Paläste und Wohnhäuser. Achetaton ist keine gewöhnliche Stadt. Ihre Bewohner sind vermutlich vom Pharao handverlesen: Priester und Bedienstete des Aton-Kultes, Personal für Palast und Harem, Stadtverwalter, Schreiber, Architekten und Künstler. Die luxuriösen Wohnhäuser haben Einfahrten, die breit genug sind, dass ein Wagen hindurchfahren kann, und auch die Straßen sind entsprechend breit bemessen. Achetaton ist keine Stadt für arme Fußgänger. Sie ist eine Stadt für reiche Wagenfahrer. Die Archäologen fanden im Stadtkern bisher weder Werkstätten noch Läden noch Wirtshäuser noch Schulen. Gegeben haben wird es sie durchaus – doch blieben sie im feinen, klinisch sauber aufgeräumten Bild der Innenstadt unsichtbar, ausgelagert in die Randbereiche. Dafür gab es einen

Zoo, in dem der Pharao sich vergnügen konnte. Er war so in den nördlichen Palast der Stadt integriert, dass der Herrscher durch Fenster hindurch aus seinen Wohnräumen die Tiere beobachten konnte. Reliefs an den Futterkrippen verrieten den Ausgräbern, welche Tierarten hier herumsprangen: Steinböcke, Antilopen und Rinder. Große Volieren beherbergten außerdem Singvögel und Geflügel.

In der Mitte der Stadt lag das Herz des Reiches – der große Aton-Tempel, die königlichen Paläste, die Vorratsspeicher für Getreide und ein Archiv für die königliche Korrespondenz. Besonders Letzteres erwies sich für die Ausgräber als wahre Goldgrube. Gefunden hat dieses pharaonische Archiv eine Fellachin, die wohl um das Jahr 1887 auf der Suche nach *sebach* – zerfallenen Lehmziegeln, die wegen ihres hohen Stickstoffgehalts gerne als Dünger verwendet werden – in der Erde stocherte. Schnell witterten weitere Anwohner ein gutes Geschäft, und so landeten um die 300 Tontafeln im Antikenhandel, bevor Flinders Petrie im November 1891 mit der offiziellen Ausgrabung begann und letzte Reste des Bestandes sichern konnte. Es sind Briefe, die verschiedene Herrscher an den Pharao schickten, darunter die Könige von Mitanni, Babylon und Assyrien. Die meisten von ihnen sind in Altbabylonisch, einem Dialekt des Akkadischen, verfasst, der diplomatischen *lingua franca* zu Zeiten der 18. Dynastie. Die Übersetzung aber ist äußerst schwierig, da die Orthographie je nach Verfasser stark variieren konnte. »Für einen angehenden Übersetzer genügt es nicht, Akkadisch zu können, er muss außerdem Spezialist im Hebräischen und Ugaritischen sein, vor allem aber muss er die Briefe so genau kennen, dass er weiß, was er von jedem ihrer Verfasser zu erwarten hat«, brachte der US-amerikanische Philologe William Foxwell Albright es auf den Punkt. Die Mühe jedoch lohnt sich. Das Archiv mit der Diplomatenpost des Pharao berichtet detailliert über die Außenpolitik, die er von Achetaton aus betrieb.

Wichtigstes Bauwerk der Stadt aber war der Aton-Tempel. Mit seinen 730 mal 229 Metern Grundfläche passt er zum großzügigen, luftigen Stadtbild. Verblüffend ist vor allem sein Aufbau – so etwas hat Ägypten noch nicht gesehen. Normalerweise bestanden ägyptische Tempel aus einer Abfolge von Vorhöfen. Je weiter man in das Innere des Tempels vordrang, desto schattiger wurde es. Im Gegensatz zu der staubigen Hitze außerhalb des Tempels wirkte die angenehme Kühle als Erholung für jeden Besucher. Das Allerheiligste schließlich lag in tiefer Dunkelheit, gut beschirmt durch dicke Mauern. Eine solche Konstruktion aber hätte Aton, die Sonnenscheibe mit ihren Strahlen, aus dem eigenen Heiligtum ausgeschlossen. Also ließ der Pharao den Tempel so bauen, dass der Gott selber sich frei darin bewegen konnte. Es gab kein Dach, die Höfe waren offen und luftig. So wenig Schatten wie möglich sollte Aton in seinem eigenen Haus behindern. Ein Kultbild brauchte es nicht – schließlich war der Gott ja selber anwesend. Dieses neue Konzept der göttlichen Präsenz stieß nicht überall auf Verständnis. In einem der diplomatischen Briefe aus dem Archiv beschwert sich der Assyrerkönig Assuruballit, dass man seine Gesandten im prallen Sonnenschein warten ließ, bevor der Pharao sie empfing. »Man lässt sie in der Sonne sterben!«, poltert der aufgebrachte Monarch.

Die Arbeiter aber, die diese Pracht erbauen mussten, lebten in einer Vorstadt. Sie stand im deutlichen Gegensatz zum Glanz des Stadtkerns. Hier waren die Häuser klein, es gab kein Wasser, und überall wühlten Schweine durch die Abfallgruben, in denen mangels einer Kanalisation sämtlicher Unrat entsorgt wurde.

Etwa zeitgleich mit der Gründung Achetatons verkündet der Pharao, dass er fortan nicht mehr den Geburtsnamen Amenophis, »Amun ist zufrieden«, tragen will. Er ändert ihn zu Echnaton – »Der dem Aton dient« oder »Glanz des Aton«. Seine Namensänderung war überaus erfolgreich. Amenophis IV. kennt heute kaum noch jemand. Aber an Echnaton erinnert sich die ganze Welt. Seinen Thronnamen allerdings behält Echnaton bei: *Nefer-cheperu-Re-wa-en-Re.* Sein offizieller Auftritt geschieht also weiterhin unter dem Namen des Gottes Re – die Umbenennung zu einem Aton-bezogenen Namen bleibt privat.

Sein Privatleben allerdings lebt Echnaton so öffentlich aus wie noch kein Pharao vor ihm. Freizügig lässt er die Künstler seine Frau und seine wachsende Töchterschar darstellen – mitunter sogar nur dürftig bekleidet. Eine Malerei aus dem Stadtpalast von Achetaton, die heute im Ashmolean Museum in Oxford zu sehen ist, zeigt die beiden Prinzessinnen Neferneferuaton ta-scherit und Neferneferure, die sich vollständig nackt gegenseitig liebkosen. Es gehörte zu einer heute leider nicht mehr erhaltenen Familienszene, auf der auch ihre übrigen vier Schwestern sowie die Eltern zu sehen waren. Echnaton und Nofretete selber stehen auf einer Zeichnung aus den Felsengräbern von Achetaton auf einem schnell dahineilenden Streitwagen. Die Bänder ihrer Kopfbedeckungen flattern im Wind, das nackte Königspaar jedoch ist vertieft in einen innigen Kuss, zärtlich gestreichelt von den Händen Atons.

Überhaupt pflegte Echnaton offenbar eine Vorliebe für schnelle Gefährte. »In keiner anderen Zeit gibt es so viele Wagendarstellungen in der ägyptischen Kunst«, schreibt Erik Hornung in seiner Echnaton-Biographie, »und der Wagen erscheint nicht mehr allein als Streitwagen im Kampf oder bei der Jagd, sondern als Mittel der schnellen Fortbewegung, das der König offenbar ständig benutzt, nur im Tempel schreitet er noch gemessen zu Fuß. Ein Rausch der Geschwindigkeit durchweht die Wagenszenen, (…) nichts hält die rasende Bewegung auf (…).«

Der allgegenwärtige Fahrtwind scheint auch die Figuren selber zu ergreifen. Nichts erinnert mehr an die steife Körperhaltung, die im Jahr 1986 die kalifornische Popgruppe *The Bangles* in dem Song »Walk like an Egyptian« besang. Die Menschen umarmen sich, drehen und winden ihre Körper in neue Positionen oder werden gar aus neuen Perspektiven gezeigt. Das Interesse der Künstler beschränkt sich aber nicht nur auf Menschen. Immer wieder malen sie Pflanzen und Tiere an die Wände der Häuser Achetatons, sogar auf den Fußböden blühen Blumen und tummelt sich allerlei Getier.

Inmitten all der Liebe zur Bewegung, zum Detail und zu naturalistischen Darstellungen fällt auf, dass die Königsfamilie, die diesen Kosmos bevölkert, groteske Körperformen zur Schau stellt. Vor allem Echnaton ist geradezu unförmig. Deutliche Brüste und breite Hüften lassen ihn feminin wirken – tatsächlich hielten die ersten Forscher, die seine Bilder in den Ruinen von Achetaton fanden, ihn denn auch für eine Frau. Ein dicker Bauch wölbt sich über Hühnerbeinen mit unförmigen Ober- und staksigen Unterschenkeln. Am verzerrtesten jedoch ist das Gesicht. Von vorne wirkt es schmal, nach hinten raus wölbt sich aber ein riesenhafter Schädel. Die wulstigen Lippen und das vorstehende Kinn scheinen überproportioniert, die Augen riesig. Manche seiner Porträts wecken geradezu Assoziationen zu den Alien-Darstellungen moderner Science-Fiction-Literatur.

Nofretete kommt in der Kunst deutlich besser weg als ihr Mann. Zwar zeigen die Künstler auch sie mit den ausgeprägten Hähnchenschenkeln, aber zumindest ihr Oberkörper und vor allem ihr Gesicht erzählen doch durchweg von einer außergewöhnlichen Schönheit. Die Töchter des Paares scheinen vom

Vater den übergroßen Hinterkopf geerbt zu haben, er wurde von den Künstlern als Kennzeichen der königlichen Familie bewusst eingesetzt.

Waren diese körperlichen Deformationen künstlerische Vokabeln, mit denen – uns unbekannte und auch nicht ohne weiteres verständliche – besondere Charakteristiken der königlichen Familie hervorgehoben werden sollten? Oder bemühten die Künstler sich um eine möglichst naturalistische Darstellung des Pharao – und beobachteten so möglicherweise die körperlichen Symptome einer Krankheit? Über diese Frage nach seiner Gesundheit ist fast ebenso viel geschrieben worden wie über Echnatons neugeschaffene Religion.

Schon früh meinten einige Forscher, in diesen Symptomen das Fröhlich-Syndrom (Dystrophia adiposogenitalis) zu erkennen – eine These, die vor allem von dem Ägyptologen Cyril Aldred ausführlich diskutiert wurde. Bei dieser seltenen Krankheit handelt es sich um einen Tumor an der Hypophyse oder am Hypothalamus, der die Funktion wichtiger Hormondrüsen einschränkt, die von diesem Gehirnareal aus reguliert werden. Geraten diese Hormondrüsen (Nebenniere, Hoden oder Ovar, Schilddrüse) aus dem Gleichgewicht, wirkt sich dies beispielsweise auf das Ess-, das Sexualverhalten oder auch auf die Funktion der inneren Organe aus. Menschen, die am Fröhlich-Syndrom leiden, tendieren zu Adipositas (Fettleibigkeit), und zwar zu dem weiblichen Typ, bei dem sich das Fett vor allem an Bauch, Hüften und Oberschenkeln bildet. Setzt die Krankheit früh ein, können sich Hoden oder Eierstöcke nicht entsprechend entwickeln, die Pubertät bleibt aus. Oft jedoch bildet der Tumor sich erst im Erwachsenenalter, dann können die Geschlechtsorgane sich zurückbilden, fast immer endet die Krankheit mit Unfruchtbarkeit.

Letzteren Punkt sieht Aldred in einer Kolossalstatue dargestellt, die Ausgräber in den Trümmern des Aton-Tempels von Karnak, Echnatons erstem großen Bauwerk, fanden. Der überlebensgroße Pharao ist vollkommen nackt wiedergegeben – doch fehlt zwischen seinen Beinen jede Andeutung eines Geschlechtsteils. Doch wie ließe sich dann erklären, dass ausgerechnet Echnaton so gesteigerten Wert darauf legte, mit seinem zahlreichen Nachwuchs dargestellt zu werden? Immer wieder ist ausgerechnet das Familienleben das Motiv, mit dem er sich seinen Untertanen präsentiert. Aldred bietet als Lösung an, dass die Töchter Nofretetes nicht von Echnaton gezeugt wurden – sondern von seinem Vater Amenophis III. Da der britische Ägyptologe auch davon ausgeht, dass die beiden Herrscher lange Zeit als Co-Regenten fungierten, wäre Amenophis III. noch lange genug an der Macht und am Leben gewesen, um der Vater sämtlicher sechs Töchter Nofretetes zu sein. Sogar noch eine weitere Möglichkeit stellt Aldred in den Raum. Er weist auf ein – leider unvollendet gebliebenes – Relief hin, das 1931 in den Ruinen von Amarna gefunden wurde und auf dem vermeintlich Echnaton und sein Nachfolger Semenchkare dargestellt sind. Der ältere Herrscher streichelt dem jüngeren darauf zärtlich das Kinn, als wolle er ihn zu einem Kuss zu sich heranziehen. Aldred erinnert diese Szene an »die homosexuelle Beziehung des Kaisers Hadrian zu seinem jungen Geliebten Antinoos«. Es gibt jedoch noch eine andere Möglichkeit, für die man weder die Gesundheit noch die sexuelle Orientierung des Pharao diskutieren müsste: Sowohl die Kolossalstatue als auch die zweite Person auf dem Relief könnten keinen männlichen Herrscher, sondern Nofretete darstellen.

Eine weitere Krankheit, die Echnatons ungewöhnliche Physiognomie erklären würde, ist das Marfan-Syndrom, ein

Fehlaufbau des Bindegewebes. Diese These vertraten in jüngerer Zeit vor allem Alwyn Burridge und Nicholas Reeves. Da das Marfan-Syndrom sich rein auf die Struktur des Bindegewebes auswirkt und keinerlei hormonelle Funktionen einschränkt, besteht bei dieser These nicht das Problem, eine Zeugungsunfähigkeit des Pharao wegerklären zu müssen. Die Symptome können sehr unterschiedlich ausfallen, zu den äußerlich sichtbaren Merkmalen gehören eine senkrechte Überentwicklung des Kopfes, sogenannte Spinnenfinger (Arachnodaktylie), eine Trichter- oder Kielbrust, verschobene Augenlinsen, eine deformierte Wirbelsäule, ein breites Becken, vergrößerte Oberschenkel, dünne Unterschenkel und eine schwache Muskulatur. Mit dem bloßen Auge nicht erkennbar kann der Betroffene zusätzlich an Herzproblemen oder einer Gaumenspalte leiden.

Da das Marfan-Syndrom dominant vererbt wird, besteht eine 50-prozentige Wahrscheinlichkeit, die Krankheit an seine Kinder weiterzugeben. Diejenigen Forscher, die Tutanchamun für einen Sohn Echnatons halten, suchten dementsprechend auch bei ihm nach den verräterischen Symptomen. Tatsächlich konnten CT-Scans der Mumie Tutanchamuns zeigen, dass dieser nicht nur einen langgezogenen Schädel hatte, sondern auch an einer ungewöhnlichen Verformung der Wirbelsäule und einer Gaumenspalte litt. Nach DNA-Tests im Jahr 2010 aber musste diese These ad acta gelegt werden. Tutanchamun litt nicht am Marfan-Syndrom. Damit wird dies dann auch für seinen Vater Echnaton unwahrscheinlich – oder aber Tutanchamun ist nicht der Sohn Echnatons.

Eine in den Symptomen dem Marfan-Syndrom recht ähnliche Krankheit ist die Homocystinurie, eine relativ seltene angeborene Störung des Aminosäurestoffwechsels. Im Jahr 2010 schlug eine bosnisch-kroatische Forschergruppe sie als Ursache für die körperlichen Deformationen Echnatons vor.

Zusätzlich leiden etwa ein Fünftel der Betroffenen an Epilepsie. Bezeichnenderweise werden epileptische Krampfanfälle oft mit heftigen religiösen Erlebnissen in Verbindung gebracht, was Echnaton noch mehr zu einem wahrscheinlichen Kandidaten für eine Homocystinurie macht.

Den jüngsten Beitrag zur Krankengeschichte Echnatons leistete im Jahr 2012 der Chirurg Hutan Ashrafian vom Imperial College in London. Er versuchte, die kurze Lebensdauer der Pharaonen der 18. Dynastie – was außer Echnaton auch Semenchkare und Tutanchamun betraf – mit einer Temporallappen-Epilepsie zu erklären. Echnaton wäre nicht der einzige stark religiöse Mensch, dem man eine solche Krankheit nachsagte – auch für Abraham, Moses, Jesus, Mohammed oder Johanna von Orleans wurde sie bereits diskutiert.

Natürlich bleibt auch die Möglichkeit, dass Echnaton kerngesund war und die unproportionale Wiedergabe der Gliedmaßen des Pharao ganz andere Gründe hatte. Als »Vater und Mutter der Sterblichen« wird unter seiner Herrschaft der Gott Aton gerne bezeichnet. Es ist durchaus denkbar, dass Echnaton in seiner Rolle als irdischer Stellvertreter des Aton genau dies ausdrücken wollte: Sein Körper vereint Merkmale sowohl des männlichen als auch des weiblichen Geschlechts, er ist seinem Volk Vater und Mutter zugleich.

Wie genau sah dieses neue Glaubensgebäude aus, das Echnaton in den Jahren seiner Herrschaft aufbaute? Das wohl eindrücklichste Zeugnis, der Große Sonnengesang, stammt aus dem Grab des Eje in Achetaton – jenes Hofbeamten, der nach dem Tod Tutanchamuns selbst für kurze Zeit den ägyptischen Thron bestieg. Die Hymne für Aton, die Echnaton selbst verfasst haben soll, füllt mit 13 vertikalen Kolumnen fast die gesamte rechte Wand des Eingangskorridors zur Grabkammer des Eje.

Schön erscheinst du im Lichtland des Himmels, du lebende Sonne, Ursprung des Lebens. Du bist aufgegangen im östlichen Lichtland, und du hast jedes Land mit deiner Schönheit erfüllt.

beginnt das Gedicht.

Im biblischen Psalm 104, 16–18 heißt es:

Die Bäume des Herrn trinken sich satt, die Zedern des Libanon, die er gepflanzt hat. In ihnen bauen die Vögel ihr Nest, auf den Zypressen nistet der Storch. Die hohen Berge gehören dem Steinbock, dem Klippdachs bieten die Felsen Zuflucht.

Echnaton beschreibt dies mit ganz ähnlichen Worten:

Alles Vieh befriedigt sich an seinen Kräutern, Bäume und Pflanzen grünen. Die Vögel fliegen auf aus ihren Nestern, ihre Flügel in Lobgebärden für deinen Ka. Alles Wild hüpft auf seinen Füßen, alles, was auffliegt und niederschwebt, sie leben, wenn du für sie aufgehst.

Und auch Psalm 104, 27–28,

Sie alle warten auf dich, dass du ihnen Speise gibst zur rechten Zeit. Gibst du ihnen, dann sammeln sie ein; öffnest du deine Hand, werden sie satt an Gutem.

steht so ähnlich an der Grabwand des Eje:

Du stellst jedermann an seinen Platz und sorgst für ihren Bedarf,
jeder Einzelne hat zu essen, seine Lebenszeit ist festgesetzt.

Die Publikation des Großen Sonnengesangs im Jahr 1884 be-
feuerte eine These, die lange Zeit leidenschaftlich diskutiert
wurde. Der biblische Moses, glaubten viele Forscher, sei in seiner Jugend in Ägypten unter direktem Einfluss von Echnatons
neuer Glaubenslehre aufgewachsen – wenn nicht sogar mit ihm
identisch. Über ihn wäre dann die Lehre des einen Gottes, der
über allem steht, zur Grundlage des jüdischen Monotheismus
geworden. Prominentester Vertreter dieser Theorie war Sigmund
Freud, der sie mit seiner letzten Schrift »Der Mann Moses und
die monotheistische Religion«, herausgegeben kurz vor seinem
Tod im Jahr 1939, populär machte. Heute vertritt kaum noch
ein Forscher diese Ansicht, vor allem weil die biblische Figur des
Moses mittlerweile in die Zeit der Ramessiden – ein bis zwei
Jahrhunderte nach Echnaton – datiert wird.

Aus den archäologischen Zeugnissen wird nicht ganz klar, wie
weit Echnatons religiöse Reform tatsächlich in alle Bereiche des
Lebens in Ägypten vordrang. Allerdings zeichnet sich ab, dass
mit fortschreitender Zeit auch die Unterdrückung der anderen
Götter zunahm. Das Bild, das wir heute von dem Religionswan-
del unter Echnaton haben, ist geprägt von einer Inschrift aus der
Zeit des Tutanchamun – als man bereits damit begonnen hatte,
alles Andenken an den sogenannten Ketzerkönig zu tilgen:

Die Tempel der Götter und Göttinnen … waren im Begriff,
vergessen zu werden, und ihre heiligen Stätten im Zustande des
Untergangs zu Schutthügeln geworden, die mit Unkraut bewach-
sen sind. Ihre Gotteshäuser waren wie etwas, das es nicht gibt.
Das Land machte eine Krankheit durch, die Götter, sie kümmer-

ten sich nicht um dieses Land ... Wenn man einen Gott anrief, um ihn um etwas zu bitten, dann kam er nicht. Wenn man eine Göttin anrief, ebenso, dann kam sie nicht.

Fest steht, dass Echnaton im neunten Jahr seiner Regierung die Schrauben noch einmal fester anzog. Den Namen Atons änderte er ein weiteres Mal. »Es lebe Re, der horizontische Herrscher, der im Lichtland (am Horizont) jubelt, in seinem Namen als Re, der Vater, der als Sonnenscheibe (Aton) kommt« hieß der Gott nun. Re-Harachte und Schu mussten weichen. Nur Re hatte noch Bestand, allerdings wahrscheinlich nicht als Gott, sondern eher in der Bedeutung der Sonne selbst. Gleichzeitig nehmen die Repressionen gegen die anderen Götter zu. Ihre Tempel und prominenten Anhänger werden enteignet, das Geld an Aton-Tempel und Günstlinge des Pharao verteilt. Besonders schwer trifft es das Amun-Heiligtum in Karnak. Jemand kletterte dort sogar bis auf die Spitze der Obelisken, um mit Hammer und Meißel den Namen des Gottes zu tilgen.

Wie schlimm war es aber tatsächlich? Einige Forscher meinen, genügend Belege dafür vorweisen zu können, dass die Reform zwar das offizielle Bild beherrschte, bis in die privaten Lebensbereiche aber nicht vordrang. So änderten zwar viele Beamte am Hof ihren Namen, wenn er Bezug auf einen anderen Gott nahm – doch ebenso lebten in Achetaton nachweislich Menschen, die nach wie vor Ahmose (»Kind des Mondgottes«) oder Thutmose (»Kind des Thot«) gerufen wurden. Außerdem zählten zu den Kleinfunden aus Achetaton jede Menge Amulette von Haus- oder Geburtsgöttern wie Bes oder Taweret. Auch die Uräusschlange als apotropäisches Schutzsymbol durfte ebenso wie das Horusauge nach wie vor öffentlich gezeigt werden.

Doch andere, wie beispielsweise Nicholas Reeves, malen ein

anderes Bild. Nicht einmal vor dem Namen des eigenen Vaters machten die Meißel des Echnaton halt: Da Amenophis III. den Namen des verhassten vormals mächtigsten Gottes Amun enthielt, wurde dieser vielerorts gelöscht. Und Reeves weist darauf hin, dass sogar auf kleinen persönlichen Gegenständen wie Gedenkskarabäen oder Kosmetiktöpfchen die Besitzer andere Götternamen ausfeilten – aus Angst davor, für einen religiösen Verräter gehalten zu werden. »Derartige Zurschaustellungen von furchterregender Selbstzensur und kriecherischer Loyalität sind unheilvolle Indikatoren der Paranoia, die das Land zu ergreifen begann«, schreibt Reeves. »Nicht nur die Straßen Achetatons waren voll der Soldaten des Pharao; es scheint, als ob die Bevölkerung nun auch mit der Gefahr böswilliger Informanten zu kämpfen hatte.«

Es war jedenfalls ungemütlich geworden in Achetaton. Der Pharao umgab sich zunehmend mit Männern, die eine militärische Laufbahn absolviert hatten. Auf den Wänden der Gräber in der neuen Hauptstadt sieht man die Soldaten aufmarschieren – ein ungewöhnlicher Grabschmuck. Damit stellt sich die Frage, ob das Militär tatsächlich nur zur Sicherung der Grenzen eingesetzt wurde oder auch innenpolitische Aufgaben übernahm. Echnaton selber hat Ägypten nie verlassen, um für sein Land zu kämpfen. Dabei hätte er durchaus Gelegenheit dazu gehabt. In Palästina und Syrien bröckelte die Loyalität der ägyptischen Vasallenstaaten. Aus der Stadt Tunip erreicht ihn ein herzzerreißender Hilferuf, nachdem die Amurriter und Hethiter die Stadt gestürmt haben: »Wer hätte früher Tunip plündern können, ohne dass Nefercheperure (Echnatons Thronname) ihn zur Strafe geplündert hätte? ... und wenn Aziru (Herrscher der Amurriter) auch noch in Simyra eindringt, so wird er uns tun, was ihm gefällt auf dem Gebiete unseres Herrn, des Königs, und trotz alledem hält unser Herr sich von uns zurück. Und nun weint Deine Stadt Tunip und ihre Tränen fließen, und es gibt keine Hilfe für uns. ... haben wir an unseren Herrn, den König von Ägypten, Boten gesandt, aber keine Antwort ist uns gekommen, nicht ein einziges Wort.«

Trotz eines gewissen außenpolitischen Desinteresses lässt Echnaton sich zu Hause als starker König feiern. Der achte Tag des zweiten Monats der Winterjahreszeit im 12. Jahr seiner Regierung muss ein so bemerkenswerter Tag gewesen sein, dass gleich zwei Beamte aus Achetaton die Ereignisse auf den Wänden ihrer Gräber festhielten. Der Pharao empfing gemeinsam mit Nofretete an jenem Tag eine bunte Parade von Gesandten aller mit Ägypten alliierten Länder. Jeder von ihnen brachte Handelsprodukte aus seiner Heimat mit und präsentierte sie dem Königspaar. Im Grab des Huja, Haushofmeister der Königsmutter Teje, beschreibt zusätzlich ein Text den Ablauf: »Es erschien der König von Ober- und Unterägypten, Nefercheperure, der Einzige des Re, und die Große Königliche Gemahlin Neferneferure Nofretete, sie lebe auf immer und ewig, auf dem großen Tragsessel aus Elektron, um die Gaben von Syrien und Kusch, vom Westen und Osten zu empfangen. Alle Fremdländer waren versammelt. (Auch) die Länder des Mittelmeeres brachten Abgaben dem König auf dem großen Thron von Achetaton, damit ihnen für das Entgegennehmen des Tributs der Lebenshauch gegeben werde.«

Nach diesem 12. Regierungsjahr wird es still in Achetaton. Bis heute kann nicht hinreichend geklärt werden, welche Personen welche Rollen in den letzten Jahren Echnatons – der Zeit des »Sonnenuntergangs« – spielten. Dieser Mangel an Zeugnissen bietet hervorragenden Nährboden für immer neue spekulative Interpretationen. Nur eines ist sicher: Am Hof herrschte ein

problematischer Frauenüberschuss. Nofretete hatte dem König
sechs Töchter geboren – aber keinen männlichen Thronfolger.
Unter den Tontafeln aus dem Staatsarchiv wurden zwei Briefe
des babylonischen Königs Burna-Buriasch II. gefunden, die an-
deuten, dass dieser zumindest zeitweise um die Gunst Meritatons buhlte. Der erste war ein Begleitschreiben zu einer Kette
aus Lapislazuli, die er ihr schenkte. Im zweiten jedoch beklagte
er sich dann, dass die Prinzessin sich offenbar nicht um seine
Gesundheit sorge. Erfolg war ihm mit seinem Werben nicht
beschieden. Meritaton verließ ihre Familie nie, vermutlich nach
Echnatons Tod machte sein Nachfolger Semenchkare sie zur
Großen Königlichen Gemahlin. Aus Inschriften ist eine Tochter
der Meritaton bekannt, die schlicht Meritaton tascherit (Meritaton die Jüngere) genannt wurde. Ob das Kind je das Erwachsenenalter erreichte, ist unbekannt. Ihr Rang gegen Ende der
Herrschaft Echnatons ist nur schwer zu fassen. Einerseits gibt
es ein Relief, das Echnatons Nebenfrau Kija und deren Tochter
darstellt, auf dem Meritaton, ihre Mutter Nofretete und ihre
Schwester Anchesenpaaton sich in einer Unterwerfungsgeste
vor der Rivalin auf den Boden werfen. Andererseits aber »erbte«
Meritaton, wohl nach Kijas Tod, den Maru Aten genannten
Komplex mit einem großen Teich und schattigen Bäumen im
Süden der Stadt. Der Name der Vorbesitzerin wurde überall getilgt und durch Meritatons Namen ersetzt. Vermutungen, dass
Meritaton vor ihrer Ehe mit Semenchkare mit Echnaton verheiratet war, lassen sich nicht restlos beweisen. Auch dass sie nach
dessen Tod eine Zeitlang allein auf dem Thron Ägyptens saß, ist
nur eine von vielen Theorien aus der historisch dunklen Zeit am
Ende seiner Herrschaft.

Die zweite Tochter, Maketaton, kennen wir vor allem von der
Darstellung ihres Todes im Familiengrab der Herrscherfamilie

in Achetaton. Auf dem Relief sieht man die trauernden Eltern Echnaton und Nofretete am Bett der Verstorbenen stehen und lebhaft klagen. Aus dem Sterbezimmer tritt eine Amme mit einem Neugeborenen auf dem Arm, begleitet von einer Dienerin, die dem winzigen Kind mit einem Wedel Luft zufächelt. Allgemein interpretieren die Ägyptologen diese Szene so, dass Meritaton im Kindbett starb. Wer aber der Vater des Kindes war, konnte bislang nicht geklärt werden. Einige Forscher vermuten, Echnaton habe Maketaton wie auch ihre ältere Schwester geehelicht und das Kind selbst gezeugt.

Auch die dritte Tochter, Anchesenpaaton, wurde zur Ehefrau eines Herrschers: Tutanchamun. Gemeinsam mit ihrem Mann nahm sie im Zuge der religiösen Gegenbewegung nach dem Tod Echnatons den Gott Amun in ihren Namen auf und hieß fortan Anchesenamun. Auf sämtlichen Darstellungen im Grab des Tutanchamun demonstriert das königliche Paar aber die gleiche innige Zärtlichkeit, die auch Anchesenamuns Eltern so offensichtlich zur Schau gestellt hatten. Nur Kinder waren den beiden – möglicherweise – Halbgeschwistern nicht vergönnt. Bei den zwei Kindern, die mumifiziert im Grab ihres Mannes gefunden wurden, handelt es sich um eine Frühgeburt aus dem 5. Schwangerschaftsmonat und eine Totgeburt aus dem 8. Monat. Möglicherweise war es jedoch gar nicht Anchesenpaatons erste Ehe. Es wird spekuliert, dass sie bereits vor der Eheschließung mit Tutanchamun eine Tochter gebar: Anchesenpaaton tascherit, Anchesenpaaton die Jüngere. Auch hier steht wieder Echnaton im Verdacht, der Vater dieses Kindes gewesen zu sein. Zwei Ringe, von denen einer sich heute im Ägyptischen Museum in Berlin befindet, deuten außerdem darauf hin, dass Anchesenamun nach Tutanchamuns Tod auch noch dessen Nachfolger Eje heiratete, obwohl dieser deutlich älter als sie war. Diese letzte Ehe hätte allerdings nur dazu gedient, Ejes dürftigen Machtanspruch auf den Thron zu stärken. Im Grab Ejes wird nur eine einzige Frau erwähnt, seine Hauptfrau Tij.

Die vierte Tochter hieß – aus unbekannten Gründen – wie ihre Mutter. Sie bekam den Namen Neferneferuaton, »Vollkommen sind die Vollkommenheiten des Aton«, jenen Namen, den auch Nofretete sich ab dem 6. Regierungsjahr ihres Mannes gab. Um sie von ihrer Mutter unterscheiden zu können, kam bei ihr noch der Namenszusatz tascherit, die Jüngere, hinzu. Die beiden jüngsten Töchter, Neferneferure und Setepenre, tragen nicht mehr Aton in ihren Namen, sondern Re. Beide starben aber vermutlich im Kleinkindalter.

Nofretete war die große strahlende Herrscherin an der Seite Echnatons. Doch die einzige Frau in seinem Leben war sie nicht. Zwar trug sie den Titel »Große Königliche Gemahlin« – Echnatons »Große geliebte Frau des Königs« war aber eine andere: Kija. Nofretete tritt als Politikerin auf, als starke Frau. Kija dagegen spielte eine ganz andere Rolle. Nichts an ihr spricht von Macht. Ihr Name wurde nie in einer Herrscherkartusche geschrieben, nie trägt sie eine Krone. Dafür hatte sie eine Vorliebe für Schmuck – sie trug gerne große, scheibenförmige Ohrringe – und zeigte sich immer akkurat frisiert mit der gestuften Löckchenperücke Nubiens. Ihr Name taucht öfter auf persönlichen Gegenständen wie Schminkröhrchen und Salbengefäßen auf als in öffentlichen Dokumenten aus Achetaton. Über Kijas Herkunft ist viel spekuliert worden. Einige Forscher vermuten in ihr die mitannische Prinzessin Taduchepa, die Echnaton nach dem Tod seines Vaters aus dessen Harem übernahm. Wer es zu unwahrscheinlich fand, dass Echnaton eine Witwe seines Vaters zur »Großen geliebten Frau« machte, sieht in ihr lieber eine der rund 317 edlen Damen, die anlässlich der Hochzeit ihrer Herrin

Taduchepa nach Ägypten gefolgt waren. Der Grund für diese Vermutung liegt in der Hauptsache in ihrem Namen, der für eine Ägypterin höchst ungewöhnlich ist. Allerdings wies Cyril Aldred darauf hin, dass Kija auch eine Abwandlung des ägyptischen Wortes *ky* sein könne – und nichts anderes bedeutet als »Äffchen«. Auch wenn Kija keine politischen Ambitionen hegte, genoss sie doch großes Ansehen in Achetaton. Echnaton hatte ihr das Maru Aten bauen lassen sowie mindestens eine eigene Kapelle im Tempel des Aton.

Eine dieser vielen Frauen schrieb einen bemerkenswerten Brief an den Hethiterkönig Šuppiluliuma I., als dieser gerade in das ägyptische Grenzgebiet Amka eingefallen war: »Mein Gatte ist gestorben. Einen eigenen Sohn aber habe ich nicht. Von Dir aber sagt man, dass Du viele Söhne besitzt. Wenn Du mir einen Sohn von Dir gibst, soll er mein Gatte werden. Niemals aber werde ich einen meiner Diener nehmen und ihn zu meinem Gatten machen. Eine (solche) Befleckung fürchte ich!« Es war ein gewagter, aber äußerst cleverer Schachzug. Einen fremden Königssohn auf den ägyptischen Thron zu hieven könnte tatsächlich dem Land Frieden geben und blutige Nachfolgekriege – sowohl mit den Feinden Ägyptens als auch unter den einheimischen Thronanwärtern selber – ersparen.

Nur geht aus dem Text, der sogar in unterschiedlichen Versionen vorliegt, leider nicht hervor, wer die mutige Königswitwe, ja nicht einmal, wer der verstorbene König war. Dahamunzu wird die Dame genannt, was aber nur die keilschriftliche Umschrift des ägyptischen Titels *ta-hemet-nesu*, »Gemahlin des Königs«, wiedergibt. Der verstorbene Pharao wird als Nibhururia bezeichnet. Unglücklicherweise sind die Thronnamen Echnatons (Neb-cheperu-Ra) und Tutanchamuns (Nefer-cheperu-Re) sich so ähnlich, dass in diesem Fall beide in Frage kommen können. Bis heute ist die Forschung sich nicht einig, wer also hinter Dahamunzu steht: Nofretete, Kija, Meritaton oder Anchesenamun.

Der Versuch, Ägypten auf diese Weise zu stabilisieren, ging jedenfalls gründlich nach hinten los. Zwar schickte Šuppiluliuma nach anfänglichem Zögern seinen Sohn Zannanza. Als ihn die Nachricht ereilte, dass sein Sprössling Ägypten nie erreicht, sondern auf dem Weg das Zeitliche gesegnet hatte, schloss er sofort: Das muss Mord gewesen sein! Offenbar wollte einer der ägyptischen Königskandidaten verhindern, dass ein ausländischer Prinz ihm den Thron vor der Nase wegschnappt. Der Hethiterkönig nahm Rache und führte seine Soldaten auf einen Feldzug gegen das Land am Nil und nahm reichlich Gefangene. Mit den ägyptischen Kriegsgefangenen aber holte Šuppiluliuma sich die Pest ins Land – der er nur wenig später selber zum Opfer fiel.

Das wohl größte Rätsel in der Nachfolgezeit Echnatons ist aber die Person des Semenchkare. Wie ein Phantom taucht er auf, lässt sich aber niemals so weit fassen, als dass man die Zeit seiner Herrschaft, deren Dauer, seine Herkunft oder auch nur sein Geschlecht bestimmen könnte. Es gibt weder eine Statue noch eine Stele, die seinen Namen trägt. Sein Grab ist ebenso unbekannt wie seine Mumie. Immerhin sind die meisten Forscher sich einig, dass Semenchkares Herrschaft nur kurz währte. Ob »kurz« aber einen Zeitraum von wenigen Wochen oder einigen Jahren beschreibt, bleibt dabei offen. Eine Möglichkeit ist, dass er in der letzten Regierungsphase von Echnaton als dessen Mitregent den Thron teilte, ihn aber niemals alleine innehatte, weil er kurz vor dem Tod Echnatons ebenfalls verstarb. Andere Forscher, zu denen Nicholas Reeves zählt, halten ihn für Nofretete, die im 14. Regierungsjahr ihres Mannes zur Mitregentin erhoben wurde, unter dem Thronnamen Semenchkare zunächst mit ihm und nach seinem Tod allein weiterherrschte.

»Man baue mir ein Grab im Berg von Achetaton, wo die Sonne aufgeht, in welchem meine Bestattung erfolgen soll nach Millionen von Regierungsjubiläen«, hatte Echnaton gefordert. Dieses Grab trägt heute den wenig spektakulären Namen TA 62. Doch es ist leer. Schon unter Tutanchamun begannen die Prachtbauten Achetatons einzustürzen. Keine prächtigen Wagen fuhren mehr die Hauptstraßen entlang, kein kühlendes Wasser plätscherte mehr in den künstlichen Brunnen. Zwar besuchte Aton nach wie vor jeden Tag seine offenen Tempel, doch es kam niemand mehr, um ihm die Ehre zu erweisen. Aus diesen desolaten Ruinen ließ Tutanchamun die Mumien seiner Vorgänger holen. Sie sollten, wie alle Herrscher der 18. Dynastie, im Tal der Könige ruhen. Maketaton, Teje und entweder den großen Echnaton selber oder seinen unmittelbaren Vorgänger Semenchkare überführte der junge König von Achetaton zunächst in ein Grab, das im Tal der Könige in unmittelbarer Nähe jener Stelle lag, an dem die Arbeiter bereits sein eigenes aushoben: KV 55.

Im Jahr 1907 entdeckte es der Archäologe Edward Ayrton, der im Auftrag von Theodore Davis im Tal grub. Das Grab war offenbar niemals fertiggestellt und bereits in der Antike durch eindringendes Wasser beschädigt worden. Darin lag in einem goldenen Holzsarkophag eine schwerbeschädigte Mumie, vier Kanopenkrüge und die Reste eines vergoldeten Holzschreins. Die Kanopenkrüge waren mit dem Kopf einer Frau verschlossen und hatten wohl ursprünglich Kija gehört, auf dem Holzschrein las Ayrton, dass Echnaton ihn einst für Teje anfertigen ließ. Auch vier magische Ziegel trugen den Namen Nefer-cheperu-Re-wa-en-Re, den Thronnamen Echnatons. Ursprünglich waren es wohl tatsächlich mehrere Mumien gewesen, die hier vorübergehend Schutz gefunden hatten – übrig war aber nur eine. Wessen war es?

Davis hegte keinen Zweifel daran, die sterblichen Überreste der Königin Teje gefunden zu haben, der Großen Königlichen Gemahlin von Amenophis III. und Mutter Echnatons. Der eine Arm war über der Brust gekreuzt, der andere ausgestreckt – die typische Haltung einer Königin. Auch die Hüften, fand Davis, seien eindeutig weiblich und weder seien Penis noch Hoden zu finden. Arthur Weigall von der Antikenbehörde schickte trotzdem einige Wochen später die Knochen zur Untersuchung an den Mediziner Grafton Elliot Smith nach Kairo. »Sind Sie sicher, dass die Gebeine, die Sie mir geschickt haben, auch jene sind, die in dem Grab gefunden wurden?«, schrieb der an Weigall zurück. »Anstelle der Knochen einer alten Frau haben sie mir die eines jungen Mannes zukommen lassen. Da ist doch sicher irgendwo ein Fehler passiert.«

Smiths Untersuchung kam zu dem Ergebnis, dass der junge Mann etwa im Alter von 25 Jahren verstorben war. Dass Davis ihn zuerst für weiblich gehalten hatte, war durchaus verständlich, denn die Hüften waren ungewöhnlich breit. Des Weiteren diagnostizierte Smith ein markantes herabhängendes Kinn und eine Schädelmissbildung aufgrund eines Wasserkopfes. Davis, Weigall und Smith blieb nichts anderes übrig, als zu erklären, dass es sich dann ja wohl um die Mumie Echnatons handeln müsse. Dann entdeckte Howard Carter das Grab des Tutanchamun – und plötzlich hatte man eine Vergleichsmumie. Schnell stellten die Forscher gewisse Ähnlichkeiten zwischen Tutanchamun und der Mumie aus KV 55 fest: die Blutgruppe (A2) stimmte überein und auch die ungewöhnliche Schädelform fand sich bei beiden Herrschern. Doch immer noch stand das ungewöhnlich junge Sterbedatum des Mannes aus KV 55 im Raum. Schließlich formulierte der Ägyptologe Rex Engelbach im Jahr 1931 erstmals die Idee, dass es ja noch einen weiteren möglichen Kandidaten gab: den mysteriösen Semenchkare. Zwar wusste niemand genau, in welchem Verwandtschaftsverhältnis er zu Echnaton oder Tutanchamun stand. Aber eine enge Verwandtschaft mit den beiden schien nur allzu wahrscheinlich – und jung gestorben war Semenchkare mit ziemlicher Sicherheit.

Diese elegante Lösung wurde erneut in Frage gestellt, als eine genauere Untersuchung der Zähne und Röntgenaufnahmen der Langknochen das wahre Alter des Verstorbenen ans Licht brachten. Er war nicht etwa mit 25 Jahren gestorben, sondern mindestens ein ganzes Jahrzehnt später. Der damalige Direktor der ägyptischen Antikenbehörde und Leiter der Untersuchungen Zahi Hawass verkündete stolz: »Wir können nun sagen – dass es sich bei der Mumie aus Grab 55 nach den neuen Beweisen, nach dem Alter von über 25 Jahren und den Inschriften um Echnaton handeln kann.« Hawass hatte es sich zur Aufgabe gemacht, den Stammbaum der königlichen Familie endgültig zu klären. Im Zuge der Untersuchungen kamen noch weitere Gemeinsamkeiten zwischen der Mumie aus KV 55 und Tutanchamun ans Licht. Beide litten an einer leichten Skoliose, waren mit einer Gaumenspalte geboren und ihre Weisheitszähne hatten nie den Kieferknochen durchbrochen. 2010 legte er mit einer DNA-Analyse nach. Nun schien unverrückbar festzustehen: Die Mumie aus KV 55 ist ein Sohn von Amenophis III. und der Vater von Tutanchamun. »Die Tests wurden auf einem Standard durchgeführt, der sogar für einen FBI-Vaterschaftstest ausgereicht hätte«, prahlte Hawass. Auch die Mutter Tutanchamuns präsentierte er gleich mit. Es ist die »Younger Lady« genannte Dame aus dem Grab KV 35, eine namentlich unbekannte Vollschwester Echnatons. Die Akte Echnaton schien geschlossen, die Mumie aus KV 55 identifiziert.

Bald aber meldeten sich kritische Stimmen zu Wort. So einfach sei das alles gar nicht mit der Bestimmung von Mumien-DNA – zu bruchstückhaft seien die Erbinformationen, zu groß die Gefahr einer Kontamination durch das Erbgut all jener, durch deren Hände die Knochen in den vergangenen Jahrzehnten gewandert seien. Zwar sei die Mumie aus KV 55 der Vater Tutanchamuns. Definitiv habe dieser Mann aber nicht die weibliche Mumie KV 21 a gezeugt, die als Mutter der beiden Föten in Tutanchamuns Grab und damit als Anchesenamun identifiziert ist. Da jedoch Anchesenamun aus zahlreichen Darstellungen als Tochter des Echnaton und der Nofretete bekannt ist, kann die Mumie aus KV 55 nicht Echnaton sein. Es sei denn, Nofretete war ihrem Gatten untreu – aber die Tatsache, dass auf allen öffentlichen Darstellungen die Familienähnlichkeit zwischen Vater und Töchtern so betont wird, spricht doch sehr gegen diese Unterstellung.

Damit treibt der Stammbaum weitere Äste. Die Mumie aus KV 55 könnte durchaus ein Vollbruder Echnatons sein – und bisher spricht nichts dagegen, ihn als Semenchkare anzusprechen. Dann hätte Semenchkare mit der Younger Lady, Tochter Echnatons und Nofretetes, seine Nichte geheiratet und mit ihr Tutanchamun gezeugt. Der wiederum nahm mit Anchesenamun seine Tante zur Frau – und zeugte die beiden Föten, die mit ihm bestattet wurden. Damit bleibt nur noch ein großes Geheimnis: Wo liegen die Mumien Echnatons und Nofretetes?

Es ist ein berührender Gedanke, dass der junge Pharao Tutanchamun seine Angehörigen nach Theben überführte. Er selber hatte seinen Namen bereits von Tutanchaton zu Tutanchamun geändert, das Land erholte sich langsam von den Repressionen,

mit denen der religiöse Wahnsinn Echnatons es lange Jahre ge-
beutelt hatte. Aber die Toten waren Tutanchamuns Familie. So
verhasst sie auch beim Volk und bei der Priesterschaft gewesen
sein mögen – für Tutanchamun waren sie so wichtig, dass er
sich vermutlich über viele Hindernisse hinwegsetzte und ihre
Leichen aus den verfluchten Ruinen Achetatons an jenen Ort
brachte, der seit Jahrhunderten den ägyptischen Pharaonen
Ruhe und Sicherheit versprach – heim in das Tal der Könige.

Nofretete:
Die Schöne ist gekommen

Das Verhältnis von Ehefrauen zu ihren Schwiegermüttern ist oft schwierig. Es ist eine Machtfrage: Wer darf bestimmen? Wer bekommt recht? Wer hat das Sagen in der Familie? Ob und wie Nofretete und ihre Schwiegermutter Teje sich in Wahrheit verstanden, wissen wir nicht. Das Bild, das uns die erhaltenen Familiendarstellungen vorgaukeln, strotzt jedenfalls vor Harmonie. Auch wenn Nofretete und Teje niemals gemeinsam dargestellt sind, kennen wir doch Bilder von Echnaton sowohl mit seiner Mutter als auch mit seiner Frau – und beide behandelt der Pharao mit großem Respekt und liebevoller Zuneigung.

Schaut man über die kleine echnatonische Familienidylle hinweg auf den größeren politischen Rahmen der 18. Dynastie, bekommt die enge Verbindung zwischen den beiden Frauen sogar noch mehr Gewicht. Immerhin könnte man diese Dynastie zu Recht als »Dynastie der starken Frauen« bezeichnen. Schon Hatschepsut hatte mit ihrer Machtübernahme einen Präzedenzfall gesetzt und sich als erste Frau der 18. Dynastie tatsächlich auf dem Pharaonenthron behauptet. Teje hingegen wählte rund zweihundert Jahre später einen anderen Weg – war aber auf ihre Art beinahe ebenso machtvoll. Nach der Krone griff sie nie. Stets trat sie nur in einer einzigen Rolle auf, als Ehefrau des Pharao Amenophis III. Diese Rolle aber definierte sie neu. Denn nun war es nicht mehr nur der Pharao, der Gesetze erließ, sondern ganz explizit der Herrscher und seine Gemahlin gemeinsam. Auch die diplomatische Korrespondenz war nicht mehr ausschließlich an Amenophis III. gerichtet, sondern ebenso an die Frau an seiner Seite. Die Einbeziehung Tejes in die Regierungsgeschäfte des Pharao ging so weit, dass nach dem Tod Amenophis' III. der mitannische König Tušratta dem jungen Amenophis IV. empfahl, sich bei Fragen getrost an seine Mutter zu wenden, denn sie sei mit allem vertraut, was auch der verstorbene Pharao gewusst habe.

Mit dieser starken Mutter war Amenophis IV. aufgewachsen, sie hatte sein Frauenbild maßgeblich geprägt. Und nicht nur seines – auch der Regierungsapparat und das ägyptische Volk nahmen es nach über 30 Jahren Frauenpower neben und hinter dem Pharaonenthron als gegeben hin, dass ein Herrscher seine Macht mit der »Großen Königlichen Gemahlin« teilte. Als Amenophis IV. sich nun nach einer geeigneten Frau umsah – möglicherweise sogar mit Hilfe seiner Mutter – fiel seine Wahl auf Nofretete. Sie war damals noch sehr jung, das volle Ausmaß ihrer Herrscherqualitäten konnte zu dem Zeitpunkt noch niemand absehen. Aber eines ist sicher: Sie wird keine verschüchterte, graue Maus gewesen sein. Amenophis nahm sich mit Nofretete ein Mädchen zur Frau, die das volle Potential besaß, seiner Mutter sehr ähnlich zu werden.

Die junge Königsgemahlin füllte den ihr zugedachten Platz scheinbar mit großer Leichtigkeit und Selbstverständlichkeit aus. Von Anfang an tritt sie groß und bedeutend auf. Ihr Platz an der Seite ihres Gemahls ist nichts, worum sie jemals kämpfen musste. Es ist ein Platz, den ihre Schwiegermutter bereits für sie vorbereitet hatte. Ohne Teje hätte es Nofretete nie gegeben.

Amenophis III. hatte nicht, wie sonst üblich, eine seiner Schwestern geheiratet, sondern sich ein bis dahin unbekanntes Mädchen ohne königliches Blut zur Gemahlin genommen. Darin eiferte sein Sohn ihm nun nach. Wie und wo Amenophis IV. seine Nofretete fand, ist nicht bekannt. Während der Vater aber bei der Hochzeit deutlich auf den zahlreichen Gedenkskarabäen verkündet hatte, dass Teje die Tochter von Juja und Tuja sei, obwohl diese keinerlei Verbindungen zum Königshaus vorweisen konnten, schweigt der Sohn sich über die Herkunft seiner Frau aus. Der einzige Hinweis auf ihre Kindheit stammt aus einer Zeit, als Nofretete bereits lange tot war. Im Grab von Tutanchamuns Nachfolger Eje trägt dessen Frau Tij den Titel »Menat Aat«: Große Amme der Nofretete. Einige Forscher haben deshalb vermutet, Nofretete sei ein Kind Ejes aus einer früheren Ehe und Tij somit ihre Stiefmutter. Belege für dieses konstruierte Verwandtschaftsverhältnis gibt es allerdings keine. Nofretete kommt aus dem Nichts.

Sie ist einfach da. Ihr Name ist Programm: »Die Schöne ist gekommen« bedeutet er. Woher sie kam oder wer sie zuvor war, spielt nun keine Rolle mehr. Lange waren Ägyptologen versucht, wegen dieses Namens in Nofretete eine ausländische Prinzessin zu sehen. Doch außer dem Namen gibt es dafür keine weiteren Anhaltspunkte. Außerdem wäre dann schwierig zu erklären, warum sie mit Tij eine ägyptische Amme hatte. Als größte Favoritin für diese Theorie galt Taduchepa, die Tochter jenes mitannischen Königs Tušratta, der Amenophis IV. riet, gut auf seine Mutter zu hören. In der Tat lebte Taduchepa genau vor der Nase des jungen Königs. Sein Vater Amenophis III. hatte sie von Tušratta als Zeichen der Verbundenheit Mitannis mit Ägypten als Ehefrau geschenkt bekommen. Allerdings erkrankte der ältliche Pharao noch während der Verhandlungen um die Mitgift. Taduchepa wurde trotzdem nach Ägypten geschickt. Ob Amenophis III. noch in der Lage war, die Ehe zu vollziehen, als sie dort ankam, ist unbekannt. Taduchepa jedenfalls bekam den ihr zugedachten Platz im Harem des Pharao zugewiesen, und als Amenophis IV. nach dem Tod seines Vaters diesen Harem erbte, erbte er Taduchepa gleich mit. So ist Taduchepa mit Sicherheit eine Frau von Amenophis IV. gewesen. Dass sie aber mit der »Schönen, die gekommen ist« identisch war, ist eher unwahrscheinlich. Vermutlich verbrachte Taduchepa den Rest ihres Lebens still und unauffällig in der Ruhe des pharaonischen Harems; froh, ihrem Schicksal im Bett eines alten, kranken Mannes relativ glimpflich entkommen zu sein.

Die Eltern Nofretetes kennen wir zwar nicht – dafür aber ihre kleine Schwester Mutnedjemet, auch Mutbelet oder Mutbenret genannt. Sie taucht als viertes Mädchen zusammen mit den drei ältesten Töchtern Nofretetes auf einigen Reliefs in den Gräbern von Achetaton auf. In dem ungenutzten Grab des späteren Pharao Eje, auf dessen Wänden auch der Große Sonnengesang des Aton geschrieben steht, wird ihre Verwandtschaft zu Nofretete dargelegt. Sie ist dort als »Schwester der Großen Gemahlin des Königs« bezeichnet. Wie auch die Töchter Nofretetes trägt sie als Frisur die Seitenlocke, die sie als Kind kennzeichnet. Nur ihre Körpergröße deutet an, dass sie ein wenig älter ist als ihre Nichten. Mindestens vier Darstellungen zeigen sie in Begleitung von zwei kleinwüchsigen Männern. Sogar die Namen von Mutnedjemets Begleitern kennen wir: Hemetniswerneheh und Mutef-Pre. Die kleine Schwester der Königin, gefolgt von ihren zwei kleinwüchsigen Spielgefährten, muss ein gewohnter Anblick für die Bewohner Achetatons gewesen sein. Möglicherweise handelt es sich sogar bei einer Darstellung auf einem Stück Alabaster aus Tutanchamuns Grab um dieses seltsame Trio. Und noch etwas ist ungewöhnlich in Bezug auf Mutnedjemet. Nie scheint sie bei der Verehrung Atons aktiv beteiligt zu sein. Während Echnaton, Nofretete und ihre drei Töchter dem Gott Geschenke darbringen oder das Sistrum schwenken, steht Mutnedjemet nur unbeteiligt mit ihren beiden Begleitern daneben. Einige Forscher vermuteten, dass sie sich dem Atonkult verweigerte. Möglich ist aber auch, dass es ihr als Außenseiterin gar nicht erlaubt war, entsprechende rituelle Handlungen für Aton vorzunehmen.

Etwa zu der Zeit, als die vierte Tochter Nofretetes und Echnatons geboren wird, verschwindet Mutnedjemet sang- und klanglos von der Bildfläche. Jene, die in ihr eine Aton-Verweigerin sehen wollten, spekulierten, sie sei für ihre religiöse Verweigerungshaltung vom Hof verbannt und ins Exil geschickt worden. Für diese Theorie gibt es aber keinerlei Anhaltspunkte. Ebenso gut kann sie einfach verstorben sein, oder sie wurde verheiratet und musste für ihre neue Rolle die Position als Spielkameradin der Prinzessinnen aufgeben. Etliche Jahre später taucht eine gewisse Mutnedjmet auf, als Gemahlin des Pharao Haremhab. Diese wurde in der Vergangenheit öfter mit Nofretetes Schwester gleichgesetzt, die Schreibweise der ägyptischen Hieroglyphen lässt diese Deutung durchaus zu. Allerdings war Mutnedjmet (»Die süße Mut«) ein so häufiger Mädchenname in der 18. Dynastie, dass diese Interpretation sehr gewagt ist.

Nofretete kommt, wenn auch in Begleitung ihrer Schwester, also immer noch aus dem Nichts. Wir treffen sie zum ersten Mal auf Reliefs in Privatgräbern aus Theben. Dort ist sie eine junge Frau, die noch deutlich hinter dem Pharao steht. Über ihre Schönheit ist viel geschrieben worden. Spätere Funde aus Amarna zeigen, dass Nofretete dabei gekonnt nachhalf. Die Ausgräber entdeckten dort ihr Schminkset: ein blaues Schminktöpfchen und Kajalbehälter, auf denen in Einlegearbeiten der Name

Nofretetes steht. Ebenso wie der Einsatz von Make-up war es bei hochrangigen Frauen im alten Ägypten üblich, sämtliche Körperbehaarung zu entfernen. Nicht nur die Schamhaare wurden abrasiert, um Ungeziefer und unangenehme Gerüche zu vermeiden, sondern auch das Haupthaar musste komplett ab. Die fehlende Haarpracht ersetzte Nofretete bei Bedarf entweder durch eine Krone oder durch eine Perücke. Davon hatte sie mehrere, von der burschikosen »nubischen« Variante mit freiem Nacken und längeren Vorderspitzen bis zur konservativen längeren Haartracht, die ihre Schwiegermutter Teje favorisierte, je nach Lust und Laune entweder mit glatten Haaren oder auch mit Locken.

Bemerkenswert ist auch die Kleidung der Königin. Schaut man sich die zahlreichen Darstellungen des pharaonischen Familienlebens an, so könnte man glatt meinen, Nofretete und die ihren hätten als überzeugte Nudisten gelebt. Nicht nur die Herrscherin selbst, auch Echnaton und die Töchter erscheinen auf privaten wie auf öffentlichen Darstellungen oft mit Kleidungsstücken, die rein gar nichts verbergen – wenn sie nicht gleich ganz unbekleidet auftreten. Umhänge knotete Nofretete gern unter der Brust statt darüber. Und wenn sie etwas überzog, dann war der Stoff oft so dünn und eng am Körper anliegend, dass er durchsichtig wirkte. Ob die königliche Familie sich tatsächlich nackt der Öffentlichkeit zeigte, sei aber dahingestellt. Wahrscheinlicher ist, dass hinter dieser betonten Körperdarstellung eine beabsichtigte Bildsprache stand, deren Bedeutung sich uns heute nur nicht mehr erschließt.

Kaum hatte Nofretete ihren Platz an der Seite des Pharao eingenommen, begann ihr Stern zu steigen. Schon zu Beginn der Ehe zeichnet sich ab, wie bereitwillig Amenophis IV. seine Frau an der Macht teilhaben lässt – eine Macht, die er selber erst seit kurzer Zeit innehat. Eines der ersten Projekte seiner Herrschaftszeit ist der Bau der neuen, dem Aton geweihten Tempelanlagen in Karnak. Von diesem mächtigen Tempelbezirk sind heute lediglich die einzelnen *talatat* genannten Bausteine übrig, die nachfolgende Pharaonen in ihren eigenen Monumenten verbauen ließen. Die Rekonstruktion der Bilder an den Wänden dieser Tempelanlage aus den gefundenen *talatat*-Blöcken ergibt ein merkwürdiges Bild. Nicht etwa Amenophis IV. dominiert das Bildprogramm in diesem mächtigen Tempelkomplex des Aton, dem ersten großen Bauprojekt seiner Herrschaft – sondern Nofretete. Eine aktuelle Zählung liegt leider nicht vor, aber auf den im Jahr 1976 bekannten *talatat* war lediglich 329 Mal der Name Amenophis' IV. zu lesen oder seine Person abgebildet, 564 Mal dagegen wurde Nofretete erwähnt oder gezeigt.

Sicher kann dies allerdings auch ein Zufall sein, wenn die Archäologen nun ausgerechnet jene Steine wiederfanden, die mit Nofretetes Namen oder Bild verziert waren, während die *talatat* mit Echnaton-Referenzen noch unentdeckt in einem späteren Bauwerk schlummern. Die meisten der wiederentdeckten Blöcke stammen aus dem Haus des Benben – ein Teil der Anlage, der tatsächlich eher mit Nofretete assoziiert war.

Mit dem Umzug in die neue Hauptstadt Achetaton in seinem fünften Regierungsjahr änderte Amenophis IV. seinen Namen zu Echnaton. Und auch Nofretete bekam zu diesem Zeitpunkt einen neuen Namen. Mit Neferneferuaton Nofretete ist die Königin künftig zu bezeichnen: Schön sind die Schönheiten des Aton, die Schöne ist gekommen.

Sie ist gekommen – und hatte noch Großes vor sich. Denn mit seiner Religion des Aton errichtete Echnaton nicht nur ein neues Glaubensgebäude, er schuf gleichzeitig auch ein riesiges Vakuum, das er mit neuen Inhalten füllen musste. Wo die

Ägypter zuvor viele Götter verehren konnten, von denen jeder seine ganz eigene Rolle und Funktion innehatte, thronte jetzt nur noch einzig und allein Aton über allen Lebensbereichen. Da er aber nicht für alle – oft auch gegensätzlichen – Belange des Lebens und Sterbens gleichzeitig verantwortlich gemacht werden konnte, blieben viele Bereiche in dem neuen Glaubenssystem unbesetzt.

Die Götter vor Echnatons Reformen hatten oft Triaden gebildet, um im gemeinsamen Zusammenspiel eine größere Bandbreite an Bedürfnissen abdecken zu können. Prominentestes Beispiel für diese Rollenverteilung sind Osiris, Isis und Horus. Die Zwillinge Osiris und Isis sind Kinder der Himmelsgöttin Nut und des Erdgottes Geb. Osiris herrschte einst über Ober- und Unterägypten, während Geb seinem Bruder Seth nur die Wüste als Herrschaftsbereich überließ. Unter Osiris blühte und gedeihte das Land. Seth jedoch war neidisch und wollte selbst über die fruchtbaren Landstriche herrschen. Bei einem Fest trickste Seth Osiris aus und versenkte ihn in einer bleibeschwerten Holzkiste im Nil. Isis fand ihren Bruder und Ehemann, doch bevor sie ihn befreien konnte, entführte Seth ihn erneut, zerteilte ihn in vierzehn Stücke und verstreute die Leichenteile in ganz Ägypten. Isis machte sich erneut auf die Suche, sammelte mit Hilfe des Totengottes Anubis die einzelnen Teile auf und konnte sie tatsächlich mit ihrer Magie und vielen Zaubersprüchen wieder zusammensetzen. Mit dem notdürftig zusammengeflickten Osiris gelang es Isis, ein Kind zu zeugen. Zum Regieren über Ägypten war der zerstückelte Gott aber nicht mehr in der Lage, er wurde fortan zum Herrscher über die Unterwelt. Isis aber gebar den Horus, der später im Erwachsenenalter Rache am Mörder seines Vaters nahm und daraufhin über Ober- und Unterägypten regieren durfte. Mit diesem Mythos konnten viele Beziehungspaare auf ganz unterschiedlichen Ebenen bedient werden: Oberwelt und Unterwelt, männlich und weiblich, zerstörend und schöpfend, guter Herrscher und böser Herrscher, aber auch Vater und Sohn oder Opfer und Rächer. Einige Orte bildeten ihre eigenen Göttertriaden aus, in Theben bestand sie beispielsweise aus dem obersten Gott Amun, der Schöpfergöttin Mut und ihrem Sohn, dem Mondgott Chons. In Memphis bildeten der Schöpfergott Ptah, die Löwengöttin Sachmet und deren Sohn Nefertem, der Lotusgott, das Dreigestirn.

Diese Vielfalt entfiel mit der Verehrung des Aton als einzigem Gott. Selbst wenn Echnaton sich als Sohn des Aton darstellte und damit dem göttlichen Familiengedanken treu blieb, fehlte ihm immer noch die weibliche Seite des Dreiecks. Der göttliche Pharao brauchte eine Frau. Also machte er Nofretete zur Göttin an seiner Seite. Eine mit dieser Gleichsetzung einhergehende Schöpfungsgeschichte ist nicht überliefert. Auch welche theologische Lehre Echnaton in Bezug auf seine eigene Familie verbreiten ließ, wissen wir leider nicht. Aber auffällig ist zumindest der Raum, den die Darstellungen der Herrscherfamilie einnahm. Während vorher vor allem die Gräber der Toten mit Abbildungen der Götter geschmückt waren, ließen die hochgestellten Bewohner Achetatons nun familiäre Studien von Echnaton, Nofretete und deren Töchtern an ihre Grabwände malen. Möglicherweise liebäugelte der Pharao eine Zeitlang mit einer Gleichsetzung von sich und Nofretete mit dem Zwillingsgötterpaar Schu und Tefnut, die beide von Aton aus sich selbst heraus gezeugt wurden. Oft erscheinen der Gott und das Herrscherpaar auf den Bildern tatsächlich als Dreieck oder zumindest als Pyramide, wobei die Sonnenscheibe an der Spitze, Echnaton und Nofretete je einen Eckpunkt bilden, zusammengehalten von den schnurgeraden Strahlen Atons. Selbst auf kleinstem Raum findet dieses neue Familienbild mit Echnaton und Nofretete als Schu und Tefnut noch Platz, beispielsweise auf einem Peitschengriff-Endstück aus blauer Fayence, das heute in Kopenhagen liegt. Darauf ist das Königspaar namentlich gekennzeichnet – aber ihre Haltung verrät sie eindeutig als Schu und Tefnut, die in einer Barke sitzend ihren Schöpfer, die Sonnenscheibe, verehren.

In welcher Form Echnaton und Nofretete sich den Untertanen letztendlich auch präsentierten, gemeinsam waren die beiden in der Lage, ein wesentlich breiteres Spektrum an göttlichen Eigenschaften und Merkmalen abzudecken, als Echnaton es alleine je gekonnt hätte. Dabei übernahm Aton die Rolle des Schöpfergottes, aber auch die Töchter des Paares wurden oft in diese Götter-/Herrscher-Gleichsetzung mit einbezogen – und sei es auch nur als Symbol für die große Fruchtbarkeit des Paares. Wie weit Echnaton diese Vergöttlichung seiner Familie vorantrieb, muss allerdings Spekulation bleiben. Verlangte er von seinen Untertanen tatsächlich, dass sie für einen Kinderwunsch oder mit der Bitte um eine leichte Geburt seine Frau Nofretete anriefen, weil sie als neue weibliche Staatsgöttin nun für diese Belange zuständig war? Dass zumindest für diese elementaren Bedürfnisse wohl auch weiterhin eher die alten Götter wie Bes und Taweret zuständig waren, zeigen die zahlreichen Funde von kleinen Statuetten der beiden Geburtsgottheiten in den Wohnhäusern der Arbeiter von Achetaton.

Auffällig ist außerdem, dass mit der Geburt der ersten Tochter Echnatons Mutter Teje fast völlig von der Bildfläche verschwindet. Ganz zu Beginn der Herrschaft ihres Sohnes treffen wir sie beispielsweise noch auf einer Wandmalerei in Theben-West, im Grab des Cheruef, dem Sedfest-Leiter Amenophis' III. Dort opfert sie Seite an Seite mit ihrem Sohn Wein für Re-Harachte und Maat sowie Räucherwerk für Aton und Hathor. Es ist ihr letzter öffentlicher Auftritt, bevor Nofretete gänzlich den Platz an der Seite ihres Mannes für sich beansprucht. Teje lebte zwar mit Sicherheit noch eine ganze Weile, erfüllte aber nun keinerlei repräsentative Aufgaben dem Volk gegenüber mehr.

Dass sich bei den Untertanen Widerstand gegen diese Vergöttlichung der Familie Echnatons regte, ist nur verständlich. Auch die Künstler drückten ihren Protest aus – wenn auch wahrscheinlich so, dass Echnaton ihn niemals zu Gesicht bekam. In Amarna fanden die Ausgräber eine Reihe kleiner Kalksteinfiguren von Affen, die ebenjene Darstellungen der Pharaonenfamilie karikieren. Die Äffchen essen, trinken, fahren im Streitwagen, musizieren und liebkosen ihre Jungen – ganz so, wie es sonst Echnaton und Nofretete so oft und gerne in aller Öffentlichkeit zelebrieren.

Nofretete war also die Göttin an Echnatons Seite. Inwieweit teilten die beiden aber auch die ganz weltlichen Belange der Herrschaft miteinander? Blieb sie als seine Ehefrau letzten Endes doch hinter seinem Thron stehen? Saß sie neben ihm? Oder stellte sie sich gar vor ihren Mann, wenn es darum ging, das Land im Inneren zu regieren und nach außen hin zu repräsentieren? Es fällt auf, dass Nofretete in den Briefen des Archivs von Achetaton so gut wie nicht vorkommt. Während Teje dort offensichtlich als aktive Teilhaberin an Regierungsgeschäften angesprochen wird, findet Nofretete kaum Erwähnung. Natürlich mag dies daran liegen, dass lediglich Teile des Archivs gefunden wurden. Möglicherweise gibt die erhaltene Korrespondenz nur ein verzerrtes Bild des tatsächlichen Briefwechsels wieder und Nofretete beteiligte sich in Wahrheit doch aktiv an der Kommunikation mit fremden Herrschern. Solange wir dafür aber keine konkreten Hinweise haben, müssen wir ihre Abwesenheit im Staatsarchiv als Auffälligkeit vermerken.

Nofretete mag keine Frau des geschriebenen Wortes gewesen sein. Aber sie war definitiv eine Frau der Bilder. Die Vokabeln der Bildsprache wusste sie meisterhaft zu nutzen – und tat dies auch im großen Stil. Ihre Präsenz im Aton-Heiligtum in Karnak gleich zu Beginn ihrer Ehe äußert sich sowohl in der Menge der Darstellungen ihrer Person als auch in den Inhalten dieser Bilder. Oft tritt sie gemeinsam mit ihrem Mann auf und handelt auch gemeinsam mit ihm. Auf vielen Darstellungen aus dem Haus des Benben kommt die junge Königin aber auch ganz alleine daher – und das bei Handlungen, die eigentlich nur ein Pharao vornehmen darf. Ein Bild zeigt sie beispielsweise beim Darbringen der Maat. Die Maat war die fragile Ordnung der Welt, das Gleichgewicht der Gesellschaft oder auch Wahrheit und Recht. Zu den ganz wichtigen Aufgaben des Pharao gehörte, dafür zu sorgen, dass diese Maat erhalten und gepflegt wurde. Indem er dieser Aufgabe entsprechend nachkam, gab er seinem Volk die Sicherheit, dass die Welt nicht aus den Fugen gerät. Wenn nun anstelle des Pharao seine Gemahlin die Maat darbringt, legt der Herrscher diese für Land und Volk elementar wichtige Angelegenheit in ihre Hände – und überträgt ihr die Verantwortung für das Wohlergehen des Landes.

Ein Motiv mit einem ähnlichen Hintergrund ist das sogenannte Erschlagen der Feinde. Bereits seit der ersten Dynastie ist dies eine formelhafte Darstellung des Pharao, die ebenfalls seine Bedeutung für den Schutz seiner Untertanen betont. Er ist unbesiegbar und verteidigt seine Untertanen gegen alle, die Ägypten Böses wollen. In den Bildern steht der Herrscher stets mit erhobener linker Hand vor mehreren Feinden, einen davon hält er mit der rechten Hand am Haarschopf gepackt, bereit, ihn zu erschlagen. Im Haus des Benben übernimmt Nofretete das Erschlagen der Feinde. Sie steht mit erhobener Hand vor ihnen und demonstriert damit, dass sie in der Lage ist, das Volk zu schützen. Ob das ägyptische Volk tatsächlich glaubte, die junge, fast permanent mit Töchtern schwangere Königin könne es vor Feinden verteidigen, sei dahingestellt. Aber zumindest sendeten die Bilder aus dem Aton-Heiligtum in Karnak eine klare Botschaft: Nofretete trägt Verantwortung.

Nicht nur die Wanddekorationen, auch das Statuenprogramm des Tempelareals macht stutzig – insbesondere jene Kolossalstatue, die Amenophis IV. ohne jede Andeutung von männlichen Genitalien darstellt. Während dieses Kunstwerk schon dafür herhalten musste, den Pharao für impotent oder homosexuell zu erklären, gibt es auch noch eine ganz andere Möglichkeit. Diese überlebensgroße Staue könnte, wie beispielsweise der Ägyptologe Nicholas Reeves meint, auch gar nicht den König darstellen – sondern Nofretete. Stimmt diese Deutung, dann hält die Königin schon zu Beginn ihrer Ehe erstaunlich viel Macht in den Händen – in Form von Krummstab und Geißel, die sonst nur der Pharao selber als Zeichen seiner Macht tragen darf. Eine ganz ähnliche Botschaft von der Teilung der Macht vermittelt die Sphingenallee der Anlage, wo die Gesichtszüge der Sphingen zur Hälfte denen des Königs und zur anderen Hälfte denen der Königin entsprechen.

Andererseits gibt es gerade aus der Zeit vom Beginn der Herrschaft Echnatons auch viele Beispiele, in denen die Königin noch klar hinter ihrem Gatten zurücktritt. Zwei im Vergleich interessante Bilder zeigen sie gemeinsam mit Echnaton im »Fenster der Erscheinung«, einem Balkon des Palastes, auf dem das Herrscherpaar sich dem Volk präsentierte oder von dem aus es auch Belohnungen an ausgewählte Untertanen verteilen konnte. Das Fenster der Erscheinung war ein beliebtes Motiv und ein Standard an vielen Grabwänden zur Zeit Echnatons. Ein frühes Beispiel stammt aus dem Grab des Wesirs Ramose. Ramose hatte bereits unter Echnatons Vater Amenophis III. gedient und war aufgrund seines Alters wahrscheinlich nie mit nach Achetaton umgezogen, sein Grab liegt noch in Theben. Als Dekoration für seine Grabkammer hat er das Königspaar im Fenster der Erscheinung gewählt. Der Pharao steht deutlich vor seiner Frau und lehnt sich aktiv aus dem Fenster heraus. Nofretete ist wesentlich kleiner als er, bleibt passiv hinter ihrem Mann stehen und schaut seiner Handlung zu. Nur ein kleines Attribut kennzeichnet sie als Herrscherin: die Uräusschlange auf der Stirn, Beschützerin von Königen und Göttern.

Auch im Grab des Eje werden Echnaton und Nofretete im Fenster der Erscheinung gezeigt. Mittlerweile hat die Königin ihrem Mann drei Töchter geboren, die sich alle eng an ihre Mutter halten. Echnaton ist auf diesem Bild damit beschäftigt, goldene Halsringe als Auszeichnung für Eje und seine Frau aus dem Fenster zu reichen. Und diesmal steht Nofretete nicht mehr passiv hinter ihm. Aus dem Gewusel ihrer Töchter hinaus beteiligt sie sich an der Zeremonie und streckt zwei Halsringe gleichzeitig aus dem Fenster. Sogar zwei der Töchter scheinen in die Belohnung des treuen Eje involviert, Meritaton und Maketaton halten ebenfalls Goldschmuck in den Händen. Aber auch im Grab des Eje reicht Nofretete mit ihrer dargestellten Größe nicht an Echnaton heran, sie bleibt einen guten Kopf kleiner als ihr Mann.

Aus Amarna kennen wir aber auch Beispiele, die Nofretete symbolisch über Echnaton stellen. Ein Relief von einem kleinen Hausaltar steht heute im Ägyptischen Museum in Berlin. Eigentlich sieht darauf alles ganz harmlos aus. Es zeigt die kö-

nigliche Familie mit dreien ihrer Töchter. Echnaton und Nofretete sitzen sich gegenüber, der Vater wiegt eine der Töchter
zärtlich im Arm, eine weitere sitzt auf dem Schoß Nofretetes
und zeigt zu ihm hinüber, eine dritte sitzt auf ihrer Schulter und
hat den Arm um ihren Hals gelegt. Hinter Echnatons Hocker
stapeln sich die Weinkrüge. Auf diese friedliche Sonntagvormit-
tagsidylle scheint Aton mit seinen Strahlen, die Hände an deren
Enden halten der königlichen Familie die lebensspendenden
Anchzeichen vor die Gesichter. Nofretetes Oberkörper ist ein
wenig kürzer als der Echnatons, damit reicht sie nicht ganz an
seine Körpergröße heran. Erst auf den zweiten Blick erschließt
sich dann die Brisanz dieser Szene. Denn während Echnaton auf
einem gewöhnlichen Hocker sitzt, thront Nofretete auf einem
Stuhl, der mit dem Symbol »Vereinigung der beiden Länder«
(sema-taui) gekennzeichnet ist. Üblicherweise feierten Pharaonen das Vereinigungsfest bei der Thronbesteigung. Damit
wollten sie an die Einigung Ober- und Unterägyptens durch
den mythischen Herrscher Menes erinnern, der erstmals beide
Reichsteile friedlich und gleichberechtigt zusammenführte –
und sich in diese Tradition stellen. So harmlos diese Familienszene auch wirken mag: Es ist kaum denkbar, dass Nofretete sich
zufällig auf Echnatons Stuhl setzte. Der Bildhauer, der dieses
Altarbild schuf, wollte damit sagen, dass die Königin hier die
Regierungsgeschäfte führt. Die Frage, ob er dies im Auftrag tat
oder aus eigener Motivation heraus auf die realen politischen
Zustände hinweisen wollte, muss leider unbeantwortet bleiben.
Auch in der Schriftform maßt Nofretete sich diesen Titel an und
wird als »Herrin beider Länder« oder »Gebieterin von Ober-
und Unterägypten« betitelt. Es gibt zu denken, dass sie sogar
noch im Grab ihres Mannes darauf besteht, mit diesem machtvollen pharaonischen Titel bezeichnet zu werden.

Ein weiterer Hinweis auf die Macht, die Nofretete tatsächlich in den Händen hielt, stammt aus dem Grab mit der Nummer 6 auf dem Nordfriedhof von Amarna. Es gehörte Paneshi, dem »Ersten Diener des Aton in Achetaton; Zweiten Prophet des Herren der beiden Länder, Nefer-cheperu-Re-wa-en-Re (Echnaton)« – also durchaus einem Mann mit Gewicht in der Stadt des Aton. Auf die Wand seiner Grabkammer ließ er Nofretete mit der Atef-Krone auf dem Kopf malen. Die Atef-Krone symbolisierte ebenfalls die Herrschaft über beide Länder und konnte vom Pharao zu bestimmten Anlässen statt der sonst üblichen Doppelkrone getragen werden. Wie diese bestand sie auch aus der weißen, kegelförmigen Krone Oberägyptens. Statt der zusätzlichen roten Krone Unterägyptens zierten die weiße Krone allerdings zwei Maat-Straußenfedern an jeder Seite, manchmal zusätzlich auch Widderhörner sowie Uräusschlangen und Sonnenscheiben. Das ägyptische Totenbuch berichtet, dass Osiris die Atef-Krone einst als Zeichen seiner Herrschaft über die fruchtbare Nillandschaft verliehen bekam, aber auch andere Götter wie Chnum, Horus, Re, Amun oder Ptah trugen sie gelegentlich. Die übliche Liste der Träger umfasst also hauptsächlich Götter, ab der 18. Dynastie auch Pharaonen – aber keine Königinnen. Mit einer Ausnahme: Hatschepsut war die Erste, die sich diese Krone von den Göttern borgte, um damit ihren Anspruch auf die Herrschaft zu demonstrieren. Nofretete hatte also keine Scheu vor großen Symbolen. Sogar ihren Namen müssen die Bildhauer in Doppelkartuschen schreiben – ein Privileg, das sonst ebenfalls nur dem Pharao vorbehalten ist.

Wie aber sah Nofretete tatsächlich aus? Mit Sicherheit war sie eine Frau mit Stil. Neben der durchsichtigen Kleidung wurde bald eine ganz eigene Kronen-Kreation ihr Markenzeichen, eine

Abwandlung der sogenannten Chepresch- oder auch Blauen Krone. Diese Kopfbedeckung taucht erstmals zum Ende der Zweiten Zwischenzeit auf. Die Pharaonen tragen sie dabei zu zwei sehr unterschiedlichen Anlässen: entweder als Sieger über ihre Feinde oder als Säugling, der an der Brust einer Göttin gestillt wird. Auch Kindgottheiten wie zum Beispiel der kleine Horus werden mit der Chepresch-Krone dargestellt. Die ursprüngliche Form, die auch Echnaton gerne auf dem Kopf trug, war eine helmartige Konstruktion aus blauem Stoff oder Leder, die mit kleinen Goldscheiben und mit der Uräusschlange auf der Stirn verziert wurde. Nofretete wählte für sich nun ein ganz ähnliches Modell. Ihres ist ebenso wie das ihres Mannes in der charakteristischen blauen Farbe gehalten, lediglich die Form weicht ab. Statt einer gebogenen Kappe trägt sie eine sich nach oben kegelförmig weitende Variante mit geraden Seitenwänden. Als Schmuck kommen außerdem bunte Bänder hinzu, deren Enden im Nacken auf vielen Abbildungen lustig im Wind flattern.

Wir kennen zwar viele Porträts der Herrscherin. Aber bildeten sie – oder zumindest wenigstens einige von ihnen – auch die Wirklichkeit ab? Die Forschung unterscheidet ganz grob zwischen zwei Arten von Porträts, einer frühen und einer späten. In den frühen Bildnissen gleicht das Gesicht der Königin dem ihres Mannes. Dies muss keinesfalls bedeuten, dass Nofretete und Echnaton eng verwandt waren und damit eine sehr ähnliche Physiognomie besaßen. Es war in der ägyptischen Kunst eher durchaus üblich, alle Porträts einer Zeit denjenigen des Herrschers anzupassen. Mitregenten ließen sich beispielsweise oft nur durch eine etwas geringere Körpergröße und einen beistehenden Namen vom Pharao unterscheiden, auch glichen die Gesichtszüge von Pharaonen, die gerade erst den Thron bestiegen hatten, oftmals noch eine Weile lang denen ihrer Vorgänger. Dies galt durchaus auch für Ehefrauen: Nofretetes Schwiegermutter Teje hatte bereits ihre Porträts auf diese Weise ihrem Mann Amenophis III. angepasst.

Aus dieser ersten Phase stammen beispielsweise die Statuen aus dem Aton-Heiligtum in Karnak. Die Darstellungen Echnatons und Nofretetes sehen sich so ähnlich, dass sie lange Zeit allesamt für Bildnisse des Echnaton gehalten wurden. In den Bildnissen der ersten Phase treten sowohl der Pharao als auch seine Frau mit einer starken Gewichtung von Becken, Gesäß, Hüfte, Bauch und Oberschenkeln auf, während Oberkörper und Unterschenkel eher schmal wirken. Auch die charakteristische Kopfform Echnatons mit dem unnatürlich langgezogenen Schädel übernimmt Nofretete. Ihr Gesicht wirkt eckig, die Lippen sind voll, das Kinn tritt hervor, die Stirn flieht.

Allerdings deuten die Künstler durch kleine Details die Unterschiede zwischen den beiden an. Zum Beispiel lassen sie, wie Joyce Tyldesley in ihrer Nofretete-Biographie beschreibt, die Gewänder der beiden unterschiedlich aussehen: Nofretetes reicht meist bis auf den Boden, Echnatons endet, knapp bevor es den Boden berührt. Auch die Gewandfalten fallen anders, bei ihr senkrecht nach unten, bei ihm verlaufen sie eher horizontal oder diagonal. Zu den Unterscheidungsmerkmalen gehört auch der Nacken, der bei Echnaton konvex, bei Nofretete aber konkav gewölbt ist. Der Bauchnabel, von den Künstlern Achetatons in der Regel als liegendes Oval dargestellt, sitzt meist bei Nofretete höher als bei ihrem Mann. Und auch die Friseure der Hauptstadt unterschieden zwischen Männern und Frauen. Während sie bei den Damen die Perücken im Nacken im Nofretete-Stil anstuften, reichte bei den Herren ein gerader Schnitt als Abschluss.

Später, als das Paar bereits nach Achetaton umgezogen ist, emanzipiert Nofretete sich mit ihren Porträts. Ihr Gesicht bekommt eigene Züge: die Lippen werden gerader, die Wangenknochen betonter, die Wangen selber runder und die Stirn flieht nicht mehr. Ihr Hinterkopf schrumpft auf normale Größe, der Nacken sieht jetzt entspannter aus und nicht mehr krampfhaft durchgedrückt. Insgesamt wirkt ihre Erscheinung jetzt natürlicher.

Die Ägyptologin Dorothea Arnold hat fünf unterschiedliche offizielle Porträttypen der Nofretete aus dieser späteren Zeit identifiziert. Der Typus »Herrscherin«, wie beispielsweise in einem Kopf im Museum von Memphis mit der Inventarnummer JE 45547, der Nofretete wieder als »Herrin beider Länder zeigt«, strahlt Entschlossenheit aus. Der Typus »Schönheit«, wie in einem gelben Quarzitkopf in Berlin mit der Inventarnummer 21220, zeigt Nofretete als sanfte, schöne Königin. Der Typus »Denkmal« ist für hochoffizielle Monumente wie den Granodioritkopf in Berlin, Inventarnummer 21358, vorbehalten. Das Altersporträt, wie die Berliner Standfigur mit der Inventarnummer 21263, bildet die gereifte Königin ab. Und dann gibt es noch den Typus des Idealbildnisses. Mit der Erschaffung dieses Porträttypus war der Künstler Thutmosis, der ihn schuf, so erfolgreich, dass dieses Bild auch heute, über 3000 Jahre später, noch jedem sofort in den Sinn kommt, der an Nofretete denkt. Es ist der Typus der weltberühmten und heißumstrittenen Büste in Berlin.

Dabei ist das Bildnis der Nofretete, das mit der Inventarnummer 21300 im Ägyptischen Museum steht, strenggenommen nicht einmal ein Kunstwerk. Es ist eine Vorlage, ein Modell, ein Entwurf. Man könnte sogar sagen, es ist Abfall – denn als der Künstler Thutmosis seine Werkstatt in Achetaton aufgab, seine

Sachen zusammenpackte und nach Memphis zog, da stellte er den Kopf der Nofretete zusammen mit etwa fünfzig weiteren für ihn wertlos gewordenen Stücken in eine kleine Abstellkammer, versiegelte die Tür und überließ die aussortierten Teile ihrem Schicksal.

Thutmosis kannte die königliche Familie gut. Alle hatten sie bei dem »Liebling des guten Gottes, Aufseher der Arbeiten und Bildhauer« Modell gesessen: schon Amenophis III., später Echnaton, Nofretete, Kija und auch die Prinzessinnen. Aber natürlich hatte niemand bei Hofe die Zeit oder die Geduld, so lange für einen Bildhauer stillzusitzen, bis dieser mit einem in Stein gehauenen Porträt fertig war. Also behalf Thutmosis sich mit Ton oder Wachsabdrücken. Von diesen fertigte er in seiner Werkstatt, die im Ausgrabungsplan von Amarna die Bezeichnung P47,2 trägt, Gipsabgüsse an. Waren die Porträtierten mit den Abgüssen zufrieden, übertrug er sie in Stein. Eine Stuckschicht gab dem Werk den letzten Schliff.

Diese Porträts waren gut transportierbar. Thutmosis oder auch seine Schüler konnten sie nun überall mit hinnehmen und weitere Kopien nach ihrer Vorlage anfertigen. Das funktionierte für jedes Material, die Ausgräber fanden in der Werkstatt Statuen, Köpfe und Büsten sowohl aus Kalkstein wie auch aus Quarzit oder Granit in allen möglichen Stufen der Vollendung, vom vorbearbeiteten Block bis hin zur fertigen Skulptur. Mitglieder der königlichen Familie waren leicht zu erkennen: An ihren Köpfen sind bereits die Ansätze für die entsprechenden Kronen ausgearbeitet. Auch die Büste der Nofretete war nicht unbedingt fertig. Ihr rechtes Auge besteht aus Bergkristall mit einer fein eingeritzten Pupille, unterlegt mit schwarzer Farbe und befestigt mit Bienenwachs. Das linke Auge aber fehlt – und nichts spricht dafür, dass es jemals eingesetzt war. Möglicherweise diente die leere Augenhöhle als Lehrbeispiel für Thutmosis' Schüler.

Der Meister also gab diese Werkstücke auf, als er Achetaton verließ. In Memphis würde nach dem Tod des ungeliebten Herrschers bestimmt niemand mehr Bedarf an Porträts der Königsfamilie haben. Der Hofbildhauer aber war ein ordentlicher Mann. Er warf seine Werke nicht einfach auf den Boden. Die Büste der Nofretete stellte er auf ein Holzregal, bevor er die Tür schloss. Dort stand sie, bis das Holz so morsch wurde, dass es nachgab, die Büste hinunterfiel und mit dem Gesicht nach unten im Schutt des um sie herum zerfallenden Gebäudes liegen blieb.

So fand sie der deutsche Ausgräber Ludwig Borchardt am Nikolaustag des Jahres 1912. Obwohl es nur ein Modell ist, erliegt Borchardt von Anfang an dem charismatischen Charme der Königin: »Farben wie eben aufgelegt. Arbeit ganz hervorragend. Beschreiben nützt nichts, ansehen. […] Jedes weitere Wort ist überflüßig«, notiert er nur kurz in seinem Grabungstagebuch. Damit beginnt ein archäologischer Kriminalfall, der noch heute, über einhundert Jahre nach dem Fund, die Beziehungen zwischen Deutschland und Ägypten belastet.

Denn als Borchardt die Nofretete findet, ist noch lange nicht geklärt, wem sie gehört. Die Grabungslizenz sieht vor, dass alle Funde 50:50 mit dem damaligen ägyptischen Antikendienst geteilt werden müssen. Dessen Direktor war zu dem Zeitpunkt Gaston Maspero, der aber beauftragte seinen Mitarbeiter Gustave Lefebvre, sich um die Angelegenheit zu kümmern. Am 20. Januar 1913 trafen sich Borchardt und Lefebvre. Der deutsche Archäologe hatte vorweg bereits zwei Haufen zusammengestellt. Der eine enthielt als Highlight einen Klappaltar, der die königliche Familie im typischen Amarna-Stil zeigte. Der zweite die Büste der Nofretete.

Was bei diesem Treffen geschah, werden wir wohl niemals wissen. Möglicherweise hatte Borchardt Nofretete absichtlich mit Dreck beschmiert und sie als wertloses Übungsstück deklariert. Vielleicht begeisterte Lefebvre sich als Wissenschaftler mehr für Hieroglyphen und geschriebene Sprache, während er sich für die Skulpturen persönlich keine Begeisterung abgewinnen konnte. Denkbar ist auch, dass Borchardt als geschickter Verhandlungsführer Lefebvre davon überzeugen konnte, dass ein Klappaltar die Bestände des Kairoer Museums besser ergänzen würde als ein Porträt, von dem sowieso bereits mehrere im Besitz des Museums waren. Am Ende jedenfalls entschied Lefebvre sich für den Haufen mit dem Klappaltar. Der Rest, inklusive der Büste, ging an die deutsche Ausgrabung.

Damit gehörte die Nofretete nun dem Berliner Baumwollhändler James Simon. Der finanzierte nämlich die Ausgrabung mit 30 000 Mark im Jahr – dafür gingen alle Funde, welche die deutschen Ausgräber ausführen durften, in seinen Besitz über. Simon stellte die Büste in seiner Villa in Berlin-Tiergarten, dem heutigen Sitz der Landesvertretung von Baden-Württemberg, auf. Doch Borchardt war äußerst unwohl bei der ganzen Geschichte. Er warnte den Geschäftsmann eindringlich davor, das Stück einer größeren Öffentlichkeit zu präsentieren. So blieb sie lange ausgesuchten Gästen vorbehalten, darunter dem Kaiser Wilhelm II., der gleich mehrmals kam und die Nofretete bewunderte. 1920 hatte Simon sich offenbar an der schönen Königin sattgesehen, er schenkte sie dem Freistaat Preußen. Vier Jahre später war es dann so weit. Nofretete trat, allen Warnungen Borchardts zum Trotz, an die Öffentlichkeit, sie wurde zum Glanzstück der Tell-el-Amarna-Ausstellung des Neuen Museums.

Die Welt verfiel unmittelbar in eine Nofretete-Hysterie. Der Zeitpunkt hätte nicht besser gewählt sein können für ihren großen Auftritt. Zwei Jahre zuvor hatte die Entdeckung des Tutanchamungrabes bereits den großen Ägypten-Hype ausgelöst. Und nun trat eine Frau auf die Bildfläche, eine wunderschöne noch dazu, die den modebewussten Damen der »Roaring Twenties« vorgab, wie sie sich zu kleiden und zu schminken hatten, um auf dieser Welle mitzuschwimmen. Nicht nur in Berlin, sondern auch in London, Paris und New York wurde der Nofretete-Look zum letzten Schrei auf den wilden Partys der High Society. Hatte Borchardt dies geahnt, als er der schönen Königin am Nikolaustag 1912 den Staub vom Gesicht wischte? Hatte er deshalb in der Verhandlung mit Lefebvre getrickst und betrogen? Hatte er deshalb Simon gemahnt, die Büste geheim zu halten?

Die ägyptische Antikenbehörde jedenfalls schäumte vor Wut. Sofort ließ sie sämtliche deutsche Grabungsaktivitäten im Land stoppen und forderte lautstark die Rückgabe der Nofretete. Zähneknirschend setzte das Berliner Museum sich an den Verhandlungstisch und begann mit Gesprächen über Tauschmöglichkeiten. Die zogen sich in die Länge. 1933 schließlich hatte der preußische Ministerpräsident Hermann Göring Erbarmen und versprach, die Büste zum Jahrestag des Regierungsantritts von König Fuad I. zurückzugeben. Doch die schöne Königin hatte mittlerweile einen neuen Verehrer gewonnen. Adolf Hitler erklärte die ägyptische Herrscherin zu einer deutschen Ikone: »Ich werde den Kopf der Königin niemals aufgeben. Es ist ein Meisterwerk, ein Juwel, ein wahrer Schatz«, ließ er verlauten und plante sogar, ihr ein eigenes Museum zu bauen.

Aber die Geschichte nahm einen anderen Lauf. Statt in ein eigenes Museum musste die Nofretete für die folgende Zeit der Kriegswirren erst einmal in den Untergrund gehen. 1939 packten Mitarbeiter des Neuen Museums sie in eine Kiste mit der

Nummer 28 und brachten sie in den Tresor der Reichsbank am Gendarmenmarkt. Als der 1941 dann auch zu unsicher wurde, wanderte die Kiste in den Flakbunker am Zoo. Von dort aus wurde sie zusammen mit weiteren Kunst- und Kulturgütern im März 1945 in einen Stollen des Salzbergwerkes Merkers in Thüringen verlegt, wo die Büste das Kriegsende erlebte und am 4. April in die Hände der Amerikaner fiel. Die packten sie wieder in eine Kiste, schrieben »die bunte Königin« darauf und schickten sie nach Wiesbaden zur zentralen Sammelstelle für Kunst. Nach zehn Jahren in Wiesbaden kehrte die Nofretete am 22. Juni 1956 in ihre zweite Heimat Berlin zurück. Nach Stationen in Dahlem, in Charlottenburg und im Alten Museum hat sie heute wieder ihren eigenen Saal im Neuen Museum. Und immer noch will Ägypten seine Königin zurückhaben. Zuletzt forderte der ehemalige Direktor der Antikenbehörde, Zahi Hawass, mehrmals nachdrücklich ihre Herausgabe.

Aber ist sie es wirklich? Um kaum ein Kunstwerk ranken sich so viele Gerüchte und Verschwörungstheorien wie um die Büste der Nofretete. Ist sie möglicherweise gar kein ägyptisches Original, sondern eine Anfertigung nach den Wünschen Borchardts, die er für die Präsentation einer Halskette in Auftrag gab? Ist die Büste im Neuen Museum nur eine Kopie, die Hitler anfertigen ließ, um die Ägypter auszutricksen – während er das Original für seine Privatsammlung entwendete? Den Beweis, dass die Büste in Berlin tatsächlich ein Werk ist, für das Nofretete dem Bildhauer Thutmosis vor über 3000 Jahren in Achetaton persönlich Modell saß, ist schwierig. Eine Fälschung nachzuweisen ist einfacher, als die Echtheit eines Originals zu verifizieren.

1992 wurde die Büste im CT-Scanner untersucht, 2006 ein weiteres Mal. Dabei konnten die Forscher genau ihren Kalksteinkern sowie die Nachbesserungen aus Stuck dokumentieren.

Bei dem aufgetragenen Stuck handelt es sich, wie chemische Untersuchungen zeigten, um eine Gips-Anhydrit-Mischung, wie die meisten Künstler Achetatons sie für ihre Werke verwendeten – eine chemische Zusammensetzung, die Ludwig Borchardt noch nicht gekannt haben kann. Eine chemische Datierung ist schwierig, da sowohl im Stein der Büste sowie in der Stuckschicht oder der Bemalung organisches Material Mangelware ist. 1997 fand der Ägyptologe Rolf Krauss im Magazin des Ägyptischen Museums eine Wachsprobe, die wahrscheinlich um 1920 aus dem Auge der Königin entnommen wurde. Sie ließ sich auf ein Alter von 3347 Jahren datieren – allerdings kann diese Probe in der Zeit zwischen 1920 und 1997 allen möglichen Verunreinigungen ausgesetzt gewesen sein, so dass die Datierung mit entsprechender Vorsicht zu genießen ist. Krauss wies außerdem nach, dass die Büste mit Hilfe eines Rastersystems gefertigt worden war. Jedes Kästchen des Rasters ist nur 1,875 Zentimeter breit, so erklärt sich die fast schon unheimlich anmutende Symmetrie des Gesichtes. Diese unnatürliche Symmetrie sollte uns daran erinnern, dass das Bildnis der »Schönen, die gekommen ist«, nicht der Wirklichkeit entsprach. Stilistisch fällt dieses Porträt des »Idealtypus« in jene Jahre, als das Gesicht Nofretetes dem ihres Mannes noch stark angeglichen war und sich erst langsam mit eigenen Zügen emanzipierte. Wie Nofretete tatsächlich aussah – das wissen wir leider immer noch nicht.

Den Höhepunkt seiner Macht – und seiner Ehe – erlebte das Paar im 12. Regierungsjahr Echnatons, als sie ein großes Fest feiern, das in zwei Beamtengräbern in Amarna so lebhaft in Wort und Bild beschrieben wird. Ihr Leben scheint perfekt. Alle Verbündeten erweisen dem Herrscherpaar die Ehre und überschütten sie mit Tributen und Geschenken. Um sie herum wuseln alle sechs Töchter, gesund und munter. Es ist der letzte öffentliche Auftritt, bei dem wir alle noch am Leben sehen. Kurz darauf stirbt Maketaton. Echnaton und Nofretete bestatten ihre zweitälteste Tochter im Familiengrab. Es steht schon bereit. Noch sind die Wände zwar nicht bemalt, aber die Kammern warten bereits auf die Toten. An die noch leeren Wände malen die Künstler nun die trauernden Eltern – und das mysteriöse Kind, bei dessen Geburt Maketaton vermutlich starb.

Die Prinzessin bleibt nicht lange allein im Grab. Aus den Amarna-Briefen im Archiv der Hauptstadt erfahren wir, dass in diesen Jahren die Pest im Osten wütet. Möglicherweise hatten die Verbündeten Ägyptens aus diesen Regionen, als sie zum großen Fest nach Achetaton kamen, nicht nur Geschenke für den Pharao im Gepäck – sondern auch den Erreger Yersinia pestis. Weitere Personen verschwinden. Kijas Name wird in ihrem Sonnentempel von dem Meritatons überschrieben. Teje ward nicht mehr gesehen. Neferneferuaton tascherit, vierte Tochter Echnatons und Nofretetes, steht nun auf den offiziellen Bildnissen nicht mehr hinter ihren Eltern, wenn diese den Aton verehren, ebenso wie die fünfte Tochter Neferneferure. Möglicherweise starb Neferneferure sogar noch vor ihrer großen Schwester Maketaton, denn auf einer Szene im Familiengrab, auf der Maketaton noch zu sehen ist, ließen die Künstler ihre Person nachträglich mit einer Gipsschicht aus dem Bild verschwinden. Baby Setepenre kommt in dieser Szene schon gar nicht mehr vor.

Lange dachten die Forscher, auch Nofretete sei im Strudel dieser nicht abreißen wollenden Familientragödien spurlos verschwunden. Doch dann fanden Forscher der niederländischen Katholischen Universität Löwen einen eindeutigen Lebensbeweis. Im Dezember 2012 verkündeten sie im Rahmen der Ausstellung »Im Licht von Amarna. 100 Jahre Fund der Nofretete«, dass sie im Steinbruch Deir Abu Hinnis eine Inschrift entdeckt hatten. Von hier kam das Baumaterial, mit dem die neue Hauptstadt Achetaton immer noch ständig versorgt werden musste. Die Inschrift ist fest datiert auf den 15. Tag des 3. Monats im 16. Jahr der Herrschaft Echnatons, vermutlich das Jahr vor seinem Tod. In der dritten Zeile erwähnt sie die »Große Königliche Gemahlin, Geliebte, Herrin der beiden Länder, Neferneferuaton Nofretete«. Damit steht unweigerlich fest: Zu dieser Zeit – als die Forschung Nofretete schon lange für tot erklärt hatte – war sie noch so lebendig wie eh und je.

Als ihr Mann im folgenden Jahr verstarb, wurde sein Leichnam in einem Sarkophag beigesetzt, dessen Fragmente die Ausgräber im Familiengrab in Achetaton fanden. Die größten Teile des Stückes, das aus Rosengranit gearbeitet und ursprünglich 2,85 Meter lang, 1,25 Meter breit und 1,32 Meter hoch war, liegen heute im Garten des Kairoer Museums. An den vier Ecken stehen nicht, wie sonst bei Herrschersarkophagen üblich, die vier Schutzgöttinnen Isis, Nephthys, Neith und Selkis. Es ist viermal Nofretete, die dort unter den Strahlen Atons mit ausgebreiteten Armen ihren Gatten beschützt. Echnaton hatte alle Götter außer Aton entmachtet, sie konnten ihm nun auch kein sicheres Geleit ins Jenseits mehr gewähren. An ihre Stelle war am Ende seine Frau getreten.

Einen letzten Blick auf Nofretete erhaschen wir in der 40 Zentimeter hohen Standfigur mit der Inventarnummer 21 263 des Ägyptischen Museums in Berlin, die Dorothea Arnolds Darstellungstypus der älteren Nofretete entspricht. Die kleine Statue gehörte, ebenso wie die berühmte Büste im selben Museum, zu jenen Stücken, die der Oberbildhauer Thutmosis in seiner Werkstatt zurückgelassen hatte. Wieder einmal hatte die »Schöne« dem Künstler Modell gestanden, doch zwischen dem vor selbstbewusster Ausstrahlung vibrierenden Bildnis Nofretetes auf dem Höhepunkt ihrer Macht und dieser Arbeit liegen etliche Jahre. Jahre, in denen die Königin ihre Kinder verloren hatte und in denen ihr Mann den Kampf um die Vormachtstellung Atons mit immer härteren Maßnahmen führen musste. Man sieht es dem Bild an: Nofretete ist müde geworden. Wie früher trägt sie noch jenes durchsichtige Gewand, das ihren Körper schonungslos zeigt. Aber jetzt hängen die Brüste, der Bauch, von den sechs Schwangerschaften geweitet, wölbt sich vor. Auch im Gesicht haben die letzten Jahre ihre Spuren hinterlassen. Die Mundwinkel gehen in tiefe Falten über, die Wangen fallen flach und spannungslos nach innen. Die deutlichen Anzeichen des Alters kann auch das Make-up nicht übertünchen, das als rote Pigmente auf den Lippen und in schwarzer Farbe auf Augenlidern und Augenbrauen aufgetragen ist.

Doch Thutmosis zeigt nicht nur die Spuren des Alters, er zeigt auch den ungebrochenen Stolz Nofretetes – und die Macht, die sie nach wie vor ausübt. Auf ihrer Stirn ist heute nur noch ein Loch, wo die Uräusschlange, Beschützerin der Pharaonen, eingedübelt war, das Ende der Schlange windet sich auf der enganliegenden Haube. Schon seit Beginn ihrer Ehe trug sie diese Schlange fast immer an ihrem Kopfschmuck. Auch ihre Füße sprechen von sonst männlicher Autorität. Sie stehen nicht nebeneinander, sondern der linke Fuß ist leicht vorgeschoben. Diese aktive Schrittstellung im Standporträt war ebenfalls eine Bildvokabel, die Pharaonen vorbehalten war.

Dies sind die beiden letzten Bilder der Nofretete, die wir haben. In der Statue ist sie, obwohl ihre Weiblichkeit betonend, in Haltung und Attributen zum männlichen Herrscher geworden. Auf dem Sarkophag ihres Mannes, obwohl ihre Identität als irdische Herrscherin nicht verbergend, zur Göttin.

Tutanchamun:
Waisenknabe mit Klumpfuß

Wer war Tutanchamun wirklich? Seine Familienverhältnisse gleichen einem alten Puzzle, das man auf dem Dachboden gefunden hat. Man beginnt, Teil um Teil zusammenzusetzen; zunächst in der Hoffnung, am Ende ein ganzes Bild auf dem Tisch liegen zu haben. Aber es wird immer deutlicher, wie viele Steine am Ende doch fehlen. Irgendwo in den vergangenen Jahrzehnten sind sie abhandengekommen und nun unwiederbringlich verloren.

Schon die Puzzleteile für die Zeit vor Tutanchamuns Regierungsantritt fehlen. Echnaton war wohl schon vier Jahre lang tot, bevor Tutanchamun noch als Kleinkind zum Pharao wurde. Doch wer in diesen vier Jahren die Macht in Ägypten in den Händen hielt, haben die Ägyptologen bis heute nicht überzeugend klären können. Fest steht nur, dass der Herrscher zwischen Echnaton und Tutanchamun versuchte, die Politik seines Vorgängers fortzuführen. Denn Tutanchamun bestieg noch unter seinem Geburtsnamen den Thron: Tutanchaton. Auch die Frau, die bei dieser Gelegenheit zu seiner Großen Königlichen Gemahlin gemacht wurde, hieß noch Anchesenpaaton. Und Achetaton war zu dem Zeitpunkt immer noch die Hauptstadt des Reiches.

Wahrscheinlich vergingen nach der Thronbesteigung drei Jahre, bevor die Berater des Königs, die nun die Macht in den

Händen hielten, die große Wende einläuteten. Der Hof gab das verhasste Achetaton auf und zog nach Memphis. Und der junge Pharao änderte seinen Namen. Aus Tutanchaton (»lebendes Abbild des Aton«) wurde Tutanchamun (»lebendes Abbild des Amun« oder »zu Ehren des Amun«). Aus seiner Gemahlin Anchesenpaaton (»sie lebt für / durch Aton«) wurde Anchesenamun (»sie lebt für / durch Amun«).

Was dann im ganzen Land geschah, beschreibt die sogenannte Restaurationsstele, die vor dem 3. Pylon der damaligen Front des Karnak-Tempels aufgestellt war:

»Es machte Seine Majestät Denkmäler für die Götter, indem er ihre Götterbilder aus echtem Elektrum vom Besten der Fremdländer bildete und ihre Allerheiligsten neu schuf als Denkmäler bis an die Grenzen der Ewigkeit, trefflich eingerichtet mit Bedarf bis in die Unendlichkeit, und indem er ihnen Gottesopfer stiftete als tägliche reguläre Opfer und ihre Versorgung auf Erden ausstattete. Er gab mehr als früher war; er überschritt, was seit der Zeit der Vorfahren getan worden war. (…) Er vermehrte ihre Altäre aus Gold, Silber, Bronze und Kupfer, ohne dass ein Ende war an allen Dingen. Er füllte ihre Arbeitshäuser mit Sklaven und Sklavinnen von den Lieferungen aus der Beute Seiner Majestät. Er vergrößerte alle Abgaben für die Tempel, verdoppelt, verdreifacht und vervierfacht an Silber, Gold, Lapislazuli, Türkis und allerlei Edelsteinen, königlichem Leinen, weißem Leinen, buntem Leinen, Geschirr, Harz, Fett, … Weihrauch, Räucherwerk, Myrrhen, ohne dass es eine Grenze für alle guten Dinge gab.«

Tutanchamun gab den Göttern wieder, was sie in den Jahren der Herrschaft Echnatons hatten entbehren müssen.

Das Land atmete auf. Die alten Götter kehrten nach Ägypten zurück. Im Luxortempel lässt Tutanchamun die Dekoration der Kolonnade vollenden, Karnak erhält zwei neue Kapellen und an der großen Sphingenallee nehmen die Handwerker die Arbeiten wieder auf. In Medinet Habu entsteht der Totentempel des Pharao, möglicherweise ein Bauwerk, das sein Vorgänger Semenchkare für sich begonnen hatte. Überall im Land, von Gizeh im Norden bis nach Nubien im Süden, gibt es nun Hinweise auf neue Bautätigkeiten.

Auch wenn die Stele Tutanchamun als Initiator dieser Rückkehr der Götter nennt, wird der junge Pharao selber eher mit kleinen Streitwagenmodellen gespielt als die Restauration des Landes geplant haben. Hinter seinem Thron zogen andere die Strippen der Macht. Sein unmittelbarer Nachfolger Eje trug den Titel »wahrer Schreiber des Königs« und führte mit Sicherheit bereits für Tutanchamun einen großen Teil der Regierungsgeschäfte. Aber auch Haremhab, der nach Eje den Thron besteigen sollte, vereinte unter Tutanchamun bereits viele bedeutende Titel – er war Stellvertreter des Königs an der Spitze der beiden Länder, Oberbefehlshaber des Heeres, »oberster Mund des Landes«, Erbfürst und entschied als Obervermögensverwalter über die Ausgaben für neue Bauten. Damit standen an der Spitze des Landes zwei starke Männer und ein schwaches Kind. Wer aber war dieser kleine Prinz, auf dessen Rücken Eje und Haremhab dem Land seine Götter zurückgaben?

Wirklich historisch gesichert ist durch alle bekannten Inschriften und Gemälde nur eine einzige Person aus seinem Umkreis: seine Große Königliche Gemahlin Anchesenamun. Gemeinsam mit ihrem Mann sitzt sie als Kolossalstatue im Tempel von Luxor, auf der Rückenlehne seines Throns steht sie vor ihm und reibt ihn zärtlich mit Salböl ein, und auf einem Relief aus seinem Grab reicht sie ihm frisch gepflückte Blumen. Ihre Rolle als Große Königliche Gemahlin Tutanchamuns ist fest definiert. Und zumindest in den öffentlichen Darstellungen hat sie keine ernstzunehmende Konkurrentin. Ob dies nun daran lag, dass die beiden tatsächlich glücklich miteinander waren, oder vielmehr daran, dass Tutanchamun noch zu jung war, um weiteren Frauen seines Harems einen größeren Raum in seinem Leben einzuräumen, darüber können wir nur spekulieren. Wenn der Pharao jedenfalls später als Teenager doch gelegentlich die eine oder andere Frau aus dem Harem seiner Gemahlin vorzog, dann machte er in der Öffentlichkeit kein großes Aufheben darum. So hatten es ihm schließlich seine Vorgänger Echnaton und Amenophis III. mit ihren Ehefrauen Nofretete und Teje vorgelebt.

Anchesenamuns Leben ist bereits seit ihrer Geburt historisch extrem gut dokumentiert. Immerhin stand sie ihre gesamte Kindheit und Jugend hindurch als Tochter von Echnaton und Nofretete im Rampenlicht Achetatons. Wieder und wieder malten die Künstler sie und ihre Schwestern im Kreise der Familie. Als drittes Kind ihrer Eltern kam sie unter dem Namen Anchesenpaaton wahrscheinlich im vierten Regierungsjahr Echnatons zur Welt, vermutlich noch in Theben kurz vor dem Umzug nach Achetaton. Damit wurde sie mitten in den großen Umbruch hineingeboren, den Echnaton seinem Land zumutete. Schon als Kleinkind musste sie gemeinsam mit ihren Eltern und ihren Geschwistern repräsentative Aufgaben wahrnehmen. Eines der frühesten Bilder stammt aus dem unbenutzten Grab des Eje in Achetaton. Es ist die Szene, in der Echnaton und Nofretete aus dem Fenster der Erscheinung heraus Eje und seine Frau Teje mit Gold beschenken. Die beiden älteren Mädchen reichen bereits ebenfalls goldene Ringe aus dem Fenster, nur Anchesenpaaton ist noch zu klein. Sie steht vor ihrer Mutter und versucht, deren Aufmerksamkeit zu bekommen.

Die Jahre zwischen ihren Kindertagen in Achetaton und ihrer späteren Ehe mit Tutanchamun sind dagegen dunkel. Gegen Ende der Regierungszeit Echnatons taucht ein Kind mit dem Namen Anchesenpaaton tascherit auf: Anchesenpaaton die Jüngere. Sie wird als »Tochter der Großen Königlichen Gemahlin« angesprochen. Da aber Nofretete bereits eine Tochter namens Anchesenpaaton hatte, vermuteten einige Historiker, Echnaton habe ebendiese Tochter ebenfalls zur Großen Königlichen Gemahlin erhoben und mit ihr eine weitere Tochter gezeugt. Was aus der jüngeren Anchesenpaaton wird, ist nicht bekannt – sie verschwindet sofort wieder aus der Öffentlichkeit. Die ältere Anchesenpaaton dagegen tritt wenig später als Frau Tutanchamuns aus dem Dunkel ihrer Teenagerjahre heraus.

Im Gegensatz zur Herkunft seiner Großen Königlichen Gemahlin bleibt die Tutanchamuns mysteriös. Das Familienalbum Achetatons zeigt kein einziges Kinderbild von ihm – zumindest keines, das ihn beim Namen nennt. Nur in Hermopolis fand der deutsche Archäologe Günther Roeder bereits während der Grabungskampagne 1929 bis 1939 einen Block mit seinem Namen darauf. »Sohn des Königs von seinem Leibe, von ihm geliebt, Tut-anchu-Aton« wird er darauf genannt. Nur wer dieser König war, der den kleinen Tutanchamun liebte, erfahren wir nicht. Es spricht zwar nichts dagegen, die starkbeschädigte Inschrift so zu lesen, dass es sich bei dem besagten Erzeuger um Echnaton handelt – eindeutig belegen lässt es sich aber auch nicht. Das ist also alles, was wir nach Auswertung sämtlicher Inschriften und Bilder mit Sicherheit sagen können: Tutanchamun war der Sohn eines Pharao. Und seine Große Königliche Gemahlin Anchesenpaaton war die Tochter Echnatons und Nofretetes.

Zum Glück haben wir jedoch Tutanchamuns Leichnam – und damit sein Erbgut. So bleibt es den Genetikern überlassen, dem Puzzle weitere Steine hinzuzufügen. Zwischen September 2007 und Oktober 2009 untersuchte ein internationales Wissenschaftlerteam unter der Leitung von Zahi Hawass, dem damaligen Direktor des Supreme Council of Antiquities, elf Mumien, die unter dem dringenden Verdacht standen, enge Familienmitglieder Tutanchamuns zu sein. Das Erbgut von fünf älteren Pharaonen, darunter Thutmosis I., Thutmosis II. und Hatschepsut, diente zusätzlich als Vergleichsbasis. Neben der DNA untersuchten sie auch mögliche Krankheiten und anthropologische Merkmale, die Rückschlüsse auf eine Verwandtschaft zulassen.

Nun ist es ein ambitioniertes Projekt, die Erbinformationen einer 3500 Jahre alten Mumie bestimmen zu wollen. Egal, wie sorgfältig der Leichnam konserviert wurde, die DNA ist nach so langer Zeit stark fragmentiert. Hinzu kommt, dass in der Vergangenheit bei der Behandlung der Mumien keinerlei Schutzmaßnahmen getroffen wurden. Damit bot jede Untersuchung und jede Bewegung, jeder Kontakt mit Wissenschaftlern und Besuchern, weitere Möglichkeiten zur Verunreinigung mit modernem Erbgut. Niemand kann garantieren, dass die Ergebnisse der Untersuchung von Tutanchamun tatsächlich dessen Erbgut zeigen – oder vielleicht das Howard Carters. Um solche Pannen zu verhindern, entnahm das Team zumindest Kontrollproben von jedem eigenen Mitarbeiter. Und die Proben der Mumien durften nicht von der Oberfläche entnommen werden, da hier die Gefahr der Verunreinigung durch fremdes Erbgut am größten ist. Stattdessen holten die Forscher jeweils mehrere Proben aus dem Inneren der Knochen. Die Proben wurden dann in zwei unterschiedlichen, voneinander unabhängig arbeitenden

Laboren untersucht – eines im Kairoer Museum, ein anderes an der Kairoer Universität.

Seit dieser Untersuchung steht nun fest: Die Mumie, die im Januar 1907 von Edward R. Ayrton im Grab KV 55 entdeckt wurde, ist der Vater Tutanchamuns. Nur wer ist die Mumie aus KV 55? Mit Sicherheit ist sie ein Sohn von Amenophis III. und der Älteren Dame aus Grab KV 35, die üblicherweise als Teje identifiziert wird. Hawass' Team ist felsenfest davon überzeugt, es hier mit Echnaton zu tun zu haben. Doch diese Zuweisung ist stark umstritten – ebenso gut könnte sie ein Vollbruder Echnatons sein, vielleicht sogar der mysteriöse Semenchkare.

Auch Tutanchamuns Mutter ist nun bekannt. Es ist die als Jüngere Dame bezeichnete Frau, deren Mumie zusammen mit der Tejes im Grab KV 35 gefunden wurde. Ihren Namen kennen wir nicht. Wohl aber ihre Eltern: Es waren, ebenso wie bei der Mumie aus KV 55, Amenophis III. und die Ältere Dame aus KV 35 – Tutanchamuns Eltern waren Vollgeschwister. Nur mit welcher seiner Schwestern zeugte sein Vater Tutanchamun? Die beiden ältesten Schwestern, Sitamun und Isis, waren mit Sicherheit Große Königliche Gemahlinnen von Amenophis III., Tutanchamuns Großvater sowohl väterlicher- als auch mütterlicherseits. Möglicherweise nahm Amenophis III. auch noch seine drittälteste Tochter, Henut-tau-nebu, zur Frau. Doch alle drei verschwanden aus der Öffentlichkeit, als Echnaton den Thron bestieg, wahrscheinlich verlebten sie den Rest ihrer Tage unbehelligt im königlichen Harem. Die Forscher des Tutankhamun Family Projects kommen zu dem Schluss, dass die Jüngere Dame aus KV35 eine jüngere Schwester Echnatons, also entweder Nebet-tah oder Baketaton sein muss. Von Nebet-tah ist wenig bekannt, außer dass sie eine Tochter von Amenophis III. und Teje war. Das ist für Baketaton dagegen nicht einmal sicher, sie wird aber im Grab von Huja, dem Vermögensverwalter und Haremsvorsteher von Teje, als »Tochter des Königs, von seinem Leibe, die er liebt, Baketaton« vorgestellt. Da Echnaton als liebender Vater in diesem Fall nicht in Frage kommt, bleibt nur Amenophis III. übrig.

Wer auch immer sie war, die Untersuchung der Jüngeren Dame brachte jedenfalls erschreckende Details zu ihrem Tod ans Tageslicht. Ihre Mumie ist in einem schlechten Zustand. Im Brustkorb klafft ein riesiges Loch, auf der linken Gesichtshälfte sind der Mund und die Wange weggerissen. Die Verletzungen galten immer als das Werk von Grabräubern, die auf der Suche nach Schätzen mit der Mumie nicht eben pfleglich umgegangen waren. Doch auf den CT-Scans der Mumie im Rahmen des Tutankhamun Family Projects entdeckten die Forscher ein grausiges Detail. Um die Gesichtswunde hatte sich ein Bluterguss gebildet. Das kann aber nur geschehen sein, wenn das Blut, als die Wunde entstand, noch pulsierte – und die Jüngere Dame somit noch am Leben war. Irgendjemand oder irgendetwas muss ihr das Gesicht regelrecht zerfleischt haben. Ob die Verletzung so schwer war, dass sie daran starb, oder ob es nur eine von vielen Wunden war, kann nicht mehr geklärt werden. Aber auf jeden Fall starb sie kurz danach – bevor der Bluterguss sich wieder auflösen konnte. Wer oder was hat ihr diese unfassbare Grausamkeit zugefügt? Sah Tutanchamun seine Mutter sterben? Eins jedenfalls steht fest. Jene Idylle, die sein Leben auf den Reliefs und Darstellungen in seinem Grab charakterisiert – die Spaziergänge im Garten, die Jagdausflüge am Nil – trügt. Tutanchamuns Kindheit war alles andere als idyllisch. Sie muss traumatisch gewesen sein.

Bis hierhin sind die Familienbande Tutanchamuns noch recht übersichtlich. Dann aber kommt der Punkt, an dem die fehlenden Puzzleteile zum Problem werden, da ohne sie nichts mehr so recht zueinander passen will. Wie selbstverständlich gingen die Ägyptologen immer davon aus, dass die beiden Föten im Grab Tutanchamuns von ihm und seiner Großen Königlichen Gemahlin Anchesenamun gezeugt wurden. Kindermumien sind zwar im Tal der Könige keine Seltenheit, doch dass Früh- oder Totgeburten ihren Weg in die Familiengräber fanden, ist dann doch ungewöhnlich. Gesichert aber war die Vaterschaft Tutanchamuns vor den DNA-Tests keineswegs. In seinem Grab lagen so viele Gegenstände, die offensichtlich anderen Familien-mitgliedern gehört hatten und noch aus den Tagen in Achetaton stammten, dass auch die beiden toten Mädchen durchaus »Fa-milienerbstücke« gewesen sein könnten. Die Tests, die im Rah-men des Tutankhamun Family Projects durchgeführt wurden, brachten nun aber Gewissheit: Tutanchamun ist tatsächlich der Vater der beiden kleinen Mädchen.

Und auch die Mutter konnte ermittelt werden, es ist die Mu-mie A aus dem Grab KV 21. Als Giovanni Battista Belzoni das Grab im Jahr 1817 entdeckte, waren die beiden Mumien, die sich darin befanden, noch in einem sehr guten Zustand. »Es sind Frauen«, schrieb Belzoni, »und ihr Haar ist ziemlich lang und gut erhalten, auch wenn es sich leicht vom Kopf löst, wenn man ein wenig daran zieht.« Von diesem Haar, das Tutanch-amun einst streichelte, ist heute nichts mehr erhalten – der Kopf der Mumie fehlt. Vandalismus und Wasserschäden haben ihr stark zugesetzt, außer dem Kopf ging auch ein Unterschenkel verloren. Als sie starb, muss die Frau noch jung gewesen sein, denn ihre Gelenke zeigen keinerlei altersbedingte Abnutzungs-erscheinungen. Schön war ihr kurzes Leben allerdings nicht. Wenn sie überhaupt laufen konnte, dann nur unter großen Schmerzen, denn beide Füße waren stark fehlgebildet. Aufgrund des schlechten Erhaltungszustandes war auch die Bestimmung ihres Erbgutes nicht sehr erfolgreich. Vor allem aber gelang es den Forschern nicht nachzuweisen, dass die Mumie KV 21A eine Tochter der Mumie aus KV 55 ist. Damit ergeben sich nun mehrere Möglichkeiten. Wenn die Mumie aus KV 55 tatsächlich Echnaton ist, dann zeugte Tutanchamun die beiden Föten aus seinem Grab mit einer anderen Frau als seiner Großen Königlichen Gemahlin Anchesenamun. Wenn es sich aber bei der Mumie KV 21A tatsächlich um Anchesenamun handelt – dann kann die Munie aus KV 55 nicht Echnaton sein. Voraussetzung für diese Annahmen ist, dass Nofretete ihren Mann nicht betrog und alle Kinder des Paares tatsächlich auch Echnatons Töchter waren.

Auch die zweite weibliche Mumie in dem Grab, KV 21B, litt unter stark deformierten Füßen. Sie war um die 45 Jahre alt, als sie starb, und zu Lebzeiten etwas größer als die mit nur 1,62 Meter eher zierliche KV 21A. Beide Frauen gehörten jedenfalls zur Herrscherfamilie, denn bei beiden Mumien lag der rechte Arm längs der Körperseite, während der linke Arm über der Brust angewinkelt und die Hand zusammengeballt war. So balsamierte man in der 18. Dynastie nur Königinnen ein, auch die Jüngere Dame aus KV 35 trug die Arme auf diese Art und Weise zusammengeschnürt. Zahi Hawass vermutet, bei den beiden Mumien KV 21B und KV 21A könnte es sich möglicherweise um Nofretete und eine ihrer Töchter handeln – Gründe für diese Zuordnung nennt er allerdings nicht.

Dem Stammbaum zufolge, den Hawass aufgrund der Ergebnisse des Tutankhamun Family Projects rekonstruierte, ist also Tutanchamun das Kind von Echnaton (KV 55) und der Jüngeren Dame (KV 35YL, für »Younger Lady«), die wiederum beide Kinder von Amenophis III. (KV 35) und Teje (KV 35EL, für

»Elder Lady«) sind. Die Identifizierung von Teje gilt als sicher, ihr Erbgut weist sie als Tochter der beiden Mumien aus dem Grab KV 46 aus. Die Inschriften in diesem fast ungestörten Grab lassen keinen Zweifel daran, dass die beiden Juja und Tuja sind – die historisch gut belegten Eltern von Teje. In Bezug auf Tutanchamuns Ehe und Nachkommenschaft aber bleibt Hawass vage. Zu Recht, denn mit absoluter Sicherheit wissen wir nur, dass Tutanchamun der Sohn eines Königs und der brutal ermordeten Jüngeren Dame aus KV 35 sowie der Vater der beiden Föten in seinem Grab war.

Es gibt jedoch noch eine andere Möglichkeit, das Puzzle von Tutanchamuns Stammbaum zu legen. Die einzelnen Puzzleteile sind in diesem Fall die Allele, alternative Formen eines Gens, die auf bestimmten Genorten sitzen. Allele kommen in Paaren daher, wobei jeweils ein Allel von der Mutter und eins vom Vater vererbt wird. Kurz nach der Veröffentlichung von Hawass' Team legte die Gründerin und Herausgeberin der mittlerweile eingestellten Zeitschrift *Egyptological*, Kate Phizackerley, eine andere Stammbaum-Variante vor. Sie schaute sich vor allem den Genort D7S820 bei den beiden Föten an. Das eine Mädchen trägt dort die Allele 10 und 13, das andere 6 und 15. Da Tutanchamun an entsprechender Stelle die Allele 10 und 15 trägt, müssen die beiden Kinder 6 und 13 von ihrer Mutter geerbt haben. Leider ist die DNA der Mumie KV 21A so stark zerstört, dass die entsprechenden Allele nicht bestimmt werden konnten. Wenn nun aber, wie Hawass' postuliert, die Mumie aus KV 55 Echnaton und damit der Vater von KV 21A ist, dann müsste eines von seinen Allelen am Genort D7S820 entweder 6 oder 13 sein. Die Mumie aus KV 55 trägt aber an diesem Ort die Doppelallele 15,15, er kann somit nicht der Großvater mütterlicherseits der beiden Föten sein.

Nach weiteren Abgleichungen der Allele an sechs verschiedenen Genorten in der Familie Tutanchamuns stellt Phizackerley ihren alternativen Stammbaum vor: Juja und Tuja, folgert sie, hatten neben Teje noch einen Sohn, möglicherweise den späteren Pharao Eje. Dieser wiederum war der Vater Nofretetes, wie einige Ägyptologen ebenfalls schon länger vermuten. Damit hätte Echnaton seine Cousine geheiratet. Weiterhin postuliert Phizackerley einen weiteren Bruder Echnatons, möglicherweise Semenchkare, der seine Nichte (die Jüngere Dame) heiratete und mit ihr Tutanchamun zeugte. Der wiederum heiratete mit Anchensenamun dann seine Tante. In diesem Stammbaum passen alle von Hawass' Team bestimmten Allele, ohne dass unbekannte Familienmitglieder ergänzt werden müssten. Allerdings gilt auch hier: Dieser Stammbaum ist zwar möglich, … beweisen lässt er sich aber nicht.

Die Blutsbande zwischen Tutanchamun und der Mumie aus dem Grab KV 55 sind allerdings schon länger bekannt. Bereits im Jahr 1966 hatte Ronald George Harrison von der University of Liverpool zwei Proben aus Ägypten nach Großbritannien mitnehmen dürfen: einen Zeh der Mumie aus KV 55 und eine winzige Hautprobe vom Rücken Tutanchamuns. Seinem jungen Mitarbeiter Robert Connolly gab er damals den Auftrag, die Blutgruppe der Mumie aus KV 55 zu bestimmen, das Ergebnis war die Blutgruppe A2/MN. Der Zeh war für diese Bestimmung groß genug gewesen. Die winzigen Gewebekrümel von Tutanchamuns Rücken aber reichten für die damaligen Methoden nicht aus. Gerade einmal 10 Milligramm brachten sie auf die Waage, ein Hundertstel der benötigten Menge.

Doch Connolly hatte eine Idee. Die Blutgruppe wird über die Ausprägung bestimmter Antigene auf den roten Blutkörperchen definiert. Wenn man nun die Antigene aus einer Probe von der Mumie dazu bringen könnte, sich an frische rote Blutkörperchen zu binden, so würde man eine neue Probe erhalten, die sich deutlich besser untersuchen ließe als die vertrockneten Zellen des antiken Gewebes.

Zunächst probierte er seine Idee an einer anonymen Mumie aus den Beständen der Universität aus. Nun brauchte er für sein Experiment nur noch frische rote Blutkörperchen. Connolly selber war Träger der Blutgruppe 0, die sich durch die Abwesenheit von Antigenen auszeichnet – und damit hervorragend für das Andocken fremder Antigene eignet. Also griff er beherzt zur Nadel und bot den Mumien-Antigenen seine eigenen roten Blutkörperchen an. Es funktionierte: Mit den so zu neuem Leben erweckten Antigenen ließ sich die Blutgruppe der Mumie problemlos bestimmen. Würde der Trick auch mit den Antigenen Tutanchamuns funktionieren? Diesmal besorgte Connolly sich Spenderblut der Blutgruppe 0 vom britischen Bluttransfusionsdienst. Und wieder dockten die alten Antigene an die frischen roten Blutkörperchen an, in genügender Zahl für eine Untersuchung. Tutanchamun hatte ebenfalls die Blutgruppe A2/MN. Für Ägypter ist dies eine sehr seltene Blutgruppe – und doch entsprach sie genau derjenigen der Mumie aus dem Grab KV 55. Harrison und Connolly vermuteten in ihrer Veröffentlichung der Ergebnisse in der Zeitschrift *Nature*, dass Tutanchamun und sein Blutsverwandter aus KV 55, den sie als Semenchkare ansprachen, Brüder seien.

Nach jetzigem Stand ist also das Puzzle um Tutanchamuns Stammbaum nicht endgültig lösbar. Trotz aller Bemühungen und trotz des außergewöhnlichen Fundes von Tutanchamuns Grabkammer – immerhin der reichsten und vollständigsten, die je in Ägypten gefunden wurde – ist die Zeit zwischen den Pharaonen Echnaton und Haremhab geschichtlich immer noch ein dunkler Fleck. Das würde sich aber schlagartig ändern, falls eine neue Mumie aus diesen Jahren gefunden werden sollte. Mit nur einem einzigen neuen Puzzleteil könnten viele der verwandtschaftlichen Bindungen in ganz unterschiedliche Richtungen geklärt werden.

Bei der Untersuchung von Tutanchamun fand Hawass' Team nicht nur menschliches Erbgut. Auch Parasiten hatten in der Mumie ihre DNA hinterlassen. Tutanchamun litt – wie schon seine Urgroßeltern Juja und Tuja sowie noch eine weitere Mumie aus dem Sammelgrab von Deir el-Bahari – an Malaria. Der junge Pharao trug den einzelligen Parasiten *Plasmodium falciparum* in sich – Erreger der Malaria tropica, der für den Menschen gefährlichsten Art der Tropenkrankheit. Noch für 2006 schätzte die Weltgesundheitsorganisation, dass von rund 247 Millionen Fällen von Malaria tropica jenes Jahres fast 881 000 einen tödlichen Ausgang nahmen. Im Zuge der Krankheit können Bewusstseinsstörungen, Krämpfe, Fieber, Durchfälle und Nierenversagen auftreten. Wie schwer Tutanchamun unter der Malariainfektion litt und ob die Krankheit mit zu seinem Tod beitrug, kann niemand sagen. Allerdings infizierte er sich, wie auch Tuja, nicht nur einmal mit *Plasmodium falciparum*, sondern gleich mehrmals. Hawass und seine Kollegen bemerkten bei der Untersuchung fleckige Stellen auf der linken Wange des Pharao. Die könnten, schreiben sie in ihrer Veröffentlichung, von einem entzündeten Moskitostich stammen. Allerdings könnten sie ebenso gut von Leishmaniose, der Pest oder Fahrlässigkeiten bei der Einbalsamierung verursacht worden sein.

Das warme, feuchte Klima in den Schilfgürteln des Nilufers ist eine ideale Brutstätte für die Anopheles-Mücke, deren Weibchen den tückischen Erreger auf den Menschen übertragen können. Schon im 5. Jahrhundert vor Christus beschrieb der griechische Schriftsteller Herodot, dass die Mückenplage in Ägypten so unangenehm sei, dass die Menschen dort unter Netzen schliefen. Archäologische Funde bestätigen dies: Wahrscheinlich hing auch an dem großen Holzrahmen, den Ausgräber im Schachtgrab der Königin Hetepheres aus der 4. Dynastie fanden, ein solches Moskitonetz – er war ein Geschenk ihres Ehegatten Snofru. Wer aber in Malariagebieten aufwächst, entwickelt oft teilweise eine Immunität gegen die Krankheit. So wurden Juja und Tuja, obwohl beide mit Malaria infiziert waren, mindestens 50 Jahre alt. Auch bei Tutanchamun können die Infektionen vergleichsweise harmlos verlaufen sein, möglicherweise bekam er sie nicht einmal mit.

Denn Tutanchamun hatte mit noch viel schwerwiegenderen Krankheiten zu kämpfen. Besonders schlimm stand es um seine Füße. Der rechte Fuß war zum sogenannten Plattfuß verformt, der linke dagegen zum Klumpfuß: Der Bogen wölbte sich höher als normal, zusätzlich war der Vorderfuß nach oben und innen verdreht. Besonders die Zehen sahen übel aus, sie waren von Knochennekrosen zerfressen. Die Schmerzen, die dieser Zustand verursachte, glich der Pharao vermutlich mit einer stärkeren Belastung des rechten Fußes aus – was letztendlich zum Plattfuß führte. Das Bild aus seiner Grabkammer, das ihn beim Spaziergang im Garten mit Anchesenamun zeigt, wird die schmerzhafte Wahrheit abgebildet haben: Der Pharao konnte sich nur auf Krücken fortbewegen. Das erklärt auch, warum Howard Carter in Tutanchamuns Grab über 130 Gehhilfen fand. Dem Zustand seiner Zehen nach könnte dort durchaus auch zum Todeszeitpunkt noch eine akute Entzündung von Knochen und Weichteilen geschwärt haben. Tutanchamun teilte dieses Schicksal also mit der Mutter seiner Kinder und der

Mumie KV 21 B. Diese drei waren übrigens nicht die einzigen Familienmitglieder der 18. Dynastie mit schwerverformten Füßen. Schon Amenophis III. litt an einem Klumpfuß und Thutmosis II., Ehemann der Hatschepsut, an einem ausgeprägten Hohlfuß.

Die Künstler in Achetaton gaben sich so große Mühe, die Königsfamilie mit ihren deformierten Proportionen darzustellen: überbetonte Bäuche, Hüften und Oberschenkel, dazu die dünnen Arme und Unterschenkel sowie die langgezogenen Schädel. Wenn diese Verformungen die Realität abbilden sollten – warum zeigten sie dann nicht auch die verformten Füße? Oder waren die Körperformen Echnatons und seiner Familie gar nicht so grotesk, wie die Künstler sie malten? Auch diese Frage versuchte das Team um Hawass zu klären.

In der Vergangenheit hatten einige Forscher vermutet, Echnaton und seine Nachkommen litten am Marfan-Syndrom. Zu den Symptomen gehören unter anderem eine Dolichocephalie – eine senkrechte Überentwicklung des Kopfes –, eine Trichter- oder Kielbrust, eine deformierte Wirbelsäule und ein breites Becken, auch an einer Gaumenspalte können die Betroffenen leiden. Von einer Dolichocephalie sprechen Mediziner, wenn der cephalische Index – die maximale Breite des Schädels multipliziert mit 100 und geteilt durch die maximale Länge – kleiner als 75 ist. Tutanchamuns Schädel hat den cephalischen Index 83,9, die Mumie seines Vaters 81,0. Damit liegt Tutanchamun sogar über dem Normbereich, sein Schädel war eher gedrungen als länglich. Allerdings fanden die Forscher tatsächlich Familienmitglieder, die an einer Dolichocephalie litten. Tutanchamuns Urgroßvater Juja hatte einen cephalischen Index von nur 70,3. Auch die Schädel von Thutmosis II. und von der Mumie aus dem Grab in Deir el-Bahari, die ebenfalls an Malaria litt, waren etwas länglicher als normal mit cephalischen Indices von 73,4 und 74,3.

Wie Tutanchamuns Brust aussah, lässt sich leider heute nicht mehr feststellen: Der vordere Teil des Brustkorbs fehlt. Gleiches gilt für das Becken, es fehlt komplett. Das Becken der Mumie aus KV 55 ist zumindest in Stücken erhalten. Eine Rekonstruktion aus den erhaltenen Teilen ergab allerdings keine Anzeichen für ein außergewöhnlich breites Becken. Tutanchamuns Wirbelsäule war hingegen tatsächlich deformiert. Allerdings wölbte sie sich nur ein wenig nach außen, die Forscher diagnostizierten ihm eine leichte Kyphoskoliose – einen kleinen Buckel. Und auch eine Gaumenspalte fanden sie sowohl bei Tutanchamun als auch bei der Mumie aus KV 55. Bei beiden war sie aber so schwach ausgeprägt, dass sie wahrscheinlich kaum wahrgenommen wurde.

Nicht einmal vor dem Penis des Pharao machte Hawass' Team halt, sie nahmen ihn ebenfalls unter die Lupe. Das gute Stück war zwischenzeitlich verlorengegangen: Zwar war es auf Röntgenaufnahmen von 1926 noch vorhanden – auf Aufnahmen von 1968 jedoch fehlte es. Glücklicherweise fanden die Forscher es im Zuge der neuen Untersuchungen wieder. Der Pharaonenpenis lag friedlich im Sandbett, auf dem die Mumie ruhte. Und war, wie die Forscher feststellten, »gut entwickelt«.

Mit den Ergebnissen der CT-Scans konnten die Forscher nun nicht nur das Marfan-Syndrom ausschließen, sondern auch noch eine ganze Reihe anderer Krankheiten, die Tutanchamun und seiner Familie im Laufe der Jahrzehnte angedichtet worden waren. Der Pharao litt weder am Antley-Bixler-Syndrom noch an Gynäkomastie oder Kraniosynostose. Sowohl Tutanchamun als auch die Mumie aus KV 55 waren, wenn auch mit kleinen Schönheitsfehlern, ganz normale Männer. Dass die beiden Töchter Tutanchamuns bereits vor ihrer Geburt verstarben, lag mit einiger Wahrscheinlichkeit nicht an einer Erbkrankheit, sondern an der in der Familie praktizierten Inzucht.

Nur wenige Monate nach der Veröffentlichung der Ergebnisse legten die beiden Wissenschaftler Christian Timmann und Christian Meyer vom Bernhard-Nocht-Institut für Tropenmedizin in Hamburg eine weitere Theorie zu seinem Tod vor. Sie vermuten, dass der junge Pharao an den Folgen einer Sichelzellenanämie starb. Wenn Träger dieser Erbkrankheit sich zum Beispiel körperlich anstrengen oder sonstwie unter Sauerstoffmangel leiden, verklumpen die roten Blutkörperchen. Die Klumpen verstopfen kleine Blutgefäße, es kommt zu Durchblutungsstörungen und Entzündungen. Interessanterweise sind Betroffene, bei denen nur eines der beiden Hämoglobin-Gene verändert ist, weitgehend immun gegen Malaria. Daher ist die Sichelzellenanämie in Malariagebieten weit verbreitet.

Vor allem der Zustand von Tutanchamuns linkem Fuß ließ die beiden Forscher aufmerken. Dieses fortgeschrittene Stadium von Knochennekrose, Knochen- und Gelenkentzündung sei typisch für eine Extremität, deren feine Gefäße nur unzureichend durchblutet sind. Auch das fliehende Kinn und den ausgeprägten Überbiss, die schon auf den alten Röntgenaufnahmen deutlich zu erkennen waren, seien häufig bei Patienten mit Sichelzellenanämie zu beobachten. Leider gibt Hawass keine Maße für den »gut entwickelten« Penis Tutanchamuns an, sondern belässt es bei dieser sehr vagen Beschreibung. Denn sollte »gut entwickelt« bedeuten, dass er beim Tode des Pharao erigiert war, könnte das ein Zeichen für Priapismus sein – eine schmerzhafte Dauererektion, die ebenfalls ein häufiges Leiden bei Patienten mit Sichelzellenanämie ist. Die beiden Hamburger Forscher geben in ihrer Veröffentlichung zu, dass ihre

Priapismus-Interpretation rein spekulativ ist. Doch ein paar Jahre später, Ende des Jahres 2013, veröffentlichte die renommierte Ägyptologin Salima Ikram von der American University in Kairo im Fachjournal *Études et Travaux* ein pikantes Detail: Tatsächlich wurde Tutanchamun mit erigiertem Penis bestattet. Die Einbalsamierer beließen ihn sogar aufgerichtet im 90-Grad-Winkel. Tutanchamun sei, so Ikram, die einzige ihr bekannte Mumie mit Erektion.

Damit hat die These von Timmann und Meyer eine solide Basis. Zumal Ägypten ein Gebiet ist, in dem Sichelzellenanämie häufig auftritt. In den ägyptischen Oasen leiden sogar neun bis 22 Prozent aller Einwohner daran. Und das ist keine neue Entwicklung, bereits in prädynastischen Mumien konnten Forscher die Krankheit nachweisen. Weitere Untersuchungen in dieser Richtung werden an der Mumie Tutanchamuns in absehbarer Zeit allerdings nicht stattfinden. Das Angebot einer Zusammenarbeit von Timmann und Meyer mit der ägyptischen Altertumsbehörde wurde in einem Brief von Hawass an Christian Meyer pauschal abgelehnt.

Was aber brachte letztendlich dem jungen Pharao im Alter von nur 18 bis 20 Jahren den Tod? Im Jahr 1989 wirbelte der amerikanische Mumienexperte Bob Brier von der amerikanischen Long Island University mit einer gewagten These viel Staub auf: Der Pharao, folgerte er, sei ermordet worden. Den angeblichen Beweis für seine Vermutung hatte er auf einer alten Aufnahme von Harrison aus dem Jahr 1968 gefunden. Dort seien zwei abgesplitterte Knochenstücke im Inneren des Schädels zu erkennen. Diese Verletzung, so Brier in seinem Buch *Der Mordfall Tutanchamun*, sei durch einen schweren Schlag auf den Hinterkopf entstanden. Spätestens bei der computertomographischen Untersuchung erwies sich die Mordtheorie allerdings als falsche Fährte. Die Splitter befanden sich zwar im Inneren des Kopfes – es fehlte aber auf der Außenseite des Schädels eine entsprechend beschädigte Stelle, die durch einen Schlag zwangsweise hätte entstehen müssen. Der eine stammt vom obersten Wirbel, der andere von der Kante des *Foramen magnum*, dem großen Loch an der Schädelbasis. Beides sind Stellen, die man zu Lebzeiten selbst mit einem unglücklich abgerutschten Schlag nicht hätte erreichen können – wohl aber bei der Behandlung einer Mumie. Außerdem sind in Tutanchamuns Schädel Reste der Einbalsamierungsflüssigkeit zu sehen. Sie liegen in zwei kleinen, ausgetrockneten Pfützen auf der Oberseite des Schädels und unten am Hinterkopf, dort, wo die Schwerkraft sie zusammenfließen ließ. Die Knochensplitter aber sind lose – sie können sich frei im Kopf bewegen, wenn der Schädel hin und her geschüttelt wird. Wären sie vor dem Tod – und damit vor der Einbalsamierung – vom Knochen abgesplittert, dann wären sie in einer der Pfützen festgeklebt. So können sie nur ins Kopfinnere gekommen sein, als die Flüssigkeit schon so weit getrocknet war, dass sie die Splitter nicht mehr festkleben konnte. Howard Carter, merkt Hawass in seiner Publikation an, könne ebenfalls für diese Beschädigung verantwortlich gewesen sein.

Auch das riesige Loch in Tutanchamuns Brust würde Hawass gerne Carter in die Schuhe schieben. Auf den ersten Fotoaufnahmen liegen an jener Stelle noch eine große Halskette und eine Perlenkette. Heute aber fehlen das Brustbein und die vorderen Stücke der Rippen. Auf den neuen Aufnahmen aus dem Computertomographen ist deutlich zu erkennen, dass sie abgesägt wurden, die Bruchkanten sind glatt. Irgendwann zwischen den Fotoaufnahmen der Mumie aus dem Jahr 1925 und der Röntgenuntersuchung im Jahr 1967 muss dieses Loch entstanden sein. Und nicht nur das Brustbein und die Rippen fehlen. Auch der Schmuck, der auf ihnen lag, ist heute spurlos verschwunden.

Allerdings zeigten die computertomographischen Scans eine Verletzung, die bis dahin noch niemandem aufgefallen war: Tutanchamun hatte kurz vor seinem Tod einen Bruch am linken Oberschenkel erlitten. Und anders als bei den anderen Brüchen an seinen Knochen waren hier die Enden so zersplittert, wie ein Knochen nur brechen kann, wenn er noch frisch ist. Außerdem hatte sich in der Bruchstelle Einbalsamierungsflüssigkeit festgesetzt. Der Bruch muss also bereits existiert haben, als die Einbalsamierer sich ans Werk machten.

Bald überschlugen sich die Spekulationen. Der Schweizer Mumienexperte Frank Rühli vom Anatomischen Institut der Universität Zürich tippte auf einen Reitunfall mit tödlichen Folgen. Ein wichtiges Blutgefäß könne verletzt worden sein, was innerhalb weniger Tage zur Blutvergiftung und damit zum Tod führte – eine unter Reitern durchaus übliche Verletzung. Der Direktor der Egypt Exploration Society, Chris Naunton, kam zu dem Schluss, Tutanchamun sei Opfer eines Streitwagenunfalls geworden. Gemeinsam mit Autounfallexperten des britischen Cranfield Instituts für Sicherheit, Risiken und Verlässlichkeit simulierte er am Rechner mögliche Crash-Test-Szenarien. Ein Streitwagen, folgerte das Team, sei dem Pharao in die Seite gerast, als dieser auf allen vieren am Boden kroch, und zerschmetterte ihm dabei die Rippen und das Becken.

Es sollte stutzig machen, dass Tutanchamun unter keinen Umständen ein aktiver Sportler gewesen sein kann. Mit seinem deformierten, dauerhaft entzündeten Fuß konnte er sich nur humpelnd fortbewegen. Mit diesem Handicap ist es für einen ansonsten gesunden jungen Mann schwer, sich unter Eigenverschulden den Oberschenkel zu brechen. Der Schaft des Oberschenkels ist sehr kräftig ausgebildet und stabil, er kann nur unter großer Krafteinwirkung splittern. Ein einfaches Stolpern reicht dafür kaum aus. Entweder setzte sich der Pharao also trotz seiner Bewegungseinschränkung gefährlichen Situationen aus, stieg etwa aufs Pferd oder fuhr im Streitwagen – oder die Verletzung wurde ihm durch Fremdeinwirkung zugefügt. Gegen einen kräftigen Angreifer, der ihm körperliche Gewalt zufügen wollte, konnte der König mit dem Klumpfuß sich nicht zur Wehr setzen.

Tutanchamun starb in der Mitte des Winters, als die Temperaturen am Nil erträglich waren. Irgendwann zwischen Ende Dezember 1324 vor Christus und Mitte Februar 1323 vor Christus tat der Pharao, das lebende Abbild des Amun, seinen letzten Atemzug. Das genaue Datum war einfach zu errechnen: Seine Mumie war mit Blumen geschmückt, die Mitte März bis Anfang Mai blühen. Da die Prozedur der Einbalsamierung siebzig Tage in Anspruch nahm, muss Tutanchamun entsprechend siebzig Tage, bevor diese Blumen für ihn gepflückt wurden, verstorben sein.

Wer war bei ihm an diesem Wintertag? Hielt Anchesenamun seine Hand? Oder war er umgeben von Menschen, die an seinem Tod mitgewirkt hatten? Schrie er vor Schmerzen? Oder hatten die Ärzte ihm schmerzstillende und betäubende Mittel verabreicht? Wie ein Gottkönig wird Tutanchamun jedenfalls kaum noch gewirkt haben. Die zertrümmerten Beine dürften dem ohnehin geschundenen Körper den letzten Rest Würde auch noch geraubt haben. Die vereiterten Zehen sonderten einen säuerlichen Geruch ab. Wenn in der Todesstunde tatsächlich auch noch sein Penis erigiert war, muss der Leichnam Tutanchamuns ein geradezu grotesker Anblick gewesen sein. Doch der Schein musste gewahrt werden. Kaum hatte der

Pharao diese Welt verlassen, begann die Nachricht sich wie ein Lauffeuer in den Gängen des Palastes und von dort aus weiter durch die Straßen zu verbreiten. Und bald wusste es das ganze Land: »Der Falke ist zum Himmel geflogen!«

Was dann geschah, kennen wir aus der Beschreibung des griechischen Schriftstellers Herodot im 5. Jahrhundert vor Christus. Zu dem Zeitpunkt war Tutanchamun zwar bereits knapp tausend Jahre tot – die Einbalsamierungstechniken hatten sich aber in dieser Zeit nur noch unwesentlich verändert. »Es gibt besondere Leute, die (die Einbalsamierung) berufsmäßig ausüben«, schreibt Herodot. »Die vornehmste Art ist folgende. Zunächst wird mittels eines eisernen Hakens das Gehirn durch die Nasenlöcher herausgeleitet, teils auch mittels eingegossener Flüssigkeiten.« Dies war der komplizierteste Teil der Prozedur. Denn der Kopf des Verstorbenen musste unter allen Umständen intakt bleiben, damit die Götter ihn beim Totengericht erkennen würden. Also erfanden die ägyptischen Einbalsamierer die minimalinvasive Chirurgie. Sie durchstießen durch die Nasenlöcher das Siebbein und schnitten die Hirnhaut auf. In die Öffnung führten sie einen Haken und verquirlten das Gehirn, bis es die Konsistenz von dickflüssigem Brei hatte. Bald half die natürliche Verwesung nach. Die Masse wurde noch flüssiger und konnte nun durch das von außen unsichtbare Loch in die Nase abfließen. War der Schädel leer, füllten die Mumifizierer ihn mit duftendem Öl.

»Dann macht man mit einem scharfen aithiopischen Stein einen Schnitt in die Weiche und nimmt die ganzen Eingeweide heraus«, fährt Herodot fort. »Sie werden gereinigt, mit Palmwein und dann mit geriebenen Spezereien durchspült. Dann wird der Magen mit reiner geriebener Myrrhe, mit Kasia und anderem Räucherwerk, jedoch nicht mit Weihrauch, gefüllt und zugenäht.« Das Herz blieb im Körper zurück. Denn beim Totengericht, so der Glaube, wog der Gott Anubis es gegen die Feder der Maat auf. Nur wenn es leichter als diese war, durfte der Tote Einzug ins Jenseits halten. Auch die Nieren ließen die Einbalsamierer im Körper – wahrscheinlich war ihnen die Funktion dieses Organs nicht ganz klar.

Der nächste Schritt war ein ausgiebiges Salzbad: »Nun legen sie die Leiche ganz in Natronlauge, siebzig Tage lang. Länger als siebzig Tage darf es nicht dauern«, schreibt Herodot. Natron ist ein natürlich vorkommendes Salzgemisch. Die Einbalsamierer Tutanchamuns bezogen es aus dem nach ihm benannten »Wadi Natrûn«, einem Ausläufer der Sahara etwa 100 km südöstlich der Hafenstadt Alexandria. Die Mischung besteht aus verschiedenen Natriumsalzen, wobei den größten Anteil das Natriumkarbonat (Na_2CO_3) ausmacht. Außerdem enthält sie 17 % $NaHCO_3$ (Natriumhydrogencarbonat) und etwas $NaCl$ (Natriumchlorid) sowie Na_2SO_4 (Natriumsulfat). Die Mengen an Salz, die für eine Mumifizierung benötigt wurden, waren enorm. Als eine Forschergruppe um Frank Rühli vom Anatomischen Institut der Universität Zürich im Labor ein Bein mit ägyptischen Methoden mumifizierte, benötigten sie alleine für diese eine Extremität schon 60 Kilogramm Natronsalze.

War der Körper vom Salz völlig ausgetrocknet, musste er kosmetisch wiederhergerichtet werden. Die Haut bekam eine Kurpackung aus reichhaltigem Salböl, damit sie wieder elastisch wurde. Den hohlen Brustraum und Bauch füllten die Einbalsamierer mit Leinenwickeln, Sägespänen oder sonstigem Füllmaterial, vermischt mit wohlduftenden Gewürzen, Harzen oder Bienenwachs. Die erweiterten Nasenlöcher wurden wieder verstopft, im Fall von Tutanchamun mit ölgetränkten Leinenbinden. Nur wenige Jahrzehnte später nahmen bei Ramses II. die

Einbalsamierer zu diesem Zweck – aus welchen Gründen auch immer – Pfefferkörner.

Und auch die Augäpfel sahen nach dem Ausdörren nicht mehr hübsch aus. Abhilfe schaffte hier, was den Einbalsamierern gerade in die Hände fiel: kleine Leinensäckchen, Zwiebeln, zur Not auch Steine. Damit die Fingernägel nicht abfielen, band man sie mit Schnüren fest. Tutanchamun musste allerdings nicht mit festgeschnürten Nägeln ins Jenseits, er bekam Hülsen aus Gold um Finger und Zehen.

Wir kennen sogar eine Werkstatt der Einbalsamierer. Am 10. März 2005 entdeckte ein US-amerikanisches Archäologenteam der University of Memphis unter der Leitung des Ägyptologen Otto Schaden nur 14,5 Meter vom Eingang des Tutanchamungrabes entfernt einen weiteren Schacht. Seit der Entdeckung von KV 62, dem Grab Tutanchamuns, war dies das erste neugefundene Grab im Tal der Könige und erhielt demnach die laufende Nummer KV 63. Darin fanden die Forscher insgesamt sieben anthropoide Särge, darunter der eines Kindes und eines Jugendlichen. Nur Mumien suchten sie vergeblich. Stattdessen lagen in den Särgen Mumifizierungsmaterial und Bestattungsgegenstände wie Halsschmuck oder Kissen. Außerdem fanden die Archäologen 28 beschriftete Tonkrüge mit Natron, Getreidesamen, Kohle, verschiedenen Tonwaren und kleinen Tierknochen.

Besonders interessant war der Inhalt des Kruges Nummer 13. Darin lag eine Ansammlung von Holzlatten, die zusammengebaut tatsächlich ein Bett ergaben. Doch es war keine gewöhnliche Schlafstätte. Ein Körper, der auf dieser 1,70 Meter langen Konstruktion zu liegen kam, wurde nur von vier dünnen Querbalken getragen. Bequem kann das nicht gewesen sein. Doch wer auf diesem Bett lag, störte sich nicht an den harten

Holzbalken – er war tot. Denn die Liege diente nicht der Ruhe, sondern der Einbalsamierung. Über den Freiraum konnten sämtliche Körper- und Einbalsamierungsflüssigkeiten ungehindert abtropfen. Diese Liege ist das einzige bekannte Stück ihrer Art.

Eine Einbalsamierung war eine kostspielige Angelegenheit, denn die Einbalsamierer waren hochbezahlte Spezialisten. Der Grieche Diodorus schrieb noch im 1. Jahrhundert vor Christus über die Kosten der Prozedur. 20 Minen mussten die Angehörigen allein schon für eine Einbalsamierung mittlerer Qualität hinlegen – in der damaligen Zeit ein kleines Vermögen. Wie viel die Einbalsamierung eines Pharao kostete, ist leider nicht bekannt.

Trotz aller Professionalität gibt es jedoch an der Mumie Tutanchamuns auch Anzeichen dafür, dass die Einbalsamierer ein wenig geschlampt haben – oder unter großem Zeitdruck arbeiten mussten.

Die erste Vermutung, dass etwas nicht ganz stimmte, äußerte bereits Howard Carter. Er beschrieb den einbalsamierten Leichnam als »charred wreck«, als verkohltes Wrack. 1968 schloss sich dann auch Robert Connolly dieser Meinung an. Die sterblichen Überreste des Pharao, ließ Connolly verlauten, sähen aus, als ob sie verbrannt seien. Tatsächlich existieren diese alten Proben, die Harrison damals aus Ägypten ausführen durfte, noch heute. Chris Naunton, der auch die Theorie zum Tod durch einen Streitwagenunfall aufgestellt hatte, untersuchte sie erneut. Gemeinsam mit dem Archäologen Matthew Ponting betrachtete er sie mit dem Elektronenmikroskop und unterzog sie im Jahr 2013 weiteren chemischen Tests. Tatsächlich: Das Gewebe war sehr hohen Temperaturen ausgesetzt gewesen.

Nur wer war schuld an dem Zustand der Mumie? Hatten

tatsächlich die Einbalsamierer Fehler begangen? Oder war es Carter selber gewesen, der die Mumie röstete? Als der Entdecker des Grabes den Sarkophag öffnete, fand er Tutanchamun fest darin einzementiert. Die Einbalsamierer waren mit ihren Konservierungsstoffen nicht eben sparsam umgegangen. Sie hatten so viel davon in und über den toten Pharao gekippt, dass die Flüssigkeiten ausgetreten waren und sich in der Sargwanne gesammelt hatten. In den kommenden Jahrtausenden waren sie ausgehärtet – zu einer dicken Schicht Superkleber. Zunächst hatte Carter versucht, diese Schicht aufzuweichen, indem er den Sarkophag in die pralle ägyptische Mittagssonne stellte. Als das nichts half, griffen er und der Mediziner Douglas Derry zu roher Gewalt. Sie zersägten den Körper, trennten Kopf, Arme und Beine ab und brachen die Teile einzeln aus der Masse heraus. Was dann noch im Sarg festklebte, schabten sie mit heißen Messern von den Wänden. Könnten sie nicht auch mit ihren kruden Methoden die Verbrennungen verursacht haben? Eher unwahrscheinlich, fand Naunton. Um die sterblichen Pharaonenreste so zuzurichten, wie sie heute aussehen, waren Temperaturen um die 500 Grad Celsius notwendig. Carter wird aber bei aller Verzweiflung mit seinen Methoden kaum über 200 Grad Celsius gekommen sein.

Eine der Substanzen aber, die Tutanchamuns Einbalsamierer in rauen Mengen verwendet hatten, war Leinöl. Das aus Leinsamen gewonnene Öl, das heute als Nahrungsmittel, in der Kosmetikindustrie und als Farb- und Anstrichmittel genutzt wird, hat eine unangenehme Eigenschaft. Ist es der Raumluft ausgesetzt, lagert sich Luftsauerstoff an die Doppelbindung der ungesättigten Fettsäuren an und die einzelnen Moleküle vernetzen sich. Dabei können hohe Temperaturen entstehen. Malerlehrlinge lernen zum Beispiel schnell, dass sie in der Werkstatt niemals in Leinöl getränkte Pinsel oder Tücher herumliegen lassen dürfen – sonst steht die Werkstatt in Flammen.

Je größer die in Leinöl getränkte Oberfläche, desto stärker ist die Hitzeentwicklung. Ein Pharaonenkörper hat eine ziemlich große Oberfläche. Naunton tränkte also große Leinentücher in Leinöl und wickelte die ölfeuchten Tücher noch einmal in frisches Leinen. Ein Thermometer im Inneren der Pakete zeichnete den Temperaturanstieg auf. Nach nur einer Stunde herrschten dort bereits Temperaturen um 360 Grad Celsius. Das Leinen begann schwarz zu werden, Rauch stieg auf und Glut fraß sich entlang der Ränder. Ganz entsprach dies allerdings nicht den Bedingungen im Sarkophag. Dort war nicht genügend Sauerstoff vorhanden, um den Prozess so schnell voranzutreiben. Vielmehr wird die Mumie des Pharao über einen längeren Zeitraum von vielleicht Tagen oder Wochen langsam vor sich hin geköchelt haben, wie in einem gigantischen Schongartopf.

Dieser Garprozess, vermutete Naunton, sei allerdings nicht das Resultat von Unwissenheit seitens der Einbalsamierer – die ja immerhin zu den besten des Landes gezählt haben werden –, sondern von Zeitdruck. Hätten sie den Leichnam langsam, Schicht für Schicht, mit den Ölen bestrichen und diese trocknen lassen, wäre nichts passiert. Da sie aber die Mumie eilig und noch von Leinöl triefend in den Sarg legen mussten, konnte es zu der fatalen chemischen Reaktion kommen.

Nach seinem Tod war Tutanchamun also in aller Eile einbalsamiert worden. Was mag in den 70 Tagen, die diese Prozedur dauerte, in Ägypten passiert sein? Auf der Wand der Grabkammer ist es Eje, der die Mundöffnungszeremonie durchführt und sich damit als rechtmäßiger Nachfolger präsentiert. Aber war der Übergang zwischen den beiden Herrschern wirklich so glatt, wie die Bilder an den Wänden den Betrachter glauben lassen wollen? Waren bei seiner Beisetzung Menschen anwesend, die ihn geliebt hatten? Mutter und Vater hatte er trotz seiner Jugend schon lange nicht mehr. Aber begleitete wenigstens Anchesenamun seinen Sarg – oder war sie aus dem Weg geschafft worden? Auf die Hast bei der Beisetzung deuten schließlich mehrere Hinweise. Gab es überhaupt eine ordentliche Beisetzungszeremonie? Oder wurde die von Öl noch triefende Mumie Tutanchamuns bei Nacht und Nebel in das Grab geschafft? Die Spuren sprechen für sich: Träger brachten den Leichnam in die nur halbfertige Kammer und begannen, sie in die – nur teilweise für ihn angefertigten – Sarkophage zu betten. Als die Zehenspitzen des letzten Holzsarkophags zu weit vorstanden, griff ein beherzter Arbeiter zum Beil und schlug den herausragenden Teil einfach ab. So ganz passte der Deckel des nun folgenden Steinsarkophags noch immer nicht, er brach beim Absenken auf das Unterteil entzwei. Der Schaden wurde nur hastig mit etwas Gips repariert. Über diese Verzögerungen muss es spät geworden sein. In der Eile setzten die Arbeiter den äußersten Schrein um die Sarkophage falsch zusammen und hämmerten mit Gewalt die einzelnen Teile passend. Für einen ägyptischen Pharao, für den jede Geste und jedes Bild ein Schritt auf dem korrekten Weg ins Jenseits war, bedeutete diese Schlamperei die Verdammnis. Die restlichen Kammern von Tutanchamuns Grab ließ Eje mit dem alten Gerümpel aus Achetaton füllen. Er wird wohl große Erleichterung verspürt haben, als am Ende die Priester ihre Siegel auf die Tür drückten und damit die letzte unheilvolle Erinnerung an die Zeit Echnatons in die unterirdischen Kammern verbannten.

Tutanchamuns Erben:
Vertuschung aller Spuren

Tutanchamun hat sich nicht selber ins Grab gelegt. Es ist für uns zwar nur allzu verlockend, sich genau dies vorzustellen – wie der junge Pharao höchstpersönlich den Bau des Grabes überwachte, wie er die Motive für die Wandmalereien aussuchte und deren Entstehung an den Wänden der Grabkammer in regelmäßigen Abständen inspizierte, wie er Stück für Stück aus seinem eigenen Besitz und den Erbstücken seiner Familie auswählte und für sich entschied: »Diese Truhe, dieses Gewand, diesen Spazierstock möchte ich einst, wenn ich tot bin, im Jenseits bei mir haben.« Einige wenige Gegenstände scheint er tatsächlich selber als Grabbeigabe deklariert zu haben. Was sonst, wenn nicht sehr persönliche Motive des Königs, sollte dafür gesorgt haben, dass eine Haarlocke der Teje ihren Weg in das Grab fand? Nun gibt es durchaus Gräber in der ägyptischen Geschichte, bei denen wir davon ausgehen können, dass sie vom darin Bestatteten von Anfang bis Ende mitsamt den Beigaben strikt durchgeplant wurden. Bei Tutanchamun aber ist das eher unwahrscheinlich. Sowohl für den überwiegenden Teil der Ausstattung als auch für die Grabanlage selber war es keinesfalls er, der die Entscheidungen traf. Tutanchamun hatte – als toter junger König, dessen tatsächlicher Einfluss auf die Geschicke Ägyptens ohnehin eher gering gewesen war – schlichtweg keinerlei Entscheidungsbefugnis mehr. Die lag nach seinem Tod in den Händen anderer. Das Grab des jungen Pharao wurde zum Spielball für die Propaganda seiner Nachfolger. Wer waren die Männer, die für ihn diese Entscheidungen trafen? Wer bestimmte, wo und wie Tutanchamun beigesetzt wurde? Wer bereitete die Kulisse vor, in der Howard Carter ihn 1922 fand?

Die Suche nach den Antworten auf diese Fragen beginnt in einem Grab in Sakkara, dem großen Friedhof der Stadt Memphis. Hierher zog Tutanchamun mit seinen Beratern um, als er die verhasste Stadt seines Vaters, Achetaton, verließ. Von Memphis aus sollte das Reich in eine neue, friedlichere Ära geführt werden. Unmittelbar nach der Ankunft begannen die Beamten des Hofstaates, sich dort einzurichten – und zwar für eine sehr lange Zeit. Für eine so lange Zeit, dass eine der ersten Maßnahmen war, mit dem Bau der aufwendigen Grabanlagen zu beginnen, in denen die ägyptische Elite gedachte, sich nach dem Tod zur ewigen Ruhe zu betten.

Zu jenen, die schon kurz nach der Ankunft in Memphis die Bauarbeiten für ein Grab in Auftrag gaben, gehörte auch ein Mann namens Haremhab. Insgesamt sollte das Grab drei Bauphasen durchlaufen und zu einer recht ansehnlichen Anlage wachsen. Zu diesem frühen Zeitpunkt aber waren die Pläne noch bescheidener. Wie auch das benachbarte Grab des Ramose bestand der Grabkomplex des Haremhab zu Anfang aus einer Kapelle mit zwei Höfen. Und doch hob es sich entschieden von Ramoses Grab ab, denn Haremhab gab deutlich mehr Geld aus – er ließ seinen Innenhof mit Kalkstein pflastern, verkleiden und mit 16 Säulen dekorieren.

Oberste Priorität bei den Bauarbeiten hatte die kleine Grabkapelle. Denn sollte der Eigentümer der Grabanlage frühzeitig sterben, musste sie bereits den Leichnam aufnehmen können. Alle anderen Teile des Grabes konnten warten. Auf den Archi-

tekturteilen der ersten Bauphase, auf den Wänden der Grabkapelle und im Innenhof fanden die Archäologen, als sie das
Grab 1975 entdeckten und 1979 ausgruben, denn auch die einzige Erwähnung von Haremhabs erster Frau Amenia. Mit ihr
wollte er dort bestattet werden. Doch es sollte anders kommen.
Amenia starb schon kurz nach dem Umzug nach Memphis. Von
ihrer Beisetzung im Raum F der Grabanlage zeugen die Reste
eines verrotteten Holzsarkophags, eine schwarze, klebrige Masse
daneben – und ein paar Amphorenscherben. Die Inschriften auf
diesen Scherben datieren den frühen Todeszeitpunkt Amenias.
Sie stammen aus dem ersten Regierungsjahr Tutanchamuns,
und zumindest eine der Amphoren wurde auf dem »Weingut
des Aton in Heliopolis« befüllt, das noch zu den Stammlieferan-
ten der ehemaligen Hauptstadt Achetaton gehört hatte.

Auf den Wänden der Kapelle und im Innenhof wird nicht
nur Amenia erwähnt, sondern natürlich auch Haremhab – mit
genau jenen Titeln, die er zu diesem frühen Zeitpunkt trug: Er
war »Erbprinz« und »königlicher Schreiber«. Diese hohen Aus-
zeichnungen bestätigen außerdem zwei Statuen, die Haremhab
als Schreiber zeigen, eine davon stammt aus Memphis und steht
heute im Metropolitan Museum of Art in New York, die andere stammt aus Karnak und ist heute im Museum in Kairo
zu sehen. Auf der New Yorker Statue erklärt Haremhab auch,
was dies bedeutet: »Ich bin jemand, der Gesetze für den König
festlegt und den Höflingen Befehle erteilt, da ich jemand bin,
der gut reden kann.«

Haremhab trat also kurz nach dem Umzug in die neue
Hauptstadt Memphis selbstbewusst und ganz offiziell als Erbprinz Tutanchamuns auf, als zweiter Mann im Staat. Sollte der
junge König sterben, bevor er eigene Kinder zeugen konnte,
würde es ihm zustehen, den Pharaonenthron zu besteigen. Die

Titel Haremhabs aus seinem Grab in Memphis decken sich folglich mit dem, was er später zum Zeitpunkt seiner tatsächlichen Thronbesteigung auf einer Krönungsstele verlauten lässt: Der König, heißt es dort über die frühen Jahre unter Tutanchamun, »freute sich über die Wahl Haremhabs zu seinem Nachfolger«. Weiterhin trug Haremhab in jenen frühen Tagen die Titel »oberster Befehlshaber des Landes«, »Erbprinz des ganzen Landes« und »ältester Sohn des Horus«.

Fast zehn Jahre lang wartete Haremhab in dieser Position. Während Tutanchamun zum jungen Mann heranwuchs und zwei Kinder zeugte, die jedoch tot geboren wurden, führte Haremhab ihm seine Kriege, beriet ihn – und war bereit, jederzeit die Nachfolge anzutreten, falls dies notwendig würde. Als es dann aber so weit war, als Tutanchamun tatsächlich das Zeitliche segnete, fehlt weit und breit jede Spur von Haremhab. In den Wandmalereien in der Grabkammer Tutanchamuns ist er völlig abwesend. Den aktiven Part der Mundöffnungszeremonie, jenes Rituals, das vom Nachfolger des Pharao durchgeführt werden muss, übernimmt der ältere Berater Eje. Und während andere hohe Würdenträger an Tutanchamuns Hof wie der Schatzhausvorsteher Maya oder ein gewisser Nachtmin, der als »Großer Truppenvorsteher« im Militär dem Befehl des Haremhab untergeordnet war, für den toten König eifrig Uschebtis stifteten, gibt es im ganzen Grab keinen Gegenstand, den sein bis dahin designierter Nachfolger und enger Berater Haremhab ihm mitgab.

Wo war Haremhab? Was war geschehen? Wie konnte Eje den Platz einnehmen, auf den Haremhab zehn Jahre lang gewartet hatte – und das auch noch scheinbar ohne Kämpfe und ohne Blutvergießen? Was hatte Eje in jenem Augenblick, das Haremhab nicht vorweisen konnte? Vermutlich werden wir nie wissen, was genau in jenen Tagen und Wochen geschah. Aber auf ein interessantes Detail wies der Ägyptologe Wolfgang Helck bereits zu Beginn der 1970er Jahre hin: Um den Zeitpunkt, als Tutanchamun starb, brodelte in Nordsyrien ein Konflikt zwischen dem Hethiterreich und Ägypten. Und in den war Haremhab als Oberbefehlshaber der ägyptischen Armee mit Sicherheit involviert. Immerhin prahlte er über sich selber auf den Wänden des Innenhofes seiner Grabanlage in Sakkara: »Überall im Land der Hethiter kannte man seinen Namen.«

Interessant wird an dieser Stelle auch wieder der Brief der mysteriösen Königswitwe Dahamunzu an den Hethiterkönig Šuppiluliuma I.: »Mein Gatte ist gestorben. Einen eigenen Sohn aber habe ich nicht. Von Dir aber sagt man, dass Du viele Söhne besitzt. Wenn Du mir einen Sohn von Dir gibst, soll er mein Gatte werden. Niemals aber werde ich einen meiner Diener nehmen und ihn zu meinem Gatten machen. Eine (solche) Befleckung fürchte ich!« Dahamunzu ist lediglich die keilschriftliche Fassung des ägyptischen Titels *ta-hemet-nesu*, »Gemahlin des Königs«. Noch konnte die Forschung nicht klären, welche Königin diese gewagten Zeilen verfasste. Eine Kandidatin aber ist auf jeden Fall Anchesenamun, die Witwe Tutanchamuns. Sehen wir in ihr die Verfasserin dieses Briefes, bekommen ihre Worte auf einmal einen ganz konkreten Hintergrund. »Niemals aber werde ich einen meiner Diener nehmen und ihn zu meinem Gatten machen. Eine (solche) Befleckung fürchte ich!« Hatte die Schreiberin hier einen konkreten »Diener« im Sinn? War es Anchesenamun, die fürchtete, nun dem Protokoll nach Haremhab ehelichen zu müssen – für den sie eine große Abneigung verspürte?

Haremhab kämpfte in Nordsyrien unter Einsatz seines Lebens gegen Šuppiluliuma. Anchesenamun bat um dessen Sohn, damit Frieden herrschen könne. Größer hätte der Affront gegen den designierten Nachfolger ihres verstorbenen Gatten kaum sein können. So gilt denn auch Haremhab als einer der wahrscheinlichen Drahtzieher hinter der Ermordung des hethitischen Prinzen Zannanza, der auf dem Weg zu seiner künftigen Ehefrau verstarb.

Als Haremhab nach Ägypten zurückkehrte, war jedenfalls alles zu spät. Auch wenn es ihm gelingen sollte, Zannanza aus dem Weg zu räumen, hatte in der Zwischenzeit Eje den Thron bestiegen – und herrschte mit Anchesenamuns Zustimmung. Die Beweislage ist dünn. Aber davon, dass Eje und die Witwe Tutanchamuns mehr verband als die Nähe zum verstorbenen Pharao, erzählen zwei Ringe. Den ersten, einen Fingerring aus blauer Fayence, entdeckte Percy Newberry im Jahr 1931 beim Stöbern durch die Antiquitätenläden Kairos. Er sah ihn im Geschäft eines gewissen Robert Blanchart und war sofort elektrisiert.

Zu Hause am Schreibtisch griff er zu Feder und Papier und setzte umgehend einen Brief an Howard Carter auf: »Mein lieber Carter, es wird Sie interessieren, dass ich gerade einen Fingerring bei Blancharts entdeckt habe, auf dem die Kartusche von Anchesenamun neben dem Namen von König Eje abgebildet ist«, schrieb Newberry. »Das kann nur bedeuten, dass König Eje Anchesenamun, die Witwe Tutanchamuns, geheiratet hat. Der Ring besteht aus blauer Fayence und wurde irgendwo im Ostdelta gefunden.« Am liebsten wäre Newberry der Sache sofort auf den Grund gegangen – aber zwischen Kairo und dem Tal der Könige liegen rund 600 Kilometer. Also fragte er Carter: »Gibt es irgendeine Möglichkeit für Sie, in das schimmernde Tal zu gehen und sich das Grab von König Eje anzusehen? Wenn Sie wirklich dorthingehen, gäbe es da einen sehr interessanten

Punkt, der abgeklärt werden müsste: An einer Wand der Sarg-kammer waren Figuren von König Eje und seiner Königin Tij abgebildet.« An dieser Stelle fügte Newberry dem Brief eine grobe Zeichnung der Szene bei. »Gibt es irgendeinen Hinweis darauf, ob es eine Figur hinter Tij gibt? Und ist die Kartusche groß genug für den Namen Anchesenamun?« Sicherheitshalber malte Newberry hier die Namenskartusche in den Brief. »Meine Aufzeichnungen zu diesem Grab vor einigen Jahren helfen mir hier nicht weiter und es wäre sehr interessant, wenn das geklärt werden könnte. Wenn Sie Zeit haben, gehen Sie doch hin, es würde nicht lange dauern. Hätte ich selbst die Zeit, nach Luxor zu gehen, würde ich es selbst tun, aber ich werde hier vor Ende Mai nicht fertig. Wann werden Sie nach Kairo kommen? Mit all unserer Liebe und den besten Wünschen für Sie, stets der Ihre, Percy E. Newberry«.

Leider scheint Newberry den Ring nicht erworben zu ha-ben – er gilt heute als verschollen. Allerdings kaufte das Ägyp-tische Museum in Berlin Anfang der 1970er Jahre ein ähnliches Stück, es trägt heute die Inventarnummer 34 316. Viel ist nicht über diesen Ring bekannt. Wo er herkommt, ist ebenso unbe-kannt wie der Grund, warum er überhaupt angefertigt wurde. Zusammen mit dem verschwundenen Ring, den Newberry im Geschäft Blancharts sah, ist es der einzige Hinweis auf eine enge Verbindung von Eje und Anchesenamun. Einige Forscher meinten, diese gemeinsame Nennung der Namen auf einem Ring könne nur bedeuten, dass Eje seinen Herrschaftsanspruch festigte, indem er Tutanchamuns Witwe zur Frau nahm. Doch wenn eine Heirat so wichtig gewesen wäre, hätte Eje viel öf-ter, deutlicher und an prominenterer Stelle darauf hingewiesen. Carters Antwort auf Newberrys Brief ist zwar nicht überliefert, sie muss aber gelautet haben: »Lieber Newberry, ich konnte leider weder eine Figur noch eine Kartusche finden.« In seinem Grab – dessen Wände ja eine wichtige Leinwand für Propaganda darstellten – erwähnt Eje Anchesenamun mit keinem Wort. Dort räumt er nur seiner Ehefrau Tij einen Platz ein. Trotzdem gab es, das zeigen die Ringe, zwischen dem alten Eje und der blutjungen Anchesenamun ein Band. Wenn auch nicht unbedingt das der Ehe, so hatten die beiden zumindest einen Pakt.

Als Haremhab also nach Ägypten zurückkehrte, wartete jedenfalls kein Thron auf ihn. Auf dem saß Eje – entweder fest und dauerhaft oder als vorübergehender Platzhalter, bis auf Anchesenamuns Bitten hin Šuppiluliuma einen seiner Söhne schicken würde. Und die Witwe Tutanchamuns stand hinter dem neuen Herrscher. Sie hatte eine klare Entscheidung getroffen – gegen Haremhab.

Eje aber hatte, als er die Macht am Nil übernahm, seine besten Tage schon lange hinter sich. Drei Pharaonen, zwei religiöse Richtungswechsel und zwei Umzüge der Hauptstadt hatte er miterlebt, zu großen Teilen sogar selber aus dem Hintergrund orchestriert. Die meiste Zeit über saß er dabei ganz dicht am Zentrum der Macht, in unmittelbarer Nähe erst Echnatons, später Tutanchamuns. Geboren wurde Eje wahrscheinlich in Achmin. Die Regierungszeit Amenophis' III., zu deren Beginn er das Licht der Welt erblickte, waren bedeutende Jahre für die oberägyptische Stadt am Ostufer des Nils. Von hier stammten die Eltern von Teje, der Großen Königlichen Gemahlin des Pharao, Juja und Tuja. Oft wurde vermutet, dass Eje mit dieser Familie verwandt gewesen sein muss, etwa ein Sohn Jujas und Tujas und damit Nofretetes Bruder. Das würde erklären, warum er als Außenseiter schon früh im Leben wichtige Positionen am Pharaonenhof übernehmen konnte – Positionen, die im Übrigen schon Juja vor ihm innegehabt hatte. Einige Ägyptologen gingen gar so weit, eine Familienähnlichkeit in den offiziellen Porträts Ejes und dem Gesicht der sehr gut erhaltenen Mumie Jujas entdeckt haben zu wollen.

Doch konkrete Belege gibt es für diese Theorie keine. Im Gegenteil: Wäre Eje mit der königlichen Familie verwandt, hätte er diesen Umstand stark betont. Gerade bei der Machtübernahme nach dem Tod Tutanchamuns hätte Eje sich jeder noch so dünnen Verwandtschaftsbeziehung zur Herrscherfamilie gerühmt, um seiner Herrschaft einen legitimen Anstrich zu geben. Doch mit keiner Silbe erwähnt er Teje oder deren Eltern.

Auch für den Vater der Nofretete wurde Eje von einigen Ägyptologen gehalten, da seine Frau Tij den Titel »Große Amme (Menat Aat) der Nofretete« trug. Nofretete, vermuteten sie, sei eine Tochter aus erster Ehe mit einer unbekannten Frau, Tij habe dann die Rolle der Stiefmutter für Nofretete übernommen. Auch hier ist es aber wieder unwahrscheinlich, dass Eje selbst seine Tochter mit keinem Wort erwähnt, während seine Frau sich mehrfach mit dem Titel der Amme brüstet.

Vielleicht startete Eje seine Karriere bereits unter Amenophis III., mit Sicherheit jedoch beginnt sein Stern mit der Machtübernahme Echnatons zu steigen. Während der Pharao seine neue Hauptstadt Achetaton ausbaut, baut Eje an seiner Karriere. Er ist jetzt, wie schon Juja vor ihm, »Aufseher der königlichen Pferde« und damit Befehlshaber der Streitwagentruppe des Königs. De facto bedeutete dieser Titel eine hohe militärische Auszeichnung. Auch »Festleiter der Neunheit« und »Wedelträger zur Rechten des Königs« darf er sich nennen. Der Wedelträger war keineswegs ein fächelnder Sklave, sondern stand in diesem Amt an einer ganz besonderen Position: sehr dicht beim König und damit in ständiger Gesprächsnähe. Dazu passt, dass Eje auch als persönlicher Schreiber Echnatons fungierte.

Der wichtigste Titel aber war ihm derjenige des »Gottvaters« – ebenfalls eine Auszeichnung, die schon Juja getragen hatte. Was genau dieser Titel bezeichnete, weiß allerdings niemand. Da Juja ihn trug, versuchten einige, ihn mit »Schwiegervater des Königs« zu übersetzen und Eje damit zum Vater Nofretetes zu machen, was aber aus oben genannten Gründen wenig plausibel erscheint. Eje jedenfalls bedeutete es so viel, »Gottvater« zu sein, dass er später als König diesen Titel beibehielt und weiterhin führte, eingebunden in seine Namenskartusche.

In Achetaton stand Eje ganz vorne in der ersten Reihe der Macht. Etwa im neunten Herrschaftsjahr Echnatons begann er dann, sich Gedanken um die Zukunft – oder besser: um seinen Tod – zu machen und sein Grab zu bauen. Der Plan dafür war sehr ambitioniert, das schönste Beamtengrab Amarnas sollte es werden. Der Plan sah eine riesige Halle vor, die von 24 Papyrusbündelsäulen gestützt wird. Die fertiggestellten Wanddekorationen glühen auch heute noch förmlich von der Verehrung für den Pharao und dessen neue Religion. Auf der rechten Wand des Eingangskorridors prangt die einzige bekannte Version des Großen Sonnengesangs des Echnaton, den er angeblich selber verfasste. Keine Frage: Eje trat hier in seinem Grab als der eifrigste Anhänger des neuen Kultes auf.

Das sicherte ihm die Gunst des Pharao. Der beschenkte seinen Aufseher der Pferde und Wedelträger zur Rechten nicht nur mit Amt und Würden, sondern auch mit großen Mengen Gold. Auch das ließ Eje in seinem Grab auf die Wände malen: Er selber und seine Frau Tij stehen unter dem Fenster der Erscheinung, aus dem heraus Echnaton, Nofretete und die drei ältesten Töchter des Paares ihnen großzügig goldenen Schmuck und

Gefäße zuwerfen. Dass Tij dabei hinter ihrem Mann steht und ebenfalls die Reichtümer in Empfang nimmt, ist ungewöhnlich. Denn auch wenn die Königin sich oft gleichberechtigt neben Echnaton zeigte, blieben Beamtenfrauen in Amarna eher im Hintergrund. Wenn sie überhaupt erwähnt werden, dann deutlich im Rang unter ihrem Mann. Ob Eje mit der Gleichstellung seiner Frau sich den Gepflogenheiten der königlichen Familie angleichen wollte oder ob Tij als Nofretetes alte Amme tatsächlich einen sehr hohen Status in Achetaton genoss, darüber können wir nur spekulieren.

Nicht nur in Bildern, auch in Worten gibt sich Eje keineswegs bescheiden. »Der Wedelträger zur Rechten des Königs, Vorsteher aller Pferde des Königs, wahrhaft geliebter Schreiber des Königs, Gottvater Eje, der das Leben wiederholen möge, er sagt: Ich bin der Gelobte seines Herrn täglich. Größer ist meine Gunst in (diesem) Jahre als in einem anderen wegen der Größe meiner sehr großen Trefflichkeit für sein Herz«, prahlt Eje an seiner Grabwand. Und für die Nachwelt hält er ganz konkrete Tipps parat: »O ein jeder, der auf Erden lebt und alle kommenden Generationen: Ich sage euch den Weg des Lebens und bezeuge euch die Gunstbeweise, und so werdet ihr meinen Namen lesen und was ich getan habe. Ich war ein Wahrhaftiger auf Erden. Verehret den lebenden Aton, so dass ihr fest im Leben bleibt. Sagt zu ihm: Lass den Herrscher gesund sein, so dass er euch die Gunstbeweise verdoppelt.«

Doch dann starb Echnaton. Kaum war er tot, endete nicht nur die Vormachtstellung Atons im ägyptischen Reich – auch der Enthusiasmus, den Eje dieser Religion entgegengebracht hatte, erlosch jäh. Er stoppte den Bau seines Grabes und entließ die Arbeiter. Von den geplanten 24 prächtigen Papyrusbündelsäulen standen gerade einmal die ersten vier des Mittelganges.

Was an Reliefs der Ostwand schon fertig war, blieb unbemalt. Es gab jetzt Wichtigeres, als den Tod zu planen. Tutanchamun war erst neun Jahre alt und nicht in der Lage, das Land alleine zu regieren. Unter seiner Herrschaft begann die Rückkehr zur alten Ordnung, zu den alten Göttern. Das vernachlässigte Land musste wiederaufgebaut werden. Die Veränderungen zu meistern, die unter der Herrschaft Tutanchamuns in die Wege geleitet und zu großen Teilen auch ausgeführt wurden, war eine gewaltige Aufgabe. Geleistet haben sie im Wesentlichen zwei Männer: Eje und Haremhab. Doch für die Dauer von Tutanchamuns Herrschaft standen die beiden im Schatten hinter dem Thron. Selten in der Geschichte blieben Männer, die einen so großen Wandel in die Wege leiteten, so unsichtbar.

Sporadisch jedoch lugt Eje auf offiziellen Darstellungen hinter dem Thron hervor. Auf drei Reliefblöcken aus Karnak, die Archäologen im Westturm des 9. Pylons verbaut fanden, steht er hinter Tutanchamun und assistiert ihm bei einer Kulthandlung. Und auf einem Blattgoldfragment aus Theben-West steht Eje am linken Bildrand und verehrt seinen König, während der – begleitet von Anchesenamun – die Feinde Ägyptens erschlägt.

Zum Ende der Regierungszeit Tutanchamuns beginnt Eje dann einen Titel zu benutzen, der möglicherweise doch darauf hindeuten könnte, dass die Machtübernahme nach Tutanchamuns Tod lange im Voraus geplant war. Auf mehreren Architraven aus Karnak wird er nun als »ältester Königssohn« angesprochen. Auch ein Skarabäus, der heute in einer Schweizer Privatsammlung liegt, bezeichnet ihn so. Was genau aber dieser Titel bedeutete, bleibt unklar. Tutanchamuns Sohn kann der um viele Jahrzehnte ältere Eje nicht sein, ebenso wenig der des Töchtervaters Echnaton. Und selbst Amenophis III. hätte einen ältesten Sohn wohl kaum verschwiegen. Es kann also nur ein formeller Titel gewesen sein, mit dem Eje sich hier schmückte. Und doch war es ein Titel, mit dem Eje offenbar begann, einen Herrschaftsanspruch vorzubereiten.

Jahrzehntelang war Eje Diener gewesen – zunächst unter Echnaton, später unter Tutanchamun. Als Tutanchamun starb, wurde aus dem Diener ein Herrscher. Wie er diese neue Rolle ausfüllte, ist nur schwer zu fassen. Fast alle Nennungen seines Namens, alle Bilder, alle Darstellungen wurden später von Haremhab getilgt oder usurpiert. Vier Jahre blieben Eje, um der Nachwelt seinen Stempel aufzudrücken. Trotz dieser relativ kurzen Zeit scheint er doch den Bau einer stattlichen Anzahl von Denkmälern in Auftrag gegeben zu haben. Eine Stele, die heute im Louvre steht, nennt einen Totentempel Ejes in Abydos, von dem heute allerdings keine Spur mehr zu finden ist. In seiner Heimat Achmin gab er einen Tempel für den Fruchtbarkeitsgott Min in Auftrag. Die Restaurierungsarbeiten an den Tempeln der alten Götter, die unter Tutanchamun begonnen hatten, setzte er ebenfalls fort. Eine Weihinschrift in den hinteren Räumen des Luxortempels kündet von der Instandsetzung in diesem Bereich: »(Werk des) (Königs), das er gemacht hat, als sein Denkmal für seinen Vater Amun-Re, vor den seiner Ip.t, (nämlich) das Erneuern für ihn sein großes herrliches Tor ...« Sogar im fernen Nubien wurde für Eje gebaut. Der Vizekönig von Kusch – Verwalter der nubischen Provinzen – namens Paser I. errichtete ihm eine Felsenkapelle zwischen Abu Hoda und Faras.

Zu seinem Vorgänger Tutanchamun scheint Eje ein ambivalentes Verhältnis gehabt zu haben. Zum einen erwies er dem jüngeren Vorgänger wenigstens ein Mindestmaß an Ehrerbietung. Das zeigt nicht nur Tutanchamuns – wenn auch bescheidenes – Begräbnis im Tal der Könige, sondern ebenfalls ein Tempel in Karnak, von dem heute nur noch einige Architravblöcke erhalten sind. Das als »Millionenjahrhaus« bezeichnete Bauwerk war ein Tempel für den Königskult. Die Inschriften nennen aber nicht nur seinen Erbauer Eje allein, sondern erwähnen ihn Seite an Seite mit Tutanchamun.

Auch den Totentempel seines Vorgängers in Theben-West ließ Eje unangetastet. Zumindest als nacktes Bauwerk, denn er wird seinem Vorgänger kaum mehr übrig gelassen haben als die bloßen Tempelmauern. Die riesigen Kolossalstatuen aus Quarzit aber, die Tutanchamuns Tempel hätten schmücken sollen, schaffte Eje in seinen eigenen Neubau. Als Haremhab den Tempel später übernahm, beanspruchte er dann diese überlebensgroßen Statuen für sich – und ließ die Namen ein zweites Mal überschreiben. Dieser Neubau war als eine Säulenhalle mit drei inneren Räumen und Nebenkammern angelegt. Auf der Südseite stand im dritten Hof ein kleiner Palast. Dieser Teil des Bauwerks lässt sich eindeutig Eje zuordnen, weil unter den Gebäudeecken und anderen wichtigen Punkten Opfergaben deponiert wurden. Außerdem verwendeten die Arbeiter Ziegel, die mit Ejes Namen gestempelt waren. Als Haremhab später den Tempel für sich beanspruchte und ihn umbauen ließ, blieben zumindest die von außen nicht sichtbaren Opfergaben und Namensstempel seines Vorgängers erhalten. So konnten die Archäologen den ursprünglichen Auftraggeber identifizieren, obwohl äußerlich nichts von ihm übrig blieb.

Eje wusste wahrscheinlich, dass ihm nicht viele Jahre auf dem Thron vergönnt sein würden. Er war alt und sein Thronanspruch stand auf äußerst wackeligen Beinen. Also bemühte er sich früh um einen Nachfolger – und der hieß nicht Haremhab, sondern Nachtmin. Schon zu Beginn seiner Herrschaft gewährte Eje dem Nachtmin besondere Privilegien, um ihn auf die Rolle als sein Nachfolger vorzubereiten. Wir treffen ihn zum ersten Mal bei der Beisetzung Tutanchamuns, fünf Uschebtis durfte er dem verstorbenen Pharao stiften und mit ins Grab geben. Darauf zählt er genauestens seine Titel und Funktionen auf: Nachtmin war, als Eje Pharao wurde, »Diener, der den Namen seines Herrn lebendig hält«, »wahrer Diener, der seinem Herren nützlich ist«, »Diener, der von seinem Herren geliebt wird«, aber auch »Heerführer des Herrn beider Länder«, »Königlicher Schreiber« und, wie Eje bereits vor ihm, »Wedelträger zur Rechten des Königs«. Die Uschebtis lassen keinen Zweifel aufkommen: Nachtmin war ein Mann mit Potential.

Besonders interessant ist das Fragment einer Doppelstatue, die einst wahrscheinlich Nachtmin und seine Frau darstellte. Sie ist etwas jünger als die Uschebtis und wurde wahrscheinlich zur Regierungszeit Ejes angefertigt. Auf dem Rückenpfeiler dieses Monuments wird Nachtmin nicht nur wie einst Haremhab »Iripat« (Kronprinz) genannt, sondern sogar als *sa-nisut-semsu* bezeichnet, als Königssohn. Es ist das einzige Mal, dass er diesen Titel tragen darf. Vermutlich war es also ein Ehrentitel und keine tatsächliche Blutsverwandtschaftsbezeichnung. Allerdings gibt es durchaus Hinweise, dass Nachtmin wie Eje aus Achmin stammen könnte. Seine Mutter war nämlich nicht nur »Sängerin der Isis«, sondern auch »Anbeterin des Min«, jenes Fruchtbarkeitsgottes, dessen religiöses Zentrum in Achmin lag. Möglicherweise stammte er also tatsächlich aus dem weiteren familiären Umfeld Ejes. Viel mehr ist über Nachtmin nicht bekannt. Es blieb nichts von ihm übrig: Als Haremhab an die Macht kam, ließ er jede Erinnerung an Nachtmin ebenso ausradieren wie die an Eje.

In seiner kurzen Regierungszeit musste Eje natürlich nicht nur seinen Nachfolger aufbauen, sondern auch ein neues Grab in Auftrag geben. Sein ambitioniertes Beamtengrab hatte er schließlich mit dem Atonkult in Achetaton zurückgelassen. Einige Zeit wurde vermutet, dass er ursprünglich das Grab KV 62 für sich anlegen ließ – jenes Grab, in dem er am Ende Tutanchamun bestattete. Tutanchamuns Grab sei dagegen eigentlich das im Westtal gelegene WV 23 (»WV« steht für »West Valley«) gewesen, das aber habe Eje im Tausch für sich beansprucht. Beide Gräber sind sich in der Dekoration sehr ähnlich, möglicherweise wurden sie sogar von demselben Künstler ausgemalt. Auf der Nordostwand von WV 23 sind, wie auch in KV 62, zwölf Paviane zu sehen, von denen jeder eine Stunde der Nacht symbolisiert.

Schon 1816 hatte Giovanni Battista Belzoni das Grab entdeckt und seinen Namen sowie das Datum in einem Graffito im Eingangsbereich verewigt. Der Fund war reiner Zufall. »(Ich verdankte ihn) einzig dem Glück und nicht absichtlicher Forschung«, gab er zu, »denn ich begab mich in diese Berge (des Westtals) lediglich zur Untersuchung diverser Stellen, an denen nach dem Regen das Wasser von der Wüste herunterkommt.« Belzoni war schwer enttäuscht von seiner Entdeckung, denn das Grab schien – bis auf einen völlig zertrümmerten Sarkophag – ausgeraubt und leer zu sein. Die Meinung hielt sich hartnäckig: »(WV 23) enthält einen zerbrochenen Sarkophag und ein paar schlechte Felsengemälde von seltsam kurz geratenen und ungraziösen Proportionen. Was die Ära des Königs betrifft, so konnte ich lediglich feststellen, dass er vor Ramses II. geherrscht hat, vermutlich eine ganze Weile vor ihm«, notierte John Gardner Wilkinson bei einer späteren Inspektion. Fast ein Jahrhundert nach der Entdeckung durch Belzoni, im Jahr 1908, ließ Howard Carter dann die traurigen Reste aus dem Grab räumen und ins Kairoer Museum bringen. Weitere Untersuchungen führte aber auch er nicht durch; wem das Grab gehörte, blieb unbekannt.

Erst 1972 nahm sich der Ägyptologe Otto Schaden von der US-amerikanischen University of Minnesota des Grabes an und untersuchte es gründlicher als seine Vorgänger. Die scheinen allerdings nicht mehr getan als nur kurz mit der Fackel oder Taschenlampe hineingeleuchtet zu haben, denn Schaden wurde zu seiner Überraschung schnell fündig. In der linken hinteren Ecke der Grabkammer lag der Deckel des Sarkophags – unbeschädigt. Und darauf war zu lesen, wer hier einst bestattet lag: Eje.

Außer dem Sarkophagdeckel fand Schaden noch so einigen Krimskrams: Fragmente eines hölzernen Sarkophags oder einer Kiste, Teilchen von Goldfolie, eine Schüssel, den Boden eines Bechers, den Bart einer Uschebti-Figur, die Hand einer Statue, fünf dünne Scheiben aus Kupferblech, verziert mit Rosetten und Sternen, sowie eine vergoldete Kupferrosette, die vermutlich von einem Bahrtuch stammt. Zwischen dem Schutt auf dem Boden lagen auch menschliche Knochen verstreut: ein halbes Becken, ein Wirbelknochen, Teile eines Schädels und ein Kieferknochen mit Zähnen. Die Zähne zeigten eindeutige Verschleißspuren, müssen also einem älteren Menschen gehört haben. Nun starb Eje zwar im fortgeschrittenen Alter, doch trotzdem bezweifelte Otto Schaden, dass es seine Knochen waren, die er im Grab WV 23 entdeckt hatte. Aufgrund des Beckenknochens urteilte er vielmehr, dass es sich um die sterblichen Überreste einer Frau handeln müsse.

Genauer wurden diese Knochen nie untersucht. Allerdings stellten Edward Wente vom Oriental Institute und James Harris, ein Orthopäde von der University of Michigan, die These auf, dass es sich bei der als Amenophis III. identifizierten Mumie aus der Sammelbestattung in Deir el-Bahari in Wahrheit um Eje handeln könnte. Die schweren Verletzungen, die dieser

Mumie post mortem zugefügt wurden, interpretierten sie als Folge von Haremhabs Rachefeldzug gegen seinen Vorgänger, der ihn nach Tutanchamuns Tod um den Thron gebracht hatte. Diese Ansicht wurde allerdings kaum von anderen Forschern geteilt. Einer neuen Spur ging in jüngerer Zeit Nicholas Reeves nach. Er glaubt, Goldfolien, die im Grab KV 58 gefunden wurden, könnten einst ein Streitwagengeschirr Ejes verziert haben und aus seinem Grab stammen. Auf den Folien sind nicht nur die Namen Ejes sowohl in der Form vor als auch nach der Thronbesteigung, sondern auch die Namen Tutanchamuns und Anchesenamuns zu lesen. Ejes Mumie könne zeitweise, so Reeves, bei einer Umbestattung in KV 58 gelandet sein. Damit ist aber die Mumie Ejes nach heutigem Kenntnisstand immer noch unbekannt. Wurde sie möglicherweise bis zur Unkenntlichkeit zerstört? Oder liegt sie noch irgendwo unentdeckt im Tal der Könige?

Ohne Mumie lässt sich auch keine Todesursache feststellen. Wir wissen nicht, ob Eje altersbedingt friedlich in seinem Bett starb – oder ob jener Mann seine Hände im Spiel hatte, der bereits vier Jahre zuvor auf dem ägyptischen Thron hatte sitzen wollen: Haremhab. Die Geschichtsschreibung schweigt sich aus über Ejes Ende. Es fällt aber auf, wie sorgfältig orchestriert Haremhabs Regierungsantritt scheint. Das Jahr 1319 vor Christus, in dem Haremhab die Macht am Nil übernahm, war ein ganz besonderes Jahr. Denn in jenem Jahr endete ein Sothis-Zyklus: jener Zeitraum, den der hellste Stern am Himmel, Sirius, braucht, um mit seinem heliakischen Aufgang einmal den 365-Tage-Kalender zu durchlaufen. 1456 Jahre war es her, dass Ägypten dieses Fest zuletzt gefeiert hatte. Am 6. Juli 1319 war es nun wieder so weit: Sirius zeigte sich erst in der zwölften Nachtstunde des letzten Tages des alten Jahres. Nur eine Stunde später schlachteten die Priester die Opfertiere, das neue Jahr hatte begonnen.

Haremhabs große Stunde war gekommen. Er machte sich auf nach Karnak, um dort die Zustimmung Amuns zu holen. Die sei, ließ er in seinem Krönungstext erklären, allerdings nur eine reine Formalie: »Horus, Neb-hut-nesu, ist mein leiblicher Vater, der mich schuf. Er kannte den Tag, an dem Amun zustimmen wird, ihm sein Königtum zu geben. Haremhabs Gott Horus, Neb-hut-nesu, erhob ihn als seinen Sohn vor der Menschheit, da er wünschte, seinen Schritt zu weiten, bis der Tag kommt, an dem er sein Amt empfängt.« Jener Tag, an dem Amun zustimmte, war der 19. August 1319 vor Christus.

Haremhab hat niemals versucht, eine familiäre Bindung an das Herrscherhaus vorzutäuschen. Mit dem inzestuösen Clan der 18. Dynastie wollte er nicht verwandt sein. Stattdessen wendete er einen Trick an, der zuvor schon für Hatschepsut funktioniert hatte: Er berief sich auf seine göttliche Abstammung. Horus Neb-hut-nesu (»Herr von Hut-nesu«) habe ihn gezeugt, eine lokale Form des Gottes Horus, der in Haremhabs Heimatort Hut-nesu verehrt wurde. Doch interessanterweise bricht er im Text seiner Krönungsstele trotzdem nicht mit Tutanchamun. Im Gegenteil: Der Pharao, lässt Haremhab verkünden, habe sehr wohl bemerkt, dass Horus Neb-hut-nesu schon zu seiner Regierungszeit Haremhab auf seine Rolle als Herrscher vorbereite. Doch statt in ihm einen Konkurrenten zu sehen, »war Tutanchamun zufrieden mit dieser Wahl und freute sich«. Aus diesem Grund, so der Text der Stele, habe Tutanchamun ihn zum Erbprinzen gemacht und Haremhab viele Jahre lang das Land als Stellvertreter des Pharao regieren lassen. Nicht nur die Höflinge, sondern auch die Monarchen fremder Länder hätten daraufhin mit ihm Geschäfte geführt.

Nun kann ein Pharao auf einem Monument, das seine Herrschaft legitimieren soll, natürlich viel behaupten. Doch die Titel und Ämter, die auf der Krönungsstele genannt werden, decken sich auffälligerweise mit jenen, die er bereits in seinem Grab in Sakkara trägt. Das Grab auf dem Friedhof von Sakkara aber stammt definitiv noch aus der Regierungszeit Tutanchamuns – lange bevor Haremhab selber zum Pharao aufstieg. Nach seiner Thronbesteigung aber wurden die Arbeiten nicht fortgeführt, denn danach konzentrierten sich alle Arbeiten auf sein Grab im Tal der Könige, das ihm mit dem Pharaonentitel zustand. Auch wenn Haremhab also eine Verwandtschaft mit Tutanchamun ablehnte, betonte er doch – auch noch als Pharao – die vertraute Nähe zu ihm.

Im Krönungstext vergleicht Haremhab sich auch mit dem Gott Thot: »Alle seine (Haremhabs) Pläne sind (so ausbalanciert) wie der Gang des Ibis, (…) er erfreut sich an der Maat gleich dem Geschnäbelten«, und, wie Thot, »erwacht er jeden Morgen, um die Maat darzubringen.« Diese ungewöhnliche Gleichsetzung mit Thot, die sonst von keinem anderen Pharao bekannt ist, klingt bereits früher in einem Text aus Haremhabs Sakkara-Grab an. Dort wird Thot angerufen mit den Worten: »Mögest Du den königlichen Schreiber Haremhab sicher an der Seite des Herrschers stehen lassen, so wie Du an der Seite des Herrn der Welt (Re) stehst, so wie Du für ihn sorgtest, als er aus dem Mutterleib kam.« Die Rollen sind hier klar verteilt: Tutanchamun repräsentiert den Sonnengott Re auf Erden, Haremhab aber seinen Erzieher und Beschützer Thot.

Re und Thot begegnen uns auch in einer Geschichte, die erstmals auf der Innenseite des Äußersten Schreins von Tutanchamun selbst erzählt wird: dem Buch der Himmelskuh. Re, der einst die Menschen mit seinen Tränen geschaffen hatte, war alt geworden, heißt es da. Er fühlte sich schwach und gebrechlich. Die Menschen aber scherten sich nicht länger um ihren Schöpfer. Sie versagten ihm die Gebete, verspeisten die Opfertiere selbst, taten, was sie wollten, und begannen sogar, offen gegen die Götter zu rebellieren. Da wurde Re wütend und beschloss, die Menschen zu vernichten. Die anderen Götter stimmten seinem Plan zu und beauftragten die Göttin Hathor in ihrer Löwengestalt Sachmet, das Urteil zu vollstrecken. Sachmet liebte diese Arbeit. Sie geriet in einen Blutrausch und schlachtete alle Menschen, die sie finden konnte. Bald färbte der Nil sich rot vom Blut ihrer Opfer. Da überkam Re Mitleid mit seinen Geschöpfen. Doch alleine konnte er Sachmet nicht mehr aufhalten, also bat er verzweifelt den weisen Gott Thot um Hilfe. Und Thot ersann eine List. Gemeinsam mit Re färbte er 7000 Maß Bier mit Ocker rot ein und goss sie über die Welt aus. Sachmet hielt die Flut für Blut und begann, gierig alles aufzutrinken. Bald brach sie sturzbetrunken zusammen und fiel in tiefen Schlaf. Als sie ihren Rausch ausgeschlafen hatte, erwachte sie wieder in der Form der sanftmütigen Hathor und der Spuk war vorbei. Die übriggebliebenen Menschen aber waren geläutert und lebten fortan voller Ehrfurcht vor den Göttern. Nur Re wollte nun nichts mehr mit ihnen zu tun haben. Er zog sich auf den Rücken der Himmelskuh zurück und überließ die Erde den Menschen. Die Aufsicht über sie aber übertrug er dem weisen Thot, der die Welt vor Vernichtung und Chaos gerettet hatte.

Auf der mythologischen Ebene steht die Geschichte für den Anbruch der Nacht, wenn der müde, scheidende Sonnengott Re dem Mondgott Thot die Verantwortung für die Menschheit überträgt. Wenn sich nun aber Haremhab am Ende der 18. Dynastie an ganz prominenten Stellen mit Thot gleichsetzt, bekommt diese Geschichte einen neuen Beigeschmack. Der

»Sonnenkönig« Echnaton hatte das Land in blutiges Chaos gestürzt. Der Thot-gleiche Haremhab aber sorgte nun mit Umsicht und Weisheit dafür, dass wieder Frieden einkehren konnte in Ägypten.

Seine neuen Gesetze ließ Haremhab im ganzen Land verbreiten. Eine Abschrift des sogenannten Edikts des Haremhab fand Gaston Maspero 1882 vor dem zehnten Pylon im Tempel von Karnak, eine weitere stammt aus Abydos. Der Text macht ganz deutlich: Mit dem neuen Pharao war nicht zu spaßen. Er ordnete die staatliche Verwaltung neu, besetzte die Gerichtshöfe um und schaffte neue Gesetze gegen Missstände und Korruption. Wer sich als Privatmann unrechtmäßig ein Boot oder einen Sklaven aneignete, wer Tierhäute stahl, wer illegale Steuern auf privates Weideland erhob oder wer bei den Steuern betrog, wurde ins Exil geschickt – nachdem man ihm zuvor die Nase abgeschnitten hatte. War es ein Soldat, der Tierhäute stahl, bestand die Strafe aus hundert Peitschenhieben und fünf offenen Wunden. Zwar gewährte Haremhab, mehr noch als seine Vorgänger Tutanchamun und Eje, der Amun-Priesterschaft wieder ihre alte Macht, allerdings traf er Vorsorge, dass ihm die Priester loyal blieben. Er besetzte die entscheidenden Posten innerhalb ihrer Gemeinschaft mit ehemaligen Militärangehörigen, die jahrelang unter ihm gedient hatten, als er noch Oberbefehlshaber der ägyptischen Streitkräfte war. Auf den Feldzügen hatten diese Männer Seite an Seite mit Haremhab gekämpft – ihrer Treue konnte er sich sicher sein.

Außer der Wiederherstellung der alten Ordnung hatte Haremhab noch ein weiteres großes Ziel: Er wollte die Erinnerung an seinen Vorgänger Eje und alle, die mit ihm gemeinsame Sache gemacht hatten, für immer und ewig vom Erdboden tilgen. Wahrscheinlich war er es, der den Befehl gab, Ejes Grab im Tal der Könige aufzubrechen und zu verwüsten, den Sarkophag in kleine Stücke zu schlagen. Und nicht nur im Grab, auch überall im Land, wo auch immer Eje gebaut und seinen Namen hinterlassen hatte, rückten Männer mit Meißeln an und radierten die Namenskartuschen und Darstellungen Ejes aus. Den Totentempel, den Eje in Medinet Habu zu bauen begonnen hatte, riss Haremhab an sich und ließ ihn in seinem Namen weiterbauen. Die Kolossalstatuen, die schon Eje von seinem Vorgänger Tutanchamun gestohlen hatte, wurden erneut geändert und trugen nun Haremhabs Namen.

Ähnlich brutal ging der neue Pharao mit dem Andenken Nachtmins um. Was aus dem designierten Nachfolger Ejes wurde, erfahren wir nicht. Vielleicht starb er bereits vor Eje, vielleicht aber auch mit ihm zusammen. Sein Name wurde ebenso getilgt wie der Ejes, seine Statuen zerschlagen. Und noch eine Person traf der Hass Haremhabs: Anchesenamun, die möglicherweise die treibende Kraft hinter der Entmachtung Haremhabs unmittelbar nach dem Tod Tutanchamuns gewesen war. Die Krönungsstele ihres Mannes zeigte sie ursprünglich hinter Tutanchamun als seine Große Königliche Gemahlin. Haremhab ließ diese Stele umarbeiten und ersetzte die Namenskartuschen Tutanchamuns durch seine eigenen. Anstatt aber auch den Namen Anchesenamuns durch den seiner eigenen Frau, Mutnedjmet, zu ersetzen, wurden die Figuren der Königin brutal ausgehackt. Die Krönungsstele ist einer der wenigen Fälle, in denen Haremhab sich am Eigentum Tutanchamuns vergriff. Während er die Erinnerung an Eje vehement ausmerzte, schonte er sonst das Eigentum Tutanchamuns. Sein Name blieb stehen, seine Bilder unversehrt. Schließlich war er es gewesen, unter dessen Regierung Haremhab zum Erbprinzen aufgestiegen war. Seine Loyalität und Dankbarkeit wirkten noch lange über den Tod des Kindkönigs hinaus. Letztendlich verdanken wir es Haremhab, dass Howard Carter das ungestörte Grab Tutanchamuns finden konnte. Hätte Haremhab nicht schützend seine Hand über das Andenken Tutanchamuns gehalten, dann hätte Carter KV 62 ebenso leer vorgefunden wie einst Belzoni WV 23.

Haremhab riss aber nicht nur die Bauwerke seiner ungeliebten Vorgänger ab, er baute auch selbst. Dabei kam es ihm zugute, dass mit dem Schutt der abgerissenen Tempel nun reichlich Material für neue Bauprojekte zur Verfügung stand. Die Talatat-Steine von Echnatons Sonnentempel in Karnak wurden zu neuen Pylonen im Namen Haremhabs. Dabei machte sich niemand die Mühe, vorher noch den Namen des Sonnenkönigs auszumeißeln – im Inneren der Pylone würde ihn ja niemand mehr sehen können. Diese Nachlässigkeit freute die Archäologen, die einen großen Teil ihres Wissens über Echnaton aus diesen wiederholt verbauten Blöcken des Sonnentempels ziehen konnten.

Vielerorts führte Haremhab aber auch Bauvorhaben seiner Vorgänger weiter und stellte sie in seinem eigenen Namen fertig. So vollendete er die Mittelkolonnade des großen Säulensaals im Tempel von Karnak, die einst Amenophis III. in Auftrag gegeben hatte. In Luxor vollendete er eine Kolonnade. Neue Bauten entstanden dagegen in Sakkara und Memphis, ebenso wie Felsentempel in Dschabal as-Silsila und am Gebel Adda.

Außenpolitisch tat sich dagegen nicht viel. Niemand kannte die ägyptische Armee so gut wie Haremhab. Er wird folglich gute Gründe gehabt haben, das Militär umzugestalten. Der Norden bekam einen eigenen Befehlshaber, der Süden ebenso. Möglicherweise versuchte er damit, die Armee zu dezentralisieren und Machtbefugnisse Einzelner – möglicher Widersacher –

zu beschneiden. Nur kurz nach der Thronbesteigung unternahm Haremhab einen Feldzug gegen Nubien – ein Ereignis, das er auf den Wänden des neu gebauten Felsentempels in Dschabal as-Silsila festhalten ließ. Damit demonstrierte er gleich zu Beginn seiner Regierung Stärke gegen den südlichen Nachbarn. Offenbar funktionierte der Schachzug, denn für den Rest seiner Regierungszeit blieb es relativ ruhig dort. Auch schickte er, wie Hatschepsut vor ihm, eine Expedition in das sagenumwobene Land Punt.

An der Hethiterfront war unter Haremhab Ruhe eingekehrt. Das lag allerdings weniger an einem freundlichen Verhältnis zu den verhassten Nachbarn, sondern eher daran, dass die Pest im Hethiterreich wütete. König Šuppiluliuma war zu beschäftigt damit, die Seuche und die damit einhergehenden Unruhen in seinem Reich zu bekämpfen, um sich mit seinem alten Feind Haremhab auseinanderzusetzen. Erst spät in seiner Regierungszeit zog Haremhab dann gegen Šuppiluliumas Sohn und Nachfolger Muršili; ein Feldzug, der ihn in die Region von Karkemiš – heute in der türkischen Provinz Gaziantep nahe der syrischen Grenze – führte. Von dieser militärischen Expedition gibt es ein ungewöhnliches Zeugnis: eine Granitschale, die vermutlich aus Memphis stammt und 1973 im Kunsthandel auftauchte. Der Stalloberst Sen-nefer hatte sie anfertigen und mit einem Gebet beschriften lassen. Die Schale ist datiert in das »Regierungsjahr 16 des Haremhab, des Herrschers, zur Zeit seines ersten Siegeszuges von Byblos bis zum Land des elenden Häuptlings« von Karkemiš«. Von dieser militärischen Auseinandersetzung berichten auch die Annalen des Muršili. In Karkemiš, heißt es dort, habe es einen Aufstand gegeben. Der ägyptische Pharao sei den Aufständischen zu Hilfe geeilt, konnte aber zurückgeschlagen werden.

Nachdem Haremhab erfolgreich das Land im Inneren stabilisiert hatte und außenpolitisch außer kleineren Auseinandersetzungen auch nicht viel passierte, blieb nur noch die Nachfolge zu regeln. Eine lange Reihe seiner Vorgänger war ohne Thronfolger gestorben: Weder Echnaton noch möglicherweise Semenchkare noch Tutanchamun noch Eje hatten mit einem von allen akzeptierten, gut vorbereiteten Nachfolger in Warteposition das Zeitliche gesegnet. Das plante Haremhab anders. Seine erste Frau, Amenia, war unglücklicherweise schon zu Beginn der Regierung Tutanchamuns verstorben. Wahrscheinlich bereits kurz darauf, auf jeden Fall aber bevor er selber Pharao wurde, ehelichte Haremhab seine zweite Frau namens Mutnedjmet. Einige Forscher wollten in ihr gerne die Schwester Nofretetes sehen, die ebenfalls Mutnedjmet hieß. Allerdings war dies zu Zeiten der 18. Dynastie ein äußerst beliebter Name, und nirgendwo gibt es – außer der Namensgleichheit – einen Hinweis darauf, dass Haremhabs Mutnedjmet auch Nofretetes Mutnedjmet war.

Nur konnte Mutnedjmet Haremhab ebenso wenig wie ihre Vorgängerin einen männlichen Erben schenken – zumindest keinen, der lange genug überlebte, um irgendwo auch nur erwähnt zu werden. Ihr Leichnam lag, wie auch der Amenias, in Haremhabs Grab in Sakkara. Der britische Ägyptologe Geoffrey Martin identifizierte sie eindeutig als Haremhabs zweite Frau anhand einer Vase aus Alabaster und Statuenfragmenten, die zusammen mit ihrer Mumie in dem Grab lagen. Die Vase trug ihren Namen und ihre Titel: Erbprinzessin, Große Königliche Gemahlin, Herrin von Ober- und Unterägypten, Sängerin der Hathor und Sängerin Amuns.

Ihren Sarkophag hatten Grabräuber aus der Grabkammer am Boden eines Schachtes in die Säulenhalle gezerrt und die Knochen verstreut. Doch genug von ihr war noch erhalten, um von einem harten Leben an der Seite des Pharao zu erzählen. Schon früh hatte sie sämtliche Zähne verloren und konnte sich den Großteil ihres Lebens nur von Brei und Flüssigkeiten ernähren. Zu den gefundenen Knochen gehörte das Becken. Es bestätigt Haremhabs Versuche, einen Erben in die Welt zu setzen, Mutnedjmet hatte nachweislich mehrere Kinder geboren. Vielleicht aber waren sie alle schon bei der Geburt gestorben – so wie ihr letztes. Dieses Kind wurde ihr zum Verhängnis. Die winzigen Knochen des Babys fanden die Ausgräber mit ihren vermengt, vermutlich starben beide bei der Geburt.

Da er keine eigenen Kinder auf seine Nachfolge vorbereiten konnte, schenkte er seine Gunst einem jungen Mann namens Paramessu. Der Sohn eines Truppenkommandanten stammte aus einer angesehenen Familie im Nildelta. Seine Karriere begann er als einfacher Offizier, dann aber arbeitete er sich rasch zum Truppen- und Festungskommandanten empor und gehörte Haremhabs Generalstab an. Paramessu zählte zu jenen Männern, die der neue Pharao als Amunpriester einsetzte, um sich die Loyalität dieser wichtigen Posten zu sichern. Schließlich ernannte Haremhab ihn zum General der Streitwagentruppe und zum Wesir – damit war er faktisch sein Vertreter sowohl in Ober- als auch in Unterägypten und gleich nach dem Pharao der mächtigste Mann im Staat. Ob Haremhab aber auch so weit ging, ihn zum Erbprinzen zu bestimmen, ist nicht sicher. Zwar trug er diesen Titel – allerdings schmückte er sich möglicherweise auch erst nachträglich damit, als Haremhab bereits tot war und ihm nicht mehr widersprechen konnte. Auf zwei Sarkophagen, die Paramessu noch in seiner Funktion als Wesir in Auftrag gab, wurde der Titel des Erbprinzen jedenfalls erst später ergänzt.

Auch Haremhab selber hatte ja die Pläne und Umstände für sein eigenes Begräbnis mehrmals ändern müssen. Als Erstes war da sein altes Grab in Sakkara, das er einst unter Tutanchamun begonnen hatte und in dem nun Amenia und Mutnedjmet lagen. Noch unter Eje wurden die Arbeiten daran fortgesetzt – nun allerdings nannten die in diesen Jahren neu hinzukommenden Inschriften ihn nicht mehr »Erbprinz«. Mit der Thronbesteigung aber gab er den Bau auf und überließ das Grab seinen Frauen. Als Pharao stand ihm ein Platz im Tal der Könige zu. Er wählte sich einen knapp oberhalb des antiken Talgrundes auf der nördlichen Seite im westlichen Abzweig des südwestlich verlaufenden, zentralen Wadis. Haremhabs Grab unterscheidet sich in einigen Dingen deutlich von den Ruhestätten seiner Vorgänger. Wie im Leben so machte er auch im Tod das eindeutige Statement: Ich bin anders! Statt wie bislang üblich einer Windung nach rechts zu folgen, verschiebt sich die Hauptachse des Grabes mit der Nummer KV 57 nur leicht nach rechts. Diese begradigte Hauptachse übernahmen die späteren Pharaonen der 19. und 20. Dynastie als stilistisches Merkmal für ihre Gräber. Aber nicht nur in der Architektur, auch in der Dekoration ging Haremhab neue Wege. Erstmals sind in seinem Grab die Wände mit kolorierten Flachreliefs geschmückt statt einfach nur bemalt. Und das traditionelle Jenseitsbuch *Amduat* ersetzte er durch das erst später populär werdende Pfortenbuch, das hier zum ersten Mal auftaucht.

Am 22. Februar 1908 entdeckte der britische Ägyptologe Edward Russel Ayrton das Grab, als er im Auftrag des amerikanischen Millionärs Theodore Davis im Tal der Könige unterwegs war. Allerdings hatten Grabräuber bereits ganze Arbeit geleistet. Von der ursprünglichen Ausstattung fand Ayrton lediglich Trümmer, so von lebensgroßen Wächtergestalten, mehreren Liegen, Modellbooten, Stühlen und den Kanopenkrügen. Sie lagen zwischen Unmengen von Bauschutt und vertrockneten Blumengirlanden. Auch an dem Sarkophag aus Rosengranit hatten die Eindringlinge ihre Zerstörungswut ausgelassen, der Deckel war zerschlagen. Darin lagen ein Schädel und einige Knochen. Allerdings gehörten sie wohl zu mehreren Individuen – und ob eines davon tatsächlich Haremhab war, wird sich wohl nie mehr herausfinden lassen. Eigentlich plante Ayrton, das Grab und die Funde darin detailliert zu veröffentlichen. Doch dazu kam es nie. Selbst seine Aufzeichnungen sind heute verschwunden.

Der Journalist Arthur Weigall jedenfalls zeigte sich ergriffen im Angesicht der Verwüstung im Grab: »… hier, wo lebhafte und gut erhaltene Wandgemälde auf einen bunten Haufen zerschlagener Holz- und Knochenfragmente herabblicken, spürt man, wie hart des Geschickes Mächte mit den Toten verfahren. Wie weit schien der große Kampf zwischen Amun und Aton; wie vergeblich all die Anstrengungen, die Haremhab so ruhmreich meisterte!«

Wieder einmal kam der Tod zu früh. Als Haremhab starb, waren die Dekorationen der Wände seines Grabes noch nicht vollendet. Die Macht am Nil übernahm nun sein Vertrauter Wesir Paramessu. Auch wenn Haremhab mit vielem, was seine Vorgänger begonnen hatten, brach, betrachtete er doch zeit seines Lebens seine Herrschaft als Fortsetzung ihrer Regierungen. Anders Paramessu, der als Ramses I. in die Geschichte eingehen sollte. Mit ihm begann die Zählung einer neuen Dynastie. Lange Zeit sollte dem Begründer der 19. Dynastie auf dem Thron nicht mehr bleiben, er war bei Regierungsantritt bereits über 50 Jahre alt. Doch um seine Nachfolge brauchte er sich keine Sorgen zu machen. Ramses I. hatte, als er Pharao wurde, mit Sethos I. nicht nur einen Sohn, sondern sogar einen Enkel: Ramses II., der unter dem Beinamen »der Große« zu einem der bedeutendsten Herrscher Ägyptens werden sollte.

Howard Carter:
Besessener Archäologe und Grabräuber aus Leidenschaft

Für einen Archäologen, der bei seiner Arbeit penibel jeden noch so kleinen Stein in Fundlage einzeichnete, waren die Angaben zu seiner eigenen Person erstaunlich unpräzise. »Geboren am 9. Mai 1873« reichte Howard Carter als sein Geburtsdatum für den Eintrag in das *Who's Who* ein, das Personenlexikon der britischen Gesellschaft. Tatsächlich aber hatte der Mann, der später im Alter von 48 Jahren das Grab Tutanchamuns entdecken sollte, erst 1874 das Licht der Welt erblickt. Jedes Jahr wieder bat die *Who's Who*-Redaktion erneut um eine Bestätigung und gegebenenfalls Änderung der biographischen Angaben – und Jahr um Jahr nickte Carter das falsche Geburtsdatum ab, ohne es zu korrigieren. Erst nach seinem Tod entdeckte seine Nichte Phyllis Walker zufällig beim Blick auf seine Geburtsurkunde, dass sämtliche Zeitungsberichte und Nachrufe von diesem Eintrag abgeschrieben und ihn ein Jahr älter gemacht hatten, als er tatsächlich war. »Es ist seltsam, dass Carter sein Alter nicht kannte«, merkte sein Kollege Alan Gardiner an. »Ich bin mir meines nur allzu deutlich bewusst.«

Das falsche Geburtsdatum blieb nicht die einzige Ungenauigkeit in dem kurzen *Who's Who*-Absatz zu seinem Leben. Geboren sei er in Swaffham, gab Carter dort weiterhin an, einem kleinen Ort in der Grafschaft Norfolk. Sowohl seine Geburtsurkunde als auch autobiographische Notizen späterer Zeit aber verraten, wo Carter tatsächlich geboren wurde: nicht in Swaffham, wo er große Teile seiner Kindheit verbrachte, sondern in 10 Rich Terrace in Earl's Court, einem Stadtteil des Londoner Boroughs Kensington and Chelsea. Howard Carter kam als elftes Kind seiner Eltern zur Welt, drei seiner Brüder waren allerdings zuvor im Säuglingsalter verstorben. Sein Vater Samuel Carter arbeitete als Zeichner, auf Anfrage malte er Porträts und Tiere der reichen Nachbarschaft in seinem Heimatdorf Swaffham. Doch er unterhielt noch einen zweiten Job in London, als Tierzeichner für die *Illustrated London News*. Für diese Arbeit leistete die Familie sich das »Stadthaus« in Earl's Court – mit großen Käfigen im Garten, in denen Samuel Carter verschiedene Tiere als Übungsobjekte für seine Zeichnungen hielt. In seinen biographischen Notizen romantisiert Carter das elterliche Domizil. Ein »gemütliches altes Haus« sei es gewesen, mit einem »wunderbaren Garten mit schönen Bäumen und Gehegen voller Tiere«. Seine Geburt verlegte er trotzdem nach Swaffham. Vielleicht schien der »Landsitz« in der Nachbarschaft begüterter Adliger dem Entdecker des Tutanchamun-Grabes einfach ein angemessenerer Herkunftsort als die beengten Verhältnisse in dem mit Geschwistern und Tieren vollgestopften Stadthaus in London.

Der kleine Howard kränkelte als Kind so sehr, dass seine Eltern ihn nicht in die Schule, sondern zu seinen Tanten nach Swaffham schickten und ihn zu Hause unterrichten ließen. Der Verzicht auf Schulkameraden und Freunde prägte ihn für den Rest seines Lebens. Selbst auf dem Zenit, als berühmtester Ägyptologe der Welt, sollten ihn noch Minderwertigkeitskomplexe plagen. Vor fachlichen Auseinandersetzungen mit studierten Archäologen scheute er, der weder eine ordentliche Schul- noch Universitätsausbildung absolvieren durfte, sich gewaltig. Seine Bedenken kamen nicht von ungefähr. Auch wenn Carter später viel schrieb, seine Rechtschreibung richtete sich auch als Erwachsener oft noch nach Gehör statt nach grammatischen Regeln, die Zeichensetzung folgte einer gewissen Willkür.

Das Schreiben war offenbar nicht sein Talent. Doch eine andere Begabung kristallisierte sich schon früh heraus: Carter hatte das väterliche Zeichentalent geerbt. Der Beruf seines Vaters prägte ihn von Beginn an. Auch in späteren Jahren schaute er noch bewundernd auf das zurück, was er auf dem Skizzenblock seines Vaters täglich entstehen sah: »Als Tiermaler von einigem Ruhm (…) war er einer der sichersten Zeichner, die ich je kennenlernte. Seine Kenntnisse in vergleichender Anatomie und seine Erinnerungen an Formen waren unübertroffen. Er konnte mit Leichtigkeit jedes Tier in der Bewegung perspektivisch aus dem Gedächtnis malen.«

Howard war nicht das einzige der Carter-Kinder, das dieses Talent geerbt hatte. Zwei seiner Brüder, William und Verney, sollten sich später ihren Lebensunterhalt ebenfalls mit dem Zeichnen verdienen. William malte im Laufe der Zeit mehrere sehr schöne Porträts von seinem jüngsten Bruder Howard. Im Museum von Swaffham hängt eines davon, das ihn als Achtjährigen zeigt. In der Zeichnung fängt William nicht nur die markanten Gesichtszüge ein, sondern auch den skeptischen, zurückgezogenen und zugleich sehr aufmerksamen Blick, mit dem Carter auch auf späteren Fotos noch in die Kamera schaut. Seine einzige Schwester Amy malte Miniaturen. Und ein weiterer Bruder, Edgar, lebte die künstlerische Ader als Designer von Uhrzeigern und Zifferblättern aus.

Bereits als Junge wurde Howard Carter künstlerisch gefördert, vor allem von der wohlhabenden Lady Amherst. Wahrscheinlich lernte er die Amhersts auf deren Anwesen in Didlington kennen, unweit des väterlichen Hauses in Swaffham. Die

Familie hatte etwas, das den jungen Howard faszinierte: eine Sammlung ägyptischer Schätze. »(Die Sammlung) erweckte ein Verlangen in mir nach diesem Land«, schrieb Carter in seinen autobiographischen Skizzen, »nach der Reinheit seines blauen Himmels, seinen blassen luftigen Hügeln, seinen Tälern, die vor angesammelten Schätzen des Altertums strotzen.«

Bei den Amhersts lernte Howard Carter auch seinen Mentor kennen, den nur sechs Jahre älteren Percy Newberry. Dieser arbeitete im Auftrag des Egypt Exploration Fund in Beni Hassan, wo während der Ersten Zwischenzeit und dem Mittleren Reich die Gaufürsten ihre Toten in ausgemalten Felsengräbern beigesetzt hatten. Newberrys Arbeit bestand hauptsächlich darin, die Wandmalereien aufzunehmen – und für das Kolorieren seiner Zeichnungen brauchte er jemanden, der mit Buntstiften und Wasserfarben vertraut war. Lady Amherst empfahl dem Ägyptologen jenen jungen Mann, der sich so sehr für ihre Sammlung begeisterte.

Howard Carter war gerade 17½ Jahre alt – und heilfroh, seinem Schicksal als Haus- und Hofmaler des britischen Landadels entfliehen zu können. »Um Geld zu verdienen, hatte ich damit begonnen, Porträts von zahmen Papageien, Katzen und bissigen, stinkenden Schoßhündchen zu malen«, schrieb er später über die Anfänge seiner Karriere. »Auch wenn ich immer ein großer Liebhaber von Vögeln und Tieren war – schließlich bin ich mit ihnen aufgewachsen – so hasste ich doch diese ganz besondere Spezies, die man Schoßhunde nennt.« Um sich auf seine Reise vorzubereiten, verbrachte Carter den Sommer und Frühherbst des Jahres 1891 im British Museum und malte sich durch dessen Bestände.

Ende Oktober kam der junge Zeichner in Ägypten an. Schnell erkannte Newberry sein Talent und ließ ihn nicht nur

Zeichnungen ausfüllen, sondern auch eigene anfertigen. Voller Enthusiasmus kopierte Carter nun die Wandmalereien, die an vielen Stellen vor Staub und Dreck aus vier Jahrtausenden und den Resten ausgehärteter Hornissennester kaum noch zu erkennen waren. Nachts schliefen die Forscher an dem einzigen Platz, der kühl genug war: in den Grabtempeln. Ein Schlafplatz, den sie sich mit Fledermäusen teilen mussten.

Bald wurde klar: Der 17-jährige Carter hatte noch weitaus mehr Talente als nur das Zeichnen. Er begeisterte sich für die Bilder, die er kopierte. Wer waren diese Götter mit den Tierköpfen? Und was bedeuteten die seltsamen Schriftzeichen? Wenn Carter eines gewohnt war, dann, sich selbst etwas beizubringen. Also beschäftigte er sich nebenbei mit der ägyptischen Kultur und brachte sich das Lesen der Hieroglyphen bei. Was andere in Oxford oder Cambridge gepaukt hatten, lernte Carter im Feld.

Und zwar in so rasendem Tempo, dass der britische Archäologe Sir William Matthew Flinders Petrie bereits im Winter den jungen Carter von Newberry »ausborgte« – nicht als Zeichner, sondern als Ausgräber. Petrie war ein außergewöhnlicher, aber auch sehr schwieriger Mensch. Wie Carter hatten auch seine Eltern ihn zu Hause erzogen, eine Schule hat er nie besucht. Allerdings war sein Vater ein Elektroingenieur und seine Mutter, Tochter des Australien-Vermessers Matthew Flinders, war Ägyptologin und sprach sechs Sprachen fließend. Flinders Petrie gilt als Begründer der systematischen Feldarchäologie in Ägypten – statt einfach nur nach Schätzen zu wühlen, grub er als Erster mit modernen wissenschaftlichen Methoden. Doch wer für ihn arbeiten wollte, musste einiges in Kauf nehmen. Der Tag begann mit dem Schrillen seiner Trillerpfeife. Trödeln war bei der Arbeit ebenso verboten wie singen. Zudem war das Leben im Camp spartanisch. Über die Verpflegung auf der Grabung hieß es: »Bei

Petrie lebte man von Sardinen, und wenn man die Sardinen gegessen hatte, aß man die Dose.« In den Genuss der Petrie'schen Dosendiät kam später auch der britische Offizier, Archäologe, Geheimagent und Schriftsteller T. E. Lawrence, besser bekannt als Lawrence von Arabien. Er notierte amüsiert, dass ihm auf der Grabung in Tarkhan am Westufer des Nils »Dosenbohnen gemischt mit Mumienteilen und Amuletten in der Suppe« vorgesetzt wurden. Der erste Eindruck, den Howard Carter von Flinder Petries Kochkünsten bekam, war dagegen noch überraschend positiv. Nach einem ersten Besuch von Newberry und Carter auf Petries Grabung notierte der junge angehende Archäologe begeistert, es gab dort »heiße Linsensuppe, pochierte Eier, heißen Kaffee, Pfannkuchen und Kirschmarmelade!«.

Hielt man sich an die Regeln im Camp und maulte nicht über das Essen, konnte man viel von Flinders Petrie lernen. Außerdem führte er neue Methoden am Nil ein. Er zahlte seinen einheimischen Grabungshelfern eine Prämie für jeden Fund. Das war damals absolut unüblich, so aber konnte Flinders Petrie sichergehen, dass seine Arbeiter ihm die Funde präsentierten – und nicht irgendwelchen zwielichtigen Kunsthändlern.

1891 grub Flinders Petrie in Amarna – der Hauptstadt des »Ketzergottes« Echnaton. Die Grabung erregte das Interesse von William Tyssen-Amherst – der ehemalige Swaffhamer Nachbar der Familie Carter und guter Bekannter von Percy Newberry. Tyssen-Amherst und Flinders Petrie handelten einen Deal aus. Der Kunstsammler würde die Ausgrabung finanziell mit 200 Pfund unterstützen – und im Gegenzug einige der gefundenen Stücke für seine Sammlung erhalten. Flinders Petrie wollte zwar das Geld – sich jedoch nicht mit Tyssen-Amherst persönlich auseinandersetzen müssen. Also suchte er nach einem jungen Ausgräber, der im Auftrag des Kunstsammlers, aber unter seiner Kontrolle eigenständige Ausgrabungen vornehmen könne. Die Wahl fiel, wahrscheinlich unterstützt durch Newberry, auf Howard Carter. Die Arbeit mit Flinders Petrie sollte Carter nachhaltig prägen. »Das Zusammentreffen mit Flinders Petrie, einem Mann mit einfachen Vorlieben, aber auch mit kritischem Urteilsvermögen, aus dem er das Selbstvertrauen und die Kraft schöpfte, archäologische Probleme zu lösen, bleibt eine der beeindruckendsten Begebenheiten meines Lebens«, schrieb er selber über diese Zeit. Trotz aller generellen zwischenmenschlichen Defizite respektierten und schätzten sich die beiden schwierigen Männer. Carter fühlte sich verstanden: »Abgesehen vom Ausmaß und der Genauigkeit seines Wissens erfreuten mich als Künstlersohn vielleicht seine Anerkennung der Künste am meisten.«

Als Carter am 2. Januar des Jahres 1892 in Amarna ankommt, ist er immer noch keine 18 Jahre alt. Als Erstes muss er allerdings seine Unterkunft selber bauen. Der spartanische Flinders Petrie beschreibt später in seinem Bericht zu den Ausgrabungen, wie so etwas geht: »Solche Räume können sehr schnell errichtet werden, für eine Hütte mit den Maßen zwölf mal acht Fuß benötigt es nur wenige Stunden. Die Ziegel können für zehn Pence das Tausend gekauft werden; die Jungs machen einen großen Lehmkuchen, eine Reihe Ziegel wird auf den Boden gelegt, eine Reihe Lehm darüber gegossen, eine weitere Reihe Ziegel in den Lehm gedrückt, so dass sie zusammenpassen, und so entsteht schnell eine Mauer aus Bindern, die von gelegentlichen Lagen Läufern gestützt wird. Das Dach wird aus Brettern gemacht, bedeckt mit Hirsestengeln, um es gegen die Sonne zu schützen; und die Hütte ist fertig für den Gebrauch, mit einem Stück Tuch über dem Eingang. So eine Unterkunft ist wesentlich besser als ein Zelt; und als wir den Ort wieder verließen, stellten wir fest, dass jeder Einheimische sich so große Sorgen machte, wir könnten das Baumaterial jemand anderem geben, dass wir Angebote bekamen für all unsere Ziegel, Bretter und das Stroh, die fast den Neupreis deckten.«

Carter baute seine Hütte am 3. Januar. Stühle oder Tische betrachtete Flinders Petrie als verschwenderischen Luxus, wer unter ihm arbeitete, musste sich mit Kisten als Mobiliar begnügen. Er teilte Carter seinen Monatsvorrat an Lebensmitteln in Dosen zu und ermahnte ihn, auf keinen Fall die leeren Dosen im Müll zu entsorgen – sie dienten auf der Grabung als Fund- und Sortierbehältnisse. Dienstpersonal gab es nicht. »Ich muss mein eigenes Bett machen, den Dreck wegräumen, meine Mahlzeiten vorbereiten, kochen und spülen«, schreibt Carter in sein Tagebuch.

Eine Woche lang nimmt Flinders Petrie seinen neuen Schüler an die Hand, und am 12. Januar beginnt der ehemalige Hilfszeichner Howard Carter seine Arbeit als eigenständiger Ausgräber. In seinem Tagebuch notiert Flinders Petrie während dieser Tage seinen ersten Eindruck von dem jungen Mann: »Mr Carter ist ein gutmütiger Junge, dessen Interessen ganz und gar im Zeichnen und in der Geschichte liegen; er beginnt mit dem Graben nur, weil er gerade zur Hand und bequem für Mr Amherst ist; und es wird mir nichts bringen, ihn als Ausgräber auszubilden.« Dass diese Einschätzung nach nur wenigen Tagen vorschnell getroffen war, sollte Flinders Petrie später merken. Und Howard Carter empfand Dankbarkeit für die harte Schule, durch die der ältere Kollege ihn schickte. In seinen autobiographischen Skizzen schrieb er: »Das Training bei Petrie während der monatelangen harten Arbeit verwandelte mich wohl in eine Art Forscher – systematisch graben und untersuchen.«

Bisweilen wurde Flinders Petrie sogar nahezu menschlich.

Anfang Mai erreichte ein Telegramm an Howard Carter die Grabung. Flinders Petrie drückte es dem jüngeren Kollegen in die Hand und sagte ihm »mit einem Ausdruck unbeschreiblicher Trauer« in der Stimme, er solle in seine Hütte gehen, um es dort zu lesen. Samuel John Carter war gestorben – genau eine Woche vor dem 18. Geburtstag seines Sohnes. Die Nachricht stürzte Howard Carter in eine Sinnkrise. Der sonst so zielstrebige junge Mann fragte sich plötzlich, »was in aller Welt ich in einem anderen Beruf suchte als dem, den mich mein Vater gelehrt hatte … War es wirklich besser, zwischen staubigen Hügeln und den Überresten vergangener Zeiten zu graben, mein eigenes Zimmermädchen zu sein, Dosenmahlzeiten einzunehmen und mich wie ein Dienstbote zu fühlen?«

Die düsteren Gedanken legten sich aber, sobald Carter sich wieder voll in die Arbeit stürzte. Vielleicht ein wenig zu enthusiastisch – denn nach einigen Wochen begannen die Belastung und vor allem die Hitze des nun beginnenden ägyptischen Sommers Carter zuzusetzen. Und nicht nur ihm, auch der sonst so zähe Flinders Petrie kränkelte zusehends. Ein vorbeireisender britischer Arzt diagnostizierte den beiden Workaholics Erschöpfung und verschrieb »Valentines Fleischextrakt, Sekt und Tonic«. Doch die halfen nicht weiter. Flinders Petrie beschloss, fürs Erste die Zelte abzubrechen und nach England zurückzukehren. Carter beugte sich der Zwangspause nur unwillig. Kaum hatte er britischen Boden betreten, sehnte er sich schon wieder danach, an den Nil zurückkehren zu dürfen.

Zum Glück blieb nicht viel Zeit, um Trübsal zu blasen. Flinders Petrie brauchte Carter in London, wo es galt, die Fundstücke aus Amarna zu sortieren und eine Ausstellung vorzubereiten. Und Anfang Dezember war es wieder so weit. Carter packte seine Sachen und reiste zurück nach Ägypten, um dort unter

Newberry die Arbeiten in Beni Hassan wieder aufzunehmen, die er für die Ausgrabung in Amarna unterbrochen hatte. Hier war er glücklich. »Ich kenne keinen gesünderen oder schöneren Platz«, schrieb er in sein Tagebuch. »Von der Felsterrasse aus sieht man die großartige Natur. (…) Dieser Anblick einer in gedämpfte Farben getauchten Landschaft, kühl im Gegensatz zum goldenen Leuchten des Abendhimmels, bietet wahrhaftig ein Bild des Landes der Verheißung.« Heftige Regenfälle zwangen die kleine britische Truppe allerdings bald zum Umzug nach El-Bersha, ein paar Kilometer nilaufwärts. Hier lagen die Gräber der Fürsten des Hasengaus, mit denen Carter ebenfalls bereits bestens vertraut war. In seiner Freizeit zog er mit seinem Zeichenblock in die Natur und malte Tiere. Mitunter nahm er auch eine Schrotflinte mit. Aber Carter war kein guter Schütze. Die Versuche, auf diese Weise den Speiseplan zu bereichern, endeten abrupt, als er eine Wildgans nur anschoss und er ihr beim Sterben in die Augen schauen musste. Carter schämte sich sehr und ließ die Flinte fortan zu Hause. Trotzdem müssen diese Jagdausflüge etwas in ihm berührt haben, denn im *Who's Who* gab er Jahre später als einziges Hobby »Jagd« an.

1893 schickte der Egypt Exploration Fund Carter nach Deir el-Bahari, wo der Schweizer Ägyptologe Henri Édouard Naville den Totentempel der Königin Hatschepsut freilegte. Naville galt gemeinhin als fahrlässiger Schatzsucher, der bei »Aufräumarbeiten« gerne mal den einen oder anderen Fund unweigerlich zerstörte, wenn dieser ihm nicht wichtig genug erschien. Petrie konnte schließlich durchsetzen, dass dem Kollegen der von ihm trainierte Carter als Zeichner zur Seite gestellt wurde. So, hoffte er, könne das Schlimmste verhindert werden. Der Egypt Exploration Fund sah in Carter zu diesem Zeitpunkt bereits nicht nur einen der besten Zeichner Ägyptens, sondern auch einen erfahrenen Ägyptologen – dabei hatte der seinen 20. Geburtstag noch nicht gefeiert. Sechs Jahre lang blieb Carter bei Naville in Deir el-Bahari. Hier durfte er machen, was er am besten konnte: Zeichnen. Mit der Freiheit, die Naville ihm gewährte, entwickelte er seine eigene Technik und seinen eigenen Stil für das Kopieren ägyptischer Kunst, der die Wissenschaft über Jahrzehnte prägen sollte. Auch wenn Howard Carters Zeichnungen zu den besten Dokumentationen ägyptischer Werke zählen, gefielen seine Arbeiten nicht jedermann. Thomas Hoving, der zehn Jahre lang von 1967 bis 1977 dem New Yorker Metropolitan Museum of Art als Direktor vorstand, ließ kein gutes Haar an Carter. Über die Einstellung als Zeichner bei Naville fällte er in seinem Buch *Der Goldene Pharao* ein vernichtendes Urteil: »Der Zeichner Carter (…) schien prädestiniert für diese Tätigkeit: ruhig, zurückhaltend, in Anwesenheit Höhergestellter etwas unsicher und ein äußerst hingebungsvoller Arbeiter. Gerade die Tatsache, dass seine Aquarelltechnik keinerlei stilistische Eigenwilligkeit zeigte, machte den jungen Künstler für die Aufgabe geeignet. Er konzentrierte seinen Blick und seine Finger völlig auf die maßstabgerechte und farbentreue Wiedergabe der Objekte. Eine Anzahl Aquarelle Howard Carters sind im Metropolitan Museum ausgestellt. Sie offenbaren peinliche Genauigkeit, große Originaltreue – und Leblosigkeit.«

Carter zeichnete nicht nur für Naville, er übernahm auch immer wieder Restaurierungsarbeiten. Und in seiner Freizeit machte er immer noch das, was er bereits in El-Bersha getan hatte – er streifte, meist mit dem Zeichenblock bewaffnet, durch die umliegende Landschaft. Wildvögel gab es in Deir el-Bahari allerdings nicht. Dafür zog es Carter immer wieder in die benachbarten Täler: das Tal der Könige im Nordwesten und das Tal der Königinnen im Südwesten. Während seine Altersgenossen daheim in England ihre Tage damit verbrachten, Partys zu besuchen, gesellschaftliche Kontakte zu knüpfen und mögliche Heiratskandidaten zu finden, durchstreifte er lieber die unwirtlichen, glühend heißen Täler mit den Gräbern längst verstorbener Könige. So oft und so lange, bis er jeden Stein kannte.

Mit dem Jahrhundert gingen auch die Arbeiten in Deir el-Bahari zu Ende und die dort arbeitenden Ägyptologen wurden für neue Posten frei. Gaston Maspero, Direktor der ägyptischen Altertümerverwaltung, holte sich den nun 25-jährigen Carter und bot ihm eine äußerst prestigeträchtige Stelle an: Inspektor für die Denkmäler von Oberägypten und Nubien mit Amtssitz in Luxor. Sein erster Arbeitstag war der 1. Januar 1900. Carter begann damit, erst einmal gründlich in »seinem« Tal der Könige aufzuräumen. Er ließ den Schutt aus den Gräbern entfernen, sie gegen Wasser abdichten, die Schlösser austauschen und den alten Eselställen den schon so lange notwendigen neuen Anstrich verpassen. Bald rollten zudem riesige Kabeltrommeln durch das Tal. Die sechs bekannten Königsgräber sollten endlich elektrisches Licht bekommen.

Im März widmete er sich einer Aufgabe, die er schon länger auf dem Plan hatte. Bereits 1898 war auf dem Heimweg zu seinem Haus sein Pferd mit einem Huf in ein Bodenloch getreten und gestürzt. Statt gleich wieder aufzusteigen und weiterzureiten, hatte Carter das mysteriöse Loch untersucht – und grobes Mauerwerk entdeckt. »Ich vermutete, dass es sich um eine Öffnung im Talboden handelte, die zu einem unterirdischen Gewölbe oder Grab führte«, notierte er. Damals hatte Naville den jungen Kollegen allerdings nur ausgelacht. Nun wollte Carter ihm beweisen, dass er recht gehabt hatte. Er stellte Hunderte Arbeiter ein, die zunächst rund 3000 Kubikmeter Schutt beiseiteschaffen mussten. Schließlich entdeckte sein Vorarbeiter am Fuß eines senkrechten Schachtes eine versiegelte Falltür. Carter war sich sicher: Dies musste ein unberührtes Grab sein. Für den Tag der Öffnung waren illustre Gäste geladen. Neben Maspero erschienen der Earl of Cromer als britischer General-konsul und der ägyptische Premierminister Mustafa Pascha. Um die Herren an den Grund des Schachtes transportieren zu können, hatte Carter eigens einen fahrbaren Korb installieren lassen.

Was dann folgte, hielt Carter in seinem Tagebuch fest: »Ich hatte alles vorbereitet. Der langersehnte Augenblick war gekom-men. Wir waren bereit, das Geheimnis hinter dem Mauerwerk zu lüften. Der Vorarbeiter und ich fuhren hinab, und wir ent-fernten gemeinsam die schweren Kalksteinplatten, eine nach der anderen. Endlich war die Tür offen. Sie führte direkt in einen kleinen Raum, der teilweise mit Steinstückchen gefüllt war, so, wie der ägyptische Maurer ihn seinerzeit hinterlassen hatte. An-sonsten war die Kammer, bis auf einige Tonkrüge und Holz-stücke, leer. Zunächst dachte ich, es müsse noch eine Tür zu einer weiteren Kammer geben, aber eine flüchtige Untersuchung zeigte, dass nichts dergleichen der Fall war. Ich war bestürzt.« Howard Carter musste seine erste große Pleite hinnehmen.

In diesen Jahren besaß der amerikanische Rechtsanwalt und Millionär Theodore Monroe Davis aus Newport, Rhode Island, die Grabungslizenz für das Tal der Könige. Für ihn führte Car-ter mehrere Ausgrabungen durch, die ihn bald wieder auf an-dere Gedanken brachten. Zwischen 1902 und 1904 entdeckte er für Davis die Gräber der Pharaonen Thutmosis IV. aus der 18. Dynastie und Merenptah aus der 19. Dynastie. Auch die letzte Ruhestätte von Hatschepsut fand er, in deren Totentempel Carter nur wenige Jahre zuvor für Naville noch die Wandmale-reien abgezeichnet hatte. Das Grab, das heute die Bezeichnung

KV 20 trägt, wurde möglicherweise für Hatschepsuts Vater angelegt und von der Herrscherin erweitert. Sein Sarg stand neben ihrem – allerdings enthielten beide keine Mumien mehr. Lediglich ein Zahn war im Grab verblieben.

Die Reihe von Enttäuschungen machte den Einzelgänger in der folgenden Zeit nicht gerade geselliger. Carter kaufte sich ein Boot und fuhr in seinen freien Stunden damit durch die Schilfgürtel des Nil. Dort lag er dann, getarnt mit Stroh, stundenlang bewegungslos und beobachtete Pelikane. Wenn es ihm doch nach Gesellschaft verlangte, mied er die europäischen Gelehrten und ging stattdessen ins Kaffeehaus, das seine Arbeiter ebenfalls frequentierten. Mittlerweile sprach er so fließend Arabisch, dass die Ägypter ihn als einen der ihren akzeptierten. Bei diesen Gesprächen im Kaffeehaus lernte er viel über das jahrtausendealte Gewerbe der Grabräuberei im Tal der Könige. Bald wusste kaum jemand besser über die Familienclans der Plünderer Bescheid als der Inspektor für die Denkmäler von Oberägypten und Nubien höchstpersönlich.

Das Wissen konnte ihm jedoch gefährlich werden. Als nun unter seiner Aufsicht die Mumie von Amenophis II. aus dessen Grab gestohlen wurde, zögerte er keinen Augenblick, sofort die üblichen Verdächtigen vor das Gericht in Luxor zu zerren. Doch es mangelte an Beweisen, das Gericht sprach sie frei. Das Wohlwollen der Einheimischen hatte Carter sich mit dieser Aktion jedoch verspielt, zu eng waren die Familienbande im Tal der Könige gewebt, zu verzweigt die Kanäle der Bestechungs- und Schweigegelder. Carter sah sich plötzlich mit unverhohlener Feindseligkeit konfrontiert. Maspero blieb keine Wahl, er musste Carter retten, indem er ihn dort herausholte und ihm ein neues Inspektorat zuwies: Mittel- und Unterägypten mit Wohnsitz in Sakkara.

Was Carter eigentlich gar nicht behagte – aus seinem geliebten Tal entfernt zu werden –, war in Wahrheit noch einmal ein gewaltiger Aufstieg. Hier lagen die ältesten Pharaonen aus dem Morgengrauen der ägyptischen Geschichte begraben unter klobigen Stufenpyramiden, aber auch Gräber aus jüngerer Zeit. Dazu kamen riesige Tierfriedhöfe. Den wohl beeindruckendsten hatte rund ein halbes Jahrhundert zuvor der Franzose Auguste Mariette entdeckt: das Serapeum, die letzte Ruhestätte der heiligen Apisstiere. Starb eines der Tiere in den oberirdischen Stallungen des Tempels, wurde es mit der gleichen Sorgfalt für die Ewigkeit vorbereitet wie die Pharaonen. Dafür stand im Tempelbezirk sogar ein eigenes Balsamierungshaus. Unter der Anlage zog sich ein Gang mit Nischen, in denen die Stiere in Granitsarkophage gebettet wurden. Mariette fand 28 Grabnischen mit 24 Sarkophagen. Jeder Einzelne wog 70 bis 80 Tonnen, es sind die größten bekannten Sarkophage des gesamten Altertums. Wenn es in Ägypten noch Schätze zu finden gab, dann in Sakkara – und nicht in den leeren Löchern im Tal der Könige. Dreimal hatte Flinders Petrie sich um eine Grabungskonzession für Sakkara bemüht – dreimal war er abgewiesen worden. Dies sollte nun Howard Carters neues Revier werden.

Die Episode in Sakkara währte jedoch nicht lange. Am 8. Januar 1905 kam es im Haus Mariettes zu einem unschönen Zwischenfall mit einer Gruppe französischer Touristen. Die waren schon nicht mehr ganz nüchtern, als sie Eintritt ins Serapeum verlangten. Einige von ihnen weigerten sich, für die Tickets zu bezahlen. Die Aufseher waren strengstens angewiesen, möglichst keinen Streit mit ausländischen Besuchern vom Zaun zu brechen, und ließen sie gewähren. Doch damit nicht genug. Kerzen wollten sie für die stockdunklen unterirdischen Gänge des Stiertempels haben, pöbelten sie. Als die Aufseher ihnen mitteilten, dass sie keine Kerzen hätten, forderten die restlichen Franzosen ihr Geld zurück. Und zwar handgreiflich, einer von ihnen riss einem Aufseher sogar den Fez vom Kopf, warf ihn auf den Boden und trampelte darauf herum. Als der herbeigerufene Howard Carter vor Ort eintraf, hielten die Franzosen das Haus besetzt. Nun war Carter zwar vieles, aber gewiss kein Diplomat. Ein Wort gab das andere, und als die französischen Besucher anfingen, mit Stühlen zu werfen, erteilte Carter seinen Leuten den Befehl, sich endlich zu wehren – und zwar ausdrücklich auch mit den »Nabuts«, den Schlagstöcken. Am Ende musste die Polizei anrücken und die beiden Parteien trennen.

Carter nahm seine Leute in Schutz. »Ich möchte den Aufsehern zu ihrem Verhalten während der Schlägerei mein ausdrückliches Lob aussprechen«, beendete er seinen offiziellen Bericht an Gaston Maspero. Die Franzosen erzählten indes eine ganz andere Geschichte. Natürlich hätten sie Eintrittskarten gekauft, nur die Kinder habe man umsonst eintreten lassen – auf Nachfrage waren die gekauften Tickets allerdings nicht mehr auffindbar. Außerdem seien sie bewusst von Carters »Beduinen« angegriffen worden und hätten nur versucht, die Frauen und Kinder ihrer Gruppe vor den Aggressionen zu schützen. Ausgiebig schilderten sie in der Zeitung *L'Egypte* am 12. Januar die erlittenen Blessuren: Der Hauptbuchhalter einer Gasgesellschaft sei blutüberströmt mit einem Schädelbruch zu Boden gesunken, ein Dekorateur der königlichen Paläste erhielt einen schweren Schlag mit dem Nabut auf seinen Rücken. Und überhaupt habe sich niemand darum gekümmert, einen Arzt zu rufen!

Die Angelegenheit entwickelte sich zum diplomatischen Dilemma. Maspero versuchte zu retten, was zu retten war, und drängte Carter zu einer Entschuldigung bei den Franzosen. Der jedoch weigerte sich standhaft. Er fühlte sich im Recht, eine

Entschuldigung kam nicht in Frage. Auf seinem Posten in Sakkara konnte Maspero Carter unter diesen Umständen nicht lassen. Er versuchte es mit einem Kniff. Das Gebiet wurde aufgeteilt: Sakkara ging an den Flinders-Petrie-Schüler James Quibell, Carter sollte das Delta bekommen. Doch Carters Stolz konnte das nicht hinnehmen. Er reichte dreieinhalb Monate Urlaub ein und kündigte anschließend seinen neuen Ersatzposten.

Unterschlupf fand Howard Carter in seinem Tal – und zwar zunächst ausgerechnet bei jenem Wachmann, den er damals des Diebstahls der Mumie Amenophis' II. bezichtigt hatte. Während der Monate in Sakkara war offenbar genügend Gras über die Sache gewachsen. Drei Jahre lang schmollte Carter. Er hielt sich mit dem Verkauf von Aquarellen über Wasser und führte reiche Touristen auf Winterurlaub durch das Tal der Könige. Gelegentlich schob ihm Flinders Petrie den einen oder anderen Auftrag für die Bebilderung von Ausstellungskatalogen zu. So fand ihn im Winter 1907 Lord Carnarvon, als er nach einem Ausgräber suchte, mit dessen Hilfe er sein neues Hobby, die Ägyptologie, betreiben könne. Aber diese Geschichte soll in einem anderen Kapitel erzählt werden.

* * *

Carters Halsstarrigkeit, Bockigkeit und seine Arroganz sollten ihm noch öfter zum Verhängnis werden. Diese Charaktereigenschaften waren es letztendlich auch, die dazu führten, dass ihm 17 Jahre später von den ägyptischen Behörden der Zutritt zu dem Grab verwehrt wurde, dessen Fund ihn so berühmt gemacht hat. Ende März 1924 fand er sich in England wieder – wutschnaubend, bitter und wieder einmal ohne feste Anstellung. Die britischen Kollegen waren schon lange auf höfliche

Distanz zu dem Ausgräber gegangen, den sie mangels einer formellen Ausbildung nie wirklich zu einem der ihren gezählt hatten. Vor dieser unterkühlten Atmosphäre zu Hause floh Carter, so schnell es ihm möglich war. Er ging nach Amerika – wo Taten mehr zählten als Herkunft oder akademische Grade. Eine Vortragsreise sollte es werden, auf der er vor allem auch dem Metropolitan Museum of Art in New York einen Besuch abstatten wollte, das ihn bei der Dokumentation des Grabes so tatkräftig unterstützt hatte. Sein Kollege Arthur Mace sah dem ganzen eher skeptisch entgegen: »Die ganze Sache mit den Vorträgen ist ziemlich heikel«, vertraute er sich einem Freund an. »Ich glaube nicht, dass Carter jemals einen gehalten hat, und er hat nicht die geringste Ahnung, wie man dabei vorgeht.«

Amerika feiert ihn wie einen Popstar. Kaum hatte Carter am Karfreitag, dem 18. April, in New York im noblen Waldorf Astoria eingecheckt, ging es auch schon los: Noch ehe Ostern vorüber war, hatte er bereits zweimal im Metropolitan Museum of Art gesprochen. Am 23. April hielt er den ersten öffentlichen Vortrag in der Carnegie Hall. Trotz des exorbitant unverschämten Preises von fünf Dollar für ein Ticket hätten die Veranstalter leicht doppelt so viele davon verkaufen können, wie Zuhörer in den Saal passten. Alle wollten den Entdecker des Tutanchamun-Grabes sehen. Und hören: Entgegen aller Erwartungen brillierte Carter auf der Bühne. Mit sprühendem Charme, launigen Anekdoten und einem Feuerwerk von 350 Dias hielt er sein Publikum bei Laune. Im Licht der Scheinwerfer blühte Carter zum mitreißenden Entertainer auf. Nichts erinnerte an den Eigenbrötler, den Wutkopf, den schwierigen Misanthropen, der nur einen Monat zuvor gekränkt und mit eingekniffenem Schwanz nach Großbritannien zurückgekehrt war.

Und das war erst der Anfang. Nach New York eroberte er

Boston, Baltimore, Detroit, Chicago, Philadelphia, Pittsburgh, Cincinnati, Cleveland und schließlich sogar Kanada. Jeder Vortrag war schon lange im Voraus ausverkauft, oft redete er am Folgetag noch ein weiteres Mal. Howard Carter war ein großer Bewunderer Charlie Chaplins. Vielleicht veranlasste ihn diese Verehrung des amerikanischen Komikers, sogar einige komische Elemente in seinem Vortrag auszuprobieren. Sein Publikum dankte es ihm mit schallendem Gelächter. Nach zwei Wochen hatte Carter 10 000 Pfund verdient – für damalige Verhältnisse ein riesiges Vermögen, zuletzt hatten seine Einkünfte in Ägypten bei 500 Pfund pro Jahr gelegen.

Erst lange nach Carters Tod wurden die Aufzeichnungen seines Agenten Lee Keedick aus diesen Tagen veröffentlicht. Sie zeigen die Schattenseite der Howard-Carter-Tournee. Überheblich und hochmütig ließ Carter keine Gelegenheit aus, an allem und jedem herumzunörgeln. So manches Mal stieg Keedick in diesen Momenten die Schamesröte ins Gesicht. »Nichts liebte er mehr als einen handfesten Meinungsstreit, sei es auch über die nebensächlichsten Dinge oder mit Kindern«, beklagte der Agent sich über Carters Staralüren. »Taxifahrer, Hotelportiers, Eisenbahnschaffner, Oberkellner und kleine Blumenmädchen, sie alle mussten seine Schimpftiraden anhören und seine bissigen Bemerkungen über sich ergehen lassen. (...) Selbst die Lokomotivführer kamen nicht ungeschoren davon. Auf langen Reisen begab Carter sich gewöhnlich während des ersten Haltes nach vorne zur Lokomotive und fragte den Führer, bei wem er Fahren gelernt habe, denn dies sei die übelste Fahrt seines Lebens, so schlecht habe er die Maschine gesteuert. Dadurch erreichte er jedoch nur, dass der Beleidigte jetzt erst recht wie wild raste.« Carter schien es regelrechtes Vergnügen zu bereiten, seine Umwelt rechthaberisch zu belehren. »Einmal, auf der

Reise von Montreal nach Ottawa, las er auf der Menükarte des kanadischen Speisewagens, man bitte um Stellungnahme, ob der Gast mit Speisen und Bedienung zufrieden gewesen sei. Die Speisekarte war sehr groß; doch Carter bekam es fertig, sie auf beiden Seiten mit verärgerten und kindischen Protesten vollzuschreiben; man solle eben kein Speisewagenunternehmen betreiben, wenn man weder Ahnung davon noch Talent dazu besäße. Es machte ihm einen Riesenspaß, die Karte sorgfältig zusammenzufalten und persönlich an den Direktor der Gesellschaft zu adressieren.«

Am 18. Mai verlieh die Universität Yale Carter die Ehrendoktorwürde. Es war die erste und einzige akademische Anerkennung, die er jemals bekommen sollte. Während er sich jedoch im Schein seines Ruhms sonnte, zogen in Ägypten schon die ersten Gewitterwolken auf. Nach dem Abzug Carters aus dem Tal der Könige übernahmen Mitarbeiter des ägyptischen Antikendirektors Pierre Lacau die Arbeiten an dem Grab. Im sogenannten Lunchgrab, das Carters Team als Kantine und Lager gedient hatte, fanden sie die Skulptur eines wunderschönen Kindskopfes, mit ziemlicher Sicherheit Tutanchamun, der aus einer blauen Lotusblüte aufsteigt. Das »herausragende Objekt der Kunst Echnatons« lag gut versteckt in einer leeren Rotweinkiste des Londoner Lebensmittelhändlers Fortnum & Mason – und war nicht registriert. Die Aufregung war riesig. Der Ägyptologe und spätere Direktor des Metropolitan Museums of Art Herbert E. Winlock – zu dem Zeitpunkt einer der wenigen Freunde, die Carter noch in Ägypten verblieben waren – versuchte, ihn zu warnen. Er schickte Carter ein Telegramm. Damit die Presse es nicht abfangen würde, verschlüsselte er den Text in einem Zahlencode, den die Mitarbeiter des Metropolitan Museums in Luxor für Notfälle bereithielten. »Zu Ihrem Schutz Aussage von Lacau und Engelbach (Anm.: Leiter des Ägyptischen Museums in Kairo), Sie hätten es im Auftrag von Lord Carnarvon 1923 als Echnaton gekauft«, informiert er den Freund. »Nicht bekannt, ob dies für die Wahrheit gehalten wird.« Carter reagierte prompt und lieferte eine windige Erklärung – der Fund stamme aus dem Schutt der ersten Räumungsphase und sei beiseitegelegt worden, damit er restauriert werden könne. Damit gaben sich die ägyptischen Behörden zwar zufrieden – doch Carters Glaubwürdigkeit hatte erste Risse bekommen.

Trotzdem kühlten sich die Gemüter im Laufe des Jahres so weit ab, dass Howard Carter Ende des Jahres ins Tal der Könige zurückkehren konnte. Allerdings unter weitaus schlechteren Bedingungen als zuvor. Sämtliche Funde gehörten nun dem Land Ägypten. Lady Carnarvon wurde zwar eine Entschädigung für die Summen zugesichert, die ihr verstorbener Mann in die Suche nach dem Grab investiert hatte, diese beinhaltete jedoch keine Kunstgegenstände. Trotz allem war Carter froh und glücklich, wieder am Grab sein zu dürfen. Die Amerika-Tour hatte ihm gutgetan. Vor allem war er umgänglicher geworden. Das bekamen die 12 300 Besucher zu spüren, die das Grab im Laufe des Jahres besuchten. Carter führte sie persönlich durch die Kammern und bespaßte sie gutgelaunt mit Teilen seines Vortrags.

Am Ende aber holte seine misanthrope Grundstimmung ihn wieder ein. Gereizt und depressiv keilte er verbal gegen jeden aus. In seinen Tagebüchern hielt er zusehends detailliertere Beschwerden fest. Die ägyptischen Inspektoren nervten ihn mit ihren Fragen. Die Besucher fand er kaum mehr erträglich. Vor allem, wenn sie prominent waren und damit mehr Aufmerksamkeit einforderten: »Unsere Arbeit wurde zeitweilig wegen der Ankunft des schwedischen Kronprinzen eingestellt, dem

ich mich während seines dreitägigen Besuchs widmen musste.«
Seine Freizeit verbrachte er mittlerweile auch nicht mehr in der
freien Natur. Stattdessen saß er im Foyer des Winter Palace Hotels, das ihm neben seinem eigenen Haus zum zweiten Wohnsitz
geworden war, wie ein verstaubtes Stück Inventar.

Eines jedenfalls unterließ Howard Carter: die wissenschaftliche Veröffentlichung der Funde. Zwar erschienen in Zusammenarbeit mit Arthur Mace drei ausführliche Bände mit schönen Fotos und kurzen Beschreibungen ausgewählter Stücke
sowie ein kleinerer mit einer Zusammenfassung. Die wissenschaftliche Auswertung des Materials nahm Carter aber nicht
einmal in Angriff. Einer der größten Kritiker in dieser Hinsicht
war Alan Gardiner, der Autor jenes umfangreichen Gramma-
tikwerkes, nach dem noch heute alle Studenten der Ägyptologie die Hieroglyphen lernen. Das Ausbleiben der wissenschaftlichen Publikation wurde immer wieder zum Thema zwischen
den beiden Männern. In einem Leserbrief an die *Times* kratzte
Gardiner heftig an Carters Ego: »Alle Ägyptologen warten jetzt
zuversichtlich auf eine detaillierte Publikation, umso mehr, als
Mr Carter der beste lebende archäologische Zeichner ist.« Der
öffentliche Seitenhieb auf seine fehlende Ausbildung muss sich
für Carter angefühlt haben wie ein Zahnarztbohrer, der dem
Nerv zu nahe kommt. Selbst nach Carters Tod machte Gardiner das Ausbleiben der Publikation noch zum Thema. »Schon
1926 sagte Carter mir, dass die Kosten einer solchen Veröffentlichung seiner Schätzung nach 30 000 Pfund betragen würden«,
beschwerte er sich noch 1950. »Wer würde heutzutage eine solche Publikation finanzieren?«

Trotz der ausbleibenden Veröffentlichung arbeitete Howard
Carter rund neun Jahre lang in dem Grab Tutanchamuns. Dann
aber war es unweigerlich leergeräumt. Am 17. März 1931 verlie-

ßen 39 letzte Kisten mit Grabinventar das Tal der Könige. Die *Times* bedachte das Ende der Arbeiten mit einem Leitartikel: »Tutanchamun – Der letzte Abschnitt« lautete die Überschrift. Das Rührstück feierte den Entdecker und Ausgräber ein letztes mal: »Mr Howard Carter, der Held, genießt jetzt die Genugtuung, sein Werk vollendet zu sehen.« Genossen hat Carter in seinem Leben allerdings nur wenig – und seinen Ruhestand ganz gewiss nicht. Zurück in London muss er zunächst ins Krankenhaus, um ein Blasenleiden auszukurieren. Dabei diagnostizieren die Ärzte bei ihm ein Hodgkin-Lymphom, einen bösartigen Tumor des Lymphsystems.

Der hält ihn nicht davon ab, in den letzten Jahren seines Lebens immer wieder nach Ägypten zu reisen. Nach wie vor führt er Besucher durch »sein« Grab. Als Faruq I. 1936 mit nur 16 Jahren den ägyptischen Thron besteigt, fällt es Carter zu, den jungen Monarchen durch das Tal der Könige zu geleiten. Im Tross ist auch Faruqs späterer Biograph Adel Sabit. »Howard Carter ist eine kraftvolle und energiegeladene Persönlichkeit, aber grantig im Umgang mit Menschen«, schreibt dieser über die Tour mit dem Archäologen. »Touristen begegnet er mit der stärksten Abneigung. Carter kann trotzdem ein charmanter und interessanter Mann sein, wenn er nicht gerade Verwünschungen gegen die Altertümerverwaltung der ägyptischen Regierung ausstößt.« Während der Führung verrät Howard Carter dem jungen ägyptischen König ein Geheimnis. Er wisse, behauptet er, wo das Grab Alexanders des Großen läge. Nur wo das sei, wolle er nicht sagen: »Das Geheimnis wird mit mir sterben.«

Der Tod kam knapp drei Jahre später, am 2. März 1939. Als Carter in seiner Londoner Wohnung stirbt, ist seine Nichte Phyllis Walker bei ihm. Herzversagen und Lymphdrüsenkrebs schreibt der Arzt auf den Totenschein. Die Beerdigung auf dem

Putney-Vale-Friedhof vier Tage später ist dünn besucht. Außer Phyllis Walker kommen aus der Familie nur sein Bruder William und sein Neffe Samuel John. Aber auch Lady Evelyn Beauchamp steht am Grab, die Tochter Lord Carnarvons. Die Archäologen hingegen bleiben fern. Nicht einmal einen Kranz oder ein Trauergebinde schicken sie. Dafür lässt seine Nichte trotzig in seinen Grabstein meißeln:

HOWARD CARTER
Archäologe und Ägyptologe
geboren 9. Mai 1874 – gestorben 2. März 1939

Sein Haus in Ägypten samt Inhalt vermacht Howard Carter dem New Yorker Metropolitan Museum of Art – es ist heute immer noch mit den Originalmöbeln eingerichtet und zählt zu den Touristenattraktionen in der Umgebung des Tals der Könige. Seinen langjährigen Diener Abd el-Aal Ahmed Sayed bedenkt er mit 150 Pfund. Der Rest seines Besitzes geht an Phyllis Walker. Das Erbe, das die junge Frau damit antritt, ist kein leichtes. Bereits 1931, als er sein Testament niederschrieb, mahnte Carter: »… und ich rate ihr dringend, hinsichtlich des Verkaufs irgendwelcher ägyptischer Antiquitäten, die in diesem Vermächtnis enthalten sind, meine Testamentsvollstrecker zu konsultieren.« Die Warnung war dringend notwendig gewesen, denn einige der Stücke in seinem Besitz waren extrem heikel. Namenskartuschen oder andere Zeichen ließen keinen Zweifel offen. Sie konnten eigentlich nur von einem Ort stammen – aus dem Grab des Tutanchamun, unregistriert, unveröffentlicht. Mit anderen Worten: gestohlen. Carters Nachlassverwalter, der Fotograf des Metropolitan Museum of Art Harry Burton, stellte eine Liste der fraglichen Stücke zusammen: eine grünblaue gläserne Kopfstütze, ein großer Uschebti aus grüner Fayence, ein Paar Uschebtis aus Lapislazuli, ein kleines Libationsgefäß, ein Scheingefäß aus Fayence, ein Amulett, acht goldköpfige Nägel, drei goldene Geschirrverzierungen und ein Metallzapfen.

Hatte Carter, der laut Antikengesetz ohne Hoffnung auf Entschädigung alle Funde dem ägyptischen Staat ausliefern musste, sich heimlich bedient, weil es ihm seiner persönlichen Überzeugung nach zustand, selber einige Stücke zu besitzen? Oder stammten sie vielleicht aus dem Erbe Carnarvons – und Carter hatte sie all die Jahre geheim gehalten, um den Ruf seines alten Freundes zu schützen? Fest steht, dass sowohl Carter als auch Carnarvon immer recht großzügig mit den Funden umgegangen waren. Bei einer Party kurz vor Weihnachten 1922 reichte Carnarvon ungeniert Funde aus dem Grab unter den Gästen herum. Auf Carters Schreibtisch zu Hause in London stand offen für jeden sichtbar eine Uschebti-Figur Tutanchamuns.

Harry Burton fühlte sich überfordert. Der Nachlassverwalter wandte sich an Percy Newberry und der wiederum suchte Rat bei Alan Gardiner. Korrekt wie Gardiner war, wandte der sich wiederum ans Außenministerium – doch das hatte angesichts des just aufziehenden Zweiten Weltkrieges ganz andere Sorgen als die Uschebtis eines längst verstorbenen Pharaos. Untersekretär Laskey notiert in seinen Aufzeichnungen: »Ich nehme an, die Gegenstände müssen zurückgegeben werden. (…) Ich würde sie lieber in die Themse fallen lassen.« Der Kairoer Museumsdirektor Reginald Engelbach bot an, die Stücke einfach heimlich in den Museumsbestand aufzunehmen. Burton selbst dachte eher an das Metropolitan Museum of Art in New York, dem Phyllis Walker die Gegenstände ja – natürlich unter strengster Geheimhaltung – »schenken oder verkaufen« könne.

Schließlich schrieb Phyllis Walker selbst im März 1940 einen Brief an den Generaldirektor des ägyptischen Antikendienstes, Ètienne Drioton – und endlich wollte tatsächlich jemand die fragwürdigen Schätze haben. Drioton wandte sich an König Faruq persönlich, der sich spontan anbot, bei der Rückführung behilflich zu sein. Walker sollte die Stücke versiegelt dem ägyptischen Konsulat in London übergeben, von wo aus sie direkt in die Hände des Königs weitergeleitet würden. Trotzdem sollte es noch über sechs Jahre dauern, bis die Kunstwerke heimkehrten. Erst am 12. Oktober 1946 schrieb Phyllis Walker an Percy Newberry, die »Objekte« seien nun endlich wieder in Ägypten, wo König Faruq persönlich sie dem Ägyptischen Museum in Kairo aushändigte.

Als Alan Gardiner von der Transaktion erfuhr, zeigte der sich allerdings wenig erstaunt. »Ja natürlich, ich wusste alles über die Übergabe der Stücke aus dem Grab an die ägyptische Botschaft. Ich hatte dies Carter selbst die ganze Zeit empfohlen«, bemerkte er gegenüber Newberry. Offensichtlich hatte Carter also bereits zu Lebzeiten nach Wegen gesucht, die fraglichen Gegenstände unauffällig wieder in ihr Heimatland zurückzuschaffen.

Bis heute aber tauchen mehr und mehr Objekte auf, die einen noch viel schlimmeren Verdacht schüren: Die Gegenstände auf Burtons Liste könnten nur die Spitze eines Eisbergs gewesen sein. Besonders schwer wiegen die Anschuldigungen des ehemaligen Direktors des Metropolitan Museum of Art Thomas Hoving. Zum einen befänden sich Gegenstände im Besitz des Museums, gab Hoving zu, die zum Zwecke wissenschaftlicher Analysen dort hingelangt waren: eine Schale mit eingetrockneter Balsamierungsflüssigkeit, zwei vergoldete Holzsplitter vom vierten Sarkophag, ein Stück Leichentuch, Mattenstücke vom Fußboden und ein Stückchen Quarzit vom Sargdeckel. Aber er

nennt noch weitere Stücke aus dem Museumsbestand, die ebenfalls wahrscheinlich aus dem Grab des Tutanchamun stammen
und die beim besten Willen nicht mehr als »Kleinkram« durch-
gehen – sondern in den Katalogen durchweg als »Meisterwerke«
bezeichnet werden. Eines davon ist ein Ring aus massivem
Gold – verziert mit dem Namen des Pharao. Den Unterlagen
des Museums zufolge wurde er 1915 auf dem Kairoer Antiken-
markt erworben – allerdings kam er erst 1922, kurz nach der
Graböffnung, in die Museumsbestände. Auch ein Spielzeug aus
Elfenbein gehört dazu – ein kleiner, im Lauf dargestellter Hund.
Drückt man einen Hebel an seinem Bauch, öffnet sich das Maul.
Und ein besonders persönliches Stück ist eine Schreibtafel aus
Elfenbein mit zugehöriger Farbpalette. »Prinzessin Meritaton«
steht darauf eingraviert, »geliebt und geboren von der Großen
Königlichen Gemahlin, Neferneferuaton Nofretete, die bis in
alle Zeiten leben möge«. Mit diesem Schreibgerät malte einst
die älteste Tochter Echnatons ihre Hieroglyphen. Sie stammt
aus dem Nachlass Lord Carnarvons. Als man Carter fragte, wo
sie denn herkomme, antwortete dieser nur lapidar »aus dem
Grab des Amenophis«.

Carnarvons Sammlung gelangte bereits 1926 nach dem Tod
des Lords an das Museum. Der hatte eigentlich in seinem Testament dem British Museum das Vorkaufsrecht gewährt. Doch
sein Nachlassverwalter hatte offenbar andere Pläne. Der Direktor des British Museum bekam eines Morgens um 10.00 Uhr
Besuch. Er habe die Möglichkeit, die Carnarvon'sche Sammlung anzukaufen, offerierte man ihm. Allerdings müsse er bis
16.00 Uhr desselben Tages eine Zusage machen und den vollen
Kaufpreis auf den Tisch legen. So gerne der Direktor die Sammlung dem Museum zugeführt hätte – das war innerhalb dieser
knappen Zeit schlicht nicht möglich. So ging die Sammlung an

das Metropolitan Museum of Art nach New York – wo man sich mit dem Bezahlen alle Zeit der Welt lassen durfte.

Das Metropolitan Museum of Art ist allerdings nicht das einzige Museum, das vermutlich aus dem Grab Tutanchamuns stammende Stücke sein Eigen nennt. Im Brooklyn Museum in New York liegt ein Salböllöffel, der als Granatapfel gestaltet ist – das Vorderteil lässt sich mit einer Klappe verschließen, damit die kostbare Flüssigkeit nicht herausschwappt. Er gelangte über einen Londoner Händler, der weitere Stücke aus dem Nachlass Carnarvons verkaufte, nach New York – ebenso wie eine Mädchenstatuette, ein Fayencekragen und eine Vase aus blauem Glas. Hoving zitiert in seinem Buch einen Mitarbeiter der Ägyptischen Abteilung des Museums, der, als man ihn 1978 fragte, ob die Gegenstände möglicherweise aus dem Grab Tutanchamuns stammen könnten, nur lachend geantwortet haben soll: »Woher denn sonst?« Das Cleveland Museum besitzt eine Katze aus schwarzem Hämatit, die einst Howard Carter gehörte und stilistisch unzweifelhaft zu den Gegenständen aus dem Grab gehört. Und der Louvre in Paris zählt einen Uschebti aus weißer Fayence zu seinen Ausstellungsstücken – markiert mit dem Thronnamen Tutanchamuns.

In seinen Tagebüchern vermerkte Howard Carter nicht nur die Ereignisse, die mit dem Grab des Pharao im Zusammenhang standen, sondern auch seine anderen Aktivitäten. Und zu denen gehörte ein reger Handel mit Antiken. Für 100 Pfund, notierte er im Dezember 1922, habe er Antiquitäten gekauft. Die Einnahmen für Verkäufe dagegen beliefen sich auf satte 435 Pfund – was in etwa der Verdoppelung seines damaligen Jahresgehalts entsprach. Heute wäre es unvorstellbar, dass ein Archäologe Kunstgegenstände fragwürdiger Herkunft kauft und verkauft. Für Howard Carter aber bot sich mit dem Antikenhandel immer wieder eine bequeme Einnahmequelle. Die britische High Society, mit der er so rege verkehrte, wünschte sich – besonders zu Zeiten des Ägypten-Hypes unmittelbar nach dem Auffinden des Grabes – Stücke aus dem Tal der Könige zum Schmuck ihrer Gemächer. Und Carter war mit seinen engen Verbindungen zu den ägyptischen Händlern derjenige, der sie ihnen beschaffen konnte. Möglicherweise gerieten in diesen Kisten mit Privateinkäufen für seine Freunde auch Stücke aus dem Grab des Tutanchamun nach England.

Zu den Hinterlassenschaften Carters gehörten neben Möbeln und Kunstwerken aber auch die Unterlagen der Arbeiten im Grab Tutanchamuns: Karteikarten, Notizen, Fotos, Listen und persönliche Aufzeichnungen. Phyllis Walker übergab den gesamten Schriftbestand 1946 dem Griffith Institute der Universität Oxford. Auf der Website des Instituts ist heute der Großteil online einsehbar. Am Griffith Institute sitzt auch einer der wenigen, die an die Unschuld Carters glauben. Kaum jemand hat sich so ausführlich mit Carters Leben beschäftigt wie Jaromír Málek, der ehemalige Archivar des Instituts. Er verwaltete 40 Jahre lang die Aufzeichnungen Carters. Málek glaubt nicht daran, dass der Ausgräber Gegenstände aus den Kammern entwendete. So ein Diebstahl passe nicht ins Bild. Jemand, der wie Carter zehn Jahre seines Lebens darauf verwendete, jedes noch so kleine Detail akribisch zu dokumentieren, hätte niemals in großem Stil Teile des Schatzes einfach so verschwinden lassen, verteidigt er den Ausgräber. »Ich bin einer der wenigen, der alles gelesen hat, was Carter hinterlassen hat«, sagte er 2011 in einem Interview. »Es spricht nichts dafür, dass Carter der Typ dafür war.«

Immerhin wurde mittlerweile auch der schäbige alte Grabstein Howard Carters auf dem Putney-Vale-Friedhof durch einen neuen aus poliertem schwarzem Granit ersetzt. Die Welt sollte ihn so in Erinnerung behalten, wie sie ihn 1922 kennengelernt hatte – als Entdecker des Pharaonengrabes voller »wunderbarer Dinge«. Statt seiner Geburts- und Sterbedaten steht auf dem Stein jetzt unter dem Namen eine andere Zeile: Ägyptologe, Entdecker des Grabes von Tutanchamun, 1922. Und ergänzt wird das Ensemble von einer Inschrift auf einem Alabasterkelch in Lotusform aus dem Pharaonengrab, den Carter als »Wunschbecher« bezeichnet hatte:

> »Möge dein Ka leben, mögest du Millionen von Jahren verbringen, du, der du Theben liebst, du sitzt mit dem Gesicht im Nordwind, deine Augen erblicken Glückseligkeit.«

Auf der neuen Einfassung des Grabes aber steht jener Satz, der auch auf dem goldenen Sarkophag des Tutanchamun zu lesen ist. Die Worte hatten bei Howard Carter einen tiefen Eindruck hinterlassen: »Nur mit Mühe konnten wir unsere Gedanken loslösen von der Pracht des dahingegangenen Pharao und seiner letzten Bitte auf dem Sarg, die sich uns in das Herz geschrieben hatte: ›O Mutter Nut! Breite deine Flügel über mich aus wie die unvergänglichen Sterne.‹«

Die Entdeckung des Grabes:
»Ich sehe wunderbare Dinge!«

Als das Jahr 1907 zu Ende ging, saß Howard Carter in Luxor und schmollte. Seinen Job als Inspektor für die Denkmäler im Delta hatte er drei Jahre zuvor wütend hingeschmissen, der Verkauf von Aquarellen und gelegentliche Touristenführungen brachten seitdem gerade genug Geld, um ihm das Leben in Ägypten zu ermöglichen. Da meldete sich Gaston Maspero, der Direktor der ägyptischen Antikenbehörde, bei dem arbeitslosen Ausgräber. Er wolle ihm jemanden vorstellen, der eine Grabungslizenz, großen Enthusiasmus und viel Geld besäße, dem es aber an Erfahrung und archäologischem Hintergrundwissen mangele: Lord George Edward Stanhope Molyneux Herbert, 5. Earl of Carnarvon.

Zwei Männer hätten unterschiedlicher nicht sein können als Carter und Carnarvon. Doch aus dem ersten Treffen der beiden wurde eine enge Freundschaft und eine 16 Jahre währende Zusammenarbeit, die sowohl lange magere, fundlose Jahre wie auch die berauschende Entdeckung des Tutanchamun-Grabes unbeschadet überstanden. George Carnarvon war eine schillernde Gestalt des britischen Adels. Aufgewachsen war er in Highclere Castle, dem Sitz seiner Familie. Zuschauer der erfolgreichen britischen Fernsehserie »Downton Abbey« kennen das Anwesen bestens – es dient als Kulisse für das Historiendrama. Die TV-Serie spielt sogar in den Jahren zwischen 1912 und

1925, also just jener Zeitspanne, in der Carnarvon und Carter nach dem Grab des Tutanchamun suchten und es schließlich fanden.

Carnarvon – von seiner Familie »Porchy« genannt nach seinem Titel Lord Porchester, der ihm als ältester Sohn seines Vaters zustand – wuchs im Schatten des 4. Lord of Carnarvon auf. Sein Vater hatte bereits im Grundschulalter begeistert Homer, Vergil, Horaz und Herodot studiert, war ein angesehener wie streitbarer Politiker und zeitweise sogar Vizekönig von Irland. Porchy dagegen galt bei seinen Lehrern als faul und langsam. Zumindest teilte er nicht die Leidenschaft seines Vaters für die griechischen und römischen Schriftsteller, sondern beschäftigte sich lieber mit Sport und dem Sammeln unterschiedlichster Dinge. Als die Familie ihn auf das Nobelinternat Eton schickte, bewahrte er in seinem Pult nicht etwa Rechen- und Grammatikbücher auf – sondern eine Schlange, die er ein ganzes Schuljahr lang darin wohnen ließ.

Mit 19 Jahren schrieb Carnarvon sich im Trinity College in Cambridge ein. Aber auch dort fand er das Leben in der Studentenstadt interessanter als die Studieninhalte. Seine Sammelleidenschaft konzentrierte sich nun auf die erotischen Stiche und Zeichnungen des belgischen Graphikers Félicien Rops, der unter anderem den zunächst zensierten Gedichtband *Les Fleurs du Mal* von Charles Baudelaire illustriert hatte. »Ich fürchte, dass er damals öfter bei den Rennen in Newmarket als bei den Vorlesungen gesehen wurde«, bekennt seine Schwester Lady Burghclere in einer biographischen Skizze, die nach seinem Tod im Anhang des Ausgrabungsberichtes veröffentlicht wurde.

Nach der Schule begab er sich erst einmal auf Weltreise – im Segelboot fuhr er nach Südamerika, später bereiste er Australien, Japan und Südafrika. Am 26. Juni 1895 – seinem neunundzwanzigsten Geburtstag – heiratete Carnarvon Almina Victoria Maria Wombwell, Tochter des Barons Alfred de Rothschild. Seine Frau tolerierte seine Hobbys und seine Leidenschaften mit Gelassenheit. Nach wie vor liebte der Lord schnelle Pferde, schnelle Yachten und die Jagd. Vor allem aber liebte er Autos – eine Liebe, die sein Leben verändern sollte. Noch bevor sie in Großbritannien zugelassen waren, besaß Carnarvon mehrere Automobile in Frankreich. Und als man mit den neumodischen Motorkutschen endlich auch über die englischen Landstraßen preschen durfte, war er einer der Ersten, die diesem neuen Hobby frönten: Sein Auto trug die Zulassungsnummer drei. Ängstlicher als seine Frau war seine Schwester Lady Burghclere. Sie machte ihm Vorwürfe, er riskiere mit der motorisierten Raserei sein Leben. »Hältst du mich für einen Narren?«, lachte ihr Bruder daraufhin. »Beim Autofahren liegt die Gefahr hinter der Ecke, und ich nehme niemals eine Ecke schnell.«

Keine Ecke, sondern eine Gerade sollte Lord Carnarvon denn schließlich auch zum Verhängnis werden. Sie führte durch den deutschen Hintertaunus geradewegs auf Bad Schwalbach zu. Carnarvon war mit seinem langjährigen Chauffeur Edward Trotman unterwegs, saß aber selber am Steuer. Den Spaß, das Automobil selber zu lenken, wollte der Lord sich, wie so oft, nicht nehmen lassen. Plötzlich tauchte eine Senke auf, die aus der Entfernung nicht einsehbar gewesen war, und am Boden der Senke versperrten zwei Ochsenkarren den Weg. Carnarvon versuchte auszuweichen, lenkte dabei aber den Wagen in einen Steinhaufen. Zwei Reifen platzten, das Auto überschlug sich und landete in einem Graben – genau auf seiner Lordschaft. Trotman hatte mehr Glück, er wurde bei dem Unfall herausgeschleudert. Schnell eilte er seinem Herrn zur Hilfe, der regungslos mit dem Kopf im Schlamm lag. Einem Feldarbeiter, der den Unfall beobachtet hatte, schnappte er die Wasserflasche weg und schüttete sie beherzt Carnarvon ins Gesicht.

Die kalte Dusche holte den Lord wieder ins Leben zurück. Doch es stand nicht gut um ihn. Zu einer schweren Gehirnerschütterung kamen schlimme Verbrennungen an den Beinen und der Bruch eines Handgelenks. Auch Gaumen und Kiefer waren arg lädiert. Zudem verlor Carnarvon vorübergehend das Augenlicht. Das nasse Klima seiner Heimat war fortan Gift für ihn. Zu Hause könne er nicht genesen, urteilten seine Ärzte und schickten ihn über die Wintermonate dorthin, wo garantiert kein Regen fallen würde: in den trockenen Wüstensand Ägyptens. Abgeschnitten vom High-Society-Leben Englands suchte Carnarvon nach einer neuen Beschäftigung. Warum nicht wieder den alten Kindheitstraum aufleben lassen – und Ausgräber werden?

Gaston Maspero erteilte Lord Carnarvon eine Grabungslizenz. »Ich muss gestehen, dass ich zu dieser Zeit absolut keine Ahnung von der Ausgräberei hatte«, gab der frischgebackene Selfmade-Archäologe freimütig zu. »Deshalb bekam ich wohl eine Stelle oben in Sheik Abd-el-Qurna zugewiesen; so wollte man wohl vermeiden, dass ich Unfug anstellte.« Kaum hatte Carnarvon den Spaten in den Sand gestoßen, fand er auch schon einen Grabschacht. Enthusiastisch informierte er Maspero – doch ein kurzer Blick genügte, um festzustellen, dass Carnarvons großartiger Fund lediglich ein unvollendetes Grab war. Trotzdem buddelte der Lord sechs weitere Wochen mit ungetrübtem Eifer weiter. Immerhin fand er dabei eine mumifizierte Katze, die er stolz dem Kairoer Museum schenkte.

So konnte Maspero Carnarvon nicht weitermachen lassen. Er brauchte jemanden, der den archäologischen Enthusiasmus des Adligen in vernünftige Bahnen lenken konnte. Und Howard

Carter brauchte einen Job. Es sollte ein perfektes Match werden. Carnarvon konnte mit Carter einen der besten Ausgräber Ägyptens für sich gewinnen, und Carter bekam mit der Möglichkeit, wieder ausgraben zu können, seinen Lebensinhalt zurück. Und sie ergänzten sich nicht nur bei archäologischen Vorhaben. Zwischen den beiden Außenseitern Carter und Carnarvon entstand auch rasch eine enge Freundschaft.

Dem konnten auch die unzähligen Enttäuschungen und Fehlschläge der kommenden Jahre keinen Abbruch tun. Maspero schickte die zwei nach Theben-West, wo sie zeitweise bis zu 270 Arbeiter für sich graben ließen. Carter blieb ständig vor Ort, während der Lord zwischen England und Ägypten pendelte. Mal fanden sie ein leeres Grab, mal das Grab einer armen Familie, die sich keine Beigaben leisten konnte. Ein vielversprechender Grabfund entpuppte sich bei näherem Hinsehen als Stall für Esel. 1912 wollten sie ihr Glück im Nildelta versuchen, wo laut einer römischen Inschrift der Ort Xois gelegen hatte. Doch dort wimmelte es so von Kobras, dass eine geordnete Ausgrabung unmöglich war. Nach nur zwei Wochen ergriffen sie die Flucht vor den Giftschlangen.

Schließlich bekamen die beiden die Chance, im Tal der Könige zu graben. Nach zwölf Jahren Ausgrabungen war Theodore Davis, Inhaber der Grabungskonzession, fest davon überzeugt, dass dort außer heißem Wüstensand nichts mehr zu finden sein würde. Im Winter 1913/1914 war er endlich bereit, seine Konzession abzugeben – ein Moment, auf den Howard Carter seit sehr langer Zeit gewartet hatte. Tatsächlich bekam Carnarvon die Grabungserlaubnis zugesprochen, doch die Saison war bereits zu weit fortgeschritten für größere Unternehmungen und man vertröstete sich auf das kommende Jahr. Doch dann erschoss in den Sommermonaten, während in Ägypten alle Arbeiten brach lagen, in Sarajevo ein bosnischer Terrorist den österreichisch-ungarischen Thronfolger Franz Ferdinand und die Welt versank im Krieg. Dies Ereignis hätte ferner nicht sein können, und doch hatte es weitreichende Konsequenzen für die Arbeit im Tal der Könige. Die Geldgeber gaben ihr Geld nun für den Krieg aus, und die sprachgewandten Ausgräber übersetzten als Dolmetscher zwischen den Briten und den arabischen Stämmen. Auch Howard Carter meldete sich und bot den ägyptischen Behörden seine Dienste an. Doch obwohl er fließend Arabisch sprach, hatte niemand rechtes Interesse an seinem Hilfsangebot. Also blieb ihm nichts anderes übrig, als mit dem Geld, das Carnarvon ihm zuvor schon bereitgestellt hatte, hier und da kleinere Arbeiten im Tal durchzuführen. Der große Krieg fand ohne Howard Carter statt.

Die Vorarbeiten zahlten sich aus. Carter musste nicht einmal das Kriegsende abwarten, bevor er sich endlich mit allen Kräften seinem Tal widmen konnte. »Im Herbst 1917 eröffneten wir unseren wirklichen Feldzug im Tal«, schrieb er später in der Veröffentlichung der Grabungsergebnisse. Nur wo sollten sie mit der Suche nach unentdeckten Gräbern beginnen? Der Boden des Tals war bedeckt von unübersichtlichen Schutthügeln mit dem Auswurf früherer Grabungen. Und niemand hatte sich jemals die Mühe gemacht, auf einem Plan festzuhalten, wer bereits wann und wo nach was gesucht hatte. »Ich schlug Lord Carnarvon vor, als Ausgang ein durch die Gräber Ramses II., Merenptahs und Ramses VI. bestimmtes Dreieck zu nehmen«, berichtete Carter. »Es war allerdings ein verzweifeltes Unternehmen, da die Stelle bis hoch hinauf von ungeheuren aufgeworfenen Schuttmassen bedeckt war. Aber ich hatte Grund zu glauben, dass der Grund darunter nie angerührt worden war, und ich war überzeugt, dort ein Grab zu finden.«

In der ersten Saison wühlten die Arbeiter sich bis an den Rand des Grabes von Ramses VI. vor. Dort fanden sie Arbeiterhütten aus der Zeit, als das Grab gebaut wurde. Und diese Hütten standen auf einer Halde großer Feuersteinknollen – üblicherweise ein sicherer Hinweis auf die Nähe eines Grabes, bei dessen Aushub diese Steine aus der Tiefe an die Oberfläche geholt wurden. Da die Hütten auf den Knollen standen, musste das unbekannte Grab älter als das von Ramses VI. sein, dem fünften Pharao der 20. Dynastie. Lag hier der gesuchte Tutanchamun, der zu den Herrschern der 18. Dynastie zählte? Um das herauszufinden, müsste man allerdings den Zugang zum bei den Besuchern beliebten Grab Ramses' VI. sperren – und sich die gesamte Grabungskampagne lang mit den nörgelnden Touristen herumplagen, die sich doch auf die eine oder andere Art Zutritt verschaffen wollten. Die Vorstellung war dem Misanthropen Howard Carter ein Graus: »Deshalb beschlossen wir, eine günstigere Gelegenheit abzuwarten.« Sein Instinkt aber war richtig gewesen. Tutanchamun lag unter genau diesem Berg Feuersteinknollen. Carters Menschenscheu aber sollte dem Pharao nun noch weitere fünf ungestörte Jahre bescheren.

In diesen fünf Jahren suchten die beiden Briten das gesamte abgesteckte Dreieck ab. Jeder Schutthaufen wurde erneut umgewühlt, jeder Freiraum zwischen den bekannten Gräbern bis auf den Felsen freigelegt. Obwohl sich Davis' Einschätzung, dass im Tal der Könige nichts mehr zu holen sei, zu bestätigen schien, waren es wohl trotzdem die glücklichsten Jahre in Howard Carters Leben. Er lebte und arbeitete in seinem Tal – er war zu Hause. Auch für die Ägypter war er viel mehr als nur ein Ausgräber. Er war auch eine von allen akzeptierte Autorität, die man um Rat fragte und in Notsituationen herbeirief. Dass dies mitunter recht abenteuerlich zugehen konnte, beschreibt er im Grabungsbericht. Eines Nachmittags wurde es unruhig im Dorf. Grabräuber hätten, kam die Nachricht, an einer einsamen und wenigbesuchten Stelle der Westseite des Hügels oberhalb des Königstals ein Grab gefunden. Sofort schulterte ein zweiter Trupp zwielichtiger Gestalten seine Waffen und machte sich auf, der ersten Gruppe den Fund abzujagen. Bei einem lebhaften Gefecht gelang es den Nachzüglern, die erste Truppe zu vertreiben. Aber diese schwor Rache. Die Dorfältesten bangten um den Frieden. Da durch den Krieg sich sowohl Polizei als auch Wachleute im Tal rar machten, baten die Dorfältesten die einzige Institution um Hilfe, der sie zutrauten, die rivalisierenden Banden gemaßregelt zu kriegen: Howard Carter.

Seine Beschreibung der Ereignisse liest sich wie ein Abenteuerroman: »Es war schon spät am Nachmittag«, berichtet er. »Eilig sammelte ich die wenigen meiner Arbeiter, die der militärischen Aushebung entgangen waren, und machte mich mit der nötigen Ausrüstung zum Tatort auf den Weg, ein Unternehmen, das einen Aufstieg von über 600 Metern Höhe auf die Hügel von Kurna bei Mondschein mit sich brachte. Es war Mitternacht, als wir auf dem Schauplatz ankamen und der Führer mir das Ende des Seils zeigte, das an einem senkrechten Felsen hinabhing. Wenn wir hinhorchten, konnten wir die Räuber tatsächlich arbeiten hören; ich schnitt erst ihr Seil und damit das Mittel zum Entkommen ab und ließ mich, nachdem ich ein eigenes, gutes, starkes Seil befestigt hatte, über den Felsen hinunter.« Carter gefiel sich durchaus in der Rolle des räuberjagenden Grabbeschützers: »Sich um Mitternacht an einem Seil in ein Nest voll geschäftiger Grabräuber hinunterzulassen, ist ein Zeitvertreib, dem es wenigstens nicht an Reiz mangelt«, schiebt er als Geständnis in seinen Bericht ein. »Acht Mann waren an der Arbeit, und als ich unten ankam, gab es ein paar ungemütliche Augenblicke. Ich stellte ihnen die Wahl, sich mittels meines Seils davonzumachen oder ohne Seil zu bleiben, wo sie waren; schließlich nahmen sie Vernunft an und entfernten sich.« Den Rest der Nacht hielt Carter Wache.

Bis sie bei ihrem Vorhaben gestört wurden, hatten die Räuber bereits einen 30 Meter langen Tunnel in den Grabschacht hineingebohrt – gerade groß genug, dass ein Mann sich hindurchzwängen konnte. Nun wollte Carter natürlich wissen, wie es dahinter weiterging. Die Lage des Grabes war einzigartig. Wollte man den langen Auf- und Abstieg vermeiden, blieb nur der direkte Weg: mit dem Flaschenzug direkt hinab ins Tal. Für die Beförderung von Personen installierte Carter ein Netz. Als seine Arbeiter nach drei Wochen das Grab freigelegt hatten, fanden sie wieder nur eine Enttäuschung. Es war ein unvollendetes Grab mit einem unvollendeten Sarkophag darin. Hatschepsut hatte es sich anlegen lassen, als sie noch Königsgemahlin war. Ihr eigentliches Grab, in dem sie nach der Zeit ihrer Alleinherrschaft als Pharao bestattet worden war, hatte Carter bereits 1903 unten im Tal gefunden – geplündert, wie das aller anderen Pharaonen auch. »Hätte sie sich an ihren ersten Plan gehalten, sie wäre besser dran gewesen«, urteilte Carter bissig. »An dieser verborgenen Stelle hätte ihre Mumie eine leidliche Aussicht gehabt, der Ruhestörung zu entgehen; im Tal gab es keine. Ein König wollte sie sein, so wurde ihr das Schicksal eines Königs zuteil.«

Fünf Winter lang wühlte Carter sich durch das Tal. Er war sich sicher, dass dort noch ein Königsgrab nur darauf wartete, von ihm entdeckt zu werden. Und zwar nicht das Grab irgendeines Königs – sondern das des Tutanchamun. Seine feste Überzeugung ruhte auf vier Hinweisen, die bereits Theodore Davis gefunden hatte, als er noch die Grabungskonzession für das Tal der Könige hielt. Der erste war ein kleiner hellblauer

Fayencebecher mit dem Thronnamen Tutanchamuns darauf: Nebcheperure. Davis' Arbeiter hatten ihn unter einem großen Felsen gefunden. Unweit davon lag ein kleines Schachtgrab. Als die Arbeiter es aushoben, fanden sie in einer Kammer, die fast bis zur Decke mit Schlamm gefüllt war, ein zerbrochenes Kästchen mit Stücken von Goldplättchen. Auch hier tauchte wieder der Name des Pharao auf – Tutanchamun, diesmal gemeinsam mit dem Namen seiner Gemahlin Anchesenamun. Auf einem der goldenen Stücke war der Pharao dabei zu sehen, wie er seine Feinde erschlug. »Aller Schutz des Lebens steht hinter ihm, wie Re«, beschrieben die nebenstehenden Hieroglyphen das Bild. Für Davis war die Sache damit recht eindeutig. Das kleine unbedeutende Schachtgrab war die Ruhestätte des kleinen unbedeutenden Pharao Tutanchamun. »Einfach lächerlich«, urteilte Carter über die Schlussfolgerung des Kollegen. Der Form nach könnte es sich um das Grab eines Angestellten des ramessidischen Königshofes handeln, niemals aber um das eines Pharao der 18. Dynastie.

Den dritten und wichtigsten Hinweis auf das Grab des Tutanchamun aber entdeckte sein amerikanischer Kollege Herbert Winlock – in einem Lagerraum in Davis' Wohnhaus. Es handelte sich um Tongefäße, die er in einem Schacht unweit des Grabes von Ramses VI. gefunden hatte. Scheinbar enthielten sie nichts weiter als Müll: Leinen, Tierknochen, Blumenkränze, zwei kleine Besen, Säckchen mit einer pudrigen Substanz und eine Miniaturbegräbnismaske. »Enttäuschend!«, urteilte Davis über den Fund und ließ die Gefäße im Lagerraum verschwinden. Erst Jahre später entdeckte sie dort Herbert Winlock und bat darum, sie zu Hause am Metropolitan Museum of Art untersuchen zu dürfen. Schnell stellte er fest, dass Davis die Überreste von Tutanchamuns Begräbniszeremonie gefunden hatte.

Bei dem Puder handelte es sich um Natron von der Einbalsamierung des Pharao. Die Tierknochen waren die Überreste des Totenmahls. Minutiös rekonstruierte Winlock die letzte Zeremonie. Acht Personen hatten daran teilgenommen, um den Kopf trugen sie Blumenkränze und Leinenbinden. Eines dieser Stirnbänder nannte das sechste Jahr der Herrschaft des Tutanchamun – das letzte bekannte Datum seiner Lebenszeit. Die Teilnehmer verspeisten zu Ehren des verstorbenen Pharao fünf Enten, einige Regenpfeifer sowie eine Hammelkeule und spülten das Mahl mit Bier und Wein hinunter. Um keine Spuren im Grab zu hinterlassen, fegten sie anschließend mit den kleinen Besen ihre Spuren fort. Nichts durfte von den Lebenden im Grab bleiben, und so vergruben sie die Reste der Mahlzeit sowie das Geschirr in einem eigens ausgehobenen Loch in der Nähe des Eingangs.

Auch der vierte und letzte Hinweis deutete auf jene Spitze des Dreiecks, die Carter ganz zu Beginn der Suche im Tal vorschnell wieder verlassen hatte. Es war das Mumienversteck KV 55. Carter hielt die darin liegende männliche Mumie für Echnaton. »Dass Tutanchamun selbst für ihre Überführung und Wiederbestattung verantwortlich war, können wir mit ziemlicher Sicherheit daraus schließen, dass eine Anzahl seiner Tonsiegel hier gefunden wurden«, folgerte Carter. Und wo der Ketzerkönig lag, da konnte auch sein Nachfolger nicht weit sein.

Carnarvon indes zeigte weniger Optimismus als Carter. Nach dem Krieg war alles teurer geworden. Die Kosten für sein Anwesen und die Löhne seiner Angestellten verschlangen mehr Geld als zuvor. Der Lord fühlte sich alt, müde und krank. Seine Tochter Lady Evelyn Herbert berichtete, dass er zu dem Zeitpunkt bereits so schwach war, dass er kaum noch ein Buch zu halten vermochte. Und die Grabungen der vergangenen fünf Jahre hatten nur bestätigt, was der inzwischen verstorbene Maspero ihm prophezeit hatte: Im Tal der Könige ist nichts mehr zu holen. Es war an der Zeit aufzugeben. Als Carter in Highclere Castle ankam und mit dem Lord die Pläne für die kommende Saison besprechen wollte, eröffnete dieser ihm, dass es keine weitere geben würde. Was genau die beiden Männer in den folgenden Tagen besprachen, weiß niemand. Alan Gardiner zufolge soll Carter seinem Freund am Ende wütend entgegengeschleudert haben: »Wenn du nicht mitziehst, mache ich allein weiter!« Und erst da, als Carter drohte, die kommende Kampagne aus eigener Tasche zu finanzieren, ließ der Lord sich noch einmal mitreißen. Aber hätte der Sohn eines Zeichners tatsächlich eine ganze teure Grabungskampagne aus eigener Tasche bezahlen können? Vielleicht waren die Einkünfte aus seinem regen Handel mit Antiquitäten doch höher gewesen als vermutet. Zu seinen regelmäßigen Kunden gehörten mittlerweile namhafte Sammler sowohl in England als auch in den USA. Es ist aber auch möglich, dass Carter die weiteren Arbeiten gar nicht selbst finanzieren wollte – sondern darauf spekulierte, dass das Metropolitan Museum of Art die Grabungskonzession übernehmen würde. Herbert Winlock teilte spätestens seit der Untersuchung der Gefäße mit dem Abfall des Totenmahls Carters feste Überzeugung, dass Tutanchamun ganz in der Nähe vom Grab Ramses' VI. liegen müsse. Und in zwei Briefen aus jenen Tagen ließ er Carter wissen, »dass das Museum bereit wäre, seine Grabungstätigkeit auf gewisse Teile des Tals auszudehnen«. Was auch immer Carter tatsächlich an Argumenten vorbrachte – sie reichten aus, um Lord Carnarvon zur Finanzierung einer allerletzten Saison zu bewegen.

Konnte es Zufall sein, dass seine Arbeiter nur drei Tage nach Beginn der letzten Grabungskampagne auf die Eingangsstufen stießen? Das Timing scheint zu perfekt: Immer wieder wurden Vermutungen laut, Carter hätte möglicherweise schon länger gewusst, wo das Grab zu finden war. Doch eine solche Entdeckung wäre im Tal der Könige – wo schon jeder mögliche Verdacht eines Fundes Grabräuberfehden oder Massenschlägereien auslösen konnte – kaum geheim zu halten gewesen. Und Carter suchte seit vielen Jahren nach dem Grab des Tutanchamun. Welchen Grund sollte er gehabt haben, den Fund zu verschweigen?

Die Grabungssaison 1922/23 war jedenfalls in mehrerlei Hinsicht die letzte Chance. Es war die letzte finanzierte Kampagne und die letzte noch nicht untersuchte Ecke des von Carter abgesteckten Dreiecks. Immerhin war es eine vielversprechende Stelle: »Ich hatte stets eine Art abergläubischen Gefühls, dass gerade in dieser Ecke des Tals einer der fehlenden Könige, möglicherweise Tutanchamun, gefunden werden könne«, schreibt Carter in seinem Grabungsbericht. Also rang er sich dazu durch, es diesmal mit den Ramsesgrabtouristen aufzunehmen, und begann am 1. November damit, die Grundrisse der alten Arbeiterhütten aufzunehmen, um sie dann abzureißen.

Der 4. November begann mit einer außergewöhnlichen Stille. Kein Schaufeln, kein Hacken, keine lauten Rufe unter den Arbeitern. Als Carter auf der Grabung erschien, ahnte er, was dies hieß: ein Fund. Und zwar einer, der so bedeutend war, dass alle ihre Werkzeuge fallen gelassen hatten, zusammengekommen waren – und staunten. Tatsächlich: »Man begrüßte mich mit der Nachricht, dass unter der ersten Hütte, die man in Angriff genommen hatte, eine in den Felsen gehauene Stufe gefunden worden war.« So schrieb Carter es in der offiziellen Version im Grabungsbericht nieder. Auf seiner Vortragsreise durch die USA einige Jahre später erzählte er jedoch eine andere Geschichte. Derzufolge machte ein Junge, der als Wasserträger arbeitete, die große Entdeckung. Wenn gerade niemand Wasser brauchte, grub auch er voller kindlichem Eifer wie die Erwachsenen mit einem Stock im Sand – abseits der offiziellen Grabungsfläche. »Plötzlich stieß er auf etwas Hartes, grub fieberhaft weiter und legte eine Steinstufe frei. Sein Herz hörte beinahe auf zu schlagen. Schnell bedeckte er die Stufe wieder mit Sand, damit die Konkurrenz nichts merkte.« Dann erst rannte er angeblich zu Howard Carter und berichtete ihm atemlos von seiner Entdeckung.

Der aber blieb zunächst skeptisch. Zu oft hatte er bereits herbe Enttäuschungen hinnehmen müssen, leere oder geplünderte Gräber entdeckt. Bevor er also irgendetwas unternahm, ließ er die Stufen vollständig freilegen. Es war ein qualvoller Tag für Howard Carter. Natürlich hoffte er inständig, doch ein unversehrtes Grab gefunden zu haben. Und wiesen nicht alle Zeichen auf den so lange gesuchten Tutanchamun? Mit jeder freigelegten Stufe regten sich in ihm neue Zweifel – und neue Hoffnung. Die Stufen führten fast senkrecht in den Felsen hinein. So hatte man nur in der 18. Dynastie die Gräber gebaut, später in der 19. und 20. Dynastie lagen die Eingänge waagerecht. Allerdings war die Öffnung sehr klein – zu klein für einen Pharao. Könnte hier eine hochgestellte Person vom Hof der 18. Dynastie liegen? Gräber für Nichtmitglieder der Königsfamilie gab es im Tal der Könige aber erst seit der 19. Dynastie. Den ganzen folgenden Tag legten die Arbeiter Stufe um Stufe frei: »Bei Sonnenuntergang wurde am Fuß der zwölften Stufe der obere Teil einer verschlossenen, mit Mörtel bestrichenen und versiegelten Tür sichtbar«, notierte Carter. »Eine versiegelte Tür … Es war also wirklich wahr!«

Statt Antworten brachte die Tür allerdings nur weitere Fragen. Kein Königsname verriet ihm, wer hinter der Tür liegen könnte. Siegel gab es zwar genug an der Tür. Doch sie zeigten alle nur den Schakalgott Anubis mit neun Gefangenen – das Zeichen der Königstotenstadt. An der oberen Ecke der Tür war ein wenig Mörtel abgebröckelt, dahinter kam ein hölzerner Balken zum Vorschein. Carter bohrte ein Loch hinein, gerade groß genug, um eine Taschenlampe hindurchzuschieben. In ihrem Lichtstrahl sah er Geröll, vom Boden bis zur Decke. Die Wächter der toten Pharaonen hatten den Gang damit angefüllt, um möglichen Grabräubern die Arbeit zu erschweren – und damit leider auch den Ausgräbern. Carter beschloss schweren Herzens, auf Carnarvon zu warten. Gleich am nächsten Morgen schickte er ein Telegramm an den Lord: »Habe endlich wunderbare Entdeckung im Tal gemacht; ein großartiges Grab mit unbeschädigten Siegeln; bis zu ihrer Ankunft alles wieder zugedeckt. Gratuliere.« Dann gab er seinen Arbeitern den Befehl, die freigelegten Treppenstufen wieder mit Erde aufzufüllen und den Eingang so zu tarnen, dass auch moderne Grabräuber ihn nicht finden würden. »Bis zum Abend desselben Tages wurden wir fertig, also gerade 48 Stunden seit der Entdeckung der ersten Stufe«, schreibt Carter im Grabungsbericht. »Das Grab war verschwunden. Wie der Boden jetzt aussah, war dort nie ein Grab gewesen, und es wurde mir selbst manchmal schwer, mir auszureden, dass das Ganze nicht ein Traum gewesen war.«

Zweier Dinge konnte Carter sich sicher sein. Er hatte das Grab einer wichtigen Person entdeckt – davon zeugten die offiziellen Siegel der Totenwächter. Und über dem Eingang standen die Arbeiterhütten der 20. Dynastie. Spätestens seit dieser Zeit war das Grab also von keinem Menschen mehr betreten worden. Hatte Howard Carter doch an der Tür nicht oben am Balken das Loch gebohrt, sondern stattdessen weiter unten etwas sorgfältiger gearbeitet und nur wenige Zentimeter mehr freigelegt.

Dann hätte er eine Antwort auf alle seine Fragen gehabt. Denn dort, kurz über dem Boden, prangte jetzt immer noch unentdeckt ein Siegel mit den Hieroglyphen für Nebcheperure – den Thronnamen Tutanchamuns.

So aber schmorte er in ungeduldiger Neugierde, während er auf Carnarvon wartete. Der hatte sein Kommen für den 20. November angekündigt. In der Zwischenzeit gab es viel zu tun. Umgehend bestellte Carter in Kairo Kabel und Glühlampen. Glücklicherweise gab es bereits Strom im Grab von Ramses VI., dessen Steckdosen würde man anzapfen können. Außerdem sandte er eine Nachricht an Arthur Callender und bat ihn, so schnell wie möglich zu kommen. Der stämmige britische Archäologe hatte bereits öfter mit Carter zusammengearbeitet und galt als »einer der wenigen, die mit Carter länger zusammen sein konnten, ohne aus der Haut zu fahren«. Tatsächlich ließ Callender alles stehen und liegen und eilte, so schnell er konnte, von seiner eigenen Ausgrabung in Armant ins Tal der Könige. Nun war alles vorbereitet. Am Abend des 18. November brach Carter auf nach Luxor, um letzte Besorgungen in der Stadt zu erledigen und zwei Tage später Lord Carnarvon mitsamt seiner Tochter Lady Evelyn in Empfang zu nehmen.

Arthur Callender begann indes mit der erneuten Freilegung der Stufen. Am 24. November war es so weit: Die ganze Treppe lag nun frei, sechzehn Stufen insgesamt. Und auch der untere Teil der Tür war nun erstmals vom Schutt befreit. Hier endlich prangten die Siegelabdrücke, die zu finden Howard Carter so sehr gehofft hatte. Die Zweifel der letzten zwei Wochen schwanden dahin und wichen triumphaler Freude: »Hatten wir, was fast sicher schien, das Grab dieses schattenhaften Herrschers gefunden, dessen Regierungszeit mit einem der interessantesten Abschnitte der ganzen ägyptischen Geschichte zusammenfiel, so hatten wir allerdings das Recht, uns zu beglückwünschen«, hält Carter im Grabungsbericht fest.

Bald wurde allerdings klar, warum die Siegelabdrücke nur auf dem unteren Teil der Tür zu finden waren. Im oberen Teil waren mehrere Steine entfernt und die Öffnung dann erneut versiegelt worden – allerdings nicht mit dem Siegel des Pharao, sondern von den Totenwächtern des Tals. Das konnte nur eines bedeuten: Jemand war in das Grab eingedrungen. Auch der Zustand des Ganges, in den Howard Carter bereits mit der Taschenlampe gespäht hatte, schien darauf hinzudeuten. Unterschiedliche Schichten Schutt sowie herumliegende Gegenstände zeigten den Ausgräbern: Dies war kein unberührtes Pharaonengrab, sondern ein geschändeter Ort.

Noch wussten Carter und Carnarvon nicht, was sie am Ende des Ganges erwarten würde. Natürlich wünscht sich jeder Ausgräber, ein ungestörtes Grab zu finden. Aber gerade die Tatsache, dass dieses Grab offensichtlich gestört worden war, kam ihnen jetzt erst einmal sehr gelegen. Denn seit kurzem besagte ein neuer Erlass des Generaldirektors der Altertümerverwaltung, Pierre Lacau, Nachfolger des gutmütigen Gaston Maspero, dass die Antikenbehörde beim Neufund eines unberührten Grabes das Recht habe, alle für sie interessanten Funde für das Land Ägypten zu beanspruchen. Im Ernstfall bedeutete diese Neuregelung, dass die Ausgräber leer ausgingen. Unter Maspero hatte man sich meist darauf geeinigt, fair halbe-halbe zu machen – wobei der alte Direktor oft auch noch beide Augen zudrückte. War das Grab allerdings nicht unberührt, sondern gestört, galt das neue Zugriffsrecht der Antikenbehörde nicht.

Pflichtschuldig hatte Carter zur Öffnung der ersten Tür auch Rex Engelbach eingeladen, den Generalinspektor der Altertümerverwaltung. Prompt war es zum Streit zwischen den beiden

Männern gekommen. Engelbach, dem Carter und Carnarvon insgeheim den respektlosen Spitznamen »die Forelle« verpasst hatten, bestand darauf, auch bei allen weiteren Türöffnungen dabei zu sein. Carter pochte indes darauf, dass in der Grabungskonzession ausdrücklich vermerkt sei, der Entdecker eines Grabes habe das Recht, dieses auch als Erster zu betreten. Da hinter der ersten Tür nur ein verschütteter Gang lag, zog Engelbach zunächst unverrichteter Dinge wieder ab. Allerdings nicht, ohne von Carter mehrmals deutlich darauf hingewiesen zu werden, dass dieses Grab ja sowieso in keinem Falle unberührt sei und damit die Altertümerverwaltung gefälligst Abstand von seiner Entdeckung zu halten habe.

Als die Arbeiter am Nachmittag des 26. November zehn Meter hinter der ersten Tür auf eine weitere stießen, war Rex Engelbach nicht anwesend. Und niemandem wäre in den Sinn gekommen, ihn zu benachrichtigen und auf ihn zu warten. Zumal Carter mittlerweile fest davon überzeugt war, gar kein Grab gefunden zu haben, sondern lediglich ein Versteck. Der Eingang mit seinen Treppenstufen, dem Gang und den Türen glich zu sehr jener Grabanlage KV 55, in der Davis einige Jahre zuvor vermeintlich Echnaton gefunden hatte. Trotzdem war die Spannung fast unerträglich: »Langsam, verzweifelt langsam, so schien es uns, wurden die Geröllreste aus dem Gang fortgeschafft«, erinnert sich Carter im Grabungsbericht. Schließlich lag die Tür frei. Carter brach eine kleine Öffnung in der linken oberen Ecke heraus. Das Erste, was nach über 3000 Jahren in die Kammer eindrang, war eine Eisenstange. Vorsichtig stocherte Carter damit herum, stieß aber auf keinen Widerstand. Der Raum dahinter war folglich nicht mit Geröll gefüllt wie der Gang, sondern leer. Konnte man die Luft in der Kammer atmen? Die Flamme einer Kerze vor der Öffnung erlosch nicht, es musste also genügend Sauerstoff vorhanden sein. Mutiger geworden erweiterte Carter das Loch, machte es groß genug für die Hand mit der Kerze darin – und seinen Kopf. »Zuerst konnte ich nichts sehen, da die aus der Kammer entweichende heiße Luft das Licht der Kerze zum Flackern brachte«, schreibt er über den Moment, der in die Geschichte eingehen sollte. »Als meine Augen sich aber an das Licht gewöhnten, tauchten bald mehr Einzelheiten im Inneren der Kammer aus dem Nebel auf, seltsame Tiere, Statuen und Gold – überall glänzendes, schimmerndes Gold! Für den Augenblick – den anderen, die neben mir standen, muss es wie eine Ewigkeit erschienen sein – war ich vor Verwunderung stumm. Als Lord Carnarvon die Ungewissheit nicht länger ertragen konnte und ängstlich fragte: ›Können Sie etwas sehen?‹, war alles, was ich herausbringen konnte: ›Ja, wunderbare Dinge!‹ Dann erweiterten wir das Loch und führten eine elektrische Lampe ein.«

Nachdem auch Lord Carnarvon, Lady Evelyn und Arthur Callender einen Blick in die Kammer getan hatten, schreibt Carter, verschlossen die vier das Loch, instruierten die Wächter für die Nacht, stiegen auf ihre Esel und ritten »schweigsam und in Gedanken versunken« ins Tal hinunter heimwärts. Das Schweigen löste sich erst, als sie in Carters Haus beisammensaßen. Dann aber überschlugen sich die Spekulationen. »Bis tief in die Nacht hinein erörterten wir die Möglichkeiten, was alles hinter dieser Tür liegen könnte. Eine einzelne Kammer mit dem Sarg des Königs? Das war das wenigste, was wir erwarten konnten. Aber warum nur eine Kammer? Warum nicht eine Reihe von Gängen und Kammern, die, wie sonst im Tal, zu einem allerinnersten Schrein, der Sargkammer, führten? So konnte es sein, und doch war das Grab, nach seinem Grundriss zu urteilen, den anderen Gräbern ganz unähnlich. Visionen von

Kammer über Kammer, jede gleich der ersten, die wir gesehen hatten, von Gegenständen überfüllt, zogen in Gedanken an uns vorüber und ließen uns atemlos zurück. Dann kam der Gedanke an die Plünderer wieder. War er ihnen gelungen, durch diese dritte Tür hindurchzudringen? Aus der Entfernung sah sie ganz unbeschädigt aus – und war dem so, was hatten wir dann für Aussichten, die Mumie des Königs unversehrt zu finden? Ich glaube, in dieser Nacht schliefen wir alle nur wenig.«

Howard Carter gab sich sehr viel Mühe, im Grabungsbericht die angespannten Diskussionen dieser Nacht zu schildern. In Wahrheit aber geschahen in dieser Nacht vom 26. auf den 27. November 1922 ganz andere Dinge. Carter, Carnarvon, Lady Evelyn und Callender kehrten heimlich zum Grab zurück. Sie brachen ein Loch in die Mauer, groß genug, dass auch der korpulente Callender hindurchsteigen konnte. Dann inspizierten sie das Grab – nicht nur die Vorkammer, sondern auch die Seitenräume und die Grabkammer mit dem großen goldenen Schrein darin. Erst in den frühen Morgenstunden verließen sie das Grab und versiegelten die äußere Tür erneut, um ihre Spuren zu verwischen. Den Durchbruch, den sie durch die Wand zur Grabkammer hatten schlagen müssen, verschlossen sie ebenfalls und tarnten ihn nur flüchtig mit einem Korbdeckel. Geschlafen hat in dieser Nacht jedenfalls tatsächlich keiner.

Geheimniskrämerei fiel Lord Carnarvon schwer. Zum 29. November, dem Tag der offiziellen Öffnung, war auch sein Halbbruder Mervyn Herbert angereist. In seinem Tagebuch notierte er: »(mein Bruder) flüsterte etwas zu Evelyn und sagte, sie solle es mir erzählen. Das tat sie, unter dem strengsten Versprechen der Verschwiegenheit. Hier ist das Geheimnis. Sie waren beide schon zuvor in der zweiten Kammer gewesen! Nach der Entdeckung hatten sie nicht widerstehen können – sie hatten ein kleines Loch in die Wand gemacht (das sie danach wieder füllten (mit dem Deckel eines Korbes)) und waren hindurchgeklettert. Die einzigen anderen, die davon wussten, waren die Arbeiter.«

Kurze Zeit später verplapperte sich Lord Carnarvon sogar in aller Öffentlichkeit. In einem Artikel in der *London Times* vom 11. Dezember gibt er unumwunden zu, dass er selber, seine Tochter und Carter noch am selben Abend das kleine Loch vergrößerten und in die Kammer einstiegen. Allerdings beschränkt er sich in seinem Geständnis auf das Betreten der Vorkammer – den Einbruch in die Sargkammer verschweigt er. Als später dann Carters Grabungsbericht erschien, war Carnarvons Schilderung schon lange wieder aus dem Bewusstsein der Öffentlichkeit verschwunden.

Einmal vergessen, kam, solange Howard Carter lebte, das Geheimnis auch nicht mehr an die Öffentlichkeit. Heute allerdings bestätigen weitere unabhängige Quellen die Wahrheit über diese Nacht. Der Erste, der erneut plauderte, war der Chemiker Alfred Lucas. Er stieß zwar erst kurz vor Weihnachten zum Grabungsteam, kümmerte sich dann aber die kommenden zehn Jahre als Restaurator für Howard Carter um die oft sehr schwierige Erhaltung der fragilen Fundstücke aus dem Grab. 1947 veröffentlichte Lucas drei kurze Aufsätze in dem Mitteilungsblatt der Ägyptischen Altertümerverwaltung, den *Annales du Service des Antiquité de l'Egypte*. Sie handeln von jenem Loch, durch das die vier nächtlichen Eindringlinge in die Sargkammer stiegen. Ganz offen schreibt Lucas in einem der Aufsätze: »Als ich das Grab am 30. Dezember zum ersten Mal sah, war das Loch durch ein Tablett oder einen Deckel aus Schilf und einige Schilfrohre verdeckt, die Mr Carter davorgestellt hatte.« In einem etwas späteren Aufsatz greift er das Thema erneut auf: »Im Gegensatz zu der Öffnung im äußeren Zugang wurde das Loch nicht von Beamten der Totenstadt, sondern von Mr Carter geschlossen und neu versiegelt. Kurz nachdem ich mit Mr Carter zu arbeiten begann, zeigte er mir die verschlossene und wiederversiegelte Stelle, und als ich sagte, es sehe nicht wie eine alte Arbeit aus, gab er zu, es sei auch keine alte Arbeit, und er habe es getan.« Von Lucas' Veröffentlichungen nahm allerdings niemand Notiz. Carters Schilderung der Ereignisse sollte noch viele weitere Jahre die offizielle Version bleiben.

Erst 1978 griff Thomas Hoving in seinem Buch *Der Goldene Pharao* die Anschuldigung wieder auf. Des Weiteren erwähnt er Aufzeichnungen, die Lord Carnarvon kurz nach dem 26. November gemacht haben soll. Ursprünglich waren sie als Notizen für einen Aufsatz gedacht, der aber nie erschien. Hoving fand sie im Archiv der Ägyptischen Abteilung des Metropolitan Museum of Art. Leider zitiert er nicht wörtlich aus den Aufzeichnungen Carnarvons, sondern erwähnt nur, dass Howard Carter ihnen zufolge in jener Nacht eine Öffnung gemacht haben soll, die gerade groß genug war, dass die vier Anwesenden sich »mit einigen Schwierigkeiten« hindurchzwängen konnten. Auch wenn Carnarvon bei seinen vorherigen Schilderungen Arthur Callender nicht erwähnt, geht aus diesen Notizen doch eindeutig hervor, dass er ebenfalls anwesend war.

Den jüngsten Beitrag zu den »Enthüllungen« lieferte der Berliner Ägyptologe Rolf Krauss. Er verwies auf ein Detail auf der Tafel 29 B im dritten Band des Grabungsberichtes. Auf dem Foto ist das wilde Durcheinander in der Vorkammer von der Tür aus zu sehen. Carter selber versah diese Abbildung mit dem Hinweis »Beachte die Fußspuren der Einbrecher auf dem weißen Bogenkasten«. Es bleibt allerdings rätselhaft, wieso ein Eindringling sich mit vollem Gewicht auf den schräg auf einem

Haufen liegenden Kasten gestellt haben sollte, dessen Deckel nicht einmal sonderlich stabil wirkt. Handelt es sich bei den dunklen Spuren auf dem weißen Deckel aber tatsächlich um einen Fußabdruck, dann bestimmt nicht um den einer altägyptischen Sandale. Wie die aussahen, weiß man sehr gut aus archäologischen Funden – es waren Zehentrenner mit glatter, durchgehender Sohle. Tutanchamun selber besaß sogar ein Paar aus purem Gold. Eines aber hatten die Ägypter bestimmt nicht unter ihren Füßen: Absätze wie das Modell, das für die Spuren auf Tafel 29 B verantwortlich war. Krauss vermutet, dass es sich dabei vielmehr um Abdrücke handelt, die ein britischer Herrenschuh in der Nacht vom 26. auf den 27. November 1922 hinterließ.

Die Ausgräber setzten die offizielle Graböffnung für den 29. November fest und verschickten Einladungen an den Provinzgouverneur Abd el Aziz Bay Jehia, an den Bezirkspolizeichef Mohammed Bay Fahmy und an den Berichterstatter der *London Times*, Arthur Merton, als einzigen Vertreter der Presse. Pierre Lacau von der Altertümerverwaltung und sein britischer Stellvertreter Paul Tottenham fehlten ebenso wie der britische Hohe Kommissar Lord Allenby, Letzterer schickte aber immerhin seine Frau. Nachdem alle einen Blick in die Kammer – jetzt bereits mit elektrischem Licht ausgestrahlt – geworfen hatten, lud Lady Evelyn zum Picknick am Grab von Ramses VI. Der wichtigste Anwesende an diesem Tag war wohl Arthur Merton. Bereits am folgenden Tag erschien sein »von Depeschenläufern direkt aus dem Tal der Königsgräber« übermittelter Bericht. Unter der Schlagzeile: »Ein ägyptischer Schatz! Großer Fund in Theben: Lord Carnarvons lange Suche«, widmete die *Times* dem Grab des Tutanchamun eine ganze Doppelseite. Große Teile des Artikels hatte Howard Carter Merton handschriftlich schon mit der Einladung zukommen lassen – er wollte sicherstellen, dass die Öffentlichkeit von Anfang an richtig informiert wurde. Allen anderen Presseorganen blieb nichts anderes übrig, als von der *Times* – und damit in diesem Fall Carters eigener Version – abzuschreiben.

Es gibt mit Sicherheit viele Gelegenheiten, Howard Carter Vorwürfe zu machen. In einer Hinsicht aber hat er sich den allergrößten Respekt verdient. Statt nun schnell die Kammern auszuräumen, um möglichst zügig die Schätze ans Licht zu holen, bremste er allen Enthusiasmus. Die geduldige, sorgfältige Dokumentation jedes einzelnen Gegenstandes aus dem Grab war damals alles andere als selbstverständlich. Doch es sollte zehn Jahre dauern, bis der letzte Fund das Grab verließ. So lange nahm Carter sich Zeit, jeden noch so kleinen Blumenstrauß, jedes noch so unbedeutende Salbentöpfchen an Ort und Stelle zu fotografieren, zu dokumentieren und wenn notwendig zu restaurieren, bevor es überhaupt berührt werden durfte. Dieser Akribie ist es zu verdanken, dass auch heute noch viele seiner Handgriffe nachvollziehbar sind.

Dafür brauchte er nun so rasch wie möglich zwei Dinge: tonnenweise Material und Kollegen, die bereit waren, mit ihm zu arbeiten. Bis er beides zusammenhatte, sollte niemand das Grab erneut betreten. Also gab er ihm zunächst den bestmöglichen Schutz: Er ließ es wieder zuschütten. Dann fuhr Carter nach Kairo auf Einkaufstour: eine schwere Eisentür, Fotomaterial, Chemikalien, Verpackungskisten, 32 Ballen Leinwand, zwei Kilometer Watte, ebenso viele Binden – und ein Ford Automobil.

Während er noch in Kairo seine Einkäufe tätigte, erreichte ihn ein Glückwunschtelegramm von Albert Lythgoe, dem Kurator der Ägyptischen Abteilung am Metropolitan Museum of Art. Lythgoe grub zu dem Zeitpunkt – nur durch einen Berg von Carter getrennt – ebenfalls in Theben. Das war die Gelegenheit, um Hilfe zu bitten. Zaghaft fragte Carter an, ob er den Fotografen Harry Burton ausleihen dürfe. Die Antwort kam postwendend, und Carter lobte sie als »Beispiel selbstloser wissenschaftlicher Mitarbeit«: »Nur zu erfreut, in jeder Weise zu helfen. Bitte über Burton und jedes andere Mitglied unseres Stabes zu verfügen.« Aus eins wurden vier: Außer Burton siedelten bald auch die erfahrenen Zeichner Lindsley Hall und Walter Hauser sowie der Ausgräber Arthur Mace ins Tal der Könige über. Zu dem Team gesellte sich ebenfalls noch im Dezember der Chemiker Alfred Lucas, der unschätzbare Dienste bei der Konservierung der Funde leisten sollte. Alan Gardiner, weltweit führender Experte im Lesen der Hieroglyphen, sagte spontan seine Hilfe für alle im Grab gefundenen Inschriften zu, desgleichen tat James Breasted für die Siegelabdrücke. Während Weihnachten näher rückte, wurde es so langsam voll im Tal. Zumal die Amerikaner nicht alleine kamen, sondern ihre Frauen mitbrachten. Als Mace' Frau Winifred und seine Tochter Margaret im Tal eintrafen, hatten die beiden Damen ein Kamel im Schlepptau – auf dessen Rücken ein Klavier festgebunden war.

Die Stille, die am Morgen der Entdeckung im Tal geherrscht hatte, sollte für lange Zeit die letzte ruhige Stunde gewesen sein. Mit der Veröffentlichung des Grabfundes in der *Times* war es, als sei plötzlich ein Scheinwerfer eingeschaltet, der nun Tag und Nacht das Tal der Könige in helles Licht tauchte – und die Weltöffentlichkeit schaute zu. Jede Bewegung der Ausgräber wurde notiert, kommentiert und interpretiert. »Für Altertumsforschung allgemeines Interesse – das war für die meisten von uns neu und verwirrend«, schreibt Carter im Grabungsbericht, in dem »Besuchern und Presse« sogar ein eigenes Kapitel gewidmet ist. »Was der Grund oder die verschiedenen Gründe (für diese Aufmerksamkeit) auch sein mögen, gewiss ist, dass keine Macht der Welt uns mehr vor dem Licht der Öffentlichkeit schützen konnte, das jetzt auf uns niederstrahlte, seit das erste Telegramm an die *Times* veröffentlicht war. Wir waren hilflos und mussten uns damit abfinden, so gut wir konnten.«

Bald begann eine »wahre Sintflut« von Post die Ausgräber zu überschwemmen. »Mit Glückwunschbriefen fing es an«, beschwerte sich Carter. Dann folgten Angebote, Hilfe zu leisten, vom Grundrisszeichnen bis zu den Diensten eines Kammerdieners, Ersuchen um Andenken – selbst einige wenige Sandkörner vom Äußeren des Grabes würden nur zu dankbar angenommen werden –, Angebote von phantastischen Geldsummen für die Berechtigung von Filmaufnahmen bis zum Patent für Kleidermoden, Ratschläge zum Konservieren der Altertümer und das beste Verfahren, böse Geister und Naturgewalten zu beschwichtigen, Zeitungsausschnitte, kurze Abhandlungen, vermeintlich witzige Mitteilungen, strenge Anklagen wegen Entweihung, Ansprüche auf Verwandtschaft – »gewiss sind sie der Vetter, der 1893 in Camberwell wohnte und von dem wir seitdem nie etwas hörten«. Den Vogel schoss ein Briefeschreiber ab, der sich höflich erkundigte, ob die Entdeckung des Tutanchamun-Grabes vielleicht neues Licht auf die Kongogräuel werfen würde, bei denen die Belgier zwischen 1888 und 1908 über die Hälfte der rund 18 Millionen Kongolesen verstümmelt, vergewaltigt oder getötet hatten.

Es blieb nicht bei Briefen. Immer mehr Leute reisten persönlich an, um ihre Anliegen vorzutragen oder auch einfach nur, um einmal am Grab gewesen zu sein. Die Hotels in Luxor mussten in ihren Gärten Zelte aufbauen, um zusätzliche Gäste beherbergen zu können. Schon in den frühen Morgenstunden, wenn es noch kühl war, zogen die ersten Besucher ins Tal und positionierten sich. Besonders beliebt waren die Plätze auf einer niedrigen Mauer, die den oberen Rand des Grabeingangs einfasste. Um diese Plätze gab es mitunter sogar heftiges Gerangel: »Manchmal waren wir wirklich in Angst, dass die ganze Mauer nachgeben und die Besuchermenge in das offene Grab stürzen würde.« Wer einen der begehrten Plätze ergattert hatte, machte es sich gemütlich. »Dort saßen sie den ganzen Morgen, lasen, unterhielten sich, strickten, machten Aufnahmen vom Grab und voneinander.« Kam jedoch der Ruf aus dem Grab, dass ein neues Fundstück herausgebracht würde, war es vorbei mit der Idylle. Dann flogen Bücher und Strickzeug beiseite, »die ganze Batterie der Apparate machte die ›Rohre frei‹ und wurde auf den Eingang gerichtet.«

Am liebsten wären natürlich alle Besucher auch in das Grab hinuntergestiegen. Die meisten waren von weither angereist und nahmen ganz selbstverständlich an, dass ihr Besuch willkommen sein würde und die Ausgräber sie nur allzu gerne im Grab herumführten. Entsprechend pampig reagierten viele, wenn ihnen der Zutritt verwehrt blieb. Mit Touristen im Grab wäre die Arbeit jedoch unmöglich gewesen. Es war ohnehin schon eng, und bereits ohne Besucher drängten sich die Arbeiter und Ausgräber in den engen Kammern, die ja zudem auch noch mit hochempfindlichen Funden vollgestellt waren. Ein Fehltritt, und eine über 3000 Jahre alte Truhe konnte zu Bruch gehen. Ein unbedachtes Anlehnen an die Wand, und die kostbaren Malereien konnten unwiederbringlich in Mitleidenschaft gezogen werden. Die Vorstellung, unkontrollierbare Menschenmassen in das Grab zu lassen, war ein Horror für Carter. Außerdem wäre dann ein konzentriertes Arbeiten gar nicht mehr möglich gewesen: »Was würde ein Chemiker denken, wenn wir ihn bitten wollten, einen schwierigen Versuch abzubrechen, um uns in seinem Laboratorium herumzuführen?«, regt Carter sich im Grabungsbericht auf. »Was würde ein Chirurg sagen, wenn man ihn mitten in einer Operation unterbräche! Und der Kranke? Was würde um alles in der Welt ein Geschäftsmann sagen – vielmehr was würde er nicht sagen –, wenn nacheinander zehn verschiedene Gesellschaften im Lauf des Vormittags zu ihm kämen, von denen jede erwartete, in seinen Räumen herumgeführt zu werden?«

Noch angespannter war das Verhältnis zur Presse. Zunächst gab es noch Termine, zu denen alle Medienvertreter geladen waren. Als aber die zweite Grabungssaison begann, entschloss Lord Carnarvon sich dazu, nur noch einen einzigen Journalisten in das Grab zu lassen: Arthur Merton, Kairoer Korrespondent der *London Times* und einer der wenigen echten Freunde Howard Carters. Der Deal kostete die *Times* 5000 Pfund in bar sowie 75 Prozent aller Erlöse aus den Nebenrechten. Dafür bekam sie die Exklusivrechte für Texte und Bilder – und Arthur Merton stieg in den Rang eines Grabungsteammitglieds mit uneingeschränktem Zugang zu allen Arbeiten am und im Grab auf. Die Konkurrenz war entsetzt – und rüstete zum Gegenangriff. Der Korrespondent der Nachrichtenagentur Reuters, Valentine Williams, schickte seine Frau auf die Grabung. Mit unschuldigem Augenaufschlag bat sie Arthur Merton, sie als alleinstehende Dame nach Hause zu begleiten. Der, ganz Gentleman, gab seinen Posten am Grab auf und ging seiner Verpflichtung einer Lady gegenüber nach – während in der Zwischenzeit ihr Ehemann versuchte, sich Zutritt zum Grab zu verschaffen. Als die skrupellosen Ehepartner sahen, dass sie vor Ort nicht weiterkommen würden, versuchten sie, sich an Lord Carnarvon heranzumachen. Sie passten im Januar 1923 in Monte Carlo die »SS Adriatic« ab, auf der Carnarvon und Lady Evelyn nach Alexandria reisten, und freundeten sich gezielt mit seiner Lordschaft an. Tatsächlich verstanden die vier sich prächtig, verbrachten viel Zeit miteinander, führten intensive Gespräche und nannten sich am Ende der Reise sogar alle beim Vornamen. Kaum aber hatten sie wieder Fuß auf festen Boden gesetzt, war es aus mit der Freundschaft. Er denke überhaupt nicht daran, seine kostbare Zeit mit Störenfrieden von der Presse zu vergeuden, ließ Lord Carnarvon die Williams wissen: »Die *Times* erhält die Neuigkeiten. Wenn andere Zeitungen sie wollen, können sie sie von der *Times* abschreiben.«

Der *Daily Express* versuchte es auf noch anderem Weg. Er schickte den Reiseschriftsteller Henry Morton, der in Luxor Brandreden hielt und Stimmung gegen das britisch-amerikanische Grabungsteam machte: Die Ägypter sollten ihre Pharaonen und deren Schätze besser vor den gierigen Ausländern schützen. Mit seiner Hetzkampagne erreichte er in Bezug auf den Nachrichtenfluss nichts. Dafür aber tat er Antikendirektor Pierre Lacau einen großen Gefallen, der mit Fortgang der Arbeiten am Grab immer weniger Verständnis für das in seinen Augen egoistische Verhalten von Carter und Carnarvon aufbringen konnte.

Lord Carnarvon beschloss, gar keine Zeitungen mehr zu lesen. Es ging ihm nicht gut. Die Entdeckung des Grabes hatte ihm zwar Ruhm gebracht, finanziell aber bis auf den Deal mit der *Times* keine Vorteile. Insgesamt 40 000 Pfund hatte er über die vergangenen sechzehn Jahre in die Suche nach dem toten Pharao versenkt – in der damaligen Zeit mehr als nur ein kleines Vermögen. Und die Situation hatte sich mit dem Auffinden des Grabes keineswegs verbessert. Im Gegenteil: die Kosten stiegen mit jedem neuen Arbeiter und jeder neuen Konservierungsmaßnahme explosionsartig. Wenn nun Lacau lautstark darauf bestand, alle Funde aus dem Grab für sein Kairoer Museum in Beschlag nehmen zu wollen, er aber leer ausgehen sollte, dann war das für seine Lordschaft wie ein rotes Tuch vor der Nase eines nervösen Stieres. Carnarvon fühlte sich von Tag zu Tag gereizter und schwächer. Schließlich begannen in immer kürzeren Abständen, seine Zähne auszufallen. Die mörderische Mittagshitze im Tal, die oft bis auf 40 Grad kletterte, konnte er kaum noch ertragen.

Anfang März, die Grabungssaison war fast zu Ende, wollte er noch einmal persönlich mit Lacau reden. Wenige Tage vor der Abreise stach ihn ein Moskito am Kinn. Carnarvon schenkte der kleinen Pustel keine weitere Beachtung. Unvorsichtigerweise glitt er mit dem Messer darüber hinweg, als er sich im Bad seiner Suite im Winter Palace Hotel in Luxor rasierte. Der Lord ärgerte sich. Statt die Wunde zu desinfizieren, ließ er sie ungehalten ausbluten. Die Reise nach Kairo stand unter einem schlechten Stern. Lacau lag mit einer Grippe im Bett und weigerte sich, Carnarvon zu empfangen. Nach wenigen Tagen war auch der nicht mehr in der Lage aufzustehen. Die Lymphdrüsen waren stark angeschwollen, schwere Fieberkrämpfe schüttelten seinen geschwächten Körper. Von dem infizierten Moskitostich breitete sich eine Blutvergiftung aus. Drei Wochen lang kämpfte Carnarvon gegen die Infektion. Während er sich fiebrig in seinem Bett wälzte, beschlossen das staatliche Ministerium und Lacaus Altertümerverwaltung, alle Entscheidungen über eine Änderung des bestehenden Antikengesetzes bis 1924 aufzuschieben. Mindestens ein weiteres Jahr lang würde es also keine Sicherheit darüber geben, wem die Funde aus dem Grab gehörten. Es sollte die letzte Nachricht sein, die Carnarvon erreichte. In den frühen Morgenstunden des 5. April 1923 starb George Edward Stanhope Molyneux Herbert, 5. Earl of Carnarvon.

Howard Carter hatte mit Carnarvon nicht nur einen Freund verloren, sondern auch den geschickten Diplomaten an seiner Seite. Nun war er alleine den Besuchern, der Presse, der Altertümerverwaltung und den ägyptischen Beamten ausgeliefert.

Die Grabungskonzession war mit dem Tode Carnarvons auf dessen Frau übergegangen. Lacau witterte nun die Gelegenheit, ohne den Widerstand des Lords seine Forderungen leichter durchdrücken zu können. Zumal sich im Winter 1923 die politischen Fähnchen gedreht hatten. Bei den Wahlen hatte der Premierminister Sad Zaghlul Pascha triumphiert, die Mehrheit der Ministerposten im ägyptischen Kabinett war fortan mit radikal-nationalistischen Wafdisten besetzt. Die neue Regierung brachte nicht das geringste Verständnis für die Bedürfnisse reicher Ausländer auf, sondern forderte, ägyptische Kulturgüter in ägyptischen Händen zu behalten. Der schlimmste Wechsel aber war der auf dem Posten des Ministers für öffentliche Arbeiten, Lacaus direktem Vorgesetzten. Das Amt übernahm Marcos Bey Henna. Der sture, rechthaberische Minister hatte vor Beginn seiner politischen Karriere vier Jahre wegen Landesverrat im Gefängnis gesessen und genoss nun Märtyrerstatus – ein Mann, mit dem man sich besser nicht anlegen sollte. Archäologie interessierte ihn keinen Deut, außer als interessantes Spiel, um den gehassten Ausländern seine neue Macht vor Augen zu führen. Ein schlimmerer Gegner hätte Howard Carter kaum gegenübertreten können.

Für die Grabungssaison 1923/24 stand die Öffnung des goldenen Schreins mit der Mumie des Pharao auf dem Plan. Es war ein schwieriges Unterfangen, denn die Kammer war so eng, dass sich mit den Deckeln und Seitenwänden des Schreins und der Sarkophage kaum manövrieren ließ. Marcos Bey Henna nötigte Carter, ihm jedes Detail des Zeitplans vorzulegen – nur, um es dann genüsslich zu verschieben oder gleich ganz zu verbieten. Zähneknirschend arbeiteten die Ausgräber sich unter diesen Bedingungen bis zu dem Granitsarkophag vor. Am 12. Februar war es so weit. Um 15.00 Uhr begannen die Arbeiter, mit Flaschenzügen den fast zwei Tonnen schweren Sarkophagdeckel in die Höhe zu ziehen. Zunächst sahen die Anwesenden nur ein Gewirr von feinen Leinentüchern. Doch darunter blitzte es: Gold! Vorsichtig schob Carter das brüchige, alte Leinen beiseite – und die Anwesenden schauten sprachlos in das vergoldete Antlitz des Pharao. Carter soll später gesagt haben, er habe in diesem Augenblick andächtiger Stille den »geisterhaften Schritt der einstigen Trauernden« vernommen. Arthur Merton fand große Worte für die Leser der *London Times*: »Während Großreiche emporstiegen und vergingen, Kriege und Katastrophen das Weltgeschehen erschütterten, Eroberungen das Gesicht der Erde veränderten, Zivilisationen sich erhoben, aufblühten und wieder versanken, Religionen gestiftet und durch andere wieder verdrängt wurden, ruhte wenige Meter unter der Erde, die jahrhundertelang tagtäglich von Menschenfüßen begangen wurde, unbeachtet und vergessen von allen dieser König in einem Frieden, einer Erhabenheit, wie nur der Tod und das Grab sie dem Menschen verleihen können.«

Im Glanz des goldenen Sarkophages schien kurzfristig aller Streit vergessen. Für den nächsten Tag hatte Carter eine Besichtigung für die Vertreter der ägyptischen Presse vorgesehen – von den ausländischen Medien durfte nach wie vor nur Merton für die *Times* das Grab betreten. Am Nachmittag sollten dann die Frauen und Familien der Grabungsmitarbeiter den Sarkophag des Pharao sehen dürfen. Bevor die Besucher eintrafen, erreichte Carter eine Botschaft von Marcos Bey Henna. Den Ehefrauen der Wissenschaftler sei der Zutritt zum Grab nicht gestattet.

Um sicherzustellen, dass sein Verbot eingehalten würde, habe er Polizisten zum Grab entsandt.

Diese Anordnung war der letzte Tropfen, den es noch gebraucht hatte, um das Fass zum Überlaufen zu bringen. Howard Carter tobte. Die gesamte Mannschaft, der mittlerweile fast alle namhaften ausländischen Wissenschaftler mit Bezug zu Ägypten angehörten, begab sich zum »Kriegsrat« in das Winter Palace Hotel in Luxor. Carter rannte aufgebracht im Hotelzimmer auf und ab, während er eine wutschnaubende Antwort nach der anderen verfasste. Schließlich gelang es den Kollegen, ihn davon zu überzeugen, dass eine sachliche Erklärung ohne beleidigende Anschuldigungen der diplomatisch geschicktere Schachzug sei. Das Schreiben, das Carter daraufhin am Schwarzen Brett des Hotels veröffentlichte, ist zwar nüchtern gehalten – sein Inhalt aber um so explosiver:

> *»Mitteilung!*
> *Aufgrund der unmöglichen Beschränkungen und Unhöflichkeiten vonseiten des Ministeriums für öffentliche Arbeiten und der Altertümerverwaltung weigern sich meine Mitarbeiter, die wissenschaftliche Erforschung des Grabes von Tutanchamun fortzusetzen. Ich sehe mich daher gezwungen, der Öffentlichkeit bekanntzugeben, dass das Grab unmittelbar nach dem Besuch der Presse am heutigen Morgen zwischen 10 und 12 Uhr geschlossen und die Arbeit abgebrochen wird.*
> *Howard Carter«*

Im Inneren des Grabes schwebte nach wie vor der Sarkophagdeckel von Tauen gehalten in der Luft. Carter aber begab sich zum Grab, verschloss die schwere Eisentür sowie das Labor und nahm die Schlüssel an sich. Er war sich sicher, dass diese Aktion das Ministerium und die Altertümerverwaltung zur Besinnung bringen würde. Das Grab war schon lange zum internationalen Prestigeobjekt geworden, die Welt verfolgte nach wie vor atemlos jede Bewegung der Ausgräber. Und ägyptische Archäologen, die mit den Arbeiten hätten fortfahren können, gab es keine. Seine Gegner, war Carter sich sicher, mussten die bittere Pille schlucken: er oder keiner!

Marcos Bey Henna aber muss beim Lesen der Zeilen vor Vergnügen laut gelacht haben. Nun hatte er Carter genau dort, wo er ihn haben wollte – aus dem Grab. Seine Antwort – in der Formulierung ebenso knapp und schlicht – erreichte das Grabungsteam zwei Tage später: »Das Grab des Tutanchamun ist bis auf weiteres geschlossen. Der Zutritt ist weder Mr Carter und seinen Mitarbeitern noch Mitgliedern der Verwaltung oder anderen Personen gestattet. Dies gilt sowohl für das Grab des Tutanchamun als auch für das Grab Nr. 15, das als Laboratorium benutzt wird.« Der Anordnung schickte er bewaffnete Polizisten hinterher. Mit Sägen und Zangen entfernten sie Carters Schlösser und ersetzten sie durch eigene.

Was in Howard Carter in diesen Tagen vorging, können wir nur ahnen. Die entsprechenden Seiten in seinem Tagebuch fehlen, sie wurden nachträglich herausgerissen. Vielleicht schämte er sich selber für seine unkontrollierte Wut, die ihm den Zutritt zu jenem Grab kostete, auf dessen Entdeckung er fast sein gesamtes Leben lang hingearbeitet hatte. Vielleicht aber wollte ihn auch jemand, der ihm nahestand, schützen – und vernichtete nach seinem Tod seine eigene Version dieses dunkelsten Kapitels seiner Lebensgeschichte.

Das Grab:
Eine Rumpelkammer voll Gold

Sie ist zweifelsohne eines der bekanntesten Kunstwerke der Welt. Aber der Wert der goldenen Totenmaske Tutanchamuns lässt sich nicht einmal annähernd schätzen. Allein der Materialwert ist beachtlich: Zwei dicke Goldbleche von zusammen 10,23 Kilogramm Gewicht verarbeitete der Künstler in der Kopfbedeckung für die Mumie des Pharao. Über einen halben Meter hoch ist das gewaltige Stück und fast 40 Zentimeter breit. Doch nicht alles ist pure Pracht. An anderer Stelle wurde merkwürdigerweise gespart. Die auffälligen blauen Streifen des königlichen *Nemes*-Kopftuches sind nicht etwa aus echtem Lapislazuli, sondern aus einer sehr viel billigeren Imitation – aus blauem Glas. Echten Lapislazuli verwendete der Künstler nur für die kleinen Wappentiere Ober- und Unterägyptens – den Geier und die Kobra – auf der Stirn des Königs. Auch im Halskragen ist Lapislazuli verarbeitet.

Wer gab den Auftrag für dieses Stück? Wer sagte: »Mach es prächtig – aber nimm, wo möglich, die billigeren Steine?« Und wer war es, der den Künstler aussuchte? Einen Goldschmied, der nicht etwa im Amarna-Stil aus der Zeit von Echnatons Herrschaft arbeitete, sondern sich künstlerisch an sehr konservativen Vorbildern aus der schon 30 Jahre zurückliegenden Regierungszeit Amenophis' III. orientierte?

Was den wahren Wert der Maske ausmacht, ist nicht der

Materialwert, sondern ihre kulturelle Bedeutung. Das goldene Antlitz des jungen Pharao, dargestellt als Unterweltsgott Osiris, steht heute synonym für das alte Ägypten. Wer in die Obsidian-Augen dieser Maske schaut, sieht darin pharaonischen Reichtum. Sie ist das wunderbarste Ding aller »wunderbaren Dinge«, die Howard Carter bei seinem ersten Blick in das Grab versprach. Sie prangt auf zahllosen Büchern, Katalogen und Zeitschriftencovern – aber ebenso auch auf T-Shirts, Kaffeebechern, Radiergummis oder Gesichtscremes, die Faltenstraffung und mehr Feuchtigkeit für die Haut versprechen.

Die goldene Totenmaske des Tutanchamun ist nur eine von insgesamt 5398 Kostbarkeiten, die dem Pharao mit ins Grab gegeben wurden. Sie ist das Stück, das alle anderen in den Schatten stellt. Und zwar in einen tiefen Schatten: Bis heute sind nur zwei Drittel aller Funde aus dem Grab wissenschaftlich untersucht, geschweige denn ausgestellt. Von dem letzten Drittel gibt es lediglich die alten, vergilbten Karteikarten, auf denen Howard Carter vor fast einem Jahrhundert seine Notizen festhielt. Und viele dieser Gegenstände sind mindestens genauso rätselhaft wie die berühmte Totenmaske. Das Grab, das den wissenschaftlichen Namen KV 62 – als 62. gefundenes Grab im Tal der Könige, engl. Kings' Valley – trägt, ist zwar die prächtigste und einzige annähernd ungestörte Grabstätte, die je im alten Ägypten gefunden wurde. Doch statt Antworten zu bringen, warf sie vor allem neue Fragen auf. Nichts an diesem Grab ist stimmig, nichts will so richtig zueinander passen.

Schon bevor Howard Carter die erste Tür aufbrach, bereiteten ihm erste Ungereimtheiten Kopfzerbrechen. Für ein Pharaonengrab schien der Eingang viel zu klein. Der erste Eindruck bestätigte sich später, als der Ausgräber tatsächlich alle Räume vermaß. Mit allen Kammern und Gängen hat das Grab des

Tutanchamun eine Grundfläche von nur 109,83 m² – und ist damit vergleichsweise winzig. Schon sein Nachfolger Eje ließ sich in einem doppelt so großen Grab mit 212,22 m² Grundfläche beisetzen. Sethos I., zweiter Herrscher der 19. Dynastie, stand nur wenig später mit 649,04 m² sogar fast die sechsfache Grundfläche zur Verfügung. Das Grab KV 62 hingegen liegt mit seinen bescheideneren Maßen eher in einem Bereich mit dem heimlich eingerichteten Versteck KV 55 mit 84,3 m² Grundfläche oder dem Privatgrab des hochrangigen Beamten Tuja und seiner Gemahlin Juja, den Urgroßeltern Tutanchamuns (KV 46 mit 62,36 m²).

War KV 62 vielleicht ursprünglich auch als Privatgrab angelegt worden? Privatgräber hatten üblicherweise nur eine Kammer. Da konnte das Grab Tutanchamuns immerhin mehr bieten. Die 16 Stufen zählende Treppe und der dahinterliegende Korridor führen zunächst zu einer Vorkammer. Von ihr zweigt gen Westen eine merkwürdig schräg abgewinkelte Seitenkammer ab sowie im Norden die eigentliche Grabkammer. Beide Zugänge waren, als Carter zum ersten Mal das Grab betrat, versiegelt. Die Grabkammer liegt nicht auf einem Bodenniveau mit der Vorkammer, sondern etwa einen Meter tiefer. Zur Schatzkammer, die auf der Ostseite von der Grabkammer abzweigt, führt dann allerdings wieder eine Treppenstufe hinauf auf das Niveau der Vorkammer. Möglich wäre, dass KV 62 zunächst als bescheidenes Ein-Kammer-Grab angelegt, dann aber für Tutanchamun ausgebaut und um weitere Seitenkammern ergänzt wurde. Das würde den »gestückelten« Eindruck erklären, den die unterschiedlich orientierten Kammern machen.

Carter selber stellte bereits 1922 fest, dass das Grab des Tutanchamun nicht nur von der Größe, sondern ebenfalls sowohl von der Ausführung als auch von der Anlage her dem

Mumienversteck KV 55 gleicht – und beide Gräber auch noch in unmittelbarer Nachbarschaft zueinander liegen. Trotzdem ist und bleibt es ein Königsgrab, wie die französische Ägyptologin Christiane Desroches-Noblecourt bemerkte: »Man könnte höchstens einwenden, dass diese Räumlichkeiten wohl nicht für den Herrscher vorgesehen waren, aber immerhin waren sie so zur Verfügung gestellt worden, dass sie keine Fundamentalgesetze der königlichen Grabbauweise jener Epoche verletzten.« Wer auch immer diese letzte Ruhestätte für Tutanchamun bereitstellte, bemühte sich wenigstens, einen gewissen Standard zu wahren. Vielleicht wurde der Pharao nicht gerade mit dem größtmöglichen Pomp bestattet – aber eben auch nicht aufwandlos verscharrt.

Auf jeden Fall scheint Eile geboten gewesen zu sein. Außer den Wänden der Grabkammer wurden keine weiteren Wände geglättet, verputzt oder gar dekoriert. Sogar die roten Steinmetzmarkierungen sind an einigen Stelen noch sichtbar. Nicht einmal mit dem Besen fegten die Arbeiter nach den letzten Meißelschlägen durch die Kammern: Als Howard Carter die Räume betrat, bemerkte er auf dem Boden noch die letzten Kalksteinsplitter ihres Werkes. Und in der nordöstlichen Ecke der Grabkammerdecke fand er »Spuren von Ruß wie von einer Öllampe oder Fackel«. Auch die Künstler, als sie die Wände bemalten, scheinen also nicht saubergemacht, sondern das Grab nach Beendigung der Arbeiten nur so schnell wie möglich verlassen zu haben.

Viel hatten sie sowieso nicht zu tun. Statt des üppigen Bildprogramms, wie es in anderen Gräbern zu bestaunen ist, bemalten die Künstler lediglich die Wände der Grabkammer selber – und auch die nicht ganz bis zum Boden. Die Decke blieb ebenfalls undekoriert – anders als zum Beispiel im Grab KV 35 des Pharao Amenophis II., an dessen Decke jede Menge Sterne auf einem schwarzblauen Himmel funkelten.

Die Bildergeschichte, die auf den Wänden der Grabkammer dargestellt ist, beginnt auf der Ostwand. Die Mumie Tutanchamuns liegt auf einem Schlitten, der von zwölf Personen gezogen wird. Dieses Bild ist einzigartig: In keinem anderen Königsgrab wird die tatsächliche Beerdigung gezeigt. Auf der folgenden Nordwand beginnt die Vorbereitung der Reise des Pharao in das Jenseits. Zunächst führt Tutanchamuns Nachfolger Eje die Mundöffnungszeremonie durch. Tutanchamun selber tritt als Osiris auf, während die Bekleidung Ejes – ein Pantherfell – ihn als Sem-Priester kennzeichnet. Seiner neuen Rolle als König entsprechend trägt er bereits die blaue Krone. Auch diese Darstellung ist einzigartig für ein ägyptisches Grab. Möglicherweise gab Eje sie in Auftrag, um seinen Machtanspruch zu festigen – denn er stand schließlich nicht in der Erbfolge auf den ägyptischen Thron, unter Tutanchamun hatte er lediglich als Wesir und »Wahrer Schreiber des Königs« gedient. Um den Thronanspruch nach dem Tod seines Vorgängers zu verdeutlichen, ließ er zusätzlich seine neue Position in Hieroglyphen festhalten: *Sa Ra* (»Sohn des Re«) und *Nisut biti* (»König von Ober- und Unterägypten«) steht vor seinen Namenskartuschen neben der Figur.

In der nächsten Szene tritt Tutanchamun vor die Himmelsgöttin Nut. Die Hieroglyphen erklären auch hier die Bedeutung Nuts. Sie ist die »Herrin des Himmels, Geliebte der Götter, die seiner Nase und damit seinem Atem Gesundheit und Leben gibt.« Die letzte Szene schließlich lässt Tutanchamun und sein Ka, das ihm wie ein Schatten folgt, vor den Unterweltsgott Osiris treten. Warmherzig umarmt Osiris Tutanchamun, den »vollkommenen Gott, Herr beider Länder, Herr der Erscheinungen, dem Leben gegeben sei, ewig und von unendlicher Dauer« zur Begrüßung.

Am wichtigsten aber ist die Westwand der Grabkammer. Auf ihr ist eine Kurzfassung des *Amduat* gemalt, des »Buches von dem, was im Jenseits (Duat) ist«. Es gilt als eine Art Reiseführer für verstorbene Pharaonen: Beschrieben wird die Fahrt des Sonnengottes Re auf einer Barke durch die zwölf Nachtstunden. Erst wenn er sie alle erfolgreich durchquert hat, kann die Sonne wieder aufgehen – und der Pharao wiedergeboren werden. In seiner vollen Länge ist das *Amduat* ein beeindruckendes Werk, über 900 göttlichen Wesen begegnet Re auf seiner Nachtfahrt. In den Gräbern anderer Pharaonen vor Tutanchamun, so zum Beispiel in denen von Thutmosis III. oder Amenophis II., prangt die Vollversion des *Amduat* an den Wänden. Im Grab Tutanchamuns aber musste eine abgespeckte Form ausreichen. Die fünf Götter Maa, Nebet-uba, Heru, Ka-Shu und Nehes schreiten der Sonnenbarke voraus. Darunter hocken in drei mal vier Feldern zwölf Paviane, jeder für eine Nachtstunde.

Bei der Wandbemalung stellt sich, wie schon bei der Totenmaske, wieder die Frage: Wer beauftragte die Künstler und nach welchen Kriterien? Denn es waren nicht nur verschiedene Künstler, sondern zudem auch noch Maler unterschiedlicher Schulen. An der Südwand arbeiteten Künstler, die in der klassischen Methode ausgebildet waren – sie verwendeten für die Konstruktion ihrer Figuren ein traditionelles 18-feldriges Raster. An den übrigen Wänden aber wurden die Figuren nicht mit dem 18-feldrigen Raster entworfen, sondern mit einem 20-feldrigen – so wie es die Künstler in Echnatons Hauptstadt Achetaton angewandt hatten.

Howard Carter vermutete, dass die Wände der Kammer erst bemalt werden konnten, nachdem der Pharao mitsamt seinen

Sarkophagen im Grab lag und alle Schreine um ihn herum aufgebaut waren. Denn erst dann konnte die letzte Wand, die Trennwand zwischen Vor- und Grabkammer, überhaupt errichtet werden. Das aber würde bedeuten, dass die Künstler in qualvoller Enge und bei extrem schlechten Lichtverhältnissen in dem schmalen Gang arbeiten mussten, der dann zwischen äußerster Schreinwand und Kammerwand noch verblieb. Er selber beschreibt die Enge im Grabungsbericht: »Wir stießen uns die Köpfe, klemmten uns die Finger, mussten uns rein- und rausquetschen wie die Wiesel und in allen möglichen peinlichen Körperhaltungen arbeiten.« Wäre es den Künstlern ebenso ergangen, würde dies die rohe Ausführung der Malereien erklären. Und auch den Schimmelpilzbefall führt Carter auf die eilige Fertigstellung des Grabes zurück. Man habe nach Beendigung dem Mörtel und der Farbe nicht genügend Zeit zum Trocknen gegeben, sondern hastig das Grab verschlossen. »Die Feuchtigkeit des Mörtels lieferte den Keimen Nahrung, nachdem die Kammer versiegelt war«, folgert Carter. Am Ende verließen die Künstler die Grabkammer durch einen schmalen Durchgang an der Südwand.

Mindestens genauso spannend wie die Frage nach dem Auftraggeber der Künstler ist die Frage nach der Person, welche die Auswahl an Gegenständen traf, die den König auf seiner letzten Reise begleiten sollten. Es ist ein wildes Sammelsurium. Einige stammen aus Tutanchamuns Besitz und erfuhren mit Sicherheit zu Lebzeiten des Königs auch regen Gebrauch. Der Inhalt der bemalten Truhe Nr. 21 beispielsweise bestand vornehmlich aus abgelegter Kinderkleidung des Pharao. Anderes wurde speziell für sein Grab gefertigt. Dazu gehört ein Paar Holzsandalen, die mit Rinde, Leder und Blattgold verziert sind. Auf den Sohlen sind asiatische und nubische Gefangene abgebildet: Mit jedem

Schritt dieser Schuhe hätte der Pharao seine Feinde mit Füßen getreten und zermalmt. Die fragile Arbeit aber ist unbeschadet – Tutanchamun hat dieses Schuhwerk nie getragen.

Das Merkwürdigste jedoch sind die vielen Gegenstände, die weder für den lebendigen noch für den toten Pharao bestimmt waren – sondern ganz anderen Personen gehörten. Noch während der Freilegung des Ganges zum Grab hinunter, bevor Howard Carter es überhaupt öffnen und die »wunderbaren Dinge« sehen konnte, wunderte er sich schon über die offensichtliche Häufung fremder Artefakte: »In den unteren Schuttschichten, die die Treppe bedeckten, fanden wir eine große Menge Scherben und zerbrochene Kästen, Letztere mit den Namen Echnatons, Sakeres und Tutanchamuns, und was noch aufregender war, einen Skarabäus von Thutmosis III. und ein Stück eines anderen mit dem Namen Amenophis' III. Warum dieses Gemisch von Namen?«, sorgte er sich. Das Ganze sähe weniger nach einem Herrschergrab aus als vielmehr wie »eine Sammlung der verschiedensten Gegenstände aus dem Besitz von Königen der 18. Dynastie (…), die Tutanchamun von El-Amarna hergebracht und hier zu ihrer Sicherheit verwahrt hatte.«

Der britische Ägyptologe Thomas Garnet Henry James, ein Schüler Alan Gardiners, merkte an, der Inhalt des Grabes wirke wie »eine willkürliche Ansammlung von Gegenständen aus dem Palast und den königlichen Magazinen«. Er ging sogar so weit zu fragen: »Bot etwa ein königliches Begräbnis die Gelegenheit, sich der Gegenstände zu entledigen, die nicht mehr benötigt, aber dennoch nicht weggeworfen werden durften?«

Merkwürdig ist in der Tat, dass selbst intimste Gegenstände ursprünglich gar nicht für Tutanchamun gefertigt worden waren. Einer der Kästen, der inmitten des Gewirrs im Grabeingang lag, war mit einer Liste seines ursprünglichen Inhalts versehen:

Leinentücher. Den Namen nach, die auf dem Kistendeckel prangten, gehörten sie Echnaton und seinen beiden Töchtern Neferneferuaton und Meritaton. Was ist die Geschichte hinter dieser Kiste? Dass Tutanchamun die Kleidung seines Vorgängers und dessen Töchtern auftrug, erscheint mehr als unwahrscheinlich.

Nicht einmal alle seine Sarkophage scheinen allein für ihn angefertigt worden zu sein.

So trägt zum Beispiel der mittlere der drei Holzsarkophage eindeutig andere Gesichtszüge als die anderen beiden. Und auch die goldenen Mumienbänder, die um die Mumie gewickelt waren, sollten ursprünglich einen anderen Pharao binden. Sie tragen den Thronnamen Ancheperure des Pharao Neferneferuaton – des mysteriösen Vorgängers von Tutanchamun, den wir möglicherweise als Semenchkare kennen. Warum dieser die Bänder nicht selbst brauchte, kann wohl nie geklärt werden. Aber wir wissen, dass er eine gänzlich andere Figur hatte als Tutanchamun. Die Mumienbänder, die für Neferneferuaton gefertigt wurden, waren für seinen Nachfolger viel zu groß. Die Bestatter mussten Stücke heraustrennen und sie neu zusammensetzen, damit sie dem schmächtigeren Tutanchamun passten.

Doch damit nicht genug. Nicht einmal die vor der Einbalsamierung entfernten Eingeweide des Tutanchamun lagerten in ihm eigenen Gefäßen. Der goldene Kanopenschrein, in dem Leber, Lunge, Magen und Därme des Pharao aufbewahrt wurden, zählt indes zu den beeindruckendsten Gegenständen im Grab. Howard Carter bezeichnete ihn als »ein Monument, das man nicht so leicht vergisst«. Mit seinen fast zwei Metern Höhe, über 1,5 Metern Länge und 1,22 Metern Breite bietet er einen imposanten Anblick. Seine Oberfläche ist komplett mit

Gold überzogen. Den oberen Abschluss bilden 54 zum Angriff aufgerichtete Uräusschlangen, verziert mit blauem, rotem und grünem Glas und goldenen Sonnenscheiben auf den Köpfen. Während die Schlangen nach außen gerichtet sind, beschützen die vier Göttinnen Isis, Nephthys, Selkis und Neith den Schrein nach innen, indem sie schützend mit ausgebreiteten Flügeln davorstehen. Ihre Gesichter sind vom Betrachter ab- und dem Schrein zugewandt, die Köpfe leicht zur Seite gedreht. Diese Haltung, die von der sonst üblichen Frontaldarstellung abweicht, ist ein einmaliger Bruch mit der ägyptischen Kunsttradition – allein dieser Umstand macht das Stück zu etwas ganz Besonderem.

In dem vergoldeten Holzschrein steckt die eigentliche Kanopentruhe, die aus einem Kalzitblock gehauen wurde. Wieder beschützen die vier Göttinnen nach innen gewandt die Eingeweide des Pharao, diesmal umarmen sie allerdings die Ecken der Truhe. Das Innere des Blocks ist in vier Fächer geteilt, in denen die eigentlichen Kanopen steckten: Gefäße mit menschlichem Kopfaufsatz. Die Verschachtelung erreicht hier nun ihren Höhepunkt. Statt direkt in den Kanopenkrügen liegen die Eingeweide noch einmal in vier Miniatursarkophagen aus solidem Gold. Auf jedem dieser 39 Zentimeter großen Sarkophage ist vermerkt, welcher Sohn des Gottes Horus welches Organ bewacht: Amset die Leber, Hapi die Lungen, Duamutef den Magen und Kebechsenuef die Därme.

Es hätte also alles in allem eine prächtige Beisetzung der königlichen Organe sein können. Allerdings müssen ziemlich viele Dinge ziemlich schiefgelaufen sein – denn an diesem opulenten Monument ist fast nichts so, wie es sein soll. Die Namenskartuschen im Inneren der Särge tragen zwar den Namen Tutanchamuns. Ursprünglich war dort aber ein anderer Name eingraviert: Anchcheperure, der Thronname Neferneferuatons. Auch sehen die Gesichter der Miniatursärge den sonstigen Porträts Tutanchamuns gar nicht ähnlich – die obere Gesichtspartie ist breiter. Eine gewisse Ähnlichkeit besteht allerdings zur Physiognomie des mittleren Sarkophags, der ja ebenfalls nicht die bekannten Gesichtszüge Tutanchamuns trägt und wahrscheinlich für einen anderen Herrscher gefertigt wurde. Auch die Kalzitdeckel der Kanopenkrüge zeigen nicht Tutanchamun – sie passen allerdings zu den Porträts der Miniatursärge.

Wäre hier lediglich ein prächtiger Kanopenschrein für einen anderen Herrscher verwendet worden, dann gäbe es schon genügend Ungereimtheiten. Doch der Schrein gibt noch weitere Rätsel auf. Mindestens einer der Sargdeckel wurde nachträglich angefertigt – er passt nicht einmal genau auf das Unterteil des Miniatursarges. Und offenbar befüllten die Bestatter die Krüge so hastig, dass ihnen unverzeihliche Schlampereien unterliefen. Schon Howard Carter bemerkte, dass die Einbalsamierungsflüssigkeit nicht in allen Fächern der Truhe gleichmäßig verteilt ist. Als Erstes wurde das südöstliche Fach mit dem schwarzen Harz befüllt, dann das südwestliche und das nordwestliche. Als das nordöstliche an der Reihe war, blieb nicht genügend Harz übrig – nur ein kleiner Rest bedeckt den Boden des Faches.

Das alles wäre noch zu verzeihen gewesen. Dann aber setzten die Bestatter den Schrein falsch zusammen. Sie vertauschten die Positionen der Göttinnen. Isis, Nephthys, Selkis und Neith sind jeweils einem Horussohn zugeordnet: Selkis dem Kebechsenuef im Westen, Isis Amset im Süden, Neith Duamutef im Osten und Nephthys Hapi im Norden. Hier aber steht nun Selkis im Süden und Isis im Westen, Neith im Norden und Nephthys im Osten. So konnte keine von ihnen den richtigen Horussohn schützen. Eine ähnliche Verwechslung war bereits beim Befüllen der Fächer geschehen, auch hier sind zwei der Miniatursärge in ihrer Position vertauscht.

Was war geschehen? Was hatte verhindert, dass Anchcheperure Neferneferuatons Eingeweide in dem monumentalen Schrein bestattet wurden? Hatte er sich zu Lebzeiten einen neuen, noch prachtvolleren bauen lassen? Oder blieben seinem Leichnam nach dem Tod die Ehren verwehrt, die einem königlichen Toten zustanden? Und warum bewahrte man diesen Schrein nach seinem Tod auf? Behielt man ihn für Tutanchamun? Oder starb der Pharao so früh, dass er noch keinen eigenen hatte in Auftrag geben können? Wer erinnerte sich nach dem Tod des Tutanchamun an den Schrein des Neferneferuaton, der irgendwo unbenutzt in einem Lager stand? Wahrscheinlich hatte das Holz des kostbaren Stückes sich sogar in der Zwischenzeit verzogen. Als Howard Carter den Boden um den Schrein herum untersuchte, entdeckte er Holzspäne, die bei letzten Hobelarbeiten an dem äußeren Schrein angefallen waren – womöglich, um die verzogenen Teile wieder passend zurechtzuhobeln. Niemand hatte sich die Mühe gemacht, danach den Boden aufzufegen. War es eigentlich eine Schande für den Verstorbenen, im Kanopenschrein seines Vorgängers bestattet zu werden? Oder hatten die Herrscher der 18. Dynastie ein anderes Verhältnis zu Besitz – egal, ob von Lebenden oder von Toten? Was uns heute als Tabu gilt – die Verwendung von Begräbnisgerät eines Toten für einen anderen –, empfanden die alten Ägypter möglicherweise überhaupt nicht als solches.

Von Echnaton erbte Tutanchamun kein unbenutztes Bestattungsgerät. Dafür nahm er andere Erbstücke von ihm mit ins Grab. Unter den Schmuckstücken befanden sich zwei große Pektorale, die mit einiger Wahrscheinlichkeit aus der Schatzkammer Echnatons stammten und erst nachträglich mit dem Namen Tutanchamuns versehen wurden. Ähnliches gilt für einen Anhänger aus Fayence. Bei einem mit Goldfolie überzogenen Fächer machte man sich nicht einmal mehr die Mühe, Echnatons Namen zu ersetzen, seine Namenskartusche ist nach wie vor zu lesen.

Ein im Vergleich recht unscheinbares Erbstück Echnatons wirft wieder die Frage auf, wie selbstverständlich die Weiterverwertung benutzter Stücke aus den Beständen der Vorgänger für einen Pharao war. Um den Körper des Schakalgottes Anubis, dessen Statue den Kanopenschrein bewachte, lag eine Decke drapiert. Wie im alten Ägypten üblich, hatte der Hersteller sie mit einem Datum versehen: siebentes Regierungsjahr des Pharao Echnaton. Hatte diese Leinendecke aus der Zeit seines Vorgängers all die Jahre in Tutanchamuns Wäschetruhen gelegen, bis die Einrichter des Grabes beschlossen, sie sei die ideale Bedeckung für Anubis?

Eines der berührendsten Stücke in der gesamten Grabausstattung ist eine geflochtene Haarsträhne. Sie gehörte allerdings keiner jungen, hübschen Prinzessin – sondern Teje, der Mutter Echnatons. Erstaunlich ist vor allem die direkte, enge Verbindung zwischen Tutanchamun und der alten Frau, die mit diesem Fundstück deutlich wird – oder besser mit seiner Verpackung. Die äußere Schicht ist ein 78 Zentimeter großer Sarkophag, schwarz bemalt und mit Gold dekoriert. Darin steckt ein zweiter Sarkophag, dieser ist komplett mit Gold überzogen. Er wurde mit so viel Einbalsamierungsflüssigkeit übergossen, dass er unwiederbringlich in der äußeren Hülle festgeklebt ist – nur der Deckel lässt sich noch öffnen. Der Text auf dem Deckel ist ein Gebet an die Himmelsgöttin Nut: »Oh, meine Mutter! Komme über mich, gib mir einen Platz unter den unvergänglichen Sternen, die in Dir sind, damit ich nicht wieder sterben muss.«

Als Howard Carter diesen Sarg öffnete, fand er darin ein Leinenbündel und einen weiteren kleinen Sarkophag. In die Leinentücher waren Perlenreste und eine Kette gewickelt: ein hockender Pharao aus purem Gold. Vermutlich soll die kleine Figur Tutanchamun selbst darstellen. In dem Sarkophag aber lag noch ein weiterer, nur 12,5 Zentimeter groß, sorgfältig in Leinen gewickelt und einbalsamiert. Die Inschriften preisen die »Große Königliche Gemahlin Teje«. In ihm lag schließlich die zu einem kleinen Zopf geflochtene Strähne aus »kastanienbraunem« Haar. Was mag die Geschichte zu dieser Haarlocke sein? Bekam Tutanchamun sie direkt von Teje? Er muss noch ein Kleinkind gewesen sein, als sie 1338 vor unserer Zeitrechnung starb. Gehörte die Locke also vielleicht ursprünglich Tejes Sohn Echnaton oder sogar ihrem Ehemann Amenophis III. und kam erst als Erbstück in Tutanchamuns Besitz? Warum bewahrte er sie dann auf – und ließ sie so aufwendig in verschachtelten Särgen einbalsamieren? Wenn die Haarlocke aber nur ein Erinnerungsstück war, wieso legte er dann die kleine goldene Statue von sich selbst mit hinzu? Wie bei kaum einem anderen Stück aus dem gesamten Bestand an Grabbeigaben wird hier die Person Tutanchamuns sichtbar. Nicht der Pharao – sondern der Mensch, der eine Familie hatte, mit der er Gespräche führte, Ausflüge machte oder gemeinsame Mahlzeiten einnahm.

Vielleicht musizierte die königliche Familie auch gemeinsam. Einige Musikinstrumente haben ihren Weg in das Grab gefunden. Die beiden prächtigsten sind zwei Trompeten, eine aus Silber und eine aus Bronze. Sie sind sehr fragil, deshalb stützten eingeschobene Holzblöcke die Instrumente. Anders als moderne Trompeten haben sie keine Ventile – daher ist die Anzahl der Töne auf die Naturtöne beschränkt, die sich durch unterschiedliches Anblasen erzeugen lassen. Melodisch klang das nicht, eignete sich aber hervorragend für Signale und Fanfaren. Am 16. April 1939 hörten geschätzte 150 Millionen Menschen zu, als James Tappern, ein Bandmusiker der britischen Armee, die beiden Trompeten in einer Übertragung der BBC spielte. Die Silbertrompete überstand diesen Einsatz nicht – das Blech riss ein. Zwar wurde sie danach repariert, hat aber viel von ihrer einstigen Klangqualität eingebüßt.

Der frühere ägyptische Antikendirektor Zahi Hawass und die leitende Kuratorin der Sektion Tutanchamun im Ägyptischen Museum in Kairo, Hala Hassan, sind überzeugt, dass die beiden Instrumente verflucht sind: Werden sie gespielt, zieht ein Krieg herauf. Unheimliche Anzeichen sollten schon beim ersten Mal warnen. Nur fünf Minuten vor dem BBC-Auftritt fiel in Kairo der Strom aus – Tappern spielte die Trompeten bei Kerzenlicht. Fünf Monate später trat Großbritannien in den Zweiten Weltkrieg ein. Angeblich wurden die Trompeten erneut 1967 gespielt – und prompt brach der Sechs-Tage-Krieg aus, in dem Ägypten gemeinsam mit Jordanien und Syrien gegen Israel kämpfte. Und 1990 sollen die Instrumente bei weiteren Gelegenheiten den Golfkrieg ebenso heraufbeschworen haben wie im Jahr 2011 die Ägyptische Revolution.

Ob Tutanchamun die beiden Trompeten selbst spielte, kann natürlich niemand wissen, ebenso wenig wie bei den anderen Instrumenten in seinem Grab. Die beiden Sistra beispielsweise, eher eine Art zeremonielle Rasseln als Musikinstrumente, wurden traditionell von Frauen geschüttelt. Es ist also sogar eher unwahrscheinlich, dass Tutanchamun damit Musik machte. Auch die elfenbeinernen Klappern in Form von Armen mit Händen daran gehörten Frauen – und zwar, laut ihrer Inschrift,

Echnatons Mutter Teje und seiner ältesten Tochter Meritaton, deren Namen in Kartuschen auf jeweils einem der Arme stehen.

Ein weiteres Stück mit Tejes Namen ist eine Kalzitvase, auf der sie gemeinsam mit ihrem Gemahl Amenophis III. genannt wird. Es ist die einzige Vase, die beide Namen dieses Herrscherpaares gemeinsam nennt, drei weitere tragen nur den Namen von Amenophis III. Überhaupt gehören die Kalzitvasen wahrscheinlich zu den ältesten Objekten im Grab. Einige nennen als ursprünglichen Besitzer sogar Thutmosis III., den Urgroßvater von Amenophis III.

Aus dem Besitz Amenophis' III. stammt auch ein Weinkrug, den Tutanchamun mit ins Grab bekam – samt Inhalt. Hier drängt sich allerdings die Frage auf, ob das Getränk zum Zeitpunkt seiner Beisetzung überhaupt noch genießbar war und wenn ja, warum er dann ausgerechnet Wein aus dem Altbestand seines Vorvorgängers auf dem Pharaonenthron auf die letzte Reise mitnahm.

Das breite Spektrum an Grabbeigaben aus dem Besitz des Amenophis III. ergänzt eine Schreibpalette. Von diesen Geräten bekam Tutanchamun nicht weniger als 15 mit ins Grab – möglicherweise, um im Jenseits die Aufgabe zu erfüllen, die laut Pyramidentexten einem König nach seinem Tod zugedacht war: als Schreiber an der Seite des Sonnengottes Re zu dienen. Einige der Paletten hatte Tutanchamun zu Lebzeiten schon selbst benutzt. Sie trugen seinen Namen und waren eindeutig gebraucht, erkennbar an den eingetrockneten Farbresten. Andere, wie die Glaspalette mit der Fundnummer 367n, waren dagegen unbenutzte Spezialanfertigungen für die Grabausstattung. Und die Palette von Amenophis III. war nicht das einzige Schreibutensil, das aus dem Besitz anderer Mitglieder der Pharaonenfamilie stammte. Eine Elfenbeinpalette hatte Echnatons zweitältester

Tochter Maketaton gehört, die bereits als Kind verstorben war. Eine andere Schreibpalette trägt den Namen seiner ältesten Tochter Meritaton. Das schöne Stück hatte sechs kleine Vertiefungen für unterschiedliche Farben, in allen sind noch die eingetrockneten Reste zu sehen. Als das Grab Tutanchamuns mit den Schätzen bestückt wurde, legte man diese Palette seiner Schwester – aus welchem Grund auch immer – zwischen die Pfoten der großen Anubisstatue.

Von der fünften Tochter Echnatons, Neferneferure, nahm Tutanchamun sogar ein Bild mit ins Grab. Der Truhendeckel mit der Darstellung der jungen Prinzessin, die ebenfalls bereits als Kind verstarb, ist das einzige bekannte Bildnis Neferneferures. Eine zugehörige Truhe wurde nie gefunden – möglicherweise ging es dem Pharao tatsächlich um das Bild des Mädchens und nicht um den Gegenstand an sich.

Sogar von Echnatons Bruder Thutmosis besaß der Pharao ein Erbstück: einen Peitschenstock, der seinen Namen trägt. Er gehört zu der riesigen Sammlung von Stöcken und Stäben, die Tutanchamun mit ins Grab nahm. 130 Stück zählte Howard Carter und vermutete, der König sei zu Lebzeiten ein leidenschaftlicher Stocksammler gewesen. Auch diese sind ein interessantes Sammelsurium von benutzten und unbenutzten Gegenständen. Einige der Geh-, Reit- oder Kampfstöcke tragen eindeutige Gebrauchsspuren, andere sind nagelneu und so konstruiert, dass sie bei einem tatsächlichen Einsatz nutzlos gewesen wären. Ein Stock gab den Ausgräbern zunächst Rätsel auf. Es ist ein ganz einfacher Rohrstock, knapp über 1,80 Meter lang. Warum nahm der Pharao etwas mit ins Grab, was tausendfach am Nilufer wuchs? Erst eine kleine Inschrift erklärte die besondere Bedeutung dieses Stückes: »Ein Rohr, das Seine Majestät mit eigenen Händen geschnitten hat.«

Auffällig abwesend unter den nahen Verwandten des Tutanchamun sind zwei Namen: Nofretete und Kija. Beide Frauen spielten im Leben seines Vorgängers Echnaton eine große Rolle – in dem Tutanchamuns aber offenbar nicht. Nicht ein einziges Stück stammt aus dem Besitz der einen oder der anderen Frau. Wahrscheinlich waren weder Nofretete noch Kija Blutsverwandte des Pharao. Möglicherweise bestimmte also doch die genetische Herkunft den Personenkreis, der die Grabbeigaben stiftete, und nicht die familiären Bindungen.

Dass der tote Pharao persönliche Erinnerungsstücke mit ins Grab bekam, lässt sich nachvollziehen. Doch auch unter jenen Grabbeigaben, die rituelle Funktionen erfüllen sollten, befinden sich Gegenstände, die eindeutig nicht für ihn gefertigt wurden. Das beste Beispiel hierfür sind die Uschebti-Figuren. Uschebtis stellen den Toten dar und dienten als sein Vertreter. Damit der Verstorbene im Jenseits seinen eigenen Interessen nachgehen konnte, sollten die Uschebtis für ihn die anfallenden Arbeiten – vor allem landwirtschaftlicher Art – übernehmen. Oft wurden die Figuren deshalb mit landwirtschaftlichen Geräten wie Hacken und Körben im Miniaturformat ausgestattet und trugen, quasi als Gebrauchsanleitung, den sechsten Spruch des Totenbuches als Inschrift:

> »Oh ihr Uschebtis! Wenn ich verpflichtet werde, irgendeine Arbeit
> zu leisten, die dort im Totenreich geleistet wird, dann verpflichte
> du dich zu dem, was dort getan wird, um die Felder zu bestellen
> und die Ufer zu bewässern, um den Dünger des Ostens und
> des Westens überzufahren. Ich will es tun, hier bin ich, sollst du
> sagen!«

Die meisten verstorbenen Privatleute mussten sich zur Zeit der 18. Dynastie mit einem oder zwei Uschebtis begnügen. Tutanchamun aber bekam ein ganzes Heer dieser Dienerfiguren zur Seite gestellt: 365 Arbeiter, einen für jeden Tag des Jahres, dazu 36 Aufseher für die zehn Tage dauernden Wochen des Jahres sowie 12 Oberaufseher für die zwölf ägyptischen Monate. Allerdings war es eine bunt zusammengewürfelte Truppe. Einige sind aufwendig vergoldet, bei anderen wurden lediglich Details auf der hölzernen Oberfläche mit schwarzer Farbe hervorgehoben, es gibt Uschebtis aus Fayence ebenso wie aus Kalzit oder Granit. Fünf hölzerne Exemplare, die allerdings handwerklich zu den Stücken von herausragender Qualität gehören, waren ein Geschenk – der General Nachtmin hatte sie für seinen König gestiftet. Auch Tutanchamuns Schatzhausvorsteher Maya gab dem Pharao eine Dienerfigur mit ins Grab. Sie lag in einem schwarzlackierten Holzsarg und war für ihre Arbeit mit einem Set aus kleinen Bronzegeräten ausgerüstet.

Um die Zahl von insgesamt 413 Uschebtis voll zu bekommen, scheint man allerdings am Ende doch alles genommen zu haben, was gerade zur Hand war. Während einige Exemplare eindeutig Tutanchamuns Gesichtszüge oder den Namen des Königs tragen, handelt es sich bei anderen um generische Massenproduktionsware. Und einige Uschebtis stellen unter keinen Umständen den König dar – sie sind nämlich durch ihre vorstehenden Brüste und breiten Hüften eindeutig als Frau zu erkennen. Wieder einmal zählte auch hier vor allem die Wahrung der Form, die Bereitstellung einer vorgegebenen Zahl von Uschebtis. Die Ausführung aber blieb, zumindest teilweise, extrem nachlässig.

Ähnliches gilt auch für die Statuen, die den König darstellen sollen. Welchen rituellen Zweck diese Königsbilder erfüllen sollten, ist leider nicht bekannt. Sie gehörten aber zur Standard-ausstattung von Pharaonengräbern der 18. und 19. Dynastie, im Grab von Sethos II. waren sie sogar direkt auf die Wände gemalt. Besonders interessant ist hier ein Paar, das die Statue des Königs auf dem Rücken eines Panthers zeigt. Das Motiv ist das gleiche, die beiden Statuen unterscheiden sich aber radikal. Während die eine ganz klassisch im traditionellen Stil gefertigt wurde, schuf der andere Künstler sein Werk nach den neuen Maßstäben der Amarnazeit mit verlängerten Gliedmaßen. Und zwar nicht für Tutanchamun, denn die Figur hat wiederum deutlich vorstehende Brüste und breite Hüften. Eine Inschrift auf dem Sockel lässt allerdings keinen Zweifel daran, wen die Statue darstellen soll: Tutanchamun. Wurde auch hier wieder ein »übriggebliebenes« Stück einer Verwandten verwendet, der Form halber hastig angepasst durch den Namenszug?

Von der Eile, die bei der Beisetzung Tutanchamuns geboten gewesen zu sein scheint, zeugen nämlich nicht nur die hastig beendeten Malerarbeiten oder die Werkspuren auf dem Boden. Eile und mangelnde Sorgfalt stehen immer wieder im Kontrast zu dem oberflächlich demonstrierten Reichtum. Mitunter gingen die Leute, die den toten Pharao zur Ruhe betteten, geradezu dilettantisch vor. Das wohl beste Beispiel steht in der kleinen Grabkammer selber. Die Mumie des Königs lag in einer ver-schachtelten Abfolge von Schreinen und Sarkophagen. Vier auf-einanderfolgende vergoldete Holzschreine bildeten die äußere Hülle. Auf einen steinernen Sarkophag folgten dann noch ein-mal drei weitere ineinander geschachtelte Särge. Howard Carter versucht in seinem Grabungsbericht, die Handwerker in Schutz zu nehmen: »Die altägyptischen Handwerker hatten es beim Aufbau der Schreine in dem engen Raum auch recht schwer gehabt«, verteidigt er sie. Die Nachlässigkeit aber, mit der sie die so sorgfältig gearbeiteten und mit Passagen aus dem Totenbuch und den Pyramidentexten beschrifteten Wandteile zusammensetzten, ist geradezu erschütternd. »(…) die einzelnen Teile sind verwechselt und nach den verkehrten Himmelsrichtungen hin aufgestellt, so dass die Schreintüren sich nach Westen statt nach Osten öffneten und das Fußende nach Osten gerichtet war statt nach Westen«, berichtet Carter. »Dieser Fehler mag ihnen verziehen sein, denn die Kammer war klein und dunkel. Andere Nachlässigkeiten sind aber unverzeihlich. Die Goldverzierungen sind beschädigt, tiefe Eindrücke von Hammerschlägen sind heute noch auf ihnen sichtbar. An einigen Stellen sind ganze Stücke abgeschlagen und Holzspäne und anderer Abfall sind nie weggeräumt worden.«

Auch der Steinsarkophag wirkt zusammengestückelt. Das Unterteil ist aus einem Block gelben Quarzits gearbeitet, der Deckel hingegen besteht aus rotem Granit. Absicht war dies gewiss nicht: Der Deckel wurde nachträglich gelb bemalt, um ihn der Farbe des Unterteils anzupassen. Durch die Mitte des Deckels geht ein großer Riss. Aber statt den Deckel auszutauschen, vergipste man den Bruch lediglich und malte die Schadstelle erneut gelb über.

Nicht immer lässt sich eindeutig unterscheiden, ob eine Nachlässigkeit tatsächlich auf das Konto der Handwerker geht oder ob sie durch die Eindringlinge verursacht wurde, die kurz nach der Beisetzung des Pharao versuchten, sein Grab zu berauben. Allerdings gelang es Carter, das zweifache Eindringen der Plünderer ziemlich genau zu rekonstruieren. Dass die Räuber zweimal eindrangen, war bereits klar, als die erste Tür am Ende der Treppenstufen vollständig freigelegt war, denn zwei mal war diese Tür neu versiegelt worden. Der erste Durchbruch setzte tiefer an als der zweite – vermutlich war im ursprünglichen Zustand der Tunnel nicht gefüllt gewesen und die Tür lag somit noch frei, die Diebe hatten leichtes Spiel. Lange kann es noch nicht her gewesen sein, dass die Mumie des Pharao bestattet wurde, denn die Eindringlinge hatten es unter anderem auf die kostbaren Cremes und Öle abgesehen, die in Dosen und Vasen im Grab lagerten. Da dieses »flüssige Gold« aber selbst in der Kühle der Grabkammer nur begrenzt haltbar war, bevor die verwendeten Fette ranzig und die Kosmetika damit unbrauchbar wurden, muss der Einbruch nur wenige Tage, allerhöchstens Wochen nach der Beisetzung stattgefunden haben. Dabei gingen die Eindringlinge systematisch vor: Salben und Öle aus schweren Gefäßen füllten sie in leichtere um, die sich besser transportieren ließen. In dem Kalzittopf mit der Fundnummer 435 sind im heute eingetrockneten Inhalt noch die Fingerspuren des Creme-Diebes zu sehen. Wahrscheinlich blieb den Störenfrieden nur gerade genug Zeit, sich in der Vorkammer und im Anbau umzusehen. Das schloss Carter aus den Stücken, die ihnen bei dem Raubzug verlorengingen und die später unter der Verfüllung auf dem Boden des Eingangsschachtes liegen blieben: der Deckel eines Kruges, eine Pfeilspitze oder ein Rasiermesser. Sie alle stammen mit großer Wahrscheinlichkeit aus den beiden vorderen Räumen.

Bevor die Diebe sich weiter vorarbeiten konnten, müssen die Wächter sie erwischt und gestellt haben. Ihr Schicksal ist ungewiss – allerdings stand zu jener Zeit auf Grabraub der Tod durch Pfählen. Die Grabwächter bemühten sich, die Unordnung wenigstens oberflächlich zu beseitigen. Sie stopften Leinentücher zurück in ihre Kisten, schoben verrückte Möbel notdürftig wieder an ihren Standort, verputzten die Löcher in der Eingangstür sowie der Tür zwischen Vorkammer und Anbau und drückten ihre Siegel in den feuchten Untergrund. Am Ende füllten sie den Eingang mit Schutt. So leicht sollte niemand mehr in das Grab des Tutanchamun eindringen können.

Der Plan ging nicht auf, nur wenig später versuchte es eine weitere Diebesbande erneut. Viel Zeit kann zwischen den beiden Einbruchsversuchen nicht gelegen haben, denn der Stempel, den die Wächter in den Putz der Eingangstür drückten, nachdem sie auch diese Räuber ertappt hatten, ist identisch mit dem, den sie nach dem ersten Einbruch verwendeten. Möglicherweise gibt es sogar einen Namen, der mit diesem Ereignis in Verbindung gebracht werden kann: Thotmes, ein Assistent von Tutanchamuns Schatzhausvorsteher Maya. Howard Carter fand seinen Namen eilig auf einen Gefäßständer im Grab Tutanchamuns gekritzelt. Derselbe Name taucht auch an der Wand im Grab von Thutmosis IV. auf, das Thotmes unter Anleitung Mayas während der Regierungszeit Haremhabs restaurierte. Es ist gut möglich, dass Thotmes zum Stab jener Leute gehörte, die um und kurz nach dem Tod Tutanchamuns für den Schutz und die Erhaltung der Gräber im Tal der Könige zuständig waren.

Der zweite Räubertrupp fand nun also den Eingang zum Grab mit Schutt verfüllt. Sieben bis acht Stunden, schätzte Carter, werden die Eindringlinge gebraucht haben, um Eimer um Eimer die Tür wieder freizulegen. Sie waren offenbar erfolgreicher als die erste Bande, denn sie durchsuchten nicht nur die beiden vorderen Kammern, sondern verschafften sich durch ein Loch in der rechten unteren Ecke der versiegelten Tür auch Zugang zur Grabkammer und der dahinterliegenden Schatzkammer. Sie scheinen es vor allem auf Schmuck abgesehen zu haben. In vielen der Kisten stimmten die Inventarlisten nicht mehr mit dem tatsächlichen Inhalt überein. Howard Carter vermutete, dass die Diebe für diese Differenz verantwortlich waren, und schätzt auf der Grundlage der Listen, dass sie etwa 60 Prozent des königlichen Schmucks stehlen konnten, bevor auch sie erwischt wurden.

Jedenfalls scheint neben Cremes und Salben auch Glas auf der »Einkaufsliste« der Diebe gestanden zu haben, denn obwohl zur Zeit Tutanchamuns Glasgefäße begehrte Objekte waren, fand Howard Carter kaum Glasgegenstände im Grab. Dafür aber leere Kisten, die offenbar zerbrechliche Waren enthielten. Eine davon ist die Kiste mit der Fundnummer 315. Die Box ist mit Brettern in acht Kästchen unterteilt. Jedes davon polsterte man sorgfältig aus: Auf dem Boden liegt jeweils ein kleines Leinenbündel, darüber geschredderter Papyrus. Die Verpackung würde sich auch heute noch hervorragend dafür eignen, zerbrechliche gläserne Weihnachtskugeln sicher über holprige Wege zu transportieren. Allerdings räumten die Diebe sie aus und verstauten den fragilen Inhalt anderweitig. Auf der Rückseite der Karteikarte, die Carter für diese leere Kiste anlegte, notierte er in einem spontanen Wutausbruch: »Verdammt!«

Man kann nur ahnen, welche Dramen sich in dem halbgeplünderten Grab abspielten, als die Wächter die Diebe überraschten. In einer der Truhen in der Vorkammer fand Carter ein bewegendes Zeugnis dieser Momente. In einem einfachen Leinentuch verknotet lagen dort acht kostbare Goldringe, die nicht zum ursprünglichen Inventar der Truhe gehörten. Einer der Räuber muss diese von ihm ausgewählten Stücke sorgfältig in sein Tuch gewickelt und verknotet haben, um sie leichter transportieren zu können. Als die Wächter sie ihm wieder abnahmen, suchten sie nicht lange nach der passenden Kiste für den Schmuck, sondern warfen sie einfach achtlos in die nächstbeste Truhe. Dort blieben sie unberührt liegen, bis rund 3300 Jahre später Howard Carter den Knoten im Tuch löste und die Ringe darin entdeckte.

Wenn die Salben und Öle des Pharao bei dem ersten Einbruch noch frisch waren, ist durchaus denkbar, dass die Diebe auch den einen oder anderen Schluck der alkoholischen Getränke zu sich nahmen, die Tutanchamun auf seine Reise ins Jenseits begleiten sollten. Davon hatte er reichlich: Allein 26 Amphoren Wein lagerten in dem Grab. Heute stehen diese Weinkrüge im Ägyptischen Museum in Kairo, an ihrem Boden kleben immer noch die Reste ihres einstigen Inhalts. Bei einer Untersuchung im Jahr 2006 machte ein Forscherteam um die Lebensmittelchemikerin Rosa Lamuela-Raventós von der Universität Barcelona eine überraschende Entdeckung. Die Krüge enthielten nicht, wie angenommen, nur Rotwein. Zwar fanden sich in allen chemische Rückstände von Trauben, aber nicht alle enthielten Syringasäure, die den roten Trauben ihre Farbe verleiht. Einige der übrigen Krüge fassten einst Weißwein, andere einen hochwertigen Likörwein – rund 1600 Jahre früher, als man bisher für Weißwein vermutet hatte.

Außerdem verraten die Beschriftungen auf den Amphoren einiges über die Herkunft der edlen Tropfen. 23 der 26 Weine stammen aus nur drei Jahren; dem vierten, dem fünften und dem neunten Regierungsjahr des Pharao. Waren dies etwa die besonders guten Jahrgänge und deshalb für den Pharao reserviert? Auch die Namen der Abfüller sind auf den Krügen vermerkt. Ein halbes Dutzend Krüge gehen auf das Konto eines gewissen Kha. Interessanterweise befüllte er Krüge nicht nur in zwei unterschiedlichen Jahren (vier und fünf), sondern auch auf zwei unterschiedlichen Weingütern.

Der US-amerikanische Archäologe Herbert Winlock hatte sich schon unter Howard Carter der Bierfunde im Grab angenommen. Seit 1920 war in seinem Heimatland das Prohibitionsgesetz in Kraft, das die Herstellung, den Verkauf und den Transport von Alkohol untersagte. Winlock umging dieses Gesetz, wie so viele seiner Landsleute zu jener Zeit, mit der Herstellung von eigenem Alkohol – in seinem Fall dem Bierbrauen. Sein Interesse am pharaonischen Bier war also nicht nur rein wissenschaftlich, sondern diente durchaus auch ganz privaten Forschungszwecken. Schon einige Jahre zuvor hatte er im Grab des Mektere das hölzerne Modell einer Bierbrauerei gefunden und auch Bierschaum aus einem Gefäß untersuchen lassen. Der darin gefundene Hefepilz trägt heute seinen Namen: Saccharomyces Winlocki. Leider blieb es im Grab von Tutanchamun beim Eigeninteresse – eine Veröffentlichung seiner Ergebnisse blieb aus. Allerdings beschränkten sich die Funde auch eher auf die Zutaten und Gerätschaften zum Bierbrauen als auf den Trunk selber. Neben Getreide gehörten dazu zwei Siebe aus Holz und Kupfer.

Natürlich bekam der König auch reichlich Essen mit ins Grab. Ganz typisch für die damalige Küche war Brot. Nach über 3000 Jahren glichen die Laibe allerdings eher »versteinerten Schwämmen«. Dazu gab es Knoblauch, Lauch, Gurke und Rettich, die dem trockenen Brot etwas mehr Geschmack verleihen sollten. Kichererbsen und Linsen dienten als Sättigungsbeilagen. Das Fleisch lag in ovalen »Konservendosen« aus Holz, die im Inneren mit schwarzem Harz ausgestrichen und von außen weiß bemalt waren. In den meisten dieser Behälter lagen Rinderstücke, aber auch Schafe oder Ziegen, Enten und Gänse standen auf dem Jenseits-Speiseplan Tutanchamuns. Nur drängt sich die Vermutung auf, dass der Schlachter des Lesens nicht mächtig war, denn nur bei dreien oder vieren der Behälter stimmt der Inhalt mit der Aufschrift überein. Wo der Kopf eines Ochsen drinliegen sollte, fand Carter ein Schulterblatt, statt einer Milz eine Zunge, statt eines Herzens ein Bein. Zum

Knabbern nebenbei gab es Wassermelonensamen, als süßen Nachtisch Datteln, Feigen, Granatäpfel und reichlich Honig. Vielleicht waren diese Köstlichkeiten tatsächlich noch frisch, als die ersten Grabräuber kamen. Denn viele Lebensmittel lagen wie nach einer Essensschlacht wild über den Boden des gesamten Grabes verstreut, sogar im Schutt des Korridors fand Carter noch Früchte der Doumpalme.

Sehen wir uns ein heutiges christliches Begräbnis an, gibt es dort zwar keine Beigaben, aber zumindest viele Blumen. Die bekam auch Tutanchamun im üppigen Maße mit in sein Grab. Überall lagen oder hingen kleine Sträuße oder Kränze. Wie liebevoll diese zum Teil gebunden sein konnten, zeigt der kleine Kranz, der um die Kobra und den Geier über der Stirn des Königs auf dem äußersten Sarkophag gewunden war. Das Gebinde bestand aus blauen Kornblumen und Olivenblättern. Die Blätter der Olive waren so gedreht, dass jeweils abwechselnd mal die dunkelgrüne Seite oben lag und mal die silbrig glänzende Unterseite.

Sogar Gerüche haben im Grab des Tutanchamun die Jahrtausende überdauert. Als die Entdecker das Grab zum ersten Mal betraten, konnten sie die Düfte verschiedener Salben und Öle unterscheiden. Die Möbel rochen nach trockenem Holz, und die Harze verströmten immer noch ihren würzigen Duft.

Eines indes befand sich mit Sicherheit nicht in dem Grab: ein tödlicher Fluch. Trotzdem hält sich kaum ein Gerücht so hartnäckig wie das um den »Fluch des Pharao«. Sein erstes Opfer starb angeblich bereits, bevor das Grab überhaupt geöffnet wurde. Es war der »goldene« Kanarienvogel, den Howard Carter sich zur Grabungssaison 1922 aus seiner englischen Heimat mitgebracht hatte. Der Vogel lebte in einem Käfig auf der Veranda seines Hauses und galt bei den Arbeitern als Glücksbringer für die Grabungsmannschaft. Bis hierhin decken sich die Erzählungen. Am Tag der Graböffnung kreischte dieser Vogel nun plötzlich gellend und flatterte aufgeregt hin und her. Eine Kobra, das uralte Schutztier der ägyptischen Pharaonen, wie auch Tutanchamun es als Uräusschlange auf seiner Totenmaske über der Stirn trug, stand aufgerichtet vor dem Käfig. In der Mythologie wehrt die Schlange mit ihrem Feueratem die Feinde des Königs ab. Zwar röstete die Kobra in Carters Haus den Kanarienvogel nicht mit ihrem Gluthauch, aber überlebt hat der kleine Vogel das Zusammentreffen nicht. Unklar ist, ob die Schlange ihn tatsächlich verspeiste oder ob das aufgeregte Vöglein einem Herzinfarkt erlag. Sein Tod wurde jedenfalls sofort als böses Omen gedeutet: Der Pharao hatte sein Schutztier geschickt, um den goldenen Glücksvogel der Ruhestörer zu töten.

Bald tauchten Gerüchte über eine geheimnisvolle Tontafel auf, die Howard Carter mal im Grabeingang, mal zu Füßen der beiden Grabwächterfiguren im Vorraum und mal im Durchgang zur Grabkammer gefunden haben soll. Angeblich übersetzte Alan Gardiner die Inschrift darauf mit »Der Tod wird auf schnellen Schwingen zu demjenigen kommen, der die Ruhe des Pharao stört«. Allerdings gibt es weder Fotos noch Zeichnungen von dieser Tafel – sie verschwand auf mysteriöse Weise. Man munkelte, Carter habe sie verschwinden lassen, um die durch den Tod des Kanarienvogels ohnehin verängstigten Arbeiter nicht noch weiter zu beunruhigen. Allerdings klingt der Text eher nach einem literarischen Phantasieprodukt der britischen Gesellschaft als nach ägyptischem Fluch. Nirgendwo sonst ist in antiken ägyptischen Schriften ein geflügelter Tod erwähnt. Die rachsüchtige Mumie geisterte dagegen bereits seit dem frühen 19. Jahrhundert durch englische Theaterstücke und Romane.

Als am 5. April 1923 Lord Carnarvon starb, erloschen just in dem Augenblick seines Todes alle Lichter in Kairo. Und auch daheim auf Highclere Castle geschahen seltsame Dinge. Seine Lieblingshündin, Susie, heulte zu ebendiesem Zeitpunkt laut auf. Wenige Minuten später war das Tier tot. Für beide Ereignisse gibt es glaubhafte Zeugen, die eifrige Zeitungsreporter auch schnell ausfindig machen konnten. Nur belegen lässt sich der Zusammenhang zwischen ihnen natürlich nicht.

Nun gab es für die sensationslüsterne Gesellschaft kein Halten mehr, die Presse stürzte sich gierig auf die unheimliche Gruselgeschichte. In der *Morning Post* meldete sich der Schriftsteller Sir Arthur Conan Doyle, Erfinder des Romandetektives Sherlock Holmes und erklärter Anhänger des Spiritismus, zu Wort: »Möglicherweise ist etwas elementar Böses die Ursache von Lord Carnarvons tödlicher Krankheit. Man weiß nicht, welche Geistwesen in jener Zeit existiert haben und in welcher Form sie in Erscheinung getreten sind. Die alten Ägypter hatten wesentlich mehr Kenntnisse über diese Dinge als wir.«

Noch Jahre später bekam das Gerücht, Lord Carnarvon sei dem Fluch der Mumie zum Opfer gefallen, neue Nahrung – als die Totenmaske mit wissenschaftlichen Methoden untersucht wurde. Tutanchamun trug angeblich auf der linken Wange eine Verletzung. Eine Röntgenaufnahme der Maske offenbarte jedenfalls, dass an jener Stelle auch das Material der Totenmaske dünner ist, obwohl das Goldblech ansonsten erstaunlich gleichmäßig verarbeitet wurde. Nun soll es ausgerechnet die Wange gewesen sein, auf der jene unglückselige Mücke, die den Tod Carnarvons verursacht hatte, ihr Blutmahl zu sich genommen hatte. Konnte das noch Zufall sein?

Rasend breitete der Fluch sich aus. In Gefahr schienen alle zu sein, die auch nur vage mit dem Grab in Zusammenhang gebracht werden konnten. Der Archäologe Herbert Winlock bemühte sich um Schadensbegrenzung und verschickte jedes Mal, wenn ein angebliches neues Opfer vom Fluch dahingerafft wurde, eine Gegenerklärung an die Presse. Prinz Ali Fahmy Bey, Sprössling des abgesetzten ägyptischen Monarchen, starb keineswegs am Fluch, erklärte Winlock, sondern weil seine französische Frau ihn in einem Londoner Hotelzimmer ermordete. Ein Angestellter des British Museum konnte nicht beim Etikettieren von Gegenständen aus dem Grab tot umgefallen sein – weil es im British Museum niemals Gegenstände aus dem Grab gegeben hatte. Der amerikanische Millionär George Jay Gould I., ein Freund Carnarvons, starb zwar kurz nach dem Besuch des Grabes, allerdings war er bereits krank, bevor er überhaupt nach Ägypten einreiste. Ähnlich verhielt es sich mit Arthur Mace, Carters Chefkonservator. Der starb in der Tat bereits 1928 im Alter von nur 53 Jahren. Aber er erlag nicht etwa dem Fluch, sondern einer chronischen Rippenfellentzündung, mit der er sich schon vor der Entdeckung des Grabes herumgeschlagen hatte.

Viele der angeblichen Opfer waren schon vor ihrem Besuch in der Grabkammer alte Menschen. Bedenkt man, dass im Jahr 1930 die Lebenserwartung im Vereinigten Königreich bei 60,8 Jahren lag, so scheint die Beschäftigung mit Tutanchamun die Lebenserwartung der Grabungsmitglieder im Gegenteil sogar noch gesteigert zu haben. Von den unmittelbar bei der Graböffnung involvierten Personen blieb nur Lord Carnarvon unter diesem Durchschnittswert. Carter selber wurde 64 Jahre alt, Lady Evelyn sogar stolze 79.

Die Öffentlichkeit packte indes das kalte Grausen. Alles, was auch nur irgendwie mit dem Fluch des Pharao im Zusammenhang stehen könnte, galt als potentielle Gefahr für Leib und Leben. Das British Museum wurde überschwemmt mit Paketen, in denen sich verängstigte Sammler ihrer bedrohlichen Objekte entledigten – darunter auch Hände und Füße von Mumien.

Die Furcht vor der Rache des Tutanchamun hält sich hartnäckig bis heute. Als im Jahr 2005 die Mumie des Pharao zum Zwecke wissenschaftlicher Untersuchungen für eine Zeit aus dem Grab entfernt werden sollte, protestierten viele Ägypter gegen die Ruhestörung – aus Angst vor dem Fluch. Die Antikenbehörde nahm die Bedenken immerhin so ernst, dass sie die Mumie nicht dem Tageslicht aussetzte, sondern im Schutz der Nacht transportieren ließ. Kaum war die Mumie aus dem Grab, schien der Pharao tatsächlich ungehalten: ein Sandsturm brach los, vermischt mit für diese Region extrem ungewöhnlichen Regenfällen. Das Auto, in dem der Computertomograph für die Untersuchungen transportiert wurde, entging nur knapp einem Unfall. Und selbst als das Gerät schließlich vor Ort war, weigerte es sich für volle zwei Stunden zu funktionieren.

Wie konnte sich diese Angst vor einem Fluch des Pharao so hartnäckig halten? Bei vielen wird es schlicht der Aberglaube gewesen sein, der sie bei jedem neuen Todesfall oder ungewöhnlichen Ereignis erschaudern ließ. Andere suchten nach wissenschaftlichen Erklärungen. Sir Arthur Conan Doyle war fest davon überzeugt, dass die Mumie des Tutanchamun »verheerende Strahlen« aussende. Auch die Theorie von gefährlichen Pilzsporen, die Grabwächter im Grab zurückgelassen hätten, um Eindringlinge mit dem Tod zu bestrafen, hielt sich lange Zeit hartnäckig. Wieder andere vermuteten als Auslöser der Todesfälle einen seltenen Bakterienstamm, dem das Immunsystem heutiger Menschen hilflos ausgeliefert sei.

Nichts davon konnte wissenschaftlich belegt werden. Wenn die Mumie Tutanchamuns etwas ausstrahlt, dann höchstens Erhabenheit. Schimmelpilze können nur in einem feuchten Milieu überleben. Nachdem einmal die Farbe an den Wänden der Grabkammer getrocknet war, hatten sie keine Lebensgrundlage mehr und starben ab. Und auf Bakterien hatte der Chemiker Alfred Lucas das Grab bereits kurz nach der Öffnung untersucht – nicht aus Angst, sondern sogar in der Hoffnung, welche aus der Zeit der Pharaonen zu finden. Leider musste er jedoch enttäuscht feststellen, »dass keinerlei bakterielle Lebensform nachweisbar ist«.

Nicholas Reeves:
Auf der Suche nach Nofretete

Nofretete scheint nie gestorben zu sein. Wir haben keinen
Leichnam, keinen Sarkophag, kein Grab. Keiner erzählt von ihrer Beisetzung, niemand trauert um sie. Nofretete verschwindet
einfach aus diesem Leben, ohne jede Spur. Dabei führte ihr Weg
zu Lebzeiten konstant aufwärts. In den Bildern und Inschriften,
die wir von ihr haben, können wir beobachten, wie sie mit zu-
nehmendem Alter an Macht und Ansehen gewinnt. Immer öfter bedient sie sich königlicher Attribute, die sonst männlichen
Herrschern vorbehalten sind. Dafür werden mit der Zeit ihre
Auftritte seltener. Auf dem Sarkophag Echnatons erscheint sie
uns am Ende noch einmal als Göttin. Doch am Ende bleibt
nichts von ihr übrig.

In der Leere, die am Ende von Echnatons Regierungszeit
durch die zunehmende Abwesenheit Nofretetes an seiner Seite
entsteht, drängt stattdessen eine andere Person: ein mysteriöser
Co-Regent. Bis heute haben die Ägyptologen ihn noch nicht
sicher fassen können. Wir wissen nicht, wer seine Eltern sind,
wo er herkommt – und nicht einmal, wie er heißt. Zunächst
scheint er unter dem Namen Anch-cheperu-Re Neferneferuaton
die Bühne zu betreten. Allerdings hat er sich damit auf dreiste
Weise bei Nofretete bedient, die sich bereits seit Echnatons
fünftem Regierungsjahr Neferneferuaton Nefertiti, »Schön sind
die Schönheiten des Aton, die Schöne ist gekommen«, nannte

und diesen Namen auch in einer Kartusche schrieb – so wie es sonst nur die Pharaonen durften. Als ob der Namensklau nicht schon genug Verwirrung gestiftet hätte, verwendet dieser merkwürdige Co-Regent manchmal die männliche Namensform, Anch-cheperu-Re, und in anderen Fällen die weibliche mit einem eingeschobenen »t«: Anchet-cheperu-Re. Sollte Echnaton vielleicht die Macht mit seiner Frau Nofretete so weitgehend geteilt haben, dass er sie zur vollwertigen Co-Regentin erhob? Das würde auch erklären, warum dieser Herrscher auf einem Siegelabdruck den Namenszusatz Achetenhyes trägt – »die gut ist für ihren Ehemann«.

Doch damit ist das Rätselraten noch lange nicht zu Ende. Denn der Thronname Anch-cheperu-Re wird auch von Semenchkare djeser-cheperu beansprucht, dem wahrscheinlich unmittelbaren Vorgänger Tutanchamuns, dessen Leichnam viele Forscher in der männlichen Mumie im Grab KV 55 vermuten. Sind Neferneferuaton Nefertiti, Anch-cheperu-Re Neferneferuaton und Anch-cheperu-Re Semenchkare zwei oder gar drei verschiedene Personen? Oder am Ende alle ein und dieselbe? Zumindest schrieben alle drei ihre Namen in Kartuschen und machten damit ihre Ansprüche auf den ägyptischen Thron deutlich.

Der Erste, der sich eingehender mit der Namensgebung in diesem bis heute völlig nebulösen Intervall zwischen Echnaton und Tutanchamun befasste, war der Ägyptologe John Harris. 1973 kam er zu dem Schluss, dass Echnaton nur einen Co-Regenten an seiner Seite hatte – und zwar seine Große Königliche Gemahlin Nofretete. Als Grundlage für seine These beanspruchte er ein 21,7 Zentimeter hohes Relief in Berlin, das der Künstler stolz mit »gefertigt von Pasi, Kapitän der Staatsbarke« unterzeichnet hatte. Darauf sitzen zwei Herrscher vor einem

Tisch mit Opfergaben. Beide sind nackt – bis auf Sandalen an den Füßen und Kronen auf den Häuptern. Der rechte der beiden Könige trägt die blaue Chepresch-Krone, der linke die Doppelkrone Ober- und Unterägyptens. Über dem Paar steht Aton am Himmel und hält den beiden Herrschern lebensspendende Ankh-Zeichen vor die Gesichter. Das Ungewöhnliche an dieser Darstellung ist die innige Zärtlichkeit, mit der die beiden Gestalten sich begegnen. Der rechte König hat seinen Arm liebevoll um die Schultern des linken gelegt, der wiederum liebkost seinem Gegenüber das Kinn und neigt sich ihm zu, als wolle er ihn im nächsten Augenblick küssen.

Leider setzte Pasi zwar seinen eigenen Namen unter das Relief, kam aber nicht mehr dazu, auch die Namen der beiden Könige zu notieren. Die dafür vorgesehenen sieben Namenskartuschen blieben leer. Wer also sind diese beiden Gestalten? Harris zählte die Kartuschen und kam zu dem Schluss, dass es sich bei dem zweiten Herrscher nur um Nofretete handeln könne – und zwar im Rang eines völlig gleichberechtigten Co-Regenten. Denn die vier oberen Kartuschen, so Harris, seien gar nicht für die beiden Könige, sondern für Aton reserviert. Damit blieben nur drei übrig. Ein männlicher Co-Regent aber hätte ebenfalls zwei Kartuschen für seinen Namen beansprucht. Eine Königin dagegen kam mit einer aus.

Mit dieser These konnte Harris einem großen Unbehagen ein Ende bereiten, das seit der Erstveröffentlichung des Reliefs im Jahr 1928 durch den britischen Ägyptologen Percy Newberry geherrscht hatte. Denn wenn die kleine Stele Echnaton und Semenchkare gezeigt hätte, wie Newberry damals aufgrund der Herrscherkronen und der gleichberechtigten Sitzordnung folgerte, dann ließ die innige Körpersprache der beiden nur einen Schluss zu: Echnaton war homosexuell und teilte mit seinem

Co-Regenten Semenchkare nicht nur die Macht, sondern auch das Bett. Im Europa der 1920er Jahre bereitete den Gelehrten diese Annahme noch einiges Unwohlsein.

Nofretete wäre nicht die erste Frau gewesen, die den ägyptischen Herrscherthron mit geschickten Schachzügen eroberte. Der erste wirklich gut dokumentierte Fall lag zu Zeiten Nofretetes bereits über 400 Jahre zurück. Gegen Ende der 12. Dynastie, vermutlich im Jahr 1810 oder 1806 vor Christus, starb der Pharao Amenemhet IV., ohne einen männlichen Thronfolger zu hinterlassen. Statt nun lange nach einem geeigneten Sprössling aus einer Nebenlinie zu suchen, übernahm seine Schwester Nofrusobek die Herrschaft. Kämpfe scheint es keine gegeben zu haben, kein Chronist berichtet von Unruhen bei der Machtübernahme. Nofrusobek, deren Name »die Schönheit des Sobek« bedeutet, machte keinen Hehl aus ihrem Geschlecht. Sie war eine Frau – und ließ sich auch als solche darstellen. Der Turiner Königspapyrus, auf dem die Pharaonen von Beginn des ägyptischen Reiches bis zur 17. Dynastie gelistet sind, gibt die Dauer ihrer Herrschaft mit drei Jahren, zehn Monaten und 24 Tagen an. Dem Land ging es gut unter Nofrusobek. Sie musste keine großen Kriege führen, und ihr Volk hatte keinen Anlass aufzubegehren. Einen Nachfolger konnte allerdings auch sie nicht präsentieren, mit ihrem Tod endete die 12. Dynastie. Trotzdem hielten die Ägypter ihr Andenken in Ehren, weder Inschriften mit ihrem Namen noch ihre Statuen wurden nachträglich zerstört.

Gut drei Jahrhunderte später, und zwar genau am 8. Februar 1477 vor Christus, trat die Herrscherin Hatschepsut aus ihrem Palast und ließ sich vom Hohepriester des Amun-Re die Königsinsignien reichen. Die Ereignisse dieses denkwürdigen Tages sind auf den Wänden der Roten Kapelle im Tempel des

Amun-Re in Karnak festgehalten. Der Priester verlieh ihr einen Thronnamen und setzte ihr die Krone beider Länder auf das Haupt. Schließlich legte er ihr beide Hände auf den Kopf und erklärte »Amun-Res Wille geschehe, sie soll Ägypten beherrschen«. Hatschepsut verkündete: »Ich bin selbst ein Gott, der, was geschieht, bestimmt. Kein Ausspruch meines Mundes geht fehl.« Während Hatschepsut sich mit dieser pompösen Zeremonie den ägyptischen Thron sicherte, »staunte das ganze Land schweigend«. Thutmosis III., dem die Doppelkrone eigentlich zustand, war zu diesem Zeitpunkt erst ein Kleinkind. Mit Hatschepsut verband ihn keine direkte Verwandtschaftslinie – als Schwester und Große Königliche Gemahlin seines Vaters Thutmosis II. war sie lediglich seine Tante und Stiefmutter. Geboren hatte ihn Isis, eine Nebenfrau von Thutmosis II.

Hatschepsut hatte sich bereits zu Lebzeiten ihres Gemahls an die Macht gewöhnt und stets als starke Königin an seiner Seite gestanden. Die Macht über Ägypten stünde ihr ganz natürlich zu, denn, so ließ sie später verbreiten, schließlich habe Amun-Re höchstpersönlich sie in Gestalt ihres Vaters Thutmosis I. gezeugt und in einem Orakel verkündet: »Willkommen, meine süße Tochter, meine Favoritin, Königin über Ober- und Unterägypten, Maatkare, Hatschepsut. Du bist der Pharao und nimmst die beiden Länder in Besitz.« Nach dem Tod ihres Gemahls dachte sie also gar nicht daran, die Geschicke des Landes ihrem Stiefsohn zu überlassen. Allerdings respektierte sie durchaus seinen Anspruch: »Thutmosis trat an die Stelle als König beider Länder, er herrschte auf dem Thron dessen, der ihn gezeugt hatte«, heißt es in einer Inschrift. Weiter aber: »Seine Schwester, die Gottesgemahlin Hatschepsut, sorgte für das Land. Die beiden Länder lebten nach ihren Plänen, man diente ihr in Demut. Sie war der Same, der aus dem Gott kam, Bugtau Oberägyptens,

Hecktau Unterägyptens, Landepflock der Südvölker, Herrin des Befehlens, vortreffliche Pläne, die die beiden Länder beruhigte, wenn sie redete.«

Als Thutmosis III. alt genug war, übertrug Hatschepsut ihm die Leitung der ägyptischen Armee – ein riesiger Vertrauensbeweis, denn mit dem Heer im Rücken hätte er sich nur allzu leicht seiner Stiefmutter entledigen können. Daran scheint Thutmosis aber kein Interesse gehabt zu haben. Er wurde ein äußerst erfolgreicher Heerführer und beschäftigte sich außerdem mit Geschichte, Botanik, Architektur, verfasste zahlreiche Schriften und trieb begeistert Sport. Die Königstitel trug währenddessen Hatschepsut. Alle bis auf einen: »Starker Stier« ließ sie sich niemals nennen, denn damit hätte sie ihre Weiblichkeit leugnen müssen.

Unter der Herrschaft Hatschepsuts erlebte Ägypten fette Jahre. Im 9. Jahr ihrer Herrschaft schickte sie eine Expedition in das legendäre Goldland Punt, von wo die Gesandten Weihrauch, Ebenholz und exotische Tiere mitbrachten. Mit den Nachbarn des Landes herrschte Frieden, die Wirtschaft florierte. Fast 22 Jahre lang saß Hatschepsut auf dem ägyptischen Thron, sie starb am 16. Januar 1458 vor Christus. Erst nach ihrem Tod wurde offenbar versucht, ihr Andenken auszulöschen, zahlreiche ihrer Namenskartuschen und Statuen wurden zerstört. Wer den Befehl dazu gab und warum, konnte allerdings bis heute nicht zufriedenstellend geklärt werden.

Trotz des unglücklichen Endes ihrer Geschichte wurde Hatschepsut zum Vorbild für starke Frauen, möglicherweise auch für Nofretete. Und sie sollte auch nicht die letzte Herrscherin auf dem ägyptischen Thron bleiben. In der 19. Dynastie übernahm im Jahr 1193 vor Christus Tausret, Große Königliche Gemahlin von Sethos I., die Macht nach dem Tod ihres Mannes, zunächst wie schon Hatschepsut für ihren noch minderjährigen Stiefsohn Siptah. Als aber Siptah starb, ließ Tausret sich in einer Zeremonie durch die Götter zur offiziellen Thronfolgerin erklären. Fortan führte sie die vollen Pharaonentitel.

Allerdings verlief ihre Herrschaft weniger erfolgreich als die Hatschepsuts. Es ging bergab mit Ägypten, Korruption und Plünderung wurden zu beliebten Einnahmequellen. Bald war die Gesellschaft so verlottert, dass nicht einmal mehr die Götter ihre Opfer erhielten. Schließlich beendete ein Herrscher unbekannter Herkunft namens Sethnacht das Dilemma. Er behauptete, Re persönlich habe ihn zum Pharao auserkoren, und begründete nach dem Tode Tausrets die 20. Dynastie.

Nofrusobek, Hatschepsut und später Tausret hatten eines gemeinsam: Sie verleugneten nie, eine Frau zu sein. Keine von ihnen änderte den Namen. Zwar gibt es einige Porträts der Hatschepsut, bei denen der Künstler mehr Wert darauf legte, die königlichen Attribute der Macht zu betonen, als ihre Weiblichkeit darzustellen, trotzdem formte er sie deshalb nie explizit zum Mann um.

Ganz so einfach ist die Sachlage bei Nofretete leider nicht. Wollte man bedingungslos Semenchkare mit Nofretete gleichsetzen und die drei namentlich erwähnten Herrscher zu einer Person zusammenfassen, bleiben viele Fragen offen. Wie soll man dann zum Beispiel ein Relief im Grab des Merire II. in Achetaton erklären, auf dem ein König namens Semenchkare zu sehen ist – gefolgt von seiner Großen Königlichen Gemahlin Meritaton? Dass ein König seine Tochter heiratet, mag ja noch vorkommen – aber eine Mutter, die sich mit ihrer Tochter vermählt? Überhaupt fällt auf, dass immer wenn Echnatons Co-Regent unter dem Namen Semenchkare auftaucht, dem Namensteil Anch-cheperu-Re das weibliche »t« fehlt. Ebenso benutzt Semenchkare niemals Namenszusätze, die ihn als weiblich charakterisieren könnten. Anch-cheperu-Re Neferneferuaton bediente sich im Gegensatz dazu häufig des »t« und der Namenszusätze. Auf der Grundlage dieser Beobachtungen postulierten der Ägyptologe Rolf Krauss im Jahr 1978 und zehn Jahre später noch einmal sein Kollege James Allen zwei unterschiedliche Personen: eine Herrscherin Anch(et)-cheperu-Re Neferneferuaton und einen Herrscher Anch-cheperu-Re Semenchkare.

Erschwerend kommt hinzu, dass die Geschichtsschreiber nachfolgender Zeiten Echnaton und seine Erben bewusst ausblendeten. In der Königsliste auf den Wänden des Totentempels von Sethos I. in Abydos beispielsweise folgt auf Amenophis III. unmittelbar Haremhab. Um die Lücke zu kaschieren, schlug der Chronist die so fehlenden Jahre Haremhab zu und behauptete, dieser habe 59 Jahre lang auf dem Thron gesessen. Von dieser und anderen ähnlich lückenhaften Listen gingen die frühen Ägyptologen aus, als sie begannen, die Machtverhältnisse der 18. Dynastie zu erforschen. Wenn man aber nicht weiß, nach welchen Pharaonen man überhaupt suchen muss, wird man auch keine klaren Antworten finden. Daran hat sich bis heute nichts geändert. Da die Personenfolge und Regierungszeiten für den Pharaonenthron noch immer nicht zufriedenstellend geklärt sind, interpretieren wir mit Sicherheit immer noch viele Funde rund um die Familie Tutanchamuns aus Unwissenheit völlig falsch.

Daher hat die moderne Forschung in dem unübersichtlichen Terrain dieser Jahre noch eine weitere große Schwachstelle. Nicht nur die Ägypter selber nämlich verwendeten die Namen oftmals uneinheitlich oder nicht klar definiert, sondern ebenso die heutigen Ägyptologen. Vor allem in den Forschungsarbeiten, die vor Beginn der 1980er Jahre geschrieben wurden, bemühten sich viele Autoren um eine Vereinfachung – auf Kosten der Präzision. Da ein Text sich leichter liest, wenn der Co-Regent Echnatons durchgängig Semenchkare genannt wird, setzten sie diesen einfach überall ein, egal ob die Hieroglyphen ihn tatsächlich als Anch-cheperu-Re Semenchkare auswiesen oder einen ganz anderen Namen nannten.

Am nächsten kommen wir diesem mysteriösen Herrscher – oder diesen mysteriösen Herrschern – wohl im Grab des Tutanchamun. Denn viele der Gegenstände aus dem Grabschatz des jungen Herrschers stammten ursprünglich aus dessen – oder deren – Besitz. Und zwar nicht nur irgendwelcher Krempel, wie beispielsweise ein Leinengewand, ein Schal oder ein Kompositbogen, sondern auch einige der bedeutendsten Stücke des intimsten Grabinventars. So weisen die Mumienbänder, die um die Mumie gewickelt waren, in Namenskartuschen auf der Unterseite den ursprünglichen Besitzer als Anch-cheperu-Re Neferneferuaton aus. Und verraten uns ein wichtiges Detail: Anch-cheperu-Re Neferneferuaton war wesentlich korpulenter als Tutanchamun. Denn die Mumienbänder, die für ihn gefertigt worden waren, passten seinem Nachfolger nicht, sie waren viel zu groß. Die Bestatter mussten Stücke heraustrennen und sie neu zusammensetzen, damit sie dem schmächtigeren Tutanchamun passten.

Auch der prächtige Kanopenschrein gehörte ursprünglich nicht zum Grabinventar Tutanchamuns, woran die Namenskartuschen im Inneren der Miniatursärge keinen Zweifel lassen. Das erklärt auch, warum die Gesichter der Miniatursärge den sonstigen Porträts Tutanchamuns gar nicht ähnlich sehen. Die obere Gesichtspartie ist breiter – ähnlich der Physiognomie des mittleren seiner Sarkophage, der mit ziemlicher Sicherheit ebenfalls nicht für Tutanchamun bestimmt war.

Und wie sah es mit der berühmten Totenmaske aus? Wohl kaum ein Stück wird so untrennbar mit Tutanchamun assoziiert wie die goldene Maske, die der tote König über Gesicht und Schultern trug. Doch bereits seit 2001 vermutet der Ägyptologe Nicholas Reeves, dass auch sie ein Erbstück ist, übernommen oder gestohlen von einem Vorgänger. Ein erster Verdacht kam dem Ägyptologen, als ihm die vielen Schäden an der Maske auffielen. Sicherlich ging Howard Carter nicht gerade pfleglich mit dem wertvollen Stück um, als er versuchte, es aus der verkrusteten Einbalsamierungsflüssigkeit im Sarg zu lösen. Einige der Schäden können durchaus bei diesem Prozess verursacht worden sein. Doch die Fotos, die Harry Burton auf Anweisung Howard Carters von der Maske machte, noch bevor sie aus dem Sarg entfernt wurde, zeigen deutlich, dass schon damals Stücke des blauen Glases aus der Einlegearbeit am Kopftuch herausgebrochen waren. Außerdem verunstalten zwei krude Löcher den Goldmantel. Sie waren nachträglich bei der Bestattung hindurchgebohrt worden, um die königliche Geißel, die der tote Tutanchamun in der Hand hielt, mit Hilfe eines einfachen Drahtes am Platz zu halten. So kostbar das Stück also auch gewesen sein mag – irgendjemand war, um die Maske an Tutanchamuns Bedürfnisse anzupassen, nicht gerade pfleglich mit ihr umgegangen.

Weiterhin stellte Reeves fest, dass die Maske nicht aus einem Stück gefertigt, sondern aus mehreren zusammengesetzt war. Hinterteil des Kopftuches, Vorderteil des Kopftuches, Uräusschlange und Geier, Gesicht, Ohren, Bart und Kragen waren eigenständig gefertigt und erst nachträglich zusammengefügt worden. Und nicht einmal alle sind aus einem Material. Während die Oberfläche des Kopftuches aus 22,5-karätigem Gold besteht, ergab eine Messung an der Oberfläche der Lippe lediglich 18,4 Karat – ein Unterschied, der sogar mit bloßem Auge an den verschiedenen Farbnuancen sichtbar ist. Da das Gesicht als separat gearbeitetes Teilstück gearbeitet wurde, könnte durchaus jemand eine ursprüngliche Version entfernt und später durch das offizielle Porträt des jungen Königs – wie es von seinen benannten Statuen gut dokumentiert ist – ersetzt haben.

Den entscheidenden Hinweis aber gaben Reeves die Ohrlöcher der Maske – oder besser deren Beseitigung durch kleine Flicken an den Ohrläppchen. Der ursprüngliche Eigentümer der Maske scheint durchgehende Ohrlöcher gehabt zu haben. Die sind bei Pharaonen äußerst selten. Zwar haben viele Pharaonen leichte Dellen in den Ohrläppchen – voll durchbohrte Ohrläppchen mit Ohrringen darin aber sind nur von drei Porträts bekannt. Amenophis I. trägt auf einem Relief aus Theben eine große Kreole im Ohr, ebenso wie Ramses II. auf einem Relief, das heute im Louvre steht. Auch Tutanchamun kennen wir mit Ohrringen – von dem berühmten Kopf, der aus der Lotusblume emporwächst. An diesem Stück, das Howard Carter einst in so arge Bedrängnis brachte, weil er es bei der Inventarisierung unterschlug, sind die Ohrläppchen des noch sehr jungen Königs vollständig und weit durchbohrt. Alle diese drei Porträts haben eins gemeinsam: Sie zeigen die Herrscher in einem sehr jungen Alter. Amenhotep I. und Ramses II. tragen noch ihre Jugendlocken, die typische Kinderfrisur im alten Ägypten, und Tutanchamun ist durch die kindlichen Gesichtszüge eindeutig ebenfalls noch als minderjährig zu erkennen. Wenn also alle bekannten Pharaonenporträts mit Ohrlöchern Kinder darstellen, wir von männlichen Erwachsenenporträts aber nur geschlossene Vertiefungen in den Ohrläppchen ohne Schmuck kennen, dann liegt der Schluss nahe, dass Ohrringe in der 18. und 19. Dynastie nur von Kindern getragen wurden.

Sollte die berühmte Totenmaske dann in ihrer ursprünglichen Form ein Kind darstellen? Wohl kaum, denn für ein Kind wäre sie viel zu groß gewesen – ihre Maße entsprechen eindeutig denen eines Erwachsenen. Wie lassen sich dann die durchbohrten Ohren erklären, die erst nachträglich geflickt wurden? Wir kennen durchaus Erwachsenenporträts mit vollständig durchbohrten und geschmückten Ohren – und zwar von Frauen. In der ägyptischen Oberschicht gehörten Ohrringe bei erwachsenen Frauen zum Alltag. Ein berühmtes Beispiel ist Kija, deren große scheibenförmige Ohrringe sogar eine Art Erkennungs-Accessoir sind. Möglicherweise gab also nicht ein Pharao die goldene Totenmaske in Auftrag – sondern eine Pharaonin. Als sie für Tutanchamun umgearbeitet wurde, tauschte der Künstler lediglich das Gesicht aus. Die Ohren aber blieben erhalten, nur die Löcher flickte er mit kleinen Stücken Goldfolie.

Als Reeves im September 2015 die Gelegenheit hatte, die Maske nach einem Umbau der Vitrine noch einmal sehr genau und nun auch in einem anderen Licht zu betrachten, bestätigte sich sein Verdacht. Deutlich konnte er erkennen, dass die Namenskartusche Tutanchamuns in dem Text auf der Rückseite der Maske die Überarbeitung einer älteren, deutlich längeren Kartusche ist. Auch die Spuren des ursprünglichen Namens sind noch zu lesen: Anch-cheperu-Re, geliebt von Nefer(-cheperu-Re) – ein Namenszusatz, den Echnatons Große Königliche Gemahlin Nofretete trug.

Damit sind es nun nicht mehr nur einzelne Stücke Trödelkram Anch-cheperu-Res, die Tutanchamun für sein eigenes Begräbnis verwendete, sondern wesentliche Teile der wichtigsten Grabausrüstung. Warum verfügte Tutanchamun nicht über eine eigene? Der britische Ägyptologe Aidan Dodson folgerte, dass der junge König seinem Vorgänger ein anständiges Pharaonenbegräbnis verweigert und stattdessen seine Grabausrüstung für den Eigengebrauch konfisziert habe. Auch Tutanchamuns Nachfolger Eje könnte bestimmt haben, dass Anch-cheperu-Re kein würdiges Begräbnis zusteht. Stattdessen entriss er ihm (oder ihr) unter Zeitdruck und den brodelnden gesellschaftlichen Veränderungen das Grabinventar und bestattete so schnell wie möglich Tutanchamun darin.

Nicholas Reeves, der in Tutanchamuns unmittelbarem Vorgänger Nofretete vermutet, hat noch einen anderen Vorschlag. Die namentlich gekennzeichneten Stücke des Grabinventares wurden für Anch-cheperu-Re gefertigt, die goldenen Mumienbänder für Anch-cheperu-Re Neferneferuaton. Nirgends aber taucht ein Hinweis auf Semenchkare auf. Nofretete, so Reeves, ließ dieses Inventar für sich selber anfertigen, als sie noch unter dem ersten Namen als Co-Regentin an der Seite Echnatons herrschte. Nach dessen Tod aber ging sie noch einen Schritt weiter. Als Semenchkare herrschte sie eine Zeitlang alleine auf dem ägyptischen Thron. Lange dauerte diese Phase zwar nicht – aber lange genug, um neues Grabinventar in Auftrag zu geben, und diesmal eines, das den vollen Ansprüchen eines Pharaonenbegräbnisses entsprach. Möglicherweise mussten für sie die Goldschmiede ebenfalls nicht bei null anfangen – denn auch Echnatons Grabausrüstung wurde nie gefunden. Es ist durchaus denkbar, dass eine machthungrige Nofretete ihrem Ehemann nach dessen Ableben den Totenschmuck und den Sarkophag stahl, um die wertvollen Stücke für sich selbst umarbeiten zu lassen. Wenn die Mumie in KV 55 Echnaton ist, wie Reeves vermutet, dann wurde er recht würdelos im Sarkophag seiner Gemahlin Kija beigesetzt. Bislang wurden jedenfalls weder die Grabschätze Echnatons noch diejenigen Semenchkares gefunden.

Und das lässt eine aufregende Schlussfolgerung zu: Sie könnten noch unentdeckt im Tal der Könige liegen. Es würde auch bedeuten, dass die »wunderbaren Dinge«, die Carter in der Schatzkammer des Tutanchamun fand, nur die ausrangierte Erstausstattung eines Co-Regenten sind, in denen er mangels Alternativen beigesetzt wurde. Wie prächtig mag dann das Grabinventar eines Pharao sein, der genügend Zeit und Mittel hatte, alles nach seinen eigenen Wünschen anfertigen zu lassen?

Nun ist Nicholas Reeves, der diese These zum ersten Mal deutlich aussprach, nicht irgendwer. Kaum jemand hat sich in den vergangenen Jahrzehnten so intensiv mit Tutanchamuns Familie beschäftigt wie der britische Ägyptologe. Bereits 1978, kurz nach Abschluss seiner Bachelorarbeit, forschte er am Grab KV 55, ein Jahr später wechselte er nach Amarna und grub in den Ruinen Achetatons. In seiner Doktorarbeit beschäftigte er sich mit der Archäologie im Tal der Könige unter besonderer Berücksichtigung der Aktivitäten von Grabräubern und von Sammelgräbern für königliche Mumien. Wenn er nicht gerade in Ägypten weilte, betreute er die Ägyptische Abteilung des British Museum ebenso wie die Sammlung Carnarvons in Highclere Castle oder die Ägyptische Abteilung des Metropolitan Museum of Art in New York. Von 1998 bis 2002 war er Direktor des Amarna Royal Tombs Projects, zuletzt leitete er als führender Archäologe die ägyptische Expedition der University of Arizona. Es gibt kaum ein Thema rund um die Amarna-Zeit, über das Reeves keine Bücher geschrieben hätte: Monographien über Tutanchamun und das Tal der Könige veröffentlichte er ebenso wie eine Biographie Echnatons und eine umfassende Sammlung von Dokumenten zur Person Howard Carters und der Entdeckung des Grabes von Tutanchamun. Wenn also jemand das Tal der Könige, seine Geschichten und seine Geheimnisse kennt – dann Reeves.

Und vielleicht könnte sich tatsächlich ein solcher Moment, wie Howard Carter ihn am 26. November 1922 beim ersten Blick in die Grabkammer erlebte, noch einmal wiederholen. Denn Reeves hat nicht nur die Vermutung, dass es noch eine weitere unentdeckte Grabkammer im Tal der Könige gibt. Sondern er hat auch einen ganz klaren Verdacht, wo diese sich befinden könnte. Möglicherweise, schrieb er im Jahr 2015 in einem Aufsatz, der die Welt elektrisierte, liegt Tutanchamun nämlich gar nicht alleine im Grab KV 62. Hinter der Nordwand der Grabkammer könnte noch eine weitere Person liegen. Und zwar der eigentliche Eigentümer der Grabkammer. Tutanchamun wurde demnach dort nur nachträglich in einer Art Vorkammer beigesetzt. Und dieser ursprüngliche Grabeigentümer, so Reeves, ist niemand Geringeres als Nofretete / Anch-cheperu-Re Neferneferuaton / Anch-cheperu-Re Semenchkare, zunächst Große Königliche Gemahlin des Pharao Echnaton und spätere Alleinherrscherin über das Reich am Nil.

Die Einsicht traf Reeves wie ein Blitz aus heiterem Himmel. Der Ägyptologe erinnert sich noch ganz genau an den Moment, als ihm zum ersten Mal der Verdacht kam, dass in dem Grab noch mehr sein könnte, als Carter fand. Es war im Februar 2014. Reeves saß vor dem Computerbildschirm und studierte die hochauflösenden Fotografien der Wandmalereien und der Oberflächenstruktur der Grabkammer des Tutanchamun-Grabes, die von der Madrider Firma Factum Arte freigegeben worden waren. Eigentlich handelte es sich bei diesen Aufnahmen um ein Nebenprodukt eines Großprojektes, die Herstellung eines Faksimiles der Grabkammer. Dieser Nachbau macht es den vielen tausend Besuchern pro Jahr möglich, die

Grabkammer mit ihren Wandmalereien aus nächster Nähe zu bestaunen – ohne die wertvollen Originale zu gefährden. Am 30. April 2014 wurde diese begehbare Grabkammer mit den exakten Kopien der Wandmalereien neben dem ehemaligen Haus Howard Carters in Luxor am Ostufer des Nils feierlich eröffnet. Die Aufnahmen der Wände aber, auf deren Grundlage diese Kopie angefertigt worden war, schenkte Factum Arte der Öffentlichkeit und stellte sie frei zugänglich ins Netz.

So hochauflösende Bilder der Kammerwände hatte es noch nie gegeben. Auch wenn die berühmten Szenen an der Wand der Grabkammer mit den Bildern von den Vorbereitungen Tutanchamuns auf das Leben nach dem Tod schon tausendmal fotografiert wurden, so genau wie auf den Factum-Arte-Aufnahmen hatte man sie noch nie zuvor betrachten können. Die Auflösung dieser Bilder ist mit 600 bis 800 DPI so gut, dass jeder Pinselstrich erkennbar wird. Zusätzlich stellte Factum Arte auch die Scans von der Oberflächenstruktur der Wände zur Verfügung. Jede noch so kleinste Unebenheit ist darauf zu sehen, so genau, als könne man mit den Fingerspitzen darüberstreichen. Reeves war begeistert. Voller Bewunderung studierte er Pinselstrich um Pinselstrich, ohne nach etwas Bestimmtem zu suchen. Und dann waren da plötzlich diese Linien.

Die Linien auf der Westwand der Grabkammer entpuppten sich als feine Absätze in der Struktur der Wand, die noch klarer hervortreten, wenn man die Farbe weglässt und sich nur auf die Oberflächenstruktur der Wand konzentriert. Vier Linien zeichnen sich deutlich ab. Zwei davon verlaufen von der Decke nach unten und ähneln den im Tal der Könige häufig vorkommenden natürlichen Rissen im Gestein, wie schon Howard Carter sie an der Decke der Grabkammer beschrieb. Zwei weitere aber steigen vom Boden aus senkrecht nach oben auf und verlaufen exakt parallel zueinander. Je genauer Reeves hinschaute, desto deutlicher formten diese Linien die Umrisse eines Durchgangs. In der Höhe, wo sie stoppen, hört auch die eine der Linie auf, die ihnen von der Decke entgegenkommt – so als ob das natürliche Gestein mit dem weiteren Verlauf des natürlichen Risses an jener Stelle entfernt und die Öffnung neu vermauert wurde. Mehr noch: Die Maße dieser vermuteten Tür entsprechen genau denjenigen des Durchgangs im Vorzimmer der Grabanlage zu dem Nebenraum.

Und damit noch nicht genug: Auch an der Nordwand fand Reeves bei genauerer Inspektion der Scans verdächtige Linien. Zwei davon steigen wieder vom Boden aus senkrecht nach oben auf und verlaufen parallel zueinander, wie die beiden Pfosten einer Tür. Projiziert man diesen Durchgang in den Raum, so hat auch der seine Entsprechung an einer anderen Wand: Seine westliche Seite liegt genau in der Fortsetzung der Westwand des Vorraumes. Auch die Grabkammer selber wurde offenbar entlang dieser gedachten Linie erweitert, wofür ebenfalls eine leicht unterschiedliche Bearbeitung der Wände dies- und jenseits dieser Grenze spricht. Damit, so Reeves, seien der Vorraum und die Grabkammer ursprünglich gar nicht zwei Räume gewesen – sondern nur ein langer Korridor, der hinter der Nordwand der Grabkammer noch tiefer ins Gestein hineinführte. Drei weitere Linien bildeten zusammen mit der Bodenkante ein kleineres Rechteck in diesem Durchgang – sehr ähnlich dem Durchbruch, auf den Howard Carter zwischen der Vorkammer und der eigentlichen Grabkammer gestoßen war. Im Verlauf dieser Linien häuften sich einfach zu viele architektonische Übereinstimmungen. Konnte das noch Zufall sein?

Reeves sollte nicht der Einzige bleiben, der Dinge sah. Seinen ersten Verdacht teilte er mit Adam Lowe, dem Direktor von Factum Arte. Und der machte Reeves auf einen weiteren Umstand aufmerksam. Die braunen Flecken, die überall die Wandgemälde verunstalten, sind dort, wo Reeves die Durchgänge vermutet, dichter. Bei den kreisförmigen braunen Stellen handelt es sich um Schimmelpilze – die allerdings bereits Jahrtausende alt sind. Schon Alfred Lucas, der unter Howard Carter für die Konservierungsmaßnahmen und chemischen Untersuchungen im Grab zuständig war, hatte die Sporen für mausetot erklärt. Bei Restaurierungsarbeiten, die erst vor wenigen Jahren durchgeführt wurden, konnte ein Biologenteam der Harvard University diese Diagnose bestätigen. Die Forscher fanden, dass die Flecken zu 16 Prozent aus Apfelsäure bestehen, was für ihren organischen Ursprung spricht. Allerdings fanden sich unter dem Elektronenmikroskop keine lebenden Organismen mehr, die Apfelsäure hätten produzieren können. Die Schimmelsporen hatten die Wände also befallen, als diese noch feucht waren. Heute jedoch können sie schon längst keinen Schaden mehr anrichten. Vergleiche der Fotos, die kurz nach der Graböffnung 1922 angefertigt wurden, mit dem heutigen Zustand würden außerdem zeigen, dass Größe und Anzahl der braunen Flecke sich in den vergangenen Jahrzehnten nicht verändert haben.

Wenn die Schimmelflecken nun an einigen Stellen dichter sind als an anderen, dann müssen diese Stellen unmittelbar nach der Fertigstellung des Grabes bessere Bedingungen für das Wachstum der Sporen geboten haben – beispielsweise, weil der Mörtel einer frisch hochgezogenen Vermauerung noch nicht ganz durchgetrocknet und somit feuchter als die umgebende Felswand war.

Je klarer sich nun die Möglichkeit eines ursprünglich ganz anderen Layouts des Grabes abzeichnete, desto mehr Indizien fielen Reeves auf. So folgen die Gräber der ägyptischen Pharaonen der 18. Dynastie alle mehr oder weniger ähnlichen Bauplänen, die Abfolge besteht aus Vorzimmer, Krypta und mehreren Nebenräumen zur Aufbewahrung der Schätze. Zur Zeit Tutanchamuns waren das normalerweise vier Nebenkammern, angeordnet auf 2, 4, 8 und 10 Uhr. In KV 62 aber fehlen zwei dieser Kammern – die auf 4 Uhr und die auf 10 Uhr. Auf der 4-Uhr-Position kann es nie eine weitere Kammer gegeben haben, denn dort mündet der Eingangskorridor in die Kammer. Die Linien auf der Westwand aber korrespondieren genau mit der Stelle, an der ein Eingang zu einer Nebenkammer auf 10 Uhr liegen würde. »Als mir das klar wurde, fürchtete ich schon, verrückt geworden zu sein«, gab Reeves im Gespräch mit der Presse zu.

Dass im Grab Tutanchamuns Räume zu fehlen scheinen, bemerkte allerdings schon Howard Carter. Im dritten Band der Grabungspublikation beruft er sich auf einen Papyrus, der bereits im 19. Jahrhundert von Richard Lepsius veröffentlicht wurde und der heute in Turin liegt. Unter der Überschrift »Maße für das Grab des Pharao, der da lebt, heil und gesund ist« hat ein ägyptischer Architekt einen sehr detaillierten Grundrissplan für ein Pharaonengrab gezeichnet. Angegeben sind neben der exakten Höhe der Türen und den Namen sowie Maßen verschiedener Gänge und Kammern auch Details zur Ausführung wie »gezeichnet in Umrisslinien«, »mit dem Meißel eingeschnitten«, »mit Farbe ausgefüllt« oder »vollendet«. Auch wenn es sich bei dem Pharao, dessen Grab hier gezeichnet wurde, um Ramses IV. handelt, der rund zweihundert Jahre nach Tutanchamun lebte – »so wirft es doch Licht auch auf dessen Grab«, merkt Carter an. Denn auch das letztendlich gebaute Grab Ramses' IV. weicht von dieser Skizze ab, die eher als eine Art genereller

Plan für Pharaonengräber jener Zeit im Allgemeinen anzusehen sei.

Das Herzstück der Anlage ist das »goldene Haus, in dem man (d. h. der König) ruht« – die Sargkammer. Tatsächlich sind die Grabkammern der 18. und 19. Dynastie in der Regel mit gelber Farbe grundiert, so dass der Eindruck von »goldenen« Wänden entsteht. Von diesem goldenen Raum heißt es weiter, dass er »auf allen Seiten mit der Ausstattung Seiner Majestät versehen ist, zusammen mit der Götterneunheit, die in der Unterwelt ist«. Auf dem Turiner Plan ist das goldene Haus eine Pfeilerhalle mit Stufen am Ende, die zu einer offenen Krypta führen, mit vier kleineren Schatzkammern, von denen jeweils zwei von der Pfeilerhalle und zwei von der Krypta abgehen. Der erklärende Text nennt sie beim Namen: »der Korridor, welcher der Schawabti-Raum ist; der Ruheplatz der Götter, die Schatzkammer zur linken (und zur rechten) Hand; die Schatzkammer des innersten Raumes«. Das sind offensichtlich viel mehr Kammern, als Tutanchamuns Grab vorweisen kann. Also folgert Carter: »Diese Ausführungen und die in dem kleinen Raum neben der Sargkammer Tutanchamuns befindlichen Gegenstände scheinen ziemlich klar zu beweisen, dass in diesem Raum mehrere Räume zusammengelegt sind, und zwar der ›Schawabti-Raum‹, der Ruheplatz für die Götter und mindestens eine der beiden ›Schatzkammern‹ und die ›Schatzkammer des innersten Raumes‹.« Daraus erklärt sich auch mehr oder weniger die verschiedene Art der in dem kleinen Raum hineingepferchten Gegenstände. Carter nahm das Fehlen zusätzlicher Kammern also wahr, folgerte daraus aber, dass die Architekten lediglich Räume eingespart hatten. Stattdessen könnte aber auch hinter der Westwand der Grabkammer noch ein weiterer Lagerraum, eine weitere »Schatzkammer« liegen.

Was aber hat es nun mit der Nordwand auf sich? Die Ausrichtung von KV 62 weicht noch in einem weiteren zentralen Punkt vom Standard-Layout der Pharaonengräber in der 18. Dynastie ab. Die winden sich in ihrer Abfolge von Korridor, Vorkammer und Hauptkammer nämlich immer nach links. Es gibt wenige Ausnahmen. Grab WA D in dem versteckten Wadi Sikkat Taka el-Zeida in Theben-West zum Beispiel, das Hatschepsut in Auftrag gab, als sie noch die Große Königliche Gemahlin von Thutmosis II. war. Als sie selber den Pharaonenthron bestieg, wurden die Arbeiten an dem Grab allerdings abgebrochen. Auch das Grab, das Hatschepsut danach für sich im Tal der Könige anlegen ließ, KV 20, windet sich nach rechts statt nach links. In Dra Abu el-Naga ist das Grab der Königin Ahmose Nefertari, Schwester und Große Königliche Gemahlin von Ahmose I., nach rechts gedreht, ebenso wie das Grab TT 358 in Deir el-Bahari für Ahmose Meritamun, Große Königliche Gemahlin von Amenophis I. Alle diese Ausnahmen haben eine offensichtliche Gemeinsamkeit. Sie waren nicht für einen Herrscher bestimmt – sondern für eine Herrscherin. Liegt hinter der Nordwand also die Fortsetzung eines rechtsdrehenden Grabes – mit der Grabkammer für eine Königin?

Wenn das Grab tatsächlich ursprünglich für Nofretete angelegt wurde und nicht für Tutanchamun, zeigten dann nicht auch die Bilder an den Wänden die Bestattung und Nachweltvorbereitung für Nofretete statt die für Tutanchamun? Die Figuren, wie sie heute zu sehen sind, tragen alle Namen – deshalb hat nie jemand ihre Zuordnung angezweifelt. Doch schon eine Untersuchung der Malereien durch Forscher des Getty Conservation Institute im Jahr 2012 zeigte, dass die Gestaltung der Nordwand sich in vielen Aspekten von der Dekoration der anderen Wände unterscheidet. Die Künstler behalfen sich beispielsweise für die

Einteilung der Figurenfelder nicht mit aufgemalten Linien wie auf den anderen Wänden. Stattdessen dienen hier lediglich Ritzlinien im Putz als Hilfestellung.

Besonders auffällig aber ist, dass die Figuren nicht wie auf der Ost-, West- und Südwand auf einen gelben oder »goldenen« Hintergrund aufgemalt wurden, der über einer weißen Grundierung liegt, sondern direkt auf die weiße Farbschicht. Erst nachträglich wurden die Zwischenräume mit einem Gelbton ausgefüllt, wobei der Künstler die Figuren sorgfältig aussparte. Das Gelb der Nordwand unterscheidet sich zudem vom Farbton der übrigen Wände, es ist deutlich heller. Das spricht dafür, dass die Nordwand früher bemalt wurde als die übrigen Wände – zumal die Figuren noch ganz im Stil der Kunst von Achetaton in ein 20-Felder-Raster eingepasst sind. Die Figuren der übrigen drei Wände malten die Künstler stattdessen in das 18-Felder-Raster, zu dem man nach Aufgabe von Echnatons Hauptstadt wieder zurückgekehrt war.

Reeves vermutet, dass zu einem Zeitpunkt vor der Grablegung von Tutanchamun die Nordwand die einzige dekorierte Wand der jetzigen Grabkammer war. Ihre Funktion, schreibt er in seinem Aufsatz, wäre dann die einer »Blende« gewesen – einer Scheinwand, die das dahinterliegende Begräbnis vor Grabräubern schützen sollte. Es wäre bei weitem nicht das einzige Beispiel für diesen architektonischen Trick im Tal der Könige. Alle anderen Beispiele, die wir kennen, haben nur ihren Zweck nicht erfüllt und wurden bereits in der Antike von Grabräubern aufgebrochen, die dieses Blendwerk mühelos durchschaut hatten.

Der Name des Herrschers, der möglicherweise so erfolgreich von dieser Blendwand geschützt wird, stand mit Sicherheit einst auf Namenskartuschen neben den Figuren auf der Nordwand. Nur liegen diese seit der Beisetzung Tutanchamuns und der Umgestaltung des Grabes verborgen unter der neuaufgetragenen gelben Farbschicht zwischen den Figuren. Die neuen Namen pinselte man einfach darauf. Die Figuren mit ihren charakteristischen Gesichtern aber blieben unverändert. Da jedoch die Namen so eindeutig daneben stehen, glaubten die Ägyptologen den Beschriftungen – und übersahen, dass die Porträts alles andere als typisch für die vermeintlich Dargestellten sind.

Üblicherweise trägt in den Wandgemälden der Grabkammern der 18. Dynastie nicht nur der Pharao selber charakteristische Gesichtszüge, sondern auch einige Gottheiten, deren Physiognomie der pharaonischen angepasst wurde. Bei diesen Gesichtern der Nordwand ist die untere Gesichtspartie von einer tiefen Mundwinkelfalte zerfurcht. Es wäre der einzige Fall, der Tutanchamun mit diesem Altersmerkmal zeigt, denn der Pharao war bei seinem Tod noch viel zu jung, um schon ein derartig von tiefen Falten gezeichnetes Gesicht zu haben. Stattdessen aber sind diese Furchen ein Zug, den die Künstler sonst vor allem den späten Porträts der Nofretete verpassten, um sie als ältere Frau zu kennzeichnen. Oft kombinierten sie diese Falten mit weiteren Merkmalen wie einer leicht vorgewölbten Augenbrauenrundung und ebenfalls leicht gekrümmter Nase, einem eher geraden Kiefer, abgeschlossen von einem rundlichen Kinn. Nicht bei allen Figuren seien diese zusätzlichen Nofretete-Kennzeichen zu beobachten, schreibt Reeves. Denn bei der späteren Umgestaltung der Wand gab man sich Mühe, die Umrisse der Gesichter denen Tutanchamuns anzupassen. Allein dort, wo die Nofretete-Charakteristika nur leicht angedeutet seien, habe man diese stehen lassen, in der Hoffnung, dass niemand den Unterschied bemerken würde. Bei den bärtigen

Göttern der Nordwand zum Beispiel hat der Künstler sich die Arbeit gespart, dort sei der gerade Nofretete-Kiefer mit dem runden Kinn noch gut zu sehen.

Noch deutlicher aber treten die ursprünglichen Porträtzüge bei dem Pharao zutage, der in der Darstellung der sogenannten Mundöffnungszeremonie dem Verstorbenen gegenübersteht. Diese Figur müsste, wenn das Grab für Tutanchamun ausgemalt wurde, seinen Nachfolger Eje II. zeigen. Doch die Person hat ein Doppelkinn. Keine bekannte Darstellung zeigt Eje mit einem Doppelkinn. Dafür aber kennen die Ägyptologen dieses Detail sehr gut von Kinderdarstellungen der Familie Echnatons – zum Beispiel von Tutanchamun.

Die Mundöffnungszeremonie war elementar wichtig für den Verstorbenen. Nur wenn sie korrekt ausgeführt wurde, konnte der Tote im Jenseits Nahrung zu sich nehmen. Schon im Alten Reich wurde den Verstorbenen, aber auch Götterstatuen, der Mund geöffnet, um sie entsprechend zu beleben. Ohne diese Zeremonie wären alle Opfergaben vergebens, der Tote oder das Götterbild hätten sie gar nicht konsumieren können. Insgesamt bestand das Ritual aus bis zu 74 einzelnen Szenen. Der Tote wurde in seinem Sarkophag aufgestellt, rituell gereinigt, bekam den Mund geöffnet und gleich darauf die ersten Opfergaben angeboten. Anschließend wurde er noch gesalbt, bekleidet, mit den Herrschaftsinsignien ausgestattet und nach einer weiteren ausgiebigen Speisung schließlich an seine endgültige Ruhestätte abtransportiert.

Die meisten der rituellen Handlungen führte ein Sem-Priester aus, ein Hohepriester des Osiris. An seiner typischen Berufskleidung, dem Pantherfell, war er eindeutig als Sem-Priester zu erkennen. Jedoch übernahm er auch explizit die Rolle des ältesten Sohnes oder designierten Nachfolgers des Toten. Denn nur wer die Mundöffnungszeremonie korrekt an seinem Vorgänger durchführte, hatte damit einen Herrschaftsanspruch.

Könnte sich der Künstler nicht einfach vermalt und Tutanchamuns Nachfolger Eje versehentlich mit einem kindlichen Doppelkinn versehen haben? Diese Vorstellung ist sehr unwahrscheinlich. Denn Ejes Anspruch auf den Thron war alles andere als gesichert. Er war kein direkter Angehöriger Tutanchamuns und soweit wir wissen auch nicht von dessen Vorgängern. Damit war die Symbolik um die Thronübernahme für ihn elementar wichtig, er musste beweisen, dass er – und nur er – diesen Platz ausfüllen konnte. Aus diesem Grund wird er besonderen Wert darauf gelegt haben, dass seine Porträts sich eng an seinen tatsächlichen Gesichtszügen orientierten, damit man ihn auch erkannte.

Nicht nur die Götter trugen in den Grabkammern der 18. Dynastie die Gesichtszüge der Herrscher, auch die Gesichter der Göttinnen orientierten sich an der Physiognomie der jeweiligen Großen Königlichen Gemahlinnen. Auf der Nordwand weist Reeves besonders auf die Darstellung der Himmelsgöttin Nut hin. Sie würde, schreibt er, mit ihrer tiefliegenden Nase, der horizontalen Kinnlinie und dem tiefen Kinn den Porträts der Meritaton gleichen, die wir von dem Relief im Grab des Merire II. in Achetaton als Große Königliche Gemahlin des Anch-cheperu-Re Semenchkare kennen. Auf jeden Fall unterscheiden sich die Gesichtszüge Nuts auf der Nordwand deutlich von den Gesichtszügen der Göttin Isis auf der Südwand. Diese, so Reeves, hätten hingegen Ähnlichkeit mit den bekannten Porträts der Anchesenamun, der Großen Königlichen Gemahlin Tutanchamuns.

Schließlich gibt es noch eine letzte Unstimmigkeit in der Grabkammer, die Reeves mit seiner Theorie erklären könnte.

An jeder der Kammerwände befindet sich eine kleine, rechteckige Nische, in der je ein magischer Ziegel aus ungebranntem Ton mit Texten aus dem 151. Spruch des ägyptischen Totenbuchs darauf und ein Amulett verstaut ist. Allerdings sind sie nicht gleichmäßig verteilt, sondern nehmen auf allen Wänden eine unterschiedliche Position ein. Außerdem variieren die Höhen zwischen 24 und 27 Zentimetern, die Breiten zwischen 16 und 20 Zentimetern und die Tiefen zwischen 10 und 18 Zentimetern. Diese unregelmäßige Verteilung ist ungewöhnlich. Sowohl im Grab Ejes als auch im Grab Haremhabs sind diese Nischen jeweils in der Mitte der Wände eingelassen. Hätte man dies auch in der Grabkammer Tutanchamuns versucht, würden sie genau dort liegen, wo Reeves die zugemauerten Durchgänge vermutet. Um diesen nicht in die Quere zu kommen, folgert er, verschob man sie so, dass sie nun im gewachsenen Felsen liegen.

Zusätzlich sind im Grab des Tutanchamun die Amulette vertauscht. Üblicherweise gehörte zum Ziegel der Westwand nämlich ein Djed-Pfeiler, zum Ziegel der Ostwand ein Anubis-Amulett, zum Ziegel der Südwand eine Schilfrohrfackel und zum Ziegel der Nordwand eine Uschebti-ähnliche Figur. Für diese Anordnung gibt das Totenbuch sehr genaue Anweisungen. Zum Zauberspruch für den Djed-Pfeiler heißt es dort: »Man soll diesen Spruch über einem Djed-Amulett aus Fayence sprechen, indem es auf einem Ziegel aus frischem Ton befestigt ist, auf dem dieser Spruch eingeritzt ist. Mache dafür eine Nische in der Westmauer mit seiner Vorderseite nach Osten.« In Tutanchamuns Grabkammer aber lag der Djed-Pfeiler nicht beim Ziegel in der Westwand, sondern bei dem in der Südwand.

Der Zauberspruch für die Ostwand lautet: »Bewache deinen Kopf! Bewache ›Der auf seinem Berg‹! Deine Kraft ist abgewehrt. Ich habe deine Kraft abgewehrt. Ich bin der Schutz des

Osiris«. Diesen Spruch soll man, heißt es, »über einer Anubis-figur aus frischem Ton sprechen, indem sie mit Weihrauch vermengt auf einen Ziegel aus frischem Ton gelegt ist, in den dieser Spruch eingraviert ist. Mache dafür eine Nische ins östliche Gemäuer, mit ihrem Gesicht nach Westen.« Doch die Anubis-figur steckte in Tutanchamuns Grabkammer in der Nische der Westwand. Einzig die Uschebti-Figur ist korrekt der Nordwand zugeordnet, dafür fehlte aber das Fackelamulett. Stattdessen lag beim Ziegel in der Westwand eine Figur des Anubis.

Man kann davon ausgehen, dass diejenigen, die so nachlässig die Amulette vertauschten, sich auch nicht an die übrigen Weisungen des Totenbuches für die Platzierung der Ziegel hielten: »Man tue dies rein und sauber, ohne Kleinvieh oder Fische gegessen zu haben, ohne sich Frauen genähert zu haben, nachdem du diesen Göttern Brot, Bier und Weihrauch über dem Feuer geopfert hast.« Nur wenn alle Handlungen korrekt ausgeführt wurden, durfte der Tote ins Totenreich eintreten: »Jeder ›Verklärte‹, für den dies getan wird, der ist ein abgeschirmter Gott, der im Totenreich ist. Er kann von keinem Tor des Westens abgewiesen werden. Er ist ein Gefolgsmann des Osiris an jedem Ort, in dem er entlangzieht.« Tutanchamun aber drohte Furchtbares: Er konnte, da seine Ziegel falsch platziert waren, sehr wohl abgewiesen werden.

Sollten Reeves' Thesen stimmen, dann gäbe es in Tutanchamuns Grab noch mindestens zwei bislang unentdeckte Räume: eine weitere Schatzkammer hinter der Westwand der Grabkammer und eine Fortsetzung unbekannter Länge der Grabkammer in nördliche Richtung tiefer in den Felsen hinein. Denkbar wäre allerdings auch, dass die weitere Kammer gar nicht für Schätze vorgesehen war, sondern für jene Mitglieder der Herrscherfamilie, deren Mumien man aus Achetaton ins Tal der Könige geholt hatte – und die bis heute verschollen sind. Wenn hinter dem Grab Tutanchamuns tatsächlich das ungestörte Grab der Nofretete und möglicherweise sogar noch weitere Mumien liegen, dann wäre das eine der größten archäologischen Sensationen, die es je gab.

Ein ganzes Jahr ließ Reeves sich Zeit, über seine Entdeckung nachzudenken. Er prüfte sie wieder und wieder von allen Seiten und versuchte, sich selbst zu widerlegen. Aber so sehr er auch grübelte, er fand nichts, was ihn davon überzeugen konnte, dass er einem Hirngespinst erlegen war. Es war wie bei einem Stereogramm, einem jener gepunkteten Bilder, in denen, wenn man sie mit einem leicht verschobenen Fokus anschaut, plötzlich ein dreidimensionales Bild erscheint: Hat man das Bild einmal entdeckt, sieht man es immer wieder, die Augen können sich dann nicht mehr zurück auf die gepunktete Fläche umstellen. Auch die Durchgänge an den Grabkammerwänden schienen nun klar und deutlich, sie zu ignorieren wurde unmöglich. Und so entschloss Reeves sich, mit seiner These an die Öffentlichkeit zu gehen.

Der erste Impuls war sicherlich bei vielen, die seinen Aufsatz lasen, sofort loszustürmen und die Wände der Grabkammer wegzumeißeln – um zu sehen, ob dahinter tatsächlich verborgenen Schätze liegen. Doch glücklicherweise passierte genau dies nicht. Die ägyptische Antikenbehörde, die für das Grab des Tutanchamun zuständig ist und allein darüber verfügen darf, was damit geschieht, blieb besonnen. Auch Reeves wollte alles andere, als vorschnell zum Meißel greifen – er ist ein vorsichtiger und umsichtiger Mensch. »Eine seit über 3000 Jahren hermetisch abgeriegelte Kammer – so etwas ist in der modernen Archäologie bislang noch nicht vorgekommen«, sagte er in einem Interview. »Wir können sie nicht einfach aufbrechen. Allein die Luft, die darin enthalten ist, steckt ja schon voller Informationen für uns.« Die Kammern wären absolutes Neuland, so eine Chance hat es in der Archäologie noch nie gegeben. Reeves wünscht sich vor allem eins: eine große internationale Konferenz. Die Öffnung von möglichen weiteren Kammern hinter dem Grab von Tutanchamun sei eine Aufgabe, die zu gewaltig ist, um sie nur einer Forschergruppe oder auch nur einem Land aufzubürden. Dafür, forderte er, brauche man alles Wissen, das weltweit verfügbar sei – und zwar nicht nur von Ägyptologen, sondern vor allem von Technikern und Naturwissenschaftlern. Denn: »Wir kennen ja noch nicht einmal die Fragen zu den Antworten, die diese Kammern uns geben könnten.«

Der aktuelle Stand der Wissenschaft:
Die Schatten hinter der Wand

Im Juli 2015 veröffentlichte Nicholas Reeves seine These über die verborgenen Kammern hinter den Wänden von Tutanchamuns Grab. Es ist schwierig, Worte zu finden, die dieses Ereignis einordnen könnten. Denn in der Tat hat es eine derartige Entdeckung noch nie gegeben. Als Howard Carter im Jahr 1922 das Grab KV 62 fand, war die Archäologie noch eine komplett andere Wissenschaft als heute. Carnarvon und Carter suchten »wunderbare Dinge«. Die Öffentlichkeit geriet beim Anblick der Totenmaske in einen Goldrausch. Alle Aufmerksamkeit war fixiert auf das, was offensichtlich glänzte. Unscheinbare Grabbeigaben aber, von denen wir mindestens genausoviel über Tutanchamun und seine Zeit hätten lernen können, wurden zur Fußnote. Die Blumenkränze fotografierte niemand. Die Pakete mit Lebensmitteln wurden bis heute nicht näher untersucht.

Während also 1922 die Graböffnung noch der Höhepunkt einer langen Schatzsuche war, stellt die Archäologie heute ganz andere Fragen. Wie ein Forensiker versucht der Archäologe heute, das Leben und Sterben in vergangenen Zeiten zu rekonstruieren. Wer war der Mensch, der begraben wurde? In was für einer Umwelt lebte er? Eine ungeöffnete Grabkammer ist heute nicht wegen des möglicherweise darinliegenden Goldes interessant. Sondern weil es eine Zeitkapsel ist, die Jahrtausende lang völlig von der Umwelt isoliert existierte und damit unkontaminierte Informationen aus einer weit zurückliegenden Vergangenheit bewahrt hat.

Angenommen hinter den Wänden liegen tatsächlich ungeöffnete Kammern. Dann ist allein schon die Luft darin ein Träger wertvoller Informationen. Denn es ist – unvermischt und unverdünnt – jene Luft, mit der Tutanchamun selber zu Lebzeiten seine Lungen füllte. Gab es damals schon eine Feinstaubbelastung? War Pollenflug ein Problem? Welche Überraschungen, mit denen bisher keiner rechnete, hält sie möglicherweise für uns bereit? Wenn also tatsächlich weitere Kammern existieren, dann ist schon die erste Öffnung – und sei sie noch so klein – ein irreversibler Eingriff, der möglicherweise wertvolle Informationen vernichtet. Mit dem ersten Stein, der aus der Wand gebrochen wird, entweicht diese Luft und mischt sich unwiederbringlich mit der »Frischluft« der anderen Seite.

Aber trotz aller Möglichkeiten, die der Archäologie heute gegeben sind, wäre die Öffnung einer verschlossenen Grabkammer Neuland. Denn es wäre kein Routineeingriff. Noch nie gab es eine Gelegenheit, so etwas zu üben. Eine ungeöffnete Grabkammer wäre bei den heute der Archäologie zur Verfügung stehenden Möglichkeiten ein noch nie dagewesenes Geschenk – aber auch eines, das die Disziplin gleichzeitig völlig überfordert. Zu Howard Carters Zeiten wäre die Vorgehensweise noch sehr einfach gewesen. Er hätte einem Arbeiter eine Hacke in die Hand gedrückt und ihn angewiesen, ein Loch in die Wand zu schlagen. Im Jahr 2015 aber fiel die gesamte archäologische Welt zunächst einmal in Schockstarre. Monatelang passierte gar nichts. Die ägyptische Antikenbehörde hüllte sich in tiefes Schweigen.

Auch Reeves selber hielt sich bedeckt. »Wir kennen ja noch nicht einmal die Fragen zu den Antworten, die eine versiegelte

Kammer uns stellen könnte«, sagte er in einem der wenigen Interviews, die er unmittelbar nach der Veröffentlichung seines Aufsatzes noch gab. So aufgeregt und neugierig Reeves nach seiner Entdeckung auch sein mochte, blieb er doch vorsichtig und umsichtig – ganz anders als Howard Carter, der unmittelbar vor der Öffnung der Grabkammer heimlich eingestiegen war und sich im kleinen Kreise »schon mal umgesehen« hatte.

Noch etwas war grundlegend anders: Nicholas Reeves war bei seiner Entdeckung gar nicht persönlich im Tal der Könige anwesend, sondern hatte sie zu Hause vor dem Computerbildschirm gemacht. Für seine Arbeit hatte er keine Erlaubnis der Antikenbehörde gebraucht – die hochauflösenden Bilder, die Factum Arte von den Wänden der Grabkammer gemacht hatte, stehen frei zugänglich für jeden im Netz. Wer sollte nun für die weiteren Schritte verantwortlich sein? Für Reeves gab es keine Zweifel: Eine neue Grabkammer wäre eine internationale Angelegenheit. »Wir brauchen dann alles Wissen, das wir weltweit bekommen können«, forderte er. »Und zwar nicht nur von Ägyptologen, sondern vor allem von Technikern und Naturwissenschaftlern.« Kein Stein solle entfernt werden, bevor nicht die weltweit besten Forscher sich einig wären, das Richtige zu tun. Bevor irgendetwas geschehen würde, wünschte Reeves sich eine internationale Konferenz.

Im Herbst endlich reiste der Brite persönlich ins Tal der Könige. Seine ersten Besuche galten allerdings gar nicht dem Grab Tutanchamuns, sondern jenen von Eje, Haremhab, Amenophis II. sowie dem mysteriösen Grab KV 55. »Sie stammen aus derselben Ära wie Tutanchamun und Nofretete«, erklärte Reeves sein Interesse an den Gräbern gegenüber der ägyptischen Zeitung *Al Ahram*, »und sind alle in irgendeiner Weise mit ihnen verbunden.« Besonders interessant sei das Grab von

Haremhab. Denn dort sei eine Wand ursprünglich komplett dekoriert gewesen und hätte so den Eingang zu tiefergelegenen Teilen des Grabes verdeckt. »Diese Wand gibt uns eine ziemlich gute Idee davon, wie es wahrscheinlich auch hinter der Nordwand von Tutanchamuns Grabkammer aussieht.«

»Zu 60 Prozent« sei Reeves sich sicher, dass seine Theorie stimme, wog er in dem Interview ab. Nun aber sei es an der Zeit, den ersten Schritt zu tun: »Die Welt sollte jetzt besser den Atem anhalten.« Immerhin blieben ja selbst bei ihm noch 40 Prozent Restzweifel, und »auch die besten Theorien erweisen sich mitunter als falsch«.

Am kommenden Tag, dem 1. Oktober 2015, veranstaltete das Antikenministerium in Kairo eine Pressekonferenz. Antikenminister Mamdouh Eldamaty gab sich sogar noch optimistischer als Reeves. Er sei »zu 70 Prozent sicher«, dass hinter den Wänden weitere Kammern zu erwarten sind. Ansonsten aber stellte er sich in allen Punkten hinter Reeves. Nun müssten zunächst einmal noninvasive Methoden weitere Klarheit schaffen, sein Ministerium gäbe die Erlaubnis für eine Untersuchung mit Bodenradar und mit einer Wärmebildkamera. »Aber selbst, wenn dabei ein versteckter Durchgang gefunden wird«, mahnte er zur Vorsicht, »heißt das nicht, dass wir sofort anfangen werden zu graben.« Bevor er irgendwelche tatsächlichen Arbeiten zulassen wird, müsse als Erstes sichergestellt sein, dass Tutanchamuns Grab nicht zu Schaden komme. »Heißt das, dass wir von oben graben, von unten oder von der Seite? Wir wissen es noch nicht«, stellte er klar. Trotz aller Mahnung zur Vorsicht konnte auch Eldamaty seine Aufregung kaum verbergen: »Wenn wir tatsächlich Nofretete finden, dann halte ich das für eine wichtigere Entdeckung als die von Pharao Tutanchamun selber«, gab er zu.

Das Tal der Könige hallte wieder vor euphorischen Stimmen. Sogar der ehemalige Antikenminister Zahi Hawass stimmte am Tag nach der Konferenz in den allgemeinen Jubel mit ein: »Tutanchamun und das Tal der Könige sind wieder in den Nachrichten. Was auch immer gefunden oder nicht gefunden wird, in dieser Geschichte geht es um die Nutzung neuester Technologien, um die Vergangenheit zu erhalten und Neues über sie herauszufinden«, postete er auf seiner Facebook-Seite. Für Hawass war dies ein außergewöhnlich enthusiastischer Beitrag zur Diskussion. Normalerweise ist er eher dafür bekannt, gegen jede Art von Einmischung ausländischer Wissenschaftler zu giften.

Die kritischen Stimmen übernahmen in diesem Fall einige Fachkollegen von Reeves. Er habe, nörgelten sie, seine These nicht in einem Fachblatt veröffentlicht, wo sie einer Peer-Review hätte standhalten müssen – sondern sie stattdessen im Rahmen des Amarna Royal Tombs Projects an die Öffentlichkeit gebracht, als dessen Direktor er keinerlei Kritik ausgesetzt sei. Doch Reeves hatte gute Gründe. In einem Peer-Review-Prozess besteht immer die Gefahr, dass eine These von neidischen, eifersüchtigen oder einfach nur engstirnigen Kollegen gnadenlos abgesägt wird – besonders, wenn sie so gewagt ist wie die Vermutung weiterer Kammern in einem guterforschten Grab. Im schlimmsten Fall hätte Reeves seine Theorie also gar nicht oder nur stark beschnitten veröffentlichen können. Indem er sie aber ungefiltert an die Öffentlichkeit brachte, setzte er sie nicht einem Peer-Review, sondern gleich der Kritik der gesamten Fachwelt aus – und damit nicht der Meinung Einzelner, sondern der ägyptologischen Schwarmmeinung.

Kaum eine Woche verging nach der Pressekonferenz, bis Eldamaty den Worten erste Taten folgen ließ. Am 6. November verbrachte ein internationales Team des ägyptischen Antikenmuseums, der Universität Kairo und des französischen Heritage, Innovation and Preservation Institute (HIP) 24 Stunden im Grab und untersuchte die Wände der Räume mit einer Wärmebildkamera. Bei der sogenannten Thermographie wird die Oberflächentemperatur von Objekten oder – wie in diesem Fall – Flächen gemessen. Die Temperatur wird bestimmt durch die Intensität der Infrarotstrahlung. Mit dem Auge können wir diese Infrarotstrahlung nicht wahrnehmen. Daher wandelt eine Wärmekamera sie für uns in elektrische Signale um und erzeugt ein Bild mit Falschfarben. Wärmere Bereiche stellt sie in Farben dar, die ins rote Farbspektrum gehen, kühlere Bereiche in Farben am blauen Ende der Skala.

Von außen betrachtet mag die Grabwand eine durchgängige Fläche sein. Doch wenn dahinter tatsächlich eine weitere Kammer liegt, dann ist diese nicht mit Gestein, sondern mit Luft gefüllt. Eine solche große Luftblase reagiert anders auf Temperaturveränderungen als das sie umgebende Gestein. Wenn die Sonne tagsüber auf den Boden prallt, braucht das Gestein länger, um die Wärme aufzunehmen – die Luftblase erwärmt sich schneller. Andersherum sieht es nach Sonnenuntergang aus. Das Gestein speichert die Wärme des Tages wesentlich länger als die Luftblase. Die Gesteinsschicht, die zwischen Luftblase und Kamera liegt, spielt bei der Messung zwar eine Rolle, aber keine besonders große. An der Oberfläche der Wand ist ein Temperaturunterschied trotzdem messbar.

Das Grab des Tutanchamun war nicht das einzige Bauwerk, für das die Forschergruppe sich interessierte. Eigentlich waren die französischen Wissenschaftler für ein ganz anderes Bauwerk nach Ägypten gekommen – denn etwa zur gleichen Zeit fand noch eine weitere thermographische Suche nach geheimen

Kammern statt, und zwar an der Cheops-Pyramide. Dort war die Messung erfolgreich, das ägyptisch-französische Forscherteam fand signifikante Temperaturunterschiede an der Ostseite des monumentalen Bauwerks. Besonders interessant sind dabei drei Steine in den unteren Reihen, die bei der Messung durch ihre höhere Temperatur auffielen. Diese Blöcke unterscheiden sich schon in ihrer Ausrichtung von den anderen querliegenden Blöcken, sie sind kleiner und stehen senkrecht. Zusätzlich gibt es einen unscheinbaren, alten Pfad, der genau auf diese Blöcke zuführt. Allerdings bedeuten diese Ergebnisse noch lange nicht, dass sich hier eine geheime Kammer im Inneren der Cheops-Pyramide befindet. Die drei Blöcke können beispielsweise auch eine Reparaturarbeit sein, bei der Steine aus einem anderen Material benutzt wurden.

Ähnlich vielversprechend wie die Pyramidenuntersuchung sahen die Messungen an der Nordwand von Tutanchamuns Grabkammer aus. Genau dort, wo Reeves den Durchgang zu einem weiteren Raum vermutete, dokumentierte die Infrarotmessung einen minimalen Temperaturunterschied. Dies könne, erklärte Antikenminister Eldamaty auf einer weiteren Pressekonferenz, der infrarote Schatten einer offenen Fläche hinter der Wand sein. Allerdings seien diese Ergebnisse auch mit Vorsicht zu genießen. Bei der »offenen Fläche« müsse es sich nicht unbedingt um einen weiteren Raum handeln, sondern es könne genauso gut ein natürlicher Hohlraum im Fels dahinter liegen, wie er für das Tal der Könige durchaus typisch sei. Um genauere Ergebnisse zu bekommen, reichte der 24-Stunden-Scan noch nicht aus. Mindestens eine Woche lang, forderte Eldamaty, müsse man die Infrarotstrahlung der Mauer messen, bevor man mit deutlicheren Ergebnissen rechnen könne.

Statt eine neue Infrarotmessung zu veranlassen, lud das Antikenministerium jedoch drei Wochen später den Spezialisten für Bodenradar Hirokatsu Watanabe von der japanischen Terra Information Engineering Company nach Luxor. Dass die Wahl auf Watanabe fiel, war kein Zufall. Reeves und Watanabe waren alte Bekannte. Bereits 15 Jahre zuvor hatten sie zusammengearbeitet – als der Radarspezialist für das Amarna Royal Tombs Project das Tal der Könige nach Anomalien untersucht hatte. Schon damals gab Reeves offen zu, nach der Grabkammer der Nofretete zu suchen. Tatsächlich fand Watanabe bei den Messungen einen Hohlraum im Boden, den er und Reeves als bislang unentdecktes Grab identifizierten. Doch bevor damals weitere Untersuchungen den Fund hätten bestätigen können, verwies das Antikenministerium Reeves des Tals der Könige und die Arbeiten mussten eingestellt werden.

Am 10. März 2005 stieß dann ein anderes Team von amerikanischen Archäologen der University of Memphis unter der Leitung des Ägyptologen Otto Schaden an genau jener Stelle, an der Watanabe eine Anomalie entdeckt hatte, auf einen Zugangsschacht. Der Gang führte zu einem Depot für Einbalsamierungs- und Mumifizierungsmaterial, das heute die Nummer KV 63 trägt. Schaden kannte die Ergebnisse von Watanabes Radarscan nicht. Er gilt offiziell als Entdecker von KV 63 – und Reeves ging leer aus.

Mittlerweile war Watanabe zwar nicht mehr der Jüngste, er hatte die 70 bereits überschritten. Aber, und das war für die Wahl seiner Person entscheidend, er kannte sich gut aus mit dem schwierigen Boden im Tal der Könige, der mit seinen natürlichen Spalten und Hohlräumen kein ideales Terrain für eine Bodenradaruntersuchung bietet.

Das Tal kann auf eine bewegte geologische Vergangenheit zurückblicken. Seine Geschichte beginnt unter Wasser: Einst reichte der Vorläufer des heutigen Mittelmeeres bis weit in den Kontinent hinein. Die Ablagerungen des Meeresbodens aus der Kreidezeit, die sogenannte Dachlakreide, bildet die unterste Schicht des Tals der Könige. Über der Dachlakreide liegt ein etwa 60 Meter breites Band sogenannten Isnaschiefers. Er ist ein trügerisches Gestein, schwach und bröckelig. Wenn der Schiefer mit Wasser in Kontakt kommt, dehnt er sich aus. Dem Grab von Ramses II., KV 7, wurde der Isnaschiefer zum Verhängnis. Die Kammern wurden mehrmals von heftigen Fluten heimgesucht, und das Wasser, das durch Risse im Boden in den darunterliegenden Schiefer sickerte, ließ das Gestein aufquellen. Dadurch litt nicht nur der Boden, sondern die gesamte Konstruktion: »Decke sehr unsicher, viel heruntergerissen«, notierte Harry Burton am 15. Dezember 1913 bei den Arbeiten im Grab.

Vor rund 35 bis 36 Millionen Jahren lagerte das Meer die oberste Schicht ab, den Thebanischen Kalkstein. Er türmt sich an einigen Stellen bis zu 300 Metern über dem Isnaschiefer auf. Bei ihm weiß man nie, woran man ist. Manchmal ist er das perfekte Gestein für den Bau von Grabkammern, ganz feinkörnig und stabil. Haremhab beispielsweise hatte Glück, sein Grab KV 57 liegt in genau so einem Bereich. Nur wenige Meter daneben aber liegt das Grab KV 11, in dem Ramses III. bestattet lag. Angefangen hatte das Grab sein Vorgänger Sethnacht, der aber verstarb, bevor das Grab vollendet war. Er fand seine letzte Ruhestätte in KV 14. Ramses III. hatte ursprünglich KV 3 für sich anlegen lassen. Dort aber war die Gesteinsqualität so schlecht, dass die Bauarbeiten abgebrochen werden mussten und der Pharao in KV 11 »umzog«. Viel besser war es hier allerdings auch nicht, der Kalkstein – obwohl unmittelbar neben dem Gestein von Haremhabs solidem Grab – ist bröckelig und von Rissen durchzogen.

Die Architekten wussten also bei der Anlage der Gräber nie genau, was sie finden würden. Ein besonders eindrucksvolles Beispiel dafür ist das Grab von Sethos I., KV 17. Zunächst gruben die Arbeiter sich durch den Kalkstein, doch als sie die Grabkammer ausheben wollten, stießen sie auf den darunterliegenden Schiefer. An den Wänden lässt sich die Geologie des Tals hervorragend ablesen: Der obere Teil der Grabkammer ist aus Thebanischem Kalkstein gehauen, der untere aus Isnaschiefer.

Sowohl der Isnaschiefer als auch der Kalkstein sind relativ weich – und daher bestens geeignet, um Gräber darin auszuhöhlen. Doch im gesamten Tal verteilt liegen auch immer wieder Bänder von Feuerstein, einem harten Kieselgestein. Aus ihm fertigten die Arbeiter ihre Steinwerkzeuge, mit denen sie die Kammern ins Tal gruben.

Zu den klimatischen Besonderheiten im Tal der Könige gehören die gewaltigen Überflutungen, die zwar selten, dann aber umso heftiger mit ungebändigter Kraft durch das Tal schießen. Sie entstehen, wenn über dem Wüstenplateau Wolkenbrüche niedergehen. Die plötzliche Flut reißt dann an dem ausgetrockneten Gestein, zermürbt alle Oberflächen und sprengt ganze Hügelflanken hinweg.

Interessanterweise suchte sich jede Dynastie ihre eigene geologische Nische für ihre Gräber. Bis zur Mitte der 18. Dynastie ließen die Pharaonen ihre Grabkammern in die Felswände der Talklippen hauen, oftmals in Felsspalten, die durch Wasserfälle entstanden waren. Die späte 18. und die 19. Dynastie mied diese Felswände. Ihre Gräber lagen weiter unten im Tal, wo die Arbeiter die Schächte durch die Geröllhalden treiben mussten. Damit kamen sie auch immer wieder der Schieferschicht gefährlich nahe und litten öfter unter Flutschäden als die weiter aufwärts gelegenen Gräber ihrer Vorgänger. In der 20. Dynastie schließlich wichen die Pharaonen auf die vorstehenden Felssporne aus, die das abfließende Wasser beim Absinken des Meeresspiegels einst hinterlassen hatte. Diese exponierte Lage schützte sie zwar vor den Flutbächen, die am Boden des Tals entlangdonnerten, aber auch hier war das Gestein oft schon so mürbe, dass trotzdem Regenwasser durch Risse und Spalten eindrang und schwere Schäden in den Gräbern hinterließ.

All diese Besonderheiten des Bodens kannte Watanabe durch seine Arbeit im Tal der Könige 15 Jahre zuvor bestens. Und er hatte auch oft genug mit Archäologen zusammengearbeitet, um ein Verständnis für ihre Fragestellungen und Herangehensweisen zu entwickeln. Er hatte mit ihnen nicht nur im Gestein Ägyptens nach Gräbern der Pharaonen gesucht, sondern ebenso unter dem dichten Blätterdach des peruanischen Dschungels nach Gräbern der Sicán-Kultur.

Das Prinzip der Bodenradarmessung, auch GPR (Ground Penetrating Radar) genannt, funktioniert bei jeder Art von verborgenen Strukturen im Boden ähnlich. Ein Sender schickt elektromagnetische Wellen in den Boden, ein Empfänger misst, was davon reflektiert zurückkommt. Die von einer Antenne direkt auf der Oberfläche erzeugten Wellen breiten sich zunächst mit etwa einem Drittel der Lichtgeschwindigkeit im Boden aus. Jedes Material, auf das sie dabei stoßen, reflektiert die Wellen auf eine ganz besondere Art. Eine Grenze zwischen zwei unterschiedlichen Materialien wird also deutlich, weil die Wellen ab dieser Grenze anders zurückgeworfen werden. Da immer nur ein Teil der Wellen reflektiert werden, können die Signale auch in größere Tiefen vordringen. Will man wissen, in welcher Tiefe sich ein Objekt befindet, muss man allerdings die spezifischen elektrischen Eigenschaften der Medien kennen, die das Signal durchläuft. Sie bestimmen die Ausbreitungsgeschwindigkeit.

Über den Zeitraum, den das Signal braucht, um sie zu durchlaufen, lässt sich dann die Tiefe des gefundenen Objektes berechnen.

Zur Vorbereitung nahm Watanabe sich erst einmal das Grab KV 5 vor. Die unterirdische Anlage, in der Ramses II. einige seiner Söhne bestatten ließ, ist nicht nur das größte, sondern auch eines der ungewöhnlichsten Gräber im Tal der Könige: Über 120 Kammern haben die Archäologen bereits gefunden, vermutlich sind es aber bis zu 150. Diese verschachtelte Anlage mit vielen unterschiedlich tiefen Räumen macht KV 5 besonders geeignet für einen Test von Bodenradarinstrumenten. Hier justierte Watanabe sein Equipment für den Einsatz in Tutanchamuns Grab.

Für die Scans der Wände musste sein Gerät eigens umgebaut werden. Normalerweise gilt es bei Untersuchungen mit Bodenradar, Strukturen im Boden zu finden. Das können Gräber sein, aber ebenso Landminen oder sogar die Oberfläche des Planeten Mars. Die Signale gehen also von oben senkrecht nach unten. Die vermuteten Kammern in Tutanchamuns Grab würden aber nicht unter dem Boden liegen, sondern hinter den Wänden. Also musste er seine Maschine so umrüsten, dass die Signale nun waagerecht in Richtung Wand ausgesandt werden konnten.

Am Thanksgivingtag war es dann so weit. Bei Sonnenuntergang, nachdem die letzten Touristen das Tal verlassen hatten, stiegen Watanabe, Eldamaty, Reeves und rund zwei Dutzend weitere Gäste in die Grabkammer hinab. Neben einigen ägyptischen Wissenschaftlern und Reportern der staatlichen Medien durften auch zwei Fernsehteams dabei sein, eines von National Geographic und eins von Tokyo Broadcasting System Television – der Verkauf der Filmrechte hatte die Untersuchung beträchtlich mitfinanziert. Der Radarspezialist begann mit seinen

Messungen an der Westwand der Grabkammer. Dafür schob er den kleinen Wagen mit dem Scanner in Zeitlupe ganz dicht an der Wand vorbei.

Den Aufsatz mit Reeves' These hatte Watanabe ganz bewusst vorher nicht gelesen. Er wollte völlig unvoreingenommen an die Untersuchungen herangehen, um die Messergebnisse durch womöglich falsche Erwartungen nicht fehlzuinterpretieren. Als er an die Stelle kam, an der Reeves einen Durchgang vermutet, hielt er inne: »Hier beginnt ein anderes Material«, verkündete er. Das gleiche Schauspiel wiederholte sich an der Nordwand. »Hier haben wir nur eine solide Wand«, kommentierte er seine Messung zu Beginn. An just jener Stelle aber, an der Reeves eine der feinen Linien auf den Laserscans entdeckt hatte, ließ er die anderen wissen: »Hier ändert sich wieder das Material.« Am Ende war Watanabe sich sicher: »Offensichtlich liegt hier ein Eingang zu etwas. Und es ist sehr tief.«

Am nächsten Tag, dem 28. November 2015, lud das Antikenministerium zu einer Pressekonferenz in Howard Carters altem Wohnhaus in Luxor. Die ersten Ergebnisse, verkündeten Eldamaty und Reeves enthusiastisch, seien extrem vielversprechend. Die Scans hätten mindestes zwei unterschiedliche Materialien angezeigt: natürlichen Fels und etwas anderes als natürlichen Fels. »Der Übergang von solidem Fels zu nicht solidem Fels geschieht unvermittelt«, erläuterte Reeves. »Der Übergang ist nicht allmählich. Es gibt eine strenge, gerade, senkrechte Linie, die völlig mit der Linie in der Decke der Grabkammer übereinstimmt. Die Messungen scheinen also darauf hinzudeuten, dass die Vorkammer durch die Grabkammer hindurch nur als ein Korridor führt. Die Radarexperten haben mir versichert, dass sich hinter diesem Übergang ein Hohlraum befindet.«

Noch allerdings müssten die Scans zu einer endgültigen

Auswertung nach Japan gesandt werden, und es würde eine Weile dauern, bis man mehr Einzelheiten wisse. Immerhin »zu 90 Prozent« sei er sicher, dass sich hinter den Wänden von Tutanchamuns Grab noch weitere Kammern verbergen würden, versicherte Antikenminister Eldamaty. Sollten diese am Ende tatsächlich geöffnet werden, so wäre es »einer der bedeutendsten Funde des Jahrhunderts«.

Bis zum 17. März musste die Öffentlichkeit warten. Dann präsentierte Eldamaty die Auswertungen Watanabes auf einer Pressekonferenz in Kairo. Sowohl hinter der Nordwand als auch hinter der Westwand, bestätigten die Daten, befänden sich weitere Kammern. Und sie seien nicht leer. In dem Raum hinter der Nordwand lägen Objekte aus Metall und aus organischem Material, weitere Objekte aus organischem Material hinter der Westwand. Trotzdem solle es noch eine zweite Untersuchung mit Bodenradar geben, diesmal von dem Georadar-Experten Eric Berkenpas, der im Dienste der National Geographic Society steht. Die National Geographic Society würde auch die Kosten für diese weitere Untersuchung tragen.

Die Pressekonferenz sollte eine der letzten Tätigkeiten von Mamdouh Eldamaty im Amt sein. Am 23. März beendete eine Kabinettsumbildung seine Karriere als Antikenminister. Eldamaty war nicht der Einzige, den es traf: Außer ihm mussten auch die Minister für Justiz, Finanzen, Zivile Luftfahrt, Transport, Arbeit, Wasser, Öffentlichkeit und Tourismus ihre Stühle räumen. Anstelle von Eldamaty übernahm Khaled El-Anany den Posten, der zuvor unter anderem Leiter des Ägyptischen Museums in Kairo und des National Museum of Egyptian Civilization Project gewesen war.

Der Zeitpunkt des Wechsels hätte prekärer kaum sein können. Denn nur eine Woche nach Amtsantritt von El-Anany stand bereits das zweite Bodenradarteam im Grab von Tutanchamun. Das amerikanisch-ägyptische Team hatte wiederum einen umgebauten Scanner mitgebracht; »das Beste vom Besten«, wie Berkenpas betonte. Damit machten sie 40 einzelne Scans in der Grabkammer, an den fraglichen Wänden sogar in fünf verschiedenen Höhen. Außerdem benutzten sie zwei unterschiedliche Frequenzen. »Eine ist besser für die Tiefenuntersuchung geeignet, die andere erkennt Objekte besser«, erklärte Berkenpas der Zeitung *Al Ahram Weekly*.

Für den amerikanischen Ingenieur war es die erste Reise ins Tal der Könige: »Es ist eine aufregende und herausfordernde Erfahrung«, gab er zu. Seine Ausrüstung hatte er zuvor an den Säulen des National Arboretum in Washington getestet. Nach Ende der Arbeiten hielt er sich bedeckt. »Der leichte Teil ist das Sammeln der Daten, der schwierige die Auswertung«, sagte Berkenpas. Er selber sei ja nur der Datensammler, die Auswertung überließe er lieber anderen.

Als Khaled El-Anany am folgenden Tag auf den Eingangsstufen zum Grab des Tutanchamun zum ersten Mal als neuer Antikenminister vor die versammelte Presse treten musste, bewegte er sich trotz der ägyptischen Frühlingshitze auf sehr dünnem Eis. Denn plötzlich war alles anders. Von der euphorischen Stimmung der letzten Pressekonferenz, nur rund zwei Wochen zuvor, war nun nichts mehr zu spüren. »Ich möchte betonen, dass wir nicht nach einer geheimen Kammer suchen«, lavierte El-Anany sich durch die Fragen. »Wir testen lediglich eine wissenschaftliche Hypothese. Wir gehen streng wissenschaftlich vor und suchen nach der Wahrheit.« Die aber, vertröstete er die anwesenden Medienvertreter, könne man frühestens in sieben Tagen erwarten. So lange bräuchten die unterschiedlichen Teams in Ägypten und den Vereinigten Staaten, um die Daten auszulesen. »Nach diesem letzten Scan besteht weiterhin die Möglichkeit, dass dort ein Hohlraum ist. Ich hoffe, dass wir dort etwas finden werden. Aber als Wissenschaftler muss ich sehr vorsichtig sein, bevor ich Ergebnisse verkünde.«

Immerhin, auch Berkenpas' Scans zeigten Anomalien. »Hinweise auf etwas« nannte El-Anany sie vorsichtig. Sein Amtsvorgänger Eldamaty wurde dagegen deutlicher. Die Scans würden den Ergebnissen Watanabes in keiner Weise widersprechen, beruhigte er. Auch auf den ersten Blick könne man erkennen, dass es Unterschiede in der Wandstärke gebe. Und immerhin sei ja bereits nach sieben Tagen mit einem Ergebnis zu rechnen, vertröstete er die Presse, und nicht erst nach einem Monat wie bei den Japanern. »Es gibt eine Anomalie hinter der Westwand«, sprang Yasser Al-Shayeb von der Fakultät für Ingenieurwissenschaften der Universität Kairo, der mit Berkenpas an den Scans gearbeitet hatte, ihm bei.

Oberste Priorität, beendete El-Anany die Diskussion, müsse nun jedenfalls nicht die Suche nach Geheimkammern haben, sondern der Schutz ägyptischer Altertümer. »Jede Maßnahme, die unseren Altertümern schaden könnte, würde ich sofort untersagen«, versicherte er streng. »Und das gilt nicht nur für die Neuuntersuchung der Grabkammer Tutanchamuns, sondern für alle anderen Projekte ebenso.«

Als Nächstes sei nun noch für April ein Scan von oben, vom Boden des Tals der Könige aus, geplant, denn die Geräte können Hohlräume noch in 40 Metern Tiefe ausmachen. Die Ergebnisse aller drei Untersuchungen mit Bodenradar würden auf einer Internationalen Konferenz im Ägyptischen Museum in Kairo am 6. Mai vorgestellt. »Auf der Grundlage meines Könnens und meines Bestrebens nach wissenschaftlicher Glaubwürdigkeit werden wir uns alle Standpunkte anhören, und die endgültigen Resultate werden auf der Konferenz im Mai verkündet«, ließ El-Anany die Medienvertreter wissen. Dort könnten sie dann von Wissenschaftlern aus aller Welt gemeinsam besprochen werden. Ende der Diskussion.

Die sieben Tage, auf die alle Anwesenden vertröstet worden waren, verstrichen. Nichts geschah. Kein Briefing ging an die Medien, keine weitere Einladung für eine Pressekonferenz. Der gesamte April zog ins Land, ohne dass weiteres Gerät herangeschafft wurde, um von oben nach den Kammern hinter der West- und der Nordwand zu suchen. Stille herrschte im Tal der Könige.

Anfang Mai trafen nach und nach die Ägyptologen aus aller Welt in Kairo ein. Die großen Medien schickten ihre Vertreter, alle wollten sie dabei sein, wenn El-Anany die Ergebnisse verkünden würde. Doch statt zur Klärung kam es zum Desaster. »Bis jetzt haben wir noch kein eindeutiges Ergebnis«, musste der Antikenminister zugeben. Hirokatsu Watanabe stellte noch einmal vor, was seine Scans im Herbst des vorigen Jahres ergeben hatten. Allerdings weigerte er sich auf Nachfrage aus dem Publikum, seine Rohdaten herauszugeben. In den 40 Jahren, die er bereits mit Bodenradar arbeiten würde, habe er seine Ausrüstung so individuell konfiguriert, dass die Rohdaten kein anderer mehr lesen könne. »Wenn jemand sagt, er möchte meine Daten kontrollieren, dann tut es mir sehr leid«, ließ er durch einen Dolmetscher mitteilen. Er sei sich aber sicher, dass hinter den Wänden weitere Kammern liegen: »Ich vertraue meinen Daten vollständig.« Kritische Stimmen bemängelten, dass der 75-jährige Watanabe und seine Geräte zusammen alt geworden wären. Angeblich seien die Scanner der japanischen Marke Koden, die er benutzte, bereits seit über zwei Jahrzehnten nicht mehr auf dem Markt. Eric Berkenpas hingegen war nicht eingeladen. Er durfte seine Daten nicht auf der Konferenz präsentieren. Ein Grund dafür wurde nicht bekanntgegeben.

Kammern oder keine Kammern? Diese Frage entzweite auf der Konferenz die Welt der Ägyptologen. Das Lager der Kammerleugner führte Zahi Hawass an, der selber bis 2011 Antikenminister Ägyptens war – einer der umstrittensten Archäologen der Gegenwart. Radarscans seien überhaupt nicht geeignet, um zu konkreten Ergebnissen zu kommen, wetterte er. Und überhaupt hätten in seiner gesamten Karriere noch niemals Radarscans zu irgendwelchen Entdeckungen geführt. Er hätte alle Beweise analysiert, die dieser »sogenannte britische Wissenschaftler« gesammelt habe, und sei zu dem Ergebnis gekommen, dass sie überhaupt nicht wissenschaftlich seien. Man müsse sich vor diesen ausländischen Wissenschaftlern in Acht nehmen, die ihre »eigene Berühmtheit auf Kosten unserer Altertümer« hervorheben wollten. Zunehmend redete Hawass sich in Rage. Man solle außerdem endlich die ganzen Journalisten rausschmeißen, forderte er, denn es gäbe im Grab des Tutanchamun rein gar nichts, über das es wert sei zu schreiben: »Es gibt heute nichts zu berichten und es gab auch gestern nichts zu berichten.« Wenn dort eine gemauerte Wand oder eine Trennwand wären, dann hätte die Radarmessung es gezeigt, schäumte Hawass. »Wir haben aber nichts – das heißt: Dort ist auch nichts!«

Und dann wurde es richtig spannend. Neben ihm auf dem Podium saß Mamdouh Eldamaty. Warum, herrschte Hawass ihn an, habe er, als er noch im Amt war, heimlich den Antrag gestellt, ein Loch in die Grabwand bohren zu dürfen, um ein Endoskop einzuführen? »Warum haben Sie das heimlich getan!?« Eldamaty reagierte verärgert: »Ich habe doch wiederholt betont, dass ich gar nichts tun werde, bevor wir nicht 100-prozentige Sicherheit haben«, konterte er. Er, Hawass, hingegen, sei derjenige, der es ja offenbar mit den Genehmigungen nicht so genau nehmen würde: »*Sie* haben die Pyramiden angebohrt – und erst hinterher die Erlaubnis dafür eingeholt!« Selten verlief eine ägyptologische Fachkonferenz so emotional.

Auch mit der Technik ging einiges drunter und drüber. Watanabe musste bei seiner Präsentation auf einen Großteil der Bilder verzichten, weil es niemandem gelang, seinen Laptop an das System des Konferenzsaals anzuschließen. Das Licht fiel immer wieder aus, Computer stürzten ab. Yasser Al-Shayeb aus dem Team von Berkenpas hatte die Lacher auf seiner Seite, als er nach einem Kampf mit seinem Rechner auf dem Podium schulterzuckend ins Publikum lächelte: »Dies ist der Beweis, dass Technik nicht immer funktioniert, wie sie sollte.« Der Einzige, dessen Computer scheinbar anstandslos seinen Dienst tat, war Nicholas Reeves. Großzügig lieh der Brite ihn Al-Shayeb für dessen Präsentation.

Antikenminister El-Anany versuchte zu retten, was zu retten war. »Bis heute haben wir keine eindeutigen Ergebnisse«, fasste er am letzten Tag der Konferenz zusammen. Nun müsse ein Komitee gefunden werden, das über weitere Schritte entscheidet. Noch auf dem Weg aus dem Konferenzsaal machte er seinen Standpunkt deutlich: »Dies ist meine Botschaft:«, rief er, »die Wissenschaft wird Recht sprechen!«

In den Tagen nach der Konferenz schlugen die Wellen entsprechend hoch. Hawass sollte nicht der Einzige bleiben, der Kritik äußerte. Die Deutsche Friederike Seyfried, Leiterin des Neuen Museums in Berlin, gab gegenüber der Zeitung *Al Ahram* zu, keine Erkenntnisse aus der Radarmethode ziehen zu können. Sollten sich dort trotzdem Hohlräume befinden, so seien diese ganz einfach zu erklären. Tutanchamun sei plötzlich gestorben, argumentierte sie. Die Arbeiter mussten daher sein

Grab unter Zeitdruck fertigstellen und hätten natürliche Hohlräume einfach zugemauert, um glatte Wände zu schaffen.

National Geographic führte einen anderen Experten ins Feld: Dean Goodman, ein Geophysiker und Bodenradarspezialist. Er gehörte zu dem amerikanischen Team, das sich Berkenpas' Daten ansehen durfte – und keine Kammern erkennen konnte. »Wenn dort ein Hohlraum wäre, dann sollten wir eine starke Reflexion sehen«, äußerte er sich gegenüber seinen Auftraggebern, »aber er existiert schlichtweg nicht.« Die Auslesung von Radardaten könne zwar durchaus subjektiv sein, gab er zu. »Aber an dieser besonderen Stelle ist das einfach nicht der Fall. Es ist schön, an einer so wichtigen Stelle so eindeutige, überzeugende Ergebnisse zu haben.«

Nach den lauten Wortgefechten auf der Konferenz wurde es in den darauffolgenden Tagen wieder sehr still. Das Antikenministerium verhängte eine Nachrichtensperre: Keiner der Beteiligten durfte sich mehr äußern. Presseanfragen nach weiteren Statements liefen ins Leere. Reeves war schon lange für Journalisten nicht mehr erreichbar. Kritiker Goodman verwies auf seinen Vertrag mit *National Geographic*, der es ihm untersagt, sich öffentlich zu dem Thema zu äußern. *National Geographic* verwies auf ein Abkommen mit dem Antikenministerium, das der Gesellschaft verbietet, die Daten des letzten Scans oder die Auswertung eigenständig zu veröffentlichen. Und das Antikenministerium blockte ab. Es sei alles gesagt, was zu diesem Zeitpunkt gesagt werden könne. »Weitere Untersuchungen mit anderen Radar- und Fernerkundungstechniken werden nun als nächster Schritt stattfinden. Wenn es mehr Informationen gibt, werden wir sie veröffentlichen«, teilte das Ministerium knapp mit.

Immerhin gibt es einen Punkt, in dem sich Kammergläubige

und Kammerleugner einig sind. Allein der Verdacht auf eine Kammer ermöglicht es der Archäologie, alle bisher bekannten Methoden und Technologien der noninvasiven Bodenuntersuchung einmal auszuprobieren. Was funktioniert, was funktioniert nicht? Wie muss man für andere Einsatzgebiete entwickelte Geräte adaptieren, um sie in der Archäologie einsetzen zu können? Welche Methoden erzielen ähnliche Ergebnisse, welche können voneinander abweichen? Selbst Reeves' größter Gegner Zahi Hawass sprach sich dafür aus, weitere Untersuchungen durchzuführen.

Nun ist Hawass selber eine Art Experte für die Suche nach verborgenen Kammern. Im Jahr 2002 hatte er einen gewaltigen Medienrummel veranstaltet, als er einen kleinen Roboter in einen Schacht der Cheops-Pyramide schickte. Der schmale Einstieg führt von der sogenannten Königinnenkammer tief im Inneren der Grabstätte steil nach oben in Richtung Süden. An seinem Ende befindet sich eine Steinplatte, in die der Roboter ein Loch bohrte – ebenjenes Loch, für das es zu dem Zeitpunkt noch gar keine Erlaubnis gab, wie Eldamaty betonte. Der Blick in die Kammer dahinter, so Hawass' Hoffnung, würde der Cheops-Pyramide ihr letztes Geheimnis entreißen – und möglicherweise eine Schatzkammer oder Grabkammer zeigen. Hawass ist ein Medienmagier – wenn er etwas verkündet, kann er sich selbst heute noch darauf verlassen, dass die Presse ihm begierig jedes Wort von den Lippen abliest und verbreitet. So kam es, dass Millionen von Fernsehzuschauern in der ganzen Welt gebannt vor dem Bildschirm saßen, als der kleine Roboter sich ins Innere der Pyramide aufmachte. Doch die Show wurde ein großer Flop. Hinter der Steinplatte lagen keine Schätze und auch keine Mumien, sondern – nichts. Ein leerer Hohlraum mit einem weiteren Steinblock am Ende.

Für eine Untersuchung möglicher Hohlräume hinter den Wänden von Tutanchamuns Grab wäre ein Roboter in dieser Phase nicht geeignet. Das Loch, das man in die Wand schlagen müsste, um ihn hindurchzubringen, wäre viel zu groß. Das einfallende Licht und die einströmende Luft könnten bereits irreparable Schäden an möglicherweise dahinterliegenden empfindlichen Materialien verursachen.

Doch es geht auch weniger brachial. Als Eldamaty vorsorglich schon einmal die Genehmigung für ein Loch beantragte, hatte er eine weitaus kleinere Variante im Sinn – ein Endoskop. Der Name dieses Gerätes kommt aus dem Griechischen: ἔνδον steht für ›innen‹; σκοπεῖν für ›beobachten‹. Um einen Hohlraum von innen beobachten zu können, sind am Ende des Endoskops eine Kamera und eine Lichtquelle montiert. Diese sind winzig klein, oft haben sie nur einen Durchmesser von wenigen Millimetern. Mit einer solchen Kamera am Ende eines flexiblen Arms können Chirurgen ihre Patienten untersuchen, ohne sie aufschneiden zu müssen. Polizei und Zoll suchen damit nach Rauschgift und Schmuggelware in vermeintlichen Hohlräumen. Instrumentenbauer benutzen Endoskope, um Schäden oder Schmutz identifizieren zu können, bevor sie ein Instrument öffnen. Automechaniker überprüfen mit ihnen das Innere von Motoren auf Verschleiß. Auch Archäologen ist der Einsatz von Endoskopen nicht fremd. Der Eismann Ötzi beispielsweise hat in seinem Körper ein etwa drei Zentimeter langes Stück Titan in der linken Brusthöhle stecken. Es ist die Spitze eines Endoskops, die abbrach, als Forscher ihn damit untersuchten.

Für eine endoskopische Untersuchung von Hohlräumen hinter dem Grab Tutanchamuns würde also ein winziges Loch genügen – das sich anschließend auch wieder versiegeln ließe. Der mögliche Schaden wäre überschaubar, der Nutzen gewaltig. Voraussetzung ist natürlich, dass hinter der West- und der Nordwand tatsächlich Hohlräume sind, in die man ein Endoskop einführen könnte.

An den ägyptischen Altertümern wurden in der Vergangenheit schon viele neue, revolutionäre Methoden ausprobiert. Ebenfalls in der Cheops-Pyramide hatte beispielsweise schon über 30 Jahre vor Zahi Hawass von 1965 bis 1969 der amerikanische Physiker und Nobelpreisträger Luis Walter Alvarez nach verborgenen Kammern gesucht. Er führte damals eine erste Myonentomographie durch. Myonen sind Elementarteilchen, ähnlich den Elektronen, und Bestandteil der kosmischen Strahlung. Treffen sie auf die Erdoberfläche, können sie selbst mehrere Kilometer Fels durchdringen. Bei einer Myonentomographie misst ein Teilchendetektor, wie viele Myonen ein Objekt durchdringen und wie sie dabei streuen. Einen Hohlraum erkennt man am veränderten Verteilungsmuster der Myonen, die ihn durchquert haben.

Im Juni 2016, nur kurz nach der umstrittenen Konferenz, führte das internationale »ScanPyramids«-Team des ägyptischen Antikenmuseums, der Universität Kairo und des französischen Heritage, Innovation and Preservation Institute (HIP), das auch die Thermographiescans im Grab Tutanchamuns vorgenommen hatte, eine weitere Myonentomographie an der Cheops-Pyramide durch – und entdeckte dabei tatsächlich möglicherweise neue Hohlräume. Leider nur eignet sich diese Methode nicht für unterirdische Kammern. Denn um die Myonen messen zu können, nachdem sie das Objekt durchquert haben, muss man die Messvorrichtung hinter oder unter ihm anbringen können. Beides ist in den von Erdreich umgebenen vermuteten Kammern des Tutanchamun-Grabes aber nicht möglich.

Beide Projekte, sowohl die Suche nach Kammern hinter den

Wänden im Grab des Tutanchamun als auch das »ScanPyramids«-Projekt in Gizeh konnten bislang leider nur zeigen, dass alle bislang zur Verfügung stehenden noninvasiven Methoden bei den ägyptischen Monumenten an ihre Grenzen stoßen. Sie können Anomalien aufzeigen. Ob es sich bei diesen aber um von Menschenhand gebaute Kammern oder um natürliche Hohlräume handelt, können die Archäologen letztendlich nur herausfinden, wenn sie die schützenden Wände tatsächlich durchbrechen und physisch in diese Räume vordringen.

Literaturverzeichnis

Vorwort

Anonymus, Another New Tomb in the Valley of the Kings? www.
archaeology.org vom 3. August 2006 (http://archive.archaeology.org/
online/interviews/reeves.html)

P. Hessler, In Egypt, Debate Rages Over Scans of King Tut's Tomb.
www.nationalgeographic.com vom 9. Mai 2016 (http://news.
nationalgeographic.com/2016/05/160509-king-tut-tomb-chambers-
radar-archaeology/)

P. Hessler, Radar Scans in King Tut's Tomb Suggest Hidden Chambers.
www.nationalgeographic.com vom 28. November 2015 (http://
news.nationalgeographic.com/2015/11/151128-tut-tomb-scans-
hidden-chambers/)

P. Hessler, Scans of King Tut's Tomb Reveal New Evidence of Hidden
Rooms. www.nationalgeographic.com vom 17. März 2016 (http://
news.nationalgeographic.com/2016/03/160317-king-tut-tomb
hidden-chambers-radar-egypt-archaeology/)

O. Jarus, Nefertiti Still Missing: King Tut's Tomb Shows No Hidden
Chambers. www.livescience.com vom 11. Mai 2016 (http://www.
livescience.com/54708-nefertiti-missing-no-chambers-in-king-tut-
tomb.html)

R. Lorenzi, New Clues Point to Secret Chamber in King Tut Tomb.
www.seeker.com vom 6. November 2015 (https://www.seeker.com/
new-clues-point-to-secret-chamber-in-king-tut-tomb-1770436641.
html)

A. Mostafa, Ministry of Antiquities, Preliminary results of Tutankhamun tomb's Infrared and Radar Scan. www.facebook.com am
28. November 2015 (https://www.facebook.com/permalink.php?
story_fbid=440491729489310&id=336764893195328)

U. von Rauchhaupt, Das Tutanchamun-Dilemma. Frankfurter Allgemeine Zeitung vom 12. April 2016 (http://www.faz.net/aktuell/wissen/archaeologie-altertum/aegypten-gibt-es-im-tutanchamun-grab-neue-kammern-14169415.html)

N. Reeves und J. H. Taylor, Howard Carter: before Tutankhamun (New York 1993)

M. Strauss, Infrared Scans Show Possible Hidden Chamber in King Tut's Tomb. www.nationalgeographic.com vom 6. November 2016 (http://news.nationalgeographic.com/2015/11/151106-tut-ankh-amun-tomb-thermal-imaging-nefertiti-archaeology/)

J. Thews, Neuer Antikenminister nach Kabinettsumbildung. Selket's Blog vom 25. März 2016 (https://blog.selket.de/quo-vadis-aegypten/neuer-antikenminister-nach-kabinettsumbildung)

H. V. F. Winstone, Howard Carter und die Entdeckung des Grabmals von Tut-ench-Amun (Köln 1993)

Die 18. Dynastie: Ägypten bekommt seine Größe zurück

Z. Hawass, Discovering Tutankhamun (Kairo 2013)

N. Reeves und R. H. Wilkinson, Das Tal der Könige (Augsburg 2000)

Das Tal der Könige: Königsgräber im Backofen

J. Connan, A. Macke und Christiane Macke-Ribet, Das Geheimnis der Mumien. Spektrum der Wissenschaft vom 1. August 2001

Diodorus Siculus, Bibliotheca Historica (1. Buch, 91 ff.)

A. Dodson, After the Pyramids (London 2000)

Herodot, Historien (2. Buch, Kapitel 86)

E. Hornung, Tal der Könige (Düsseldorf / Zürich 1985)

N. Reeves und R. H. Wilkinson, Das Tal der Könige (Augsburg 2000)

Echnaton: Im Dienste des Sonnengottes

C. Aldred, Echnaton (Augsburg 1990)

J. Dönges, Vaterschaftstest für eine Mumie. Spektrum der Wissenschaft vom 16. Februar 2010

E. Hornung, Echnaton (Zürich 1995)

E. D. Lorenzen und E. Willerslev, King Tutankhamun's Family and Demise. Journal of the American Medical Association 303(24):2471 –2475 (2010) (doi:10.1001/jama.2010.818)

J. Marchant, Ancient DNA: Curse of the Pharaoh's DNA. nature 472, 404–406 (2011) (doi:10.1038/472404a)

N. Reeves, Akhenaten (New York 2005)
H. A. Schlögl, Echnaton (Hamburg 1986)

Nofretete: Die Schöne ist gekommen

J. Tyldesley, Nefertiti (London 1998)
G. F. L. Stanglmeier, Der Fall Nofretete (München 2012)
P. Vandenberg, Nofretete (Bern, München 1991)

Tutanchamun: Waisenknabe mit Klumpfuß

J. Dönges, Vaterschaftstest für eine Mumie. Spektrum der Wissenschaft vom 16. Februar 2010

Z. Hawass et al., Ancestry and Pathology in King Tutankhamun's Family. Journal of the American Medical Association 303(7):638–647 (2010) (doi:10.1001/jama.2010.121)

Z. Hawass, Discovering Tutankhamun (Kairo 2013)

Z. Hawass, Tutankhamun CT Scan. Pressemitteilung vom 8. März 2005 (http://www.guardians.net/hawass/press_release_tutankhamun_ct_scan_results.htm)

J. Marchant, A long-lost piece of King Tut. www.jomarchant.com am 4. Juni 2013 (https://jomarchant.com/390/tracking-down-a-long-lost-piece-of-king-tut)

K. Phizackerley, DNA shows that KV 55 Mummy Probably Not Akhenaten. www.kv64.info am 2. März 2010 (http://www.kv64.info/2010/03/dna-shows-that-kv55-mummy-probably-not.html)

A. Powell, A different take on Tut. Harvard Gazette vom 11. Februar 2013 (http://news.harvard.edu/gazette/story/2013/02/a-different-take-on-tut/?utm_source=SilverpopMailing&utm_medium=email&utm_campaign=02.12.13.xxx%2520 %281 %29)

N. Reeves, The Gold Mask of Ankhkheperure Neferneferuaten. Journal of Ancient Egyptian Interconnections Vol 7, No. 4, 77 ff. (2015)

K. Schlott, Streit um Tutanchamun. Spektrum der Wissenschaft vom 29. November 2012

C. Timmann und C. G. Meyer, Malaria, mummies, mutations: Tutankhamun's archaeological autopsy. Tropical Medicine & International Health Volume 15, Issue 11, 1278 ff. (2010) (DOI: 10.1111/j.1365-3156.2010.02614.x)

Tutanchamuns Erben: Vertuschung aller Spuren

J. van Dijk, The New Kingdom Necropolis of Memphis (Groningen 1993)

M. Pirzer, Eje (Aja II.) Biografie. www.nefershapiland.de (undatiert)

M. Pirzer, Eje WV23. www.nefershapiland.de (undatiert)

M. Pirzer, Haremhab Biografie. www.nefershapiland.de (undatiert)

M. Pirzer, Thronbesteigung König Eje. www.nefershapiland.de (undatiert)

N. Reeves und R. H. Wilkinson, Das Tal der Könige (Augsburg 2000)

Howard Carter: Besessener Archäologe und Grabräuber aus Leidenschaft

A. Austilat, Archäologie: Retter oder Räuber? Der Tagesspiegel vom 22. Januar 2010 (http://www.tagesspiegel.de/kultur/ausstellungen/ausstellung-archaeologie-retter-oder-raeuber/1668582.html)

T. G. H. James, Howard Carter: The Path to Tutankhamun (London, New York 2006)

N. Reeves und J. H. Taylor, Howard Carter: before Tutankhamun (New York 1993)

D. P. Ryan, The Man Who Found Tut. www.archaeology.org vom 19. April 2005 (http://archive.archaeology.org/online/features/tutwatch/carter.html)

R. Schneeberger, Vom wahren Fluch des Pharao. www.sz.de vom 15. Mai 2012 (http://www.sueddeutsche.de/kultur/howard-carter-zum-geburtstag-vom-wahren-fluch-des-pharao-1.1352773)

M. Schulz, Raubzug ins Allerheiligste. Spiegel vom 11. Januar 2010 (http://www.spiegel.de/spiegel/a-671001.html)

C. Sewig, Experte rehabilitiert Tutanchamuns Entdecker. Hamburger Abendblatt vom 21. Januar 2010 (http://www.abendblatt.de/kultur-live/article107631875/Experte-rehabilitiert-Tutanchamuns-Entdecker.html)

H. V. F. Winstone, Howard Carter und die Entdeckung des Grabmals von Tut-ench-Amun (Köln 1993)

Die Entdeckung des Grabes: »Ich sehe wunderbare Dinge!«

A. Austilat, Archäologie: Retter oder Räuber? Der Tagesspiegel vom 22. Januar 2010 (http://www.tagesspiegel.de/kultur/ausstellungen/ausstellung-archaeologie-retter-oder-raeuber/1668582.html)

T. G. H. James, Howard Carter: The Path to Tutankhamun (London, New York 2006)

N. Reeves und J. H. Taylor, Howard Carter: before Tutankhamun
(New York 1993)

D. P. Ryan, The Man Who Found Tut. www.archaeology.org vom
19. April 2005 (http://archive.archaeology.org/online/features/
tutwatch/carter.html)

M. Schulz, Raubzug ins Allerheiligste. Spiegel vom 11. Januar 2010
(http://www.spiegel.de/spiegel/a-671001.html)

C. Sewig, Experte rehabilitiert Tutanchamuns Entdecker. Hamburger
Abendblatt vom 21. Januar 2010 (http://www.abendblatt.de/
kultur-live/article107631875/Experte-rehabilitiert-Tutanchamuns-
Entdecker.html)

H. V. F. Winstone, Howard Carter und die Entdeckung des Grabmals
von Tut-ench-Amun (Köln 1993)

Das Grab: Eine Rumpelkammer voll Gold

H. Carter und A. C. Mace, Tut-ench-Amun. Ein ägyptisches Königsgrab (Leipzig 1924)

I. E. S. Edwards, Tutanchamun (Bergisch Gladbach 1978)

Z. Hawass, Discovering Tutankhamun (Kairo 2013)

T. Hoving, Der Goldene Pharao (Bern, München 1978)

T. G. H. James und A. de Luca, Tutanchamun (Stuttgart 2011)

R. Lorenzi, King Tut's Blade Made of Meteorite. www.seeker.com vom
31. Mai 2016 (https://www.seeker.com/king-tuts-space-blade-
identified-1831900657.html)

P. E. McGovern, Ancient Wine: The Search for the Origins of Vini-
culture, 137 ff. (Princeton 2013)

N. Reeves, The Complete Tutankhamun (London 1990)

Tutanchamun, Ausstellungskatalog Hamburg (Mainz 1981)

Nicholas Reeves: Auf der Suche nach Nofretete

Anonymus, Another New Tomb in the Valley of the Kings? www.
archaeology.org vom 3. August 2006 (http://archive.archaeology.org/
online/interviews/reeves.html)

Anonymus, Nicholas Reeves' hypothesis – Nefertiti: A possible discovery? www.factumfoundation.org (undated) (http://www.factum
foundation.org/pag/233/Nicholas-Reeves-apos ε-hypothesis---i-
Nefertiti--A-possible-discovery---i-)

N. Reeves, The burial of Nefertiti? Amarna Royal Tomby Project,
Valley of the Kings, Occasional Paper No. 1 (2015)

N. Reeves, Tutankhamun's Mask Reconsidered. BES 19, 511–526 (2015)

D. Vergano, Egyptian tomb digs up controversy. USA Today am 13. August 2006 (http://usatoday30.usatoday.com/tech/science/columnist/vergano/2006-08-13-egyptian-controversy_x.htm)

Der aktuelle Stand der Wissenschaft: Die Schatten hinter der Wand

Anonymus, Nicholas Reeves' hypothesis – Nefertiti: A possible discovery? www.factumfoundation.org (undated) (http://www.factum foundation.org/pag/233/Nicholas-Reeves-apos-s-hypothesis---i-Nefertiti--A-possible-discovery---i-)

J. Borger, Egypt ›suppressing truth‹ over hidden chambers in Tutankhamun's tomb. The Guardian vom 12. Mai 2016 (https://www.the guardian.com/world/2016/may/12/egypt-hidden-chambers-tutankh amun-tomb-nefertiti)

N. El Aref, Nicholas Reeves ›60 % sure‹ ahead of Nefertiti announcement. Ahram Online vom 30. September 2015 (http://english. ahram.org.eg/NewsContent/9/0/151753/Heritage/0/INTERVIEW-Nicholas-Reeves--sure-ahead-of-Nefertiti.aspx)

N. El Aref, Radar in the tomb of Tutankhamun. El Ahram Weekly, Issue 1290, 7.–13. April 2016 (http://weekly.ahram.org.eg/News/15982.aspx)

N. El Aref, Seven more Days. El Ahram Weekly, Issue 1289, 31. März–6. April 2016 (http://weekly.ahram.org.eg/News/15968.aspx)

C. Felske, Alle gegen Reeves – Viel Gegenwind auf der Tutanchamun Konferenz. Selket's Blog vom 9. Mai 2016 (https://blog.selket.de/aus-der-forschung/alle-gegen-reeves-viel-gegenwind-auf-tutanch amun-konferenz)

A. Franz, Wärmemessung deutet auf Grab der Nofretete hin. Spiegel Online vom 10. November 2015 (http://www.spiegel.de/wissen schaft/mensch/nofretete-waermemessung-naehrt-glauben-an-grab-hinter-tutanchamum-kammer-a-1062030.html)

P. Hessler, In Egypt, Debate Rages Over Scans of King Tut's Tomb. www.nationalgeographic.com vom 9. Mai 2016 (http://news. nationalgeographic.com/2016/05/160509-king-tut-tomb-chambers-radar-archaeology/)

P. Hessler, Radar Scans in King Tut's Tomb Suggest Hidden Chambers. www.nationalgeographic.com vom 28. November 2015 (http://

news.nationalgeographic.com/2015/11/151128-tut-tomb-scans-hidden-chambers/)

P. Hessler, Scans of King Tut's Tomb Reveal New Evidence of Hidden Rooms. www.nationalgeographic.com vom 17. März 2016 (http://news.nationalgeographic.com/2016/03/160317-king-tut-tomb-hidden-chambers-radar-egypt-archaeology/)

O. Jarus, Nefertiti Still Missing: King Tut's Tomb Shows No Hidden Chambers. www.livescience.com vom 11. Mai 2016 (http://www.livescience.com/54708-nefertiti-missing-no-chambers-in-king-tut-tomb.html)

O. Jarus, Possible ›Hidden Chamber‹ in King Tut's Tomb Invites More Secretive Scans. www.livescience.com vom 16. Februar 2016 (http://www.livescience.com/57906-king-tut-tomb-radar-scans.html)

R. Lorenzi, New Clues Point to Secret Chamber in King Tut Tomb. www.seeker.com vom 6. November 2015 (https://www.seeker.com/new-clues-point-to-secret-chamber-in-king-tut-tomb-1770436641.html)

R. Michaelson, New research on Nefertiti's tomb whips up enthusiasm, and criticism. Radio France Internationale vom 5. November 2015 (http://en.rfi.fr/africa/20151012-Egypt-Nefertiti-tomb-new-research-whips-enthusiasm-criticism)

A. Mostafa, Ministry of Antiquities, Preliminary results of Tutankhamun tomb's Infrared and Radar Scan. www.facebook.com am 28. November 2015 (https://www.facebook.com/permalink.php?story_fbid=440491729489310&id=336764893195328)

U. von Rauchhaupt, Das Tutanchamun-Dilemma. Frankfurter Allgemeine Zeitung vom 12. April 2016 (http://www.faz.net/aktuell/wissen/archaeologie-altertum/aegypten-gibt-es-im-tutanchamun-grab-neue-kammern-14169415.html)

N. Reeves, The burial of Nefertiti? Amarna Royal Tomby Project, Valley of the Kings, Occasional Paper No. 1 (2015)

M. Strauss, Infrared Scans Show Possible Hidden Chamber in King Tut's Tomb. www.nationalgeographic.com vom 6. November 2016 (http://news.nationalgeographic.com/2015/11/151106-tut-ankhamun-tomb-thermal-imaging-nefertiti-archaeology/)

J. Thews, Neuer Antikenminister nach Kabinettsumbildung, Selket's Blog vom 25. März 2016 (https://blog.selket.de/quo-vadis-aegypten/neuer-antikenminister-nach-kabinettsumbildung)

J. Thews, Thermografie an Pyramiden zeigt Anomalien. Selket's Blog vom 10. November 2015 (https://blog.selket.de/aus-der-forschung/thermografie-pyramiden-zeigt-anomalien)

D. Vergano, Egyptian tomb digs up controversy. USA Today am 13. August 2006 (http://usatoday30.usatoday.com/tech/science/columnist/vergano/2006-08-13-egyptian-controversy_x.htm)